北师大高教评论
（2012）

执行主编：洪成文 刘慧珍

学苑出版社

图书在版编目(CIP)数据

北师大高教评论.2012 / 洪成文,刘慧珍主编. — 北京:学苑出版社,2013.12（2016年12月重印）

ISBN 978-7-5077-4450-7

Ⅰ.①北… Ⅱ.①洪… ②刘… Ⅲ.①高等教育-文集 Ⅳ.①G64-53

中国版本图书馆CIP数据核字(2013)第301420号

责任编辑	任彦霞
出版发行	学苑出版社
社　　址	北京市丰台区南方庄2号院1号楼
邮政编码	100079
网　　址	www.book001.com
电子信箱	xueyuan@public.bta.net.cn
销售电话	010-67675512、67678944、67601101（邮购）
经　　销	新华书店
印 刷 厂	北京京华虎彩印刷有限公司
开本尺寸	710mm×1000mm　1/16
印　　张	32.75
字　　数	496千字
版　　次	2013年12月第1版
印　　次	2016年12月第3次印刷
定　　价	89.00元

主编委员会

钟秉林　王英杰　王善迈

周作宇　毛亚庆

序 言

顾明远

高等教育历来是学术界关心重点。当高等教育还在精英教育阶段，大学追求学术高深，似乎问题还不是太突出。但等到进入大众教育阶段，问题就多起来了。高等教育的目标如何设定、结构如何构建、人才如何选拔都需要重新考虑。

我国高等教育自1999年扩招以来，很快就迈进了大众教育阶段，2012年高等学校毛入学率已达30%，于是各种矛盾凸显出来。这就给高等教育理论界提出了挑战。高等教育理论界应该迎接这个挑战，为高等教育的发展服务，为领导部门科学决策服务，同时也在研究中不断提高高等教育研究的水平。如何加强高等教育研究，提升高等教育研究水平呢？北大汪永铨先生撰文指出，队伍建设是关键。因此，培育高教研究人才、建立好一支高教研究队伍，就成为当务之急。同时，队伍的建设也只有让他们投入到实践的研究之中才能达成。

在高等教育研究中，首先需要我们放眼全球，寻找高等教育成功发展的国际经验。世界各国高等教育发展有起有落。为何有些学校很快就发展起来，有些学校保守陈规，停滞不前？我们可以从中吸收什么经验教训？这些问题都值得我们深思。当今世界，虽然不能说教育全球一体化，但教育国际化程度越来越强，任何国家的高等教育改革都会影响到各国。我们要密切关注国际高等教育改革的动向和发展趋势。例如美国推出网络课程，这种新的动向值得我们认真研究。

高等教育研究，必须以回答本国高教发展实践问题为本。当前，我国高等教育正处在重要转变时期，即由数量发展向内涵发展的转变。如何实现高等教育的内涵发展？《国家中长期教育改革和发展规划纲要（2010－2020年）》提出：高等教育要全面提高教育质量，即：要提高人才培养质量、提升科学研究水平、增强社会服务能力；要优化结构和办出特色。如何落实？高等教育理论工作者应该研究这些问题，从理论上予以回答。

《北师大高教评论（2012）》是北师大教育学部全体教师及部分学生的集体努力，集2012一整年的时间，从多个理论视角，试图探讨高等教育发展中的理论问题。能在一年时间内有如此丰富的成果，这是可喜的事。从论文的选择来看，理论篇为重点，反映了北师大科学研究的传统和特色。这些成果的集结出版，必将促进北师大人在高教研究和探索方面的热情，推进高教研究发展，促进知识流动，在政策和实践服务方面，产生良好影响。

当然，因为这是一部论文集，且又受制于作者的范围和时间的限定，论文难免不很整齐。作者研究经历不同，选取研究视角不一，各自的观点可能不太一致。尽管如此，我们还是要坚持求真精神。百家争鸣，学术才能繁荣。最后，祝愿并希望北师大的学者继续秉承优良科研传统，坚持"守正出奇"，在"守正"和"出奇"中求平衡。

目　录

第一章　高教理论新探索 ……………………………………… / 1
　引　言 ……………………………………………………… / 3
　大学文化传统的失落：学术资本主义与大学行政化的叠加作用
　　　　　　　　　　　　　　　　　………………… 王英杰 / 5
　试论我国教育演进过程中三重价值取向的交互作用
　　　　　　　　　　　　　　　　　………………… 王晓辉 / 17
　高等教育管理方式转型的知识解读 ………………… 毛亚庆 / 43
　现代大学制度的实践逻辑 …………………………… 周作宇 / 56
　论大学组织冲突 ……………………………………… 周作宇 / 71
　高等教育强国的内涵、特征及建设策略 …………… 洪成文 / 86
　美国大学治理的边界 ………………………………… 李　奇 / 93
　高等教育强国建设与我国高等教育改革的政策走向
　　　　　　　　　　　　　　　　　………………… 刘宝存 / 101
　去行政化路径：完善高校法人制度 ………………… 刘慧珍 / 113
　论高等教育全球化的张力 ……………… 毛亚庆　蔡宗模 / 121
　学术伦理，学者内在的品质 ………………………… 王晓辉 / 131

第二章　入学机会与招生政策 ………………………………… / 139
　引　言 ……………………………………………………… / 141
　积极稳妥地推进高等学校考试招生制度改革 ……… 钟秉林 / 142

我国异地高考问题、原因及解决对策 ……………… 伍　宸 / 152
异地高考政策：具体规则与利益博弈 …… 李晓燕　刘慧珍 / 161
公平视域下政府角色的不同面向 …………………… 杜瑞军 / 168
扩大的差距——巴西高等教育入学机会分配政策的变迁与面临的挑战
　　………………………………………………………… 杜瑞军 / 190

第三章　学生评价与学生发展 …………………………… / 211
引　言 ……………………………………………………… / 213
协同创新与高校创新人才培养政策分析 …………… 薛二勇 / 217
学习结果评估：本科教学质量保障的底层设计 …… 李　奇 / 230
美国大学生学习评估工具分析和比较
　　………………………………… 李湘萍　马　娜　梁显平 / 240
美国高校学生事务管理专业协会：历史　结构　功能
　　……………………………………… 李湘萍　洪成文 / 250
研究生学术能力：一个基于政策文本分析的理论框架
　　……………………………………… 朱志勇　崔雪娟 / 261
吉尔曼与美国研究生教育：约翰·霍普金斯模式探析
　　……………………………………………………… 刘春华 / 280

第四章　人力资源管理与开发 …………………………… / 293
引　言 ……………………………………………………… / 295
大学教师任用制度研究 ……………………………… 乔锦忠 / 298
效率和生产率方法在高校科研评价中的应用
　　………………………………… 胡咏梅　段鹏阳　梁文艳 / 312
高校教师绩效与晋升 ………… 乔锦忠　韩莉莉　石兴娣 / 330
高等学校专业评估制度的国际比较研究 …………… 孙　珂 / 343
高等教育外部质量评估模式的发展趋势 …………… 胡　森 / 353

论当前我国教师教育存在的十大问题及其解决途径
.... 朱旭东 / 360

第五章 高教政策与管理改革 .... / 375
引　言 .... / 377
论共同治理——加州大学(伯克利)创建一流大学之路
.... 王英杰 / 380
世界一流大学的校长选聘机制及其启示
.... 钟秉林　周海涛 / 393
世界一流大学的校长治理组织架构透视
.... 周海涛　钟秉林 / 403
世界一流大学的校长权力制衡机制探析
.... 钟秉林　周海涛 / 412
加州高等教育总体规划50年回顾与展望
.... 刘宝存　庄腾腾 / 421
高等教育强国视野下的高校教学质量管理
.... 钱　伟　薛二勇 / 428
我国研究生教育制度的历史沿革、现存问题与改革方向
.... 洪　煜　钟秉林　赵应生　张筱茜 / 436
教育资源怎样配置 .... 钟秉林 / 447
美国一流大学捐赠基金管理的特征
.... 燕　凌　佟　婧　洪成文 / 456
我国公共财政支持民办高等教育研究
.... 方　芳　王善迈 / 463
我国民办高等教育发展若干重要问题探析 .... 钟秉林 / 475
我国民办高等教育的区域差异及影响因素分析
.... 方　芳　钟秉林 / 483
智库如何才能对高等教育实践产生影响 .... 谷贤林 / 498

第一章
高教理论新探索

引 言

本章选择了9位作者11篇理论性论文。作者通过不同视角，对现实高等教育问题进行了较为系统的理论观照。阅读这些论文，对于把握高等教育研究前沿、了解学术研究动向，具有参考价值。《大学文化传统的失落：学术资本主义与大学行政化的叠加作用》一文运用学术资本主义的理论框架，从大学发展的历史视角分析了学术资本主义思潮对于大学管理的消极影响，对深入探讨我国大学行政化问题颇有价值。《试论我国教育演进过程中三重价值取向的交互作用》一文，则从社会学的视角，借助能力主义、社会资本和差异补偿三个核心概念，为高考改革、公平诉求和最终实现教育公正提供了理论分析框架，作者提出的教育制度与人事制度相衔接的新制度体系的设想，有较强的政策参考价值。在《高等教育管理方式转型的知识解读》中作者指出，重商主义、市场化导向已经发展成为高教管理变革的集体符号，国内国际亦然。然后，这些改革的背景和原因是什么，这些改革带给大学的利弊有多大，如何从理论上深刻阐述这些原因，对持有相同兴趣的研究者，有借鉴价值。论文《现代大学制度的实践逻辑》从哲学认识论视角探讨了现代大学制度的演进、含义及现代逻辑，在探讨现代大学制度中的制度与人、学术人与行政人、现代大学制度与绩效关联等问题上，推荐阅读《现代大学制度的实践逻辑》。《论大学组织冲突》一文通过学术身份、组织使命、治理结构三个方面，全面展现了大学的冲突，提出了求解的方略。论文《高等教育强国的内涵、特征及建设策略》在探索强国的本质问题上有新的见解，对于理解什么是高教强国、高教强国有什么本质特征以及如何建设高教强国，提出了新的探讨思路。《美国大学治理的边界》一文通过共同治理与公司治理、治理结构与治理文化、学术权力与行政权力的边界问题的探讨，把握大学的治理边界等问题，对大学学术身份探讨有兴趣的读者，本文值得一读。论文《高等教育强国建设与我国高等教育改革的政策走向》系统分析了我国建设高等教育强国的基础、建设目标和巨大挑战，提出了建设高教强国的若干对策。刘慧珍的《去行政化路径：完善高校法人制度》提出了行政化具有的双重消极作用，指出了完善法人制度不仅有利于大学发展，也有利于政府管制的改善。《论高等教育全球化的张力》一文运用马金森全球国家地方能动模式的理论，探讨了大学发展所面临的多重张力，并在理论上增加了《西方化－民族化》的伦理维度，改造了伯顿·克拉克的三角架构，增加了公民社会的要素，对于全球化的检验和抑制全球主义的不利影响，有启迪价值。论文《学术伦理，学者内在的品质》梳理了学术伦理形成的历史脉络，提出了学术伦理重塑的对策。对学术伦理的成文规范、内在品质和学术伦理的重建，提出了作者独到的观点。

大学文化传统的失落:
学术资本主义与大学行政化的叠加作用

王英杰[①]

一、大学的文化传统

现代大学自中世纪在欧洲建立以来已历经千年,它是人类社会中最历久弥新的机构。近千年来它以同样的名称,坚持其核心使命,为人类社会提供基本相同的服务。哈佛大学前校长洛维尔(A. L. Lowell)曾以"在美国对学术传统开战之时"为题发表演讲,他在演讲中指出:"大学存在的时间超过了任何形式的政府、任何传统、法律的变革和科学思想,因为它满足了人们的永恒需要。在人类的种种创造中,没有任何东西比大学更经得住漫长的吞没一切的时间历程的考验。"大学之所以能经受沧海变桑田般的考验,是因为它有强大的遗传因子,也就是说在千年中形成的稳定的文化传统。了解和认清这些文化传统,对于大学未来的发展具有极重大的现实意义。

1. 追求真理:大学的核心使命

对于大学的核心使命是什么,无须笔者在此赘言,大学教育的先贤们有非常精彩的论述,在此仅列举几位,以说明大学对真理的追求是绵绵不断、一脉相承的:

洪堡:大学是高等学术机构,是带有"研究性质的学校",是学术机

[①] 作者简介:王英杰(1945 -),男,山东莱州人,教育部人文社会科学重点研究基地北京师范大学比较教育研究中心、北京师范大学国际与比较教育研究所教授。

构的顶峰。"它总是把科学当作一个没有完全解决的难题来看待,它因此也总是处于研究探索之中。"

纽曼:"从最简单和最原始的形式看,大学是由来自世界各地的教师和学生组成、探索各种知识的场所。"

弗莱克斯纳:"追求科学和学术是大学的任务。""如果大学不分清是非,没有行事的标准,忙于各种各样的事务,在忙于社会服务这种狂热的氛围下,文化是不能繁荣的。""大学不是风向标,不能什么流行就迎合什么。大学必须时常给社会其所需,而非其所要。"

赫钦斯:"大学的目的在于窥察知识、生命、世界或真理的全貌。"

亚斯贝尔斯:"大学是一个由学者和学生共同组成的追求真理的社团。"

克拉克·克尔:"它(多元巨型大学)在保存、传播和拷问永恒真理方面鲜有可媲美者;在探求新知识方面孤军奋战;在为不断进步的文明社会的如此众多构成部分服务方面,历史上任何高深学问机构都无法与之相比……尽管它没有一个可以称为其自身的唯一的灵魂,其成员还是为真理而奉献。"

如果细究起来,这些著名学者的高等教育哲学思想并不完全一致,他们的大学理念也并不完全相同。他们的观点有的偏向永恒主义,有的偏向实用主义,有的以认识论来识读大学,有的以政治论来评价大学。纽曼的大学是一种教学机构,而洪堡的大学则是研究机构。但是他们却不约而同地把追求真理作为大学的核心使命。特别值得一提的是克尔对大学的认识,他认为当代大学使命是多元的,服务是多元的,他甚至造了一个新的英文单词 multiversity 来取代 university,以 multi 这个词头来说明大学是多元的,而非 uni 词头所表达的单元的,实际上没有任何人真正将大学称为 multiversity,但他仍然认为大学在保存、传播和拷问真理方面,在探求新知识方面无与伦比,其成员为真理而奉献。我们可以说追求真理已融化在大学的血液中,成为大学重要的文化传统。跟上知识变化的步伐,成为大学的一个亘古不变的挑战。

2. 学术自治:大学独享的特权

学术自治是大学独享的特权,其他任何社会机构都没有像大学这样被社会广泛承认富有自治的特权。它源于西欧中世纪大学，当时的大学是学者的行会组织，而行会组织的管理特征就是自治。此后，大学先后受制于教会和民族国家的政府，但是由于加尔文教派的普通信众参与治理的理念和英国信托制度对大学治理制度的影响，大学仍能保持其自治传统。到19世纪初，大学对国家的发展起到愈来愈重大的作用，受到国家和社会广泛的关注，大学的发展和治理成为重要议题，洪堡认为，"大学是一种最高手段，通过它，普鲁士才能为自己赢得在德意志世界和全世界的尊重，从而取得真正的启蒙和精神教育上的世界领先地位"。但是，"就总体而言，国家绝不能要求（大学）直接地和完全地为国家服务；而应当坚信，只要大学达到了自己的最终目标，它也就实现了，而且也是在更高的层次上实现了国家的目标。"他所推行的改革使大学成为既受国家保护又享有自治的学术机构。

在当代，大学已超越象牙塔，但是学术自治仍被认为是处理大学与政府和社会关系应遵循的一个重要准则。这是因为大学是追求真理和传授高深学问的地方，只有学者才能真正理解如何最好地获取和传授这些学问，真正理解这些学问的内容及复杂性。"学习和研究的错综复杂性和不可预见性要求高度的自由，不受外界的干预与控制，高校才能有效地运转"。因此，大学与政府和社会其他机构应达成谅解，形成社会契约，维护大学的学术自治地位。

3. 学术自由：大学文化的灵魂

学术自由是大学最古老的传统，是学者不断追求和捍卫的学术职业权利。世界银行高等教育与社会特别研究组把学术自由视作大学良好治理的四个重要原则之一，其报告认为："学术自由是'学者不受雇佣他们的院校的控制与限制，进行科研、教学和出版的权利'。（哥伦比亚百科全书）没有学术自由，大学就不能履行其主要职能之一：成为新思想（包括那些可能不受欢迎的新思想）的催化剂和庇护所……学术自由承认学者确定自己的探究领域和以自己的方式追求真理的权利。学术自由可以对提高高校质量以及整个高等教育制度的质量做出重大贡献，但是它既需要在高校内部得到理解和尊重，也需要高校的上级部门的理解与尊重。"美国斯坦福大学校长卡斯帕尔（Gerhard Casper）认为"学术自由也意味着摆脱大学内部要求一律的压力。洪堡甚至强调道，'知识自由不但可能受到政府的威胁，而且可能受到来自知识机构本身的威胁。这些机构在它们开始之时即采取了某个特定的观点，然后就急于压制别的观点的兴起'"。因此，斯坦福大学极为重视保障学术自由，他把斯坦福大学成为世界一流大学的一个公开的秘诀归于大学始终把学术自由作为"大学不可或缺的灵魂"。

4. 学者社团：大学文化的组织基础

中世纪的大学是学生或教师的"行会"组织，但它与手工业者的行会的根本区别在于，它不是谋生的同业者组织，而是教师或学生的社团——学者社团，是学生和教师共同探索高深知识的场所。洪堡的研究型大学强化了大学是学者社团这一理念。大学作为学者社团，其最基本的结构特点是，由代表不同学科的院系松散地连接在一起构成，依一种民主的方式，协调各院系的目标和利益，把它们有机地联系在一起。大学的一个基本治理特点是，教师不把自己看作是必须向大学校长或其他各级行政人员报告的雇员，作为特别的知识工作者，他们的基本责任在学生和真理。这就决定了大学的决策过程必须更加民主，一切有关学术的决策都要通过教师，或代表他们的教授会、学术委员会或各种专门委员会。正是在这些委员会的会议中，大学的文化、价值和标准被讨论并联系起来，并且受到尊重。伯克利加州大学前教授评议会主席赛博（Harry N. Scheiber）指出："现代评议会是一种迷人的制度……评议会唯一的责任是保持学术卓越的火焰永不熄灭……不理解这种精神，就不能理解伯克利为什么和怎样在几十年中始终处于世界一流。"有关学生的决策还要与学生或其代表机构讨论，因为在大学中学生也是主体构成部分，他们与教师和行政人员亦不构成领导与被领导关系。

在大学这样的学者社团中，民主、平等、自由、公开、沟通、交流、包容成为大学重要的文化特征。

二、学术资本主义与大学行政化

法国社会学家涂尔干（Emile Durkheim）早在百年前就非常精辟地指

出，经济的迅速增长打破了原有的社会关系，在这种情况下人们容易接受新的观念，同时社会也容易失去发展方向。我们今天的社会处在急剧变化之中，文化冲突和价值冲突影响着我们每一个人和社会中一切机构的文化和价值选择。我们正处在一个市场规律和竞争法则影响和控制社会生活方方面面的时代，一个疯狂消费的时代，一个镀金的时代，在这个时代中市场价值与人本价值发生激烈的对抗，低俗的文化与高雅的文化不断发生碰撞；我们正处在一个民主的时代，参与的时代，在这个时代中大众、民主、公平和公正的价值与精英文化传统不断交锋；我们正处在一个国际化的时代，在这个时代普世的价值与民族文化传统既融合又对立。在一定意义上我们可以说，新世纪是不同文明和文化发生冲突与交流的时代，这种文化的冲突正在深刻影响着大学，在这样的时代，大学是引领文化的发展还是随波逐流，大学必须做出抉择。很遗憾的是，从世界的范围看，大学的文化传统正在受到侵蚀，当前对大学文化传统打击最致命的是学术资本主义和大学行政化。

1. 学术资本主义

世界金融危机引发人们对资本主义的反思，人们以占领华尔街的形式来表达他们对资本大亨贪婪的不满。但是令人称奇的是，大学中的学术资本主义却方兴未艾，大学与市场间的界限日趋模糊，大学的行为越来越多地像知识市场中的营利组织。当然，对什么是学术资本主义，如何对学术资本主义做价值判断，尚有不同的意见。特别是在我们国家，一些学者认为，我们的大学所创造的知识还有待于转化为资本，"既无资本，何来主义"。甚至认为，在国家赋予教师工资不高的情况下，如果不允许教师将其知识转化为资本，就会使教师贫困化。鉴于笔者的学术背景和认识水平，本文并不奢望搞清这些问题，进行学理性的讨论。因此选取了美国学者罗德斯（Gary Rhodes）和斯拉夫特（Sheila Slaughter）对学术资本主义下的最直截了当的定义：学术资本主义是"一种使大学和教师致力于市场和准市场行为的制度"。换句话说，所谓学术资本主义就是"大学和专业人员为获取校外收入所做的市场和类市场努力"。这些努力的目的是从大学的教育、科研和服务的核心职能中创收，追求利益的最大化正在成为组织和个人行为的基本出发点和终点。

学术资本主义使得市场思想与意识日益支配大学和教师的价值观，适应市场力量，给予短期的市场需求以优先，忽略了更广阔的社会责任。大学正在从"公共物品知识制度"转变成"学术资本知识制度"。"公共物品知识制度"的核心就是把知识视作公共物品，"公共物品知识制度"的基础是，基础科学导致学科新知识的发现，与此同时公众受益。其特征与默顿四原则——知识的公共性、普遍性、非牟利性和有组织的怀疑——密切相关。而"学术资本知识制度"则正相反，其价值取向是重知识私有化和以知识获取利润，知识被看做财富的源泉，大学、教师和赞助者都声称，他们有权先于公众从知识的发现或传输中获取利润。"学术资本知识制度"认为在科学和商业活动中不存在天然的隔离，不需要一定的中介在二者中建立联系，学术发现可以直接导致商业交易中技术产品的出现，从而为学术发现赋予了商业价值。学术资本主义使得大学越来越像企业，在大学内部带来激烈的文化和价值冲突。从本质上说，企业是营利性的，注意保密，兴趣狭隘，而大学具有公共性、开放性，兴趣广泛而均衡。从企业和大学这些文化特征出发，我们可以说，大学越像企业，大学的管理越与企业趋同，越可能失去其存在的理性。因为学术资本主义导致政府和社会越来越工具性地审视大学，把大学主要视作创造财富的引擎，从而忽视了大学整体的、战略的、长远的文化功能。

学术自治与学术自由的传统正在被学术资本所改造，学术生产不再追求知识的公共性、普遍性、非牟利性和有组织的怀疑，学者也不再以深刻的社会批判为己任，学术随着资本的激流而漂浮，阻碍了大学对真理的不懈追求，学术不再神圣，学术资本的旗帜在大学高高飘扬，大学正在失去学术圣地的地位。

2. 大学行政化

如果说"学术资本主义"是一个舶来的词汇，那么"大学行政化"则是一个本土生成的词汇，在西方国家更多地使用"大学管理化"（managerialization）或"官僚化"（bureaucratization）。本篇论文也并不打算在学理上对中外不同的用词进行严格的区分，而是作为同义词来使用，因为它们在大学治理上，特别是在大学内部治理上的表现大体相同，只是产生的原因不完全相同。我们可以在宏观和微观两个层面认识大学行政化，在宏观层面指政府不断加强对大学行政干预的过程，政府依靠行政权力，按照行政手段、行政方式、行政运行机制管理大学，把大学视作政府的下属部门，实现政府即时目标的工具；在微观层面，所谓大学行政化是指在大学内部管理层不断加强，行政权力不断侵蚀学术权力的过程，大学复制政府管理的科层制，学习企业的管理制度，由大学行政对学术问题做出决策。

有三个重要发展趋势对世界许多国家大学管理产生重大影响。一是大学规模急剧膨胀，许多以本科生院为主、规模仅为千人的大学发展成为数万人的多元巨型大学，在这个过程中大学的管理机构也不断扩张和加强，加速了大学管理的科层化。

二是自20世纪90年代以来，各国由于公共经费的紧缺政府开始关注经费使用的效率，纷纷制订政策，监测大学的绩效或者产出，建立绩效报告制度、绩效合同或类似的治理工具，监控大学经费的使用，引入按大学的绩效分配公共经费的原则，使大学更负责任地实现公共目标。本来这一改革的初衷是改变政府对大学的监管模式，使用新公共管理的手段治理大学，让大学对社会负起责任来。但始料未及的是，政府这一系列措施使大学的行政部门（特别是审计、战略规划、法律和财务等部门）迅速扩张起来，极大地加强了大学行政权力，加剧了大学的行政化。

三是在新经济不断发展和经济全球化的背景下，大学的商业化不断加剧，大学的管理与企业的管理趋同，大学为迅速应对市场的挑战，校长的行为取向不断接近企业的CEO，跨越传统的学术决策程序，垄断学术决策权，加速了大学行政化。这听起来有一点诡异，本来就整个社会宏观层面而言，在社会市场化的过程中，政府会从对社会机构的直接监管中退出来，承担起保持一定距离的引领作用，从而改变社会中政府无处不在的现象。但是在大学内部，市场化却导致了行政化。

这三个趋势在我国均有体现，但是在我国独特的是，这三种趋势与原本就具有的很强的官本位文化契合起来。在过去60多年中，大学被视作政府的附属部门，大学管理人员被视作国家干部，按照干部来任免和管理，官本位被无限扩张和强化，大学正在异化为以官僚机构模式运转的另类机构。与此同时我国特色的市场经济对大学的影响不断加强，大学要不断依靠市场寻求新的收入来源。大学的这一市场努力在宏观上并未从实质上改变政府与大学间的治理关系，但是在大学内部却极大地加强了行政权力，成为大学行政化的一个重要的推手。

大学行政化已成为一股巨流，应该引起我们足够的警觉。美国著名高等教育学者阿特巴赫（P. Altbach）指出："随着高等教育大众化和大学行政管理化，随着高等教育领域中行政人员数量增长，高级行政人员的管理权力大大加强，他们控制了预算和学术规划。"约翰·霍普金斯大学前校长穆勒（S. Muller）进一步提出了警告，大学"早期存在的人之间的密切关系和人文标准正在受到规模、制度和程序的侵蚀。这种演变使得大学自治更难于实施"，大学"不可避免地官僚化了"。

三、大学文化传统的失落

当前，在大学和市场，大学与政府之间没有缓冲带，学术需要资本来推动，获取资源和地位成为影响大学行为的主要因素。传统的学术兴趣让位给市场力量和大学及教师自己的经济利益，传统的学术变成学术快餐。这就造成了大学内不同文化激烈的碰撞，学术文化与行政化及学术资本主义叠加所生成的文化——竞争、市场、绩效和行政领导至上等——之间的冲突的激烈程度是史无前例的。正如长期研究大学的美国高等教育学家克拉克（B. Clark）所说："在学术事业和系统中最少被注意到但又变得日益重要的是行政文化从教师和学生文化中的分离，随着职业管理专家代替教授业余管理者，一系列独立的角色和利益出现了……他们（行政人员）每日的工作与教学和科研根本不同……他们有大量的原因把教师和学生看作是，往好处说，缺乏现实感的人，往坏处说，制造麻烦的人和敌人。一种独立的文化产生了。"这就造成了大学与其他社会机构的一个质的差别，即在大学中两种文化独立并存，相互冲突，影响着大学的发展和前途，学术人员和行政人员之间的紧张关系成为大学风景线上的一个持久的、挥之不去的特点。

1. 大学自治权利式微

政府通过经费的分配、审计和评估等手段严格监管大学，导致大学以行政化的方式获取资源，尽一切可能满足政府的即时目标，强化了大学从属于政府的地位和逻辑。在我国这一问题已经严重到无以复加的地步，政府赋予了大学和校长行政级别，使大学成为政府安排干部和提升干部的场所。政府不仅管干部，还管人才，政府主导的各种人才计划层出不穷，使得人才越来越等级化。此外还管工程项目、科研项目、学位、学科和专业设置，甚至管到课程设置和教材编写。在政府对大学的监管之下，洪堡的大学模式或如逝去的恐龙，或如美丽的风景画被高高挂起，只有理想化的学者还在欣赏。

2. 学术权力失落

权力向大学管理者转移的一个重要原因是大学需要对资源进行管理，需要减少对单一资源的依赖，需要快速对市场需求做出反应，这对扩大管理权力似乎提供了令人信服的理性，但是现实的结果是管理权力不受制约，学术权力不断失落。第一，大学管理层级增加，管理人员膨胀，据美国的统计，从 1976 年到 2000 年美国平均师生比保持在 7∶100；但是非教学人员与学生比从 3∶100 上升到 6∶100。这就导致了大学中权力天平上行政权力的加重。第二，教师失去独立的专业人员的地位与资格，处于被雇佣和被管理的状况，他们就像企业雇员那样受到量化指标的评价。大学内部"学者自治"的组织处于被行政组织与管理的状况，我国高等教育法所规定建立的学术委员会和教职员代表大会实际上仅为咨询审议机构，没有任何实质的决策权。在美国一些大学的教授会或者教授评议会或被解散，或被置于高阁，失去独立存在的地位。第三，大学以行政化的方式和逻辑配置资源，教师完全被排除在资源配置决策之外。在大学中，管理超越了学术成为应对激烈竞争性市场挑战的主要动力源泉。第四，大学正在经历一场"管理革命"，实现一种范式的转变，在思想意识层面正在从传统的学者社团精神向新管理主义意识和经济理性主义转换，一套新的话语已经生成，"市场价值"、"成本—效益"、"战略规划"、"全面质量管理"、"绩效指标"、"问责"和"审计"等成为大学管理的关键词。当前大学管理范式的主要特点是强有力的行政主管控制气氛和市场优先的战略选择，行政管理者的主要作用是对政府负责，像管理公司企业那样管理大学，促进商业价值和实践，不断强化大学为政府即时目标的服务，使管理有了更大的组织空间和可见度，而学术权力却不断失落。

3. 大学核心使命解构

满足政府和市场的需要，正在成为大学存在的基础，政府官员和大学行政领导的选择正在解构大学的核心使命，创造财富，追求利润正在取代大学追求真理的传统目标。第一，由于受到市场压力，大学不得不适应市场的短期需求，行政主管急切地重新分配资源，在学科发展、专业设置、课程设计等重大学术问题上独断专行，使得大学内部资源分配严重失衡，在教学与科研、基础科研与应用科研、文理学科与市场密切相关的学科之间，资源严重倾斜于后者。学科或专业的增设或削减被视作适应市场需求变化的明智选择，以调整教育"产品"的供给来适应市场需求的变化，使得工商、管理和法律等学科畸形发展，而传统上带来重大科学突破的学科和传承人类文明的学科的发展受到制约和削弱，大学偏离学科均衡发展的轨道，大学整体的学术景观发生了重大变化，学生的全面素质发展受到影响。第二，大学传统的学术组织结构正在发生质的变化，以市场需求和政府即时需要为导向的机构正在大学大量涌现，它们游离于传统的院系之外，不受大学内教师的"学术自治"组织制约，直接对校行政负责。它们有自己的经费来源，自己的编制，自己的课题，它们的选题主要来自经费来源机构，它们的研究结果首先由经费来源机构享有，公开的发表和自由的分享不是这些机构首要的追求。这些机构由于能为大学带来新的资源，能够使大学不断见诸媒体，格外受到大学行政的青睐。但是如果不以学术价值判断这些机构存在的必要性，不以学术标准管理这些机构，它们可能改变大学的学科组织结构，大学的资源分配模型，把大学推向购物中心型的机构。第三，大学科研项目的优先选择受到政府、市场和企业的影响与控制，教师不再能够追寻自己的好奇心，沿着追求真理的逻辑或者学科知识生长的逻辑确定自己的科研方向和选择自己的研究项目。于是大学在批判性地评价社会的文化、政治、经济和价值伦理上的核心使命也就逐渐丧失。第四，大学的市场行为正在使大学偏离社会平衡器的使命，它们更偏爱那些能够给大学带来收入的专业和项目，对社会贫困群体的需求麻木不仁，使得"寒门难出贵子"，大学正在复制和强化社会的不公正。

4. 学者社团的核心价值衰落

第一，学术资本主义对教师在教学、科研和服务三项基本工作中的优先顺序安排产生重大影响。特别是那些进入到学术资本主义中心的教师，他们开始远离利他主义的价值，远离知识的公共价值而贴近市场价值，他们更加注重那些具有附加值的活动，视科研为名之所在，校外活动为利之所在，把主要精力放在了科研与校外活动，忽略了教学，不关注学生的需要。第二，大学行政化导致了教师对行政工作的偏爱。这点在我国极为突出，由于我国大学内官学一体的制度安排，大学领导和中层管理人员实际上形成了特殊利益集团，他们控制了大学的学科建设，为自己所在的学科或专业构建专门的组织，而较少考虑大学院系等基础学术组织建设和调整的合理性，他们不适当地利用自己手中的权力为自己的学科或专业拨款或争取资源。他们在各种评奖和各种人才工程中占据了不适当的比例，这就导致了教师价值的偏移，特别是一些已经具有一定学术造诣的教师不再把学术作为主要的追求而去竞聘行政职务，实现个人利益最大化。第三，在行政化过程中形成的自上而下的决策程序和风格改变了学术生活的基调，教师不再把校长当作教师的代表，在校园中弥漫着一种对行政不信任的气氛，教师生活在行政有意或无意营造的紧张氛围中，以往学者社团中和谐的生存环境几乎消失殆尽。第四，在学术资本主义和行政化双重作用下，教师已经很难坚持学术自由的原则，他们在科研选题、科研成果发布、学科设置，甚至课程安排等方面都很难自主做出决策。

5. 学术职业生活激变

第一，教师们在商业化的聘任、评价和奖惩制度的压力下，不得不改变研究出版习惯，关于研究的讨论最后经常落在两个问题上：能带来多少钱？能产生多少著作和论文？他们不再能静下心来，穷真理之末，而是到处奔波找课题争课题，他们越来越浮躁，急出成果，多出成果，一年动辄发表几十篇论文和多部专著。更有甚者，在学术上造假，抄袭，严重败坏了学术风气。第二，在学术资本主义的影响下，竞争、冷漠、趋利和排他等价值逐渐取代千百年来规范学术职业生活的自由、平等、民主、包容、和谐等价值观念，这势必会导致学术职业基因的变异，造成对学术职业生活的长远影响。第三，学术资本主义和大学行政化加深和加宽了本来就存在于教师间的文化割裂，强化了不同层级教师间、占有较多学术资源的教师和缺少学术资源的教师间、"市场价值"不同的学科的教师间，传统院系的教师和新型的研究机构的教师间的文化差异。

总之，学术资本主义和行政化正在改变大学的品格，侵蚀大学的价值和文化传统——利益无涉的研究、对真理的自由追求、信息的自由分享、广阔而平衡的知识追求与传播以及学者社团所包含的价值。

结语

我们正在使用市场的逻辑和管理主义的途径重构大学，大学日新月异地变化着，在市场和社会中更活跃了，但是我们却在冒着失去大学千百年来累积沉淀的文化传统的风险。大学既需要寻求更广泛的收入来源，又要以大学的核心价值为指南，"收入来源的合法性取决于指导财经决策的教育价值。有些事大学绝不能做，不管给多少钱"。陷于当前改革进退两难境地的大学必须既反思历史又展望未来，也就是说要思考美国高等教育学家克尔（C. Kerr）所说的"累积的遗产与现代冲动的矛盾"。过去与未来的"对峙"所导致的紧张是如此深刻，使当代成为大学发展中的"最关键的时代"。在变化的时代，在市场价值不断膨胀的时代，在新公共管理的时代，不受控的学术资本主义和行政化可能会成为脱缰的野马，不受历史、传统文化和价值的约束，把大学拖入市场组织或官本位组织的泥淖。大学要履行其独特的功能——追求真理，要捍卫其独特的文化传统——学术自治、学术自由和共同治理。如果任由学术资本主义和行政化占领大学校园，大学就会失去独立生存的理性，就会丧失公众对大学的信任，大学引领人类文明的灯塔就会熄灭。大学面对的财政迫切需求，市场的强大压力，政府对大学的即时功利要求都是短期的，而大学必须传递的文化和坚守的价值却是永恒的。大学千万要警觉！要深思！

试论我国教育演进过程中三重价值取向的交互作用

王晓辉[①]

我国教育历史悠久,但现代教育系统却是发端于西学东渐。1902 和 1903 年清政府颁布的《钦定学堂章程》和《奏定学堂章程》可被视为我国现代教育的起点。之后,西方教育思想和价值观与我国传统教育价值观便不断融合与冲突,形成今天教育理念和价值取向的错综复杂局面,乃至教育决策中无法准确地进行政治定位。

当前教育平等和公平的讨论逐渐热烈,特别是关于平等与效率、精英教育与大众教育等关系问题争论不休,其原因是我们往往从单一维度来认识问题,因此难免出现偏颇。本文便是尝试以能力主义、社会资本和差异补偿的三重价值取向来分析我国教育演进过程中的若干重大问题,以期深入理解教育发展的基本规律,促进我国教育发展的科学决策。

本文第一节对能力主义、社会资本和差异补偿等三个基本概念及其相互关系进行简要阐释,第二节尝试以三个基本概念为工具,主要分析新中国成立后前 30 年的若干教育政策,第三节主要分析后 30 年,特别是当前的教育政策,第四节着重于未来教育发展的构想。

一、基本概念阐释

能力主义、社会资本和差异补偿是西方社会学的重要概念,近年来逐渐为我国学界所熟悉。但这些概念又多有歧义,因此在尝试以其为分析我

[①] 作者简介:王晓辉,北京师范大学国际与比较教育研究院教师研究员。

国教育演进的工具之前，须进行简要阐释和界定。

能力主义

能力主义（meritocraty）源于拉丁语 *meritum* 和希腊语 κρατοs 的组合。前者指人们值得享有的成果或收入，后者表示勤奋或努力。能力主义，或译作唯能主义，甚至直接用精英政治表示，因英国社会学家迈克尔·杨（Michael Young）1958 年的一部题为"能力主义的崛起"（*The Rise of the Meritocracy*）的著作而成为西方社会学的重要概念。

在柏拉图的理想国里，社会的权力由哲学家等优秀人才掌控。但是在西方封建社会，政治权力和社会财富完全是在贵族的内部世袭和继承。美国的"独立宣言"和法国大革命的"人权宣言"宣布"人人生而平等"，从理论上打破了封建世袭制度。马克思"多劳多得"的思想描绘了社会主义的美好前景。法国社会学家布东（Raymond Boudon）设想，在一个称为能力主义的社会，个人的社会地位仅仅取决于受教育的水平。① 迈克尔·杨想象，能力的逻辑在 2033 年的社会被推展到极端，因此需要创造"能力主义"这一新概念来表示这样的社会：每个人的地位完全依赖于自身的才智与努力。迈克尔·杨认为，"才智加努力为才能"（Intelligence and effort together make up merit（I + E = M））。②

一般来说，能力（competence）也是知识，只不过这种知识与行动密切相关。有的学者认为，四种知识最为重要：知道是什么，知道为什么，知道如何做，知道为了谁。而"能力就是以知识为基础，并在特定场合有效地发挥作用"，或者说"能力是为着达到特定目标而显露的特殊才干或技能"。③ 但是能力主义中的能力（merit）与一般的能力有所区别，它包含某种先天因素的才能和后天的个人努力。一个社会的有效性，就在于最大发挥每个社会成员的能力。学校的重要作用就是开发、鉴别每个人的能力，并加以排序。

能力主义虽为西方社会学的概念，但我国的能力主义传统可以追溯到

---

① Raymond Boudon, L'inégalité Des chances, Paris: Armand Colin, 1973.
② Michael Young, The Rise of the Meritocracy, Londres: Thames and Hudson, 1958, p. 84.
③ Eurydice. Compétence Clés, Eurydice, Bruxelles: Eurydice, 2002, p. 12.

隋唐兴起的科举制度。孔子时代便崇尚"学而优则仕"的理念,但并未产生切实可行的选官制度。两汉魏晋南北朝盛行的察举制和九品中正制既是士族豪门对官员选拔的垄断,又是对读书人学习进取心的极大伤害。科举制使中国传统知识分子从以自我修养为主的学习境界提升为对做官的追求。"朝为田舍郎,暮登天子堂"固然稀罕,但这种将相本无种、茅屋出公卿的选官制度极大地激发了平民子弟求学的动力,出人头地,衣锦还乡的梦想也成为读书人类似宗教的信仰。甚至"学而优则仕"的理念,"公开竞争、平等择优"的科举考试原则也为近代欧美国家建立现代文官考试制度提供了有益的借鉴。

社会资本

"社会资本"在社会科学领域还是一个崭新的概念,相当于社会网络以及共同的规范、价值和信念。

1980年,法国社会学家布尔迪约(Pierre Bourdieu)发表了一篇短文《关于社会资本的临时笔记》,首次提出社会资本的概念:"实际或潜在资源的集合,这些资源与由相互默认或承认的关系所组成的持久网络有关系,而且这些关系或多或少是制度化的。"[①]也许是不经意中的理论亮点不够辉煌,也许是法文著作的波及面太小,布尔迪约的新概念并未引起理论界的注意。

一年之后,格伦·卢里(Glen Loury)把这一概念引入经济学。真正使社会资本概念引起广泛关注的是哈佛大学社会学教授罗伯特·普特南(Robert Putnam),他认为社会资本"能够通过协调的行动来提高社会效率的信任、规范和网络"。[②]亚历山德罗·波茨(Alejandro Portes)强调,社会资本是"处在网络或更广泛的社会结构中的个人动员稀有资源的能

---

① Pierre Bourdieu, Le Capital Social. Notes Provisoires, Actes De la Recherche En Sciences Sociales, No 31, Janvier, 1980, P. p. 2 – 3.

② Robert Putnam, Making Democracy Work, Princeton University Press, Princeton, 1993, p. 167. In Jonathan Temple, Effets De L'éducation Et Du Capital Social Sur la Croissance Dans Les Pays De Lócde, OCDE, Revue économique, No 33, 2001/Ⅱ.

力"。① 世界银行则认为:"社会资本指决定一个社会的社会相互作用的质量与数量的机构、关系和规范。越来越多的客观事实显示,社会的聚合使社会经济得以繁荣和持续发展。社会资本并不是社会机构的简单之和,而是连接它们的坚实纽带。"②

社会资本在社会学中脱颖而出,很快便渗透到整个社会科学之中。它的经济学意义是,当经济利益各方都以一种信任、合作与承诺的精神,来把其特有的技能和财力结合起来时,就能得到更多的报酬,也能提高生产率。它的政治学意义则是促进社会稳定和社会发展。

如果社会资本出现赤字,社会面貌将是这样一种景象:思想观念落后、制度创新乏力、行政效率低下、政府官员腐败、公民缺乏信任、社会缺少秩序和规范。

当然,社会资本也有负面的危害,比如排斥圈外人,对团体内部成员要求过多,限制个人自由,压抑优秀人才,甚至可能构成犯罪集团的要素,如贩毒、偷渡、恐怖主义。

社会资本在中国这样一个充斥关系的社会背景中具有特殊意义,它极易演变成特殊利益的关系网络。布尔迪约曾批判道:"特权阶级总是把选择的权力完全地委托给学校,以显得它们把从一代人向下一代人传递权力的权力交给了一个完全中立的当局,从而拒绝了通过世袭传递特权的专断性特权……这样,学校就能比过去任何时候都更好地,以一个民主思想为基础的社会里所能想象出来的唯一方式,促进业已建立的秩序再生产。"③在当代中国,总有一些人会利用权力或金钱为子女争取进入优质学校的机会或选择良好的学习环境,获得平民无法或不易得到的教育资源,从而更有效地获得教育结果的优势。他们实际上已经成为社会的特殊利益阶层或

---

① Alejandro Portes, Economic Sociology and the Sociology of Immigration: A Conceptual Overview, in Portes (ed.), The Economic Sociology of Immigration: Essays on Networks, Ethnicity, and Entrepreneurship Russell Sage Foundation, New York, 1995, p. 12.

② http://web.worldbank.org/WBSITE/EXTERNAL/TOPICS/EXTSOCIALDEVELOPMENT/EXTTSO2CIALCAP ITAL/0,contentMDK:20185164~menuPK:418217~pagePK:148956~p iPK:216618~theSitePK:401015,00.ht2ml (2006.10.15)

③ 皮埃尔·布尔迪约·帕斯隆:再生产——一种教育系统理论的要点 [M]. 北京:商务印书馆,2002:180.

集团。

社会资本与文化资本有密切关联。文化资本是布尔迪约最早提出的概念，指包含了可以赋予权力和地位的累积文化知识的一种社会关系。上层阶级的子女从其家庭继承了思维方式、智力工具、语言、普通文化、言谈举止等诸多文化资源。居于法定地位的学校文化完全出自于统治阶级的符号系统，并对被统治阶级行使一种"符号侵犯"。社会各阶级往往由于与学校文化的距离不同和由于获取这种文化的方式不同而有所差别。接近于学校文化的阶级可以耳濡目染地向儿童传授各种知识，并向儿童提供各种必备的学习条件，从而使其子女凭借其"文化资本"优势很容易地在学校里出类拔萃。而对于平民阶级的孩子，因为家庭中对教育制度知之甚少，学习用具也残缺不全，经常处于学习的劣势，甚至受到被淘汰的威胁。一般来说，拥有充分文化资本的人通常会拥有充分的社会资本。但在偏重权力和关系的中国社会，拥有社会资本的人未必掌握相当的文化资本。文化资本需要较长的时间和适当的环境才得以传递，比较而言，社会资本的作用则更直接、更有效。

特权（privilege）是指某人获得利益和好处的资格不是来自于个人的功绩，而是因为具有某集团或阶层的成员资格。[①] 铲除和限制社会上层利用权力谋取特殊利益是所有民主国家和进步社会的重要责任。特权势力也可以作为社会资本的组成部分，为了分析的方便，本文以下所涉及的社会资本，主要指特权势力。

差异补偿

人类在性别、种族、民族、地位、财富等诸多方面存在差异。

有差异便可能有歧视。歧视是人类社会普遍存在的现象，如身份、地位、籍贯、性别、经济、文化、宗教的差异都可能成为社会歧视的因素。而要保持社会的和谐稳定，又必须同社会歧视作斗争。于是，便有积极歧视的思想，以区别一般意义的歧视，即消极歧视。所谓"积极歧视"（pos-

---

① Wildman S. M., Armstrong M. J. Privilege Revealed: How Invisible Preference Undermines America [M]. New York: New York University Press, 1996. 余雅风. 论公民受教育权平等保护的合理差别对待标准 [J]. 北京师范大学学报（社会科学版），2008（4）.

itive discrimination），是为某些社会群体提供更多的优惠和便利，使他们摆脱处境不利地位的一个普遍原则，它所体现的是一种社会公正。正如美国学者罗尔斯（John Rawls）表述两个正义原则之第二个正义原则，即差别原则为："社会和经济的不平等应该满足两个条件：第一，它们所从属的公职和职位应该在公平的机会平等条件下对所有人开放；第二，它们应该有利于社会之最不利成员的最大利益。"① 也就是说，只有当社会能够保证最不利成员的最大利益时，这个社会才是合理的，社会中的不平等才是被容许的。

绝对的平等或绝对的教育平等可能是无法实现的乌托邦，因此社会公平应是现代社会追求的目标。在教育领域，"积极歧视"，"肯定行动"或"平权行动"（Affirmative action），教育优先区（educational priority areas）等政策措施成为一些国家追求平等与公正的亮丽风景线。

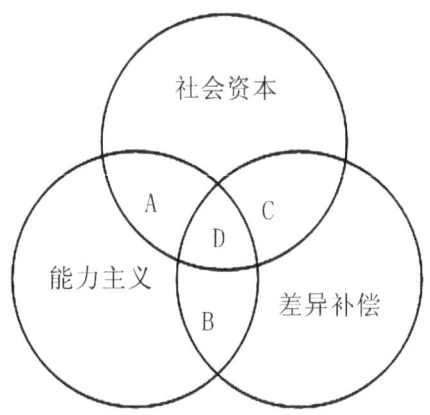

能力主义、社会资本和差异补偿等三个概念均为西方社会学的概念，但却可以作为一种分析工具认识我国教育政策的优势与偏差，澄清一些争论不休的问题，以把握未来教育政策定位的科学性。

能力主义应当是教育政策的基础，任何背离能力主义的教育政策都不可能成功；差异补偿是现代民主社会必须把握的价值取向，否则不能保证教育和社会的和谐发展；社会资本（特权势力）是长期存在的一种社会现象，但必须加以限制，才有可能实现教育机会的平等与公正。能力主义、

---

① 罗尔斯. 作为公平的正义——正义新论 [M]. 上海：三联书店，2002：43.

社会资本和差异补偿同时作用于教育可能是一种常态（D）；社会资本主导的能力主义（A）对平民和不利社会阶层更加不利；能力主义和差异补偿（B）相互配合有利于促进教育平等；脱离能力主义的社会资本和差异补偿（C）可能会导致社会的不公和混乱。

二、三重价值的历史脉络

中华人民共和国教育60余年的发展历程，大体上可以划分为两个阶段：1949年至"文化大革命"结束为第一阶段，1978年改革开放至今为第二阶段。两个阶段教育政策的特点具有明显的差异，本节便是以能力主义、社会资本和差异补偿为工具对第一阶段重大教育政策进行分析与梳理。

1. 优先工农教育

新中国所建立的制度是以工农联盟为基础的社会主义制度，新中国的教育理所当然地偏向于工人、农民及其子女。1949年12月的第一次全国教育工作会议，决定"普遍创立工农速成中学，把工农干部培养成知识分子"。1952年，教育部规定了中等学校工农子女入学的比例，老解放区争取达到60%–70%，新区争取达到30%–50%。据1953年的统计，全国普通中学在校生的工农子女及其他劳动人民子女已经超过71%，东北、华北地区达82%以上。[1]

1953年起，高等学校对工农速成中学毕业生、产业工人、革命干部等优先录取，条件是他们的考试成绩达到所报考科系的录取标准。1964年又对工人、贫下中农及其子女、退伍士兵、劳动知识青年，采取推荐与考试相结合的办法优先录取，条件进一步放低至考试成绩达到所报学校的最低要求。1966年，更对思想政治好的应届毕业生中的产业工人、贫下中农、烈士子女和学生干部的录取条件放宽，只要与其他考生的考试成绩相近时便可录取。

1949年12月16日，根据党中央政治局的建议，政务院第11次政务

---

[1] 中国教育年鉴（1949–1981）[Z]. 北京：中国大百科全书出版社，1984：148.

会议通过了《关于成立中国人民大学的决定》，确定在原华北大学的基础上，创建中国人民大学。决定指出，中国人民大学"接受苏联先进的建设经验，并聘请苏联教授，有计划、有步骤地培养新国家的各种建设干部"。1950年2月19日，原华北大学校长吴玉章被任命为中国人民大学校长，同年9月1日，中国人民大学正式开课。新组建的中国人民大学设8个本科系，有3年毕业的经济计划系、财政借贷系、贸易系、工厂管理系、合作社系，4年毕业的法律系、外交系，2年毕业的俄文系。因招收的学生有些是工农干部、产业工人等，没有受过正规教育，学校又特设一个文化补习班，使他们学习1至2年再进入本科学习。同时，为了培养教员，学校还吸收了一批具有相当文化理论水平的干部与知识分子，组织了研究生班，招生250名，学业期限2年。

正是由于采取这些措施，高等学校中工农成分的比例逐年上升，1953年高等学校中工农家庭出身或本人为工农成分的新生占新生总数的比例为27.39%，1958年已达55.28%，1965年更达到71.2%。[①]

在1950—1966年间，我国教育中的差异补偿政策基本是在能力主义的前提下实施的，但是我们可以看到，随着高等学校中工农成分学生比例的上升趋势，能力主义的因素也在递减，从1953年的在成绩达到录取标准时优先录取，到1964年的考试成绩达到所报学校的最低要求即可录取，再到1966年时只要与其他考生的考试成绩相近时便可录取。而成绩相近的幅度很难把握，可能将能力不足的学生录取进来，值得庆幸的是，在新政权的初期，尚未出现招生中的腐败现象。

2. 警惕特权萌发

随着新中国的成立，工农阶级成为领导阶级，其政治代表共产党也成为执政党。而执政的领导干部随时可能利用手中的权力谋取个人利益。在学校教育存在差异的时候，追求优质教育资源就会是一种常态。解放后，一些大城市相继开办了一些专门接收干部子弟的专门学校，实际上形成了干部阶层的教育特权。毛泽东对此保持了十分警惕，于1952年6月作出批

---

① 中国教育年鉴（1949—1981）[Z]. 北京：中国大百科全书出版社，1984：338.

示："干部子弟，第一步应划一待遇，不得再分等级；第二步废除这种贵族学校，与人民子弟合一。"① 从 1955 年起，各地干部子弟学校逐步被取消，但这类学校并未销声匿迹，例如今天北京的景山学校、育才小学、育英学校、八一小学（今八一中学）、101 中学等都是干部子女集中的学校，其他大城市也有类似的学校。

在 1949－1966 年间，社会资本的苗头始终存在。尽管干部子弟专门学校基本被取消，领导干部子女的教育特权却并未消失殆尽，而是以另一种形式继续存在，即以个别者身份进入重点学校或优质学校。这种形式不为大众所注意，特别是当时社会并无特别追求文凭的风气，且城市中学校之间差异亦不显著。

3. 开办重点学校

新中国的教育必须面对"普及与提高"的抉择。虽然幅员辽阔的城乡工农及其子女的教育普及问题始终存在，培养工农业急需的精英人才显得更为紧迫。1953 年 5 月，毛泽东主持中共中央政治局会议，决定"要办重点中学"。1962 年教育部颁发《关于有重点地办好一批全日制中、小学校的通知》，要求各地选定一批重点中小学，并在回复云南省教育厅的函件中指出，保持和逐步办好一定数量的全日制中小学，这些学校的数量、规模与高一级学校的招生保持适当比例，与高一级学校形成"小宝塔"，并集中精力先办好一批"拔尖"学校。据 1963 年 9 月的统计，全国 27 个省、市、自治区，确定的重点中学共 487 所，占公办中学总数的 3.1%。②

这些重点学校主要建立在城市和城镇，其基本价值取向是能力主义。每个城市都设立小学升初中、初中升高中的考试制度，形成了重点学校与一般学校相区分的等级化的学校制度。通过考试，成绩优秀的学生有可能进入重点学校。但重点学校与一般学校的学费无异，且无高收费入学之可能。值得注意的是，这一"小宝塔"的思路与精英教育的思想颇为相似。然而，这一思路仅仅构成精英教育的雏形，因"文化大革命"戛然而止。

虽然重点学校以能力主义为基础，差异补偿和社会资本均参与其中。

---

① 中华人民共和国教育大事记［Z］. 北京：教育科学出版社，1984：78.
② 中国教育年鉴（1949－1981）［Z］. 北京：中国大百科全书出版社，1984：167－168.

一般来说，全国各县都有一两所重点中学。省级重点中学有时会从县级重点中学选拔个别优秀学生。例如东北师范大学附属中学（吉林师大附中）的高中部在60年代便从全省县级重点中学选拔优秀学生，每年40余名学生单独编班。这些学生大部分来自农村，出身于普通农民家庭，因此这种重点中学的招生制度可被视为差异补偿。

重点中学同时也会录取分数略低的领导干部子女，例如同是东北师范大学附属中学，省市领导干部的子女比较集中，其中便有分数不够的学生。但其分数一般不会太低，否则会影响学校的整体教学质量和教学秩序。

4. 取消学校考试

1966—1978年间，能力主义降至最低点，其标志是取消学校考试制度和高考制度。

1968年，为了培养工程技术人员，上海机床厂举办了一次培训。1968年7月22日，《人民日报》刊载了《从上海机床厂看培养工程技术人员的道路》的调查报告，毛泽东亲自写了一段编者按："大学还是要办的，我这里主要说的是理工科大学还要办，但学制要缩短，教育要革命，要无产阶级政治挂帅，走上海机床厂从工人中培养技术人员的道路。要从有实践经验的工人农民中间选拔学生，到学校学几年以后，又回到生产实践中去。"后来人们把毛泽东这段话称为"七二一指示"，其核心理念是赋予工农兵以文化权力。

对于工农兵大学生的那段历史，也许人们已经忘记，也许人们不愿提起。但是，为了认识教育规律，我们不得不直面那不堪回首的往事。回想"文革"当年，交"白卷"者成为英雄，[①]"长满老茧的手"成为进大学的

---

① 1973年，辽宁省兴城县插队的张铁生被推荐参加大学考试。6月30日，在理化考试时，张铁生仅做了3道小题，其余一片空白，却在试卷背面给"尊敬的领导"写了一封信，诉说其要求上大学的理由。同年，张铁生被铁岭农学院畜牧兽医系录取。1975年，四届人大在京召开，张铁生当选为全国人大常委。

资格。① 于是，就有了可能是最早的段子，调侃那时的工农兵学员是"大学的牌子，中小学的水平，幼儿园的脾气"。学业不兴，文化不兴，经济也到了崩溃的边缘。

然而，从当年公开出版的少量文章看，仍可窥见赞赏工农兵大学生的舆论已甚嚣尘上，连语言都是当时的风格，诸如：《工农兵大学生就是行》、《从工农兵中招收大学生就是好》、《从工农兵中选拔学生好得很》。

能力主义缺少的同时，特权势力也悄然涌动。钟志民退学事件便是一个典型案例。1974年1月18日《人民日报》发表南京大学政治系学员钟志民的退学申请报告。钟志民1968年初中毕业，到江西瑞金插队，在农村劳动3个月后，1969年入伍，1972年4月在"没有经过推荐，也没有经过选拔"的情况下进南京大学学习。1973年9月28日，他向校党委提出申请，要求将他退回部队去。《人民日报》全文刊登申请报告时加发编者按指出，钟志民"自觉地批判了自己'走后门'进大学的错误，从一个方面反映了工农兵学员向地主资产阶级意识形态展开了新的进攻"。这份报告提出的问题，"事关反修防修，事关培养千百万无产阶级革命事业接班人的大问题"。钟志民在申请报告中说，"凭着一个电话就来上大学"，"发展下去，很容易走向'特权阶层'，很容易成为修正主义"。1月25日，《人民日报》以"南京大学师生员工热烈支持钟志民反潮流的革命精神"为题，报道了南京大学党委批准钟志民退学申请的消息。尽管钟志民的申请书中不乏"文革"当时的语言，但也明确指向特权势力，并透露出特权势力在工农兵大学生招生制度中的影响。能力主义的缺失，特权势力的介入，必然导致工农兵大学生招生制度瓦解。

其实，任何人群中都不乏优秀者，工农兵大学生也不例外。只是由于能力主义的缺失，造成这一群体鱼龙混杂。特别是在教育过程中，受教育者和施教者位置倒错，学习和政治运动混为一谈，工农兵大学生最终成为受害者。1978年大学的秩序恢复正常后，少数工农兵大学生凭借暂时的学

---

① 1975年北京电影制片厂电影《决裂》中的台词，"什么是资格？啊？资产阶级有它资产阶级资格，无产阶级有我们无产阶级资格。进共产主义劳动大学，第一条资格就是劳动人民。这手上的硬茧，就是资格！"

习优势，率先考取研究生，反而成为高等教育和科学研究中的中坚力量和佼佼者。

三、三重价值的当前走向

1978 年改革开放以来，我国教育政策明显区别于前 30 年。由于市场经济和国际化的影响，一项教育政策中往往呈现不同的价值取向，也造成认识和评价教育政策的困难。本节借助于能力主义、社会资本和差异补偿等三个概念工具，对我国近 30 年来的重大教育政策进行深入分析。

1. 高考——社会公正的基本保证

《世界人权宣言》在强调"人人有权接受教育"的同时，指出"高等教育应当根据其能力，完全平等地向所有人开放"。我国的高考，即高等学校入学考试，是一种选拔考试，是一种根据学习成绩优先录取高分考生的选拔考试。虽然也考虑考生的政治和道德因素，但基本排除了具有遗传特点的社会地位和富裕程度等因素，因此可以保证社会的基本公正。

正是在社会公正的基础上，诸多平民子女通过自身的刻苦努力，进入高等学校学习，甚至进入名牌大学。在高等学校和国家机关任职的高级学者和高级官员中不乏出身于普通工农家庭的子女。这不仅在西方发达国家是不可想象的，就是原东欧社会主义国家也是无法比拟的。苏联与东欧国家曾经推行更有利于工人和农民子女的教育政策，但很难证实这些政策在促进教育平等方面与西方国家有本质不同。邓中和特雷曼（Treiman）基于 1982 年中国人口普查数据分析出身背景对个人教育获得的影响，得出中国的教育机会分配极其平等，家庭背景与教育获得之间关联微弱的结论。[①]因此可以说，高考制度中能力主义基本处于主流地位。

但是，在高考制度中也不能排除社会资本的影响。李春玲的研究结果是：在 1940 – 2000 年间，父亲的职业地位一直都对子女的教育获得产生影

---

① Zhong Deng and Donald J. Treiman, The Impact of Cultural Revolution on Trends in Educational Attainment in the Peoples Republic of China. American Journal of Sociology, 1997, Vol. 103, No. 2, pp. 391 – 428. 李春玲. 社会政治变迁与教育机会不平等——家庭背景及制度因素对教育获得的影响（1940 – 2001）［J］. 中国社会科学，2003（3）.

响。40-50年代其影响力较大，随后开始下降，到70年代降至最低点，然后到80和90年代上升至最高点，在40年代，工人家庭子女平均受教育年限比农民家庭子女高2.1年，办事人员家庭子女比农民家庭子女高3.3年，管理人员及专业人员家庭子女比农民家庭子女高5.2年。至80和90年代，管理人员及专业人员家庭子女的平均受教育年限比农民家庭子女高3.6年，办事人员家庭子女比农民家庭子女高2.9年，工人家庭子女与农民家庭子女平均受教育年限的差距仅为1.3年。[①]

虽然自80、90年代以来，职业地位较高家庭的子女在受教育机会方面享有明显优势，但并未压抑平民子女通过高考实现社会流动的内在动力。例如，号称全国高考状元县的甘肃省会宁县，以"三苦"（学生苦学，家长苦供，教师苦教）为乐，虽然"人才辈出，江山依旧"是会宁县的某种悲哀，但毕竟在一定程度上实现了社会流动，因此冲刺高考的会宁青年层出不穷、乐此不疲。

2. 扩招——并非促进平等的良策

1999年我国开始实行高校扩招政策，同年普通高校在1998年招生108.4万人的基础上扩大招生至159.7万人，增加近52万人，增幅高达47.3%。[②] 经过连续9年的扩招，高等教育毛入学率现已超过23%，进入世界公认的高等教育大众化阶段。

一般认为，扩大高等教育规模有利于促进教育平等。西方国家高等教育的扩张大体上在60年代教育民主化的鼓动中兴起，但至今未见到任何教育结果平等的现实。

我国1999年开始的高校扩招，主要动因在于"拉动经济增长"。1998年，我国经济在经历了东南亚金融危机之后，处于一个暂时的困难之中，为了保住当年经济增长，政府千方百计地寻找发展出路。于是有人设想，高等教育实行全额自费，每人每年10000元左右。以每年增加25%-30%的速度，三年内使我国高校招生扩大一倍，即由每年招生200万增至400

[①] 李春玲. 社会政治变迁与教育机会不平等——家庭背景及制度因素对教育获得的影响 (1940-2001) [J]. 中国社会科学, 2003 (3): 93.

[②] 国家教育发展研究中心. 2000年中国教育绿皮书 [M]. 北京：教育科学出版社, 2000.

万,可以每年增加1000亿元消费;扩大500万-600万就业岗位;对国内生产总值贡献半个百分点。他们不仅发表文章,还直接给中央领导写信,建议对高等教育进行改革,扩大招生,提高学费,"让老百姓把钱从银行里拿出来花"。①

其预计的结果,至今尚未见到认真的计算,并得以证实。不可思议的是,我国的经济与教育的关系在这些人的眼里如此不合逻辑。在人力资本理论中,教育因其对经济的特殊贡献而受到特别重视,教育因此往往是经济投资的优先领域。与此相反,在我国经济发展迅猛时,极少有经济学家倡导加大投入于捉襟见肘的教育,反而在经济不景气时想到用提高教育收费来刺激经济的复兴。

仅就经济法则来讲,还有"挤出效应"。如果说,教育规模的扩大和学费的提高可能直接增加高等教育部门的消费需求,从而拉动国民经济的增长,但由于高等教育机会的增加和高等教育的私人开支的加大,有可能会减少居民对住房、保险、耐用消费品等其他方面的消费开支,甚至使其节衣缩食,反过来又会影响整个社会消费水平。②

突如其来的高等教育高收费,一方面令我国诸多家庭不堪重负。从1995年到2004年,我国高校生年人均学费从800元上涨到了5000元左右,而国民人均收入在同期增长不过四倍。另一方面,我国高校学生资助系统也准备不足。在"奖、贷、助、补、减"五个方面的资助体系中,除"贷"之外的几项都难以确保贫困学生"不因经济原因而失去接受高等教育机会"。而贷款违约的风险常令银行踌躇不前,只是自2007年实施生源地助学贷款新政以来,国家助学贷款制度才开始步入可持续发展之路。

但是,高校扩招并未带来明显的公平。2005年1月,一项调查显示,农村学生在重点大学中所占比重呈明显的下降趋势:清华大学2000年农村学生的比例为17.6%,比1990年减少4.1个百分点;北京大学1999年农村学生比例为16.3%,比1991年减少2.5个百分点;而北京师范大学

---

① 汤敏. 教育启动消费呼之欲出 [N]. 经济学消息报, 1999-2-19.
② 丁小浩. 居民家庭高等教育开支及其挤占效应研究 [N]. 北京大学教育评论, 2003 (1).

2002 年的农村学生的比例为 22.3%，比 1990 年减少了 5.7 个百分点。①

扩招，本来具有促进教育平等的意义，但受到拉动经济的过度干扰，其本来意义便大打折扣。况且，必要的补偿机制又未能及时跟上，扩招促进平等的目标还任重道远。

3. 照顾——合情未必合理的权宜

为了促进农村义务教育，我国 2001 年开始实施对农村义务教育阶段贫困家庭学生中的"两免一补"（免杂费、免书本费、逐步补助寄宿生生活费）政策。2007 年春，免除全国农村义务教育学杂费，从 2008 年秋季学期开始，在全国范围内全部免除城市义务教育阶段学生学杂费。2010 年中央决算报告显示，全国 1.3 亿名农村义务教育阶段学生全部享受免除学杂费和免费教科书政策，中西部地区约 1228 万名农村义务教育阶段家庭经济困难寄宿生获得生活费补助，免除 2900 多万名城市义务教育阶段学生的学杂费，449 万名普通高校学生、482 万名普通高中学生和 1136 万名中等职业学校学生获得资助。②

这些措施无疑体现了补偿原则，但其理由并不充分。首先，义务教育理所当然地应是免费教育，1989 年的国际《儿童权利公约》第 28 条规定，应当实现"全面的免费义务小学教育"。如果从 1986 年颁布的《义务教育法》算起，我国全面免除义务教育费至少滞后 20 年。其次，差异补偿的实质是在平等的条件下，将教育资源向弱势地区、弱势学校和弱势群体倾斜。不是说，有差异才补偿，而是说，无后天差异，补先天不足。也就是说，在提供相对均等的教育条件之后，对社会不利群体予以补偿。而我国长期将教育作为一种福利而不是义务，对农村教育实施类似施舍的政策，管则是照顾，不管也不失责，因而造成城乡之间教育水准的差异极大。在 20 世纪 80 年代末 90 年代初，又大张旗鼓地提出"人民教育人民办，办好教育为人民"的口号，农民已经竭尽全力地对教育作出巨大贡献，理应得到更多的补偿。最后，21 世纪初以来的学校布局的调整，使一些本来可以

---

① 杨东平. 中国教育公平的理想与现实 [M]. 北京：北京大学出版社，2006：218.
② 全国 1.3 亿名农村学生享受免除学杂费和免费教科书政策 [N]. 中国教育报，2011 - 6 - 28.

就近入学的农村学生不得已到较远的学校住宿上学,难道他们不应获得寄宿生活费的补偿吗?而对于无法或无力住校的学生,本应享有免费校车的待遇,却得不到应有的照顾。近来校车事故频发,则是补偿机制缺失的必然结果。

2008年四川"5·12"特大地震和2010年5月青海玉树地震之后,国家在诸多政策方面对地震灾区进行了倾斜,高考倾斜政策便是其中的一个重要方面。比如确定国家单独增加招生计划,专门用于招收地震灾区考生。有人认为,对灾区高考的倾斜政策,为灾区学生的发展提供了支持,得到了绝大多数民众的支持拥护,也反映了我国政府执政中的公平理念。[①]

作为特殊案例,对灾区高考采取适当倾斜政策是必要的,如考虑到地震时间临近高考,延后为灾区考生单独组织考试是合理的,但国家将单独增加招生计划,专门用于招收玉树地震灾区考生,则有悖于能力主义原则。

公共教育是一种特殊的公共产品,它应当一视同仁地服务于全体公民。如果对于社会不利群体施以照顾,可被视为差异补偿,但对于其他特殊群体,特别是社会有利阶层的照顾则有悖于差异补偿的原则。例如,2007年3月,人事部、教育部等16个部门联合下发《关于建立海外高层次留学人才回国工作绿色通道的意见》规定,出国留学人员随迁子女入托及义务教育阶段入学,将由其居住地教育行政部门安排就近入学的原则优先办理入、转学手续,不收取国家规定以外费用。参加中考和高考的,同等条件下可优先录取。此规定的积极意义在于吸引留学人员回国,但所采取的照顾措施却是对其他社会成员的不公。吸引留学人员回国,可以在留学人员的报酬、职称和职业资格评定等方面予以照顾,但不可惠及其子女,因为它也违背了能力主义原则。

还有另类照顾。一些影视明星和体育明星,不经考试便被保送进入名牌大学就读。名牌大学因明星而更彰显,明星因成为大学生而更扬名,两者各得其所,但却侵犯了高等教育以能力录取的基本原则。另据披露,深

[①] 张帆. 从罗尔斯"差别原则"审视灾区高考倾斜政策[J]. 出国与就业, 2010 (21): 108.

圳市教育局出台规定，金融高管子女中考加 10 分，优先投档①。此政策虽被叫停，却已反映出该教育局负责人缺乏对教育平等规则起码的常识，更透出权力与金钱合谋的某种霸道。

4. 择校——危及社会平等的毒瘤

一般来说，公共基础教育学校的招生范围均按照学生的居住地划分。所谓学校分区，就是根据学校的招生能力和相应年龄段学生的人口分布情况划分一定地理或管理区域，本区域内的学生只能在规定的一所或几所学校注册学习。但是，不同国家有不同规定，不同时期也有不同的改革，依据国外学者的划分，国际学校分区和招生大体上有四种模式：严格的学校分区、例外的学校分区、完全的自由择校和限定的自由择校。②

学校分区存在着先天的不平等。因为历史的原因，几乎在所有国家的大城市中，优质学校总是集中于经济和文化相对发展的中心城区。而这些城区的地租和房价均高于其他城区，居民多以富人为主。

在新自由主义看来，自由择校不仅是家长权利的诉求，更是促进教育平等的有效途径。美国自 1980 年以来开始在基础教育中实施了特许学校、教育券、私立学校奖学金等多种途径和方法择校改革。

然而自由择校并未收到预期的效果。据调查，美国"择校"的学生相对于仍然在公立学校的同伴成绩没有明显的提高，特别是文化资本使得中产阶级子女的信息优势和知识优势在"择校"过程中凸显出来，而真正的低收入者因文化资本的缺乏陷入更加不利的地位。③

总之，自由择校应当是对家长权利的一种肯定，但是否能够改善学习质量并惠及所有学生，促进教育平等目前尚无定论。

与世界任何国家不同，我国的择校完全是另外一种路径。先是重点学校制度凸显了教育资源的不均衡，后是"应试教育"催生了择校的追逐，

---

① 教育部. 深圳金融高管子女中考加分有违公平. http://edu.people.com.cn/GB/1053/7158966.html. (2011-9-4)

② Nathalie Mons, Les nouvelles politiques éducatives. La France fait - elles les bons choix? Paris: PUF, 2007. pp. 137-143.

③ 曾晓东. 美国"择校"中的争论：问题的性质及制度涵义 [J]. 比较教育研究，2008 (10).

最后是"教育产业化"炒热了择校浪潮。

我国已有类似国外学校分区的规定，但是这些规定在教育资源极端不均衡的状态面前显得十分无奈，主要表现为：

- 政策规定脱离现实。"就近入学"的本意应当是学生居住地与学校相对就近，或者是某小学相对某所中学较近。但是随着我国城市居民居住条件的改善，住房的不断搬迁，原有的学校布局与居民的居住格局已有相当大的差异。居民的户口所在地和实际居住地可能完全不同。而原有学校，特别是重点学校的地点未变，家长和学生舍近求远地追逐好学校就不可避免。

- 学校招生标准混乱。列入"就近入学"划片的学校，基本上是一般学校，而一些名牌学校就根本没有参与到划片的政策中，或者把划片范围限制极小，对周边居民子女基本不适用。而且在报名时，需要准备一些如获奖证书原件及复印件、各类特长生的证明之类的诸多材料，只有通过验证后才能有报名的资格。对于报名参加英语实验班的学生，则需要参加全区统一的考试，这样的规定明显有违免试的政策。

面对这种状况，除了有幸在重点学校周边的居民外，进入重点学校的途径大概有三：

一是占领"学区房"。在重点学校周边租用或购置住房。这便是"个人经济资本"途径，一般适用于比较富裕，至少是有一定支付能力但与政治权力无关的家庭。这种选择面临双重风险。一方面，重点学校的招生名额（学位）和划片范围不确定，有时还限定户口迁入或居住的起始时间，占到的学区房可能是竹篮打水一场空。另一方面，房产中介可能恶意炒作学区房，租房或买房者将付出更高的代价，且不能确定获得进入重点学校的机会。

二是"关系加金钱"。首先要通过直接或间接的密切关系认识重点学校的负责人，然后支付动辄几万元人民币的入门费。此入门费虽无明码标价，但有基本行情，各校也有所不同。一般来说，无关系者交费无门，交费额可随关系的密切程度有所浮动。此途径适用于可与学校领导建立密切关系者，特别是具有政治权力的家庭，可称为"个人社会资本"途径。

三是"学校共建"。政府机关或大型事业单位会与重点学校建立某种契约关系，机关单位每年或每几年向某重点学校支付一定费用，换取该校若干招生名额。机关单位再把换来的入学名额分配给本单位职工的应届学生。如果招生名额多于或等于当年应届学生学生，会皆大欢喜，如果不足，单位会采取考试等方法淘汰超额学生，此时可能引起纠纷。此种办法可称为"集体社会资本"途径。

以上两种社会资本途径的潜规则就是权力、人情加金钱，这是导致择校热的根本原因，也是造成社会不满的本质原因。择校已成为危及义务教育机会平等，乃至整个社会和谐的毒瘤，而这一毒瘤长期割舍不去的原因正在于权力本身。

诚然，我国择校问题的根本治理在于教育资源的均衡化。但这是一个长期的工作，与其说等待下去，无异于认可现状。况且，未来的均衡也只能是相对的，学校之间的差异不可避免。就我国目前状况而言，根本谈不上自由择校，当务之急是遏止高额收费的择校，真正体现教育平等。这就是要强化学校分区、就近入学的原则，但在政策限定上可适当放宽。比如以居住地、户口所在地、家长工作所在地划定重点学校的招生范围，便可能最大限度地减少不平等，并认可我国目前大城市居民分布的现实。这是我们实施义务教育必须坚持的原则，也是构建和谐社会所要求的原则，而要让这一原则真正落实，就必须将其纳入法律面前一律平等这一法制根本原则。

四、三重价值的未来愿景

平衡能力主义、社会资本和差异补偿的三重价值取向，或者说，建立以能力主义和差异补偿为基础，同时限制特权势力滋生与蔓延的教育政策系统当是未来教育发展的愿景。

1. 精英教育与大众教育并行不悖

"中国为什么培养不出大师？"随着钱老的离去，"钱学森之问"再一次敲打着每个中国知识人的心扉。因为在我国本土上至今未能出现诺贝尔奖的获得者。这可能与我们的用人机制相关，更可能是我们的精英教育出了问题。

在高等教育大众化正在突飞猛进之时，谈论精英教育似乎有些不合时宜。其实，大众教育和精英教育是国家高等教育发展的两个轮子，两者应当并行不悖：无广泛的大众教育，民族的整体素质无法提高；而无高质量的精英教育，国家的管理和科学技术发展便后继无人。而在发展大众化高等教育的同时，我们最不该忽视的正是精英教育。

遗憾的是，在大众化教育的语境中，精英教育被误读为与大众教育对立的少数人的教育，或是挤占大众教育资源，扩大教育不公平的根源。"精英"有时还成为贬义词，表示与大众相对立的玩弄权术、骄奢淫逸的少数群体。因此，我们应当对精英和精英教育有一个正确的认识。

精英教育是一个隐性体系。

在现代民主社会，任何国家都不会将精英教育作为与大众教育明显对立的一种显性制度安排。但是，各个国家出于培养精英人才的需要，都有自己的精英教育系统。英国精英教育体系从公学开始，达至牛津、剑桥者，有可能成为精英。美国的精英教育起点虽晚，只是选择的过程推迟，最后产生的少数精英，多出身于哈佛、耶鲁等八所常春藤盟校（Ivy League Schools）。法国从高中教育开始突兀的分流，只有那些普通高中毕业会考的佼佼者，经过大学校预备班的磨炼，才能登上大学校这一通往精英的坦途。日本的精英教育则是从基础教育到高等教育，从学校教育到校外补习的全方位的考试体系。

我国虽从未有正式的精英教育，其隐性系统也是显而易见的：重点小学→重点中学→重点大学。而高等教育系统更是一个金字塔：普通地方专科学校→普通地方本科院校→地方重点高校→百所"211"高校→30余所"985"大学→7所所谓"重中之重"的"985"大学→北京大学、清华大学。只是我国的精英教育与人事制度缺乏有机联系。

精英教育是一种培养模式。

在西方国家，精英教育与贵族教育具有某种渊源，但精英教育并不是悠然自在的。英国公学教育的基本内容曾经是枯燥无味的拉丁语和希腊语，学生经常因学习差错要接受教师的鞭笞。1796年，伊顿公学校长因对一个班级实施了700棒的处罚而卧床休息一周。体育是公学教育的重要内容，橄榄球、板球、划船、田径都是公学体育活动的经常项目，其中橄榄球更是发明自公学。因此，法国蒙塔朗贝伯爵说"滑铁卢胜利是在伊顿公学的操场上铸就的"，后经英国名将威灵顿之口说出，而成了体现伊顿公学教育特色的名言。

体育活动和社交活动，锻炼了学生的坚韧毅力，培养了学生的领导和组织能力，因此精英学校的课外活动往往具有比正式课程更加重要的意义。就是在今天，体育仍然是精英学校的重要活动。例如，牛津、剑桥的赛艇对抗赛便是他们体育精神的演练，而我国北大、清华的赛艇对抗赛10年无疾而终，原因就在于仅仅凭体育特长生和每年近百万的高投入支撑，缺乏精英教育的精神。

我国倒是有大学校长提出开设高尔夫课程，也许有助于培养大学生的绅士风度。但把它作为大学的常规课程，且不说高尔夫球场在资源上的要求和大学与大学生的支付能力等问题，仅就教育本身来说，如何避免重蹈八旗子弟"生于忧患，死于安乐"的覆辙？在一个充满享乐的贵族氛围中，如何形成人的拼搏精神？

精英教育是一种选才机制。

教育自从生产劳动中脱胎之后，便以培养精英为显著特点。西周的官学、孔孟以来的私学，以及后来的科举，均以"得天下英才而教育之"（孟子语）为宗旨。西方近现代教育通行的原则是"能力主义"。

在20世纪初的美国，进入名牌大学的前提条件是经过预备校（prep schools）的学习。当时哈佛大学、耶鲁大学和普林斯顿大学等学校的学生具有明显的单一特点：白人、男性、清教。科南特（James Conant）自1933年担任哈佛大学校长之后，采用了普林斯顿大学心理学教授布里格姆（Carl Brigham）研发的学术能力测验（Scholastic Aptitude Test）来选拔优秀学生，目的是使大学成为真正选拔精英的地方。[1]

迪尔凯姆认为，整个法国教育系统便是"精英阶层的分馏器"。只是经历自法国大革命二百多年的平等理念的实践，法国远未实现精英教育中的平等。综合技术学校、国家行政学校、高等师范学校和巴黎中央学校四

---

[1] Romain Huret, Le Rrecrutement Des Élites Aux États–Unis Au XXe Siècle, Revue Internationale Déducation, No. 39, September 2005. p. 28–29.

所一流学校在 1950 年尚有 29% 的学生出身于平民阶层，而 90 年代末只有 9%。① 有人还计算过，工人、农民和小商业者的子女进入综合技术学校、国家行政学校、高等师范学校和高等商业学校的机遇比其他家庭的子女要低 23 倍。②

这也是几乎所有西方国家精英教育的通病，尽管从能力主义开始，但还是进入阶级分离的结果。然而，反观我国的教育，虽然有过短暂的压抑"出身不好"的子女的历史，但是优先工农教育的显著效果可以证实，工农及其子女完全有能力进入精英行列。一方面原因，我国的文化知识系统更加开放，不是为少数人群所独有，只要个人努力并具一定天赋，任何人都可攀登至知识的顶峰。另一方面原因，我国的考试评价系统更加公正，只要学习成绩优秀，任何人都能成为"状元"。

因此，我们不必忌讳"精英"和"精英教育"，只要坚持能力主义的原则，精英人就会不拘一格地降临于各个社会群体。我们今天呼唤精英教育，只因为我们国家太需要精英了！

2. 统一高考与地区倾斜相得益彰

2001 年 8 月 22 日，山东青岛 3 名女应届高中毕业生状告教育部侵犯了她们接受平等受教育权的宪法权利。按照 3 名女生的高考成绩，在北京完全可以上较为理想的大学，而在青岛连专科都只能"望分兴叹"。③

青岛 3 名女生的诉求，激起人们对高考制度中分省定额划线、差别对待不同地区间公民高等教育入学机会的做法更大不满。有人认为，北京、上海等诸多名牌大学的过于偏重本地生源，体现出制度设计的不公平，还有学者激愤地指出："所谓配额制，大多是偏向弱势群体的，只有在中国当代高考才反其道而行之，它公然照顾强势群体——大城市中的考生！"④

针对这种状况，我国高考制度改革趋向于分省考试。虽然分省定额基本不变，但各省考试内容不同，考分便不具可比性。但这种掩耳盗铃的措

---

① Jacques Attali, Pour Un modèle Européen D'enseignement Supérieur, 1998.
② Michel Euriat, Jean Claude Thélot, Le Recrutement Social De Í'elite Scolaire En Frace, Èvolution Des Inégalités De 1950à1990》, Revue Française de Sociologie, XXXVI, 1995, pp. 403 – 438.
③ 何春中. 3 名高考落榜生状告教育部 [N]. 中国青年报, 2004 – 12 – 4.
④ 陈初越. "教育公平改革"风雷隐动 [J]. 南风窗, 2005 (8): 14 – 18.

施似乎不能平息社会民众的不满,于是一种按人口比例分省招生模式应运而生:以大学当年的计划招生指标除以13亿,再乘以各省份的人口数,便是各省的招生指标数。据说,这种招生模式有利于促进教育平等。①

这种高考招生模式当然引来质疑,主要是地方政府对地处本地的重点大学都有较大支持,理应多招些本地学生。看来,新的招生模式无法平衡各种复杂的矛盾。实际上,这种貌似公平的高考招生模式,忽略了能力主义这一重要原则。因为人的能力,或具备才能的人不是按人口平均分布的。虽然,人才与人口比例相关,但与教育和环境的关系更为密切。按人口比例录取大学生,势必伤害学习成绩更优的学生群体。

为此,我们可以尝试将全国高校划分国家和省市两个层级(实际已基本存在),国家大学面向全国招生,省级大学限于本省招生。各大学均依据考试成绩录取新生,国家大学依据差异补偿的原则,向不发达省份作适当倾斜,同时也可适当照顾本地考生;同样,省级大学也应向不发达地区或县作适当倾斜。这种以能力主义为基础,兼施差异补偿的高考模式,可能是促进高考制度更加公平的一种改革思路。

3. 教育制度与人事制度相互衔接

我国古代社会原本没有教育制度,所有家庭教育和学校教育均由科举考试引领。而科举制度存续1300年之久,不仅在于其选官职能,更在于其能力主义的公平机制。梁启超曾说,科举制"实我先民千年前之一大发明也。自此法行,而我国贵族、寒门之阶级永消灭;自此法行,我国民不待劝而竞于学"。②科举制度的另一特点是"论功行赏",即根据不同层级的考试和不同的考试成绩,赋予不同的官职。从举人到状元,官级可达知县甚至宰相。

尽管科举制后期滋生诸多保守因素,转变为社会进步的桎梏,1905年彻底废除科举制,还是将其合理因素完全抛弃,如同把婴儿与洗澡水一起倒掉。之后,虽有数个现代学制相继建立,直至新中国的社会主义教育制度,我们都没有实现"学而优则仕"理念一以贯之的教育——人事制度。

---

① 政法大学招生按各省人口分配 校长称为促进公平 [N]. 新京报, 2006 – 3 – 11B.
② 梁启超. 官制与官规 [A]. 饮冰室合集, 文集之二十三, 68.

在计划经济体制下，我国高等教育毕业生由国家负责分配工作，或是在各级政府部门，或是在国营和集体企业，或是在教育科研单位。那时的大学生可谓"天之骄子"，受到社会的青睐。但是，那时大学毕业生的起始工资级别是固定的，如果被分配到政府机关工作，则须从担任基层职位开始职业生涯。之后能否升迁，主要不在于个人的才能，更取决于领导和组织的信任与赏识。年轻的大学毕业生不仅要经受各种政治运动的考验，还要经历下基层或到工厂农村临时工作的锻炼。任何一个偶然事件都可能断送一个青年干部的前程，而如遇到某位高层领导为伯乐，极有可能飞黄腾达。

我们常讲"德才兼备"，并将道德水准纳入干部选拔的重要条件。实际上，我们受儒家思想的影响，过分倚重人的道德品质。而人的道德水准难以恰当衡量，对一个人的道德评价基本取决于其社会资本状况，在中国，人情关系又具有较大的权重。有多少最初被认定道德优秀者，在成为高官后堕落为腐败分子。不能迷信人的道德修养，只有法律和监督才是权力廉洁的唯一保证。因此，人才选拔与教育基本相通，也应当以能力主义为基础。才能者，可继续其道德修养；无能者，德行再高也于事业无补。

法国借鉴我国的科举制度，从 18 世纪初便开始设立以竞考（concours）为基本方式的国家公务员录取制度。"国家高级公务员团"（Grand corps de l'État），为法国高级政府管理人员独特的选拔与构建机制。国家高级行政公务员主要通过国家行政学校选拔，而国家高级工程技术公务员主要通过综合技术学校和高等师范学校选拔。换言之，国家高级公务员，即担任领导职务的上层管理干部主要通过考试录取，而具备参加考试资格者，均须毕业于名牌大学。法国政府部长，乃至总理、总统多出自于国家高级公务员。

有人可能质疑这些考试录取的国家高级公务员缺乏实践经验。其实，西方大学教育中不乏实践环节，大学生实习时间经常占整个学习时间的三分之一以上。况且，有效的实践只能体现于实际工作之中，在江河湖海的游泳中学会游泳，而不是在不相干的水泡中扑腾。

因此，我们设想，建立一种教育制度与人事制度相互衔接的新制度体系，它立足于能力主义，学而优者通过严格考试可直接录用为处级以上的领导干部或管理人员。这种制度必将激发我国青年学子的奋发学习的精神气质,更有助于形成我国的精英教育培养体制。

五、结论

以能力主义、社会资本和差异补偿的三重价值取向来分析我国教育演进过程中的若干重大问题,是深入理解教育发展基本规律的一个尝试。

以学习成绩或个人能力为基础的能力主义,应当是制定教育政策基础。以此为基础的政策,有利于促进教育机会的平等,但不一定能够保证教育结果的平等,因为至今我们还无法找到保证平等的有效工具,因此能力主义必须始终坚持。

不平等,或教育不平等可能是社会的常态,问题是这种不平等的根源是什么。依据能力主义的原则,只有因为个人能力和努力而形成的社会不平等才是合理的、公正的。在教育领域,只要为同等能力的学生提供相同的机遇,存在不同类型的教育是被允许的;只要同等对待同等能力的学生,出现不同的学习结果也是被允许的。

对于客观存在的差异,应当实施补偿,在提供基本均等的教育机会时,对一些弱势群体和欠发达地区予以补偿。差异补偿必须兼顾能力主义,否则就会带来新的不正义,不可以采取压抑或打击的手段,迫使某些社会群体,特别是文化资本丰富的社会群体进入教育的平等机会。

社会资本,特指特权势力,在任何社会都不能完全消失,它所带来的不平等,最不公正,最为社会所痛恨,因此在无法彻底铲除的情况下须加以严格限制。

在基本厘清能力主义、社会资本和差异补偿的三重价值取向在我国教育演进过程中的相互作用之后,应当以此为工具,对长期纠结不清的教育效率与教育平等的关系问题作出了结。

效率,是经济学的概念,主要是指生产效率,即单位时间内投入产出之比。生产高效率也就是指用最短的时间、最少的资源成本生产出最多的产品。在教育领域,随着人力资本理论和新公共管理主义的介入,效率问题开始引起人们的关注。但教育效率的含义,远比经济领域复杂。教育系统的效率,可能涉及教师能力,也可能关系到教育过程、教育管理,最核心的问题则应体现于教育投入（inputs）与产出（outputs）的关系。教育投入既包含经费投入，还应包括物质资源和人力资源的投入，教育产出不仅是基础设施的建设，更重要的是学生的学习成绩和具备知识和能力的毕业生。

长期以来，我国教育理论界纠缠于效率与平等的关系问题，或是效率优先、兼顾平等，或是平等优先、兼顾效率，或是兼顾平等与效率，似乎效率和平等与公平是一对天然矛盾。不是以一种价值取向为优先，便是以另一种价值取向为优先，否则就是平均两种价值取向。这种貌似公允的逻辑不仅造成理论的混乱，更在教育决策上造成极大偏差。

何谓效率？有如下假设：在资源配置上，是先发展东部，还是东、西部齐头并进，把有限资源平均分配给东、西部？是优先发展重点大学，还是把有限的教育资源，平均分配给全国高校，或是加强薄弱高校的投入，缩小高校之间的差距？言外之意，有所取舍，便是效率。实际上，这里谈的不是效率，而是发展的策略。只有考察各项投入的结果，那才是效率，相同的投入带来不同的结果，其差异便是体现效率。

教育的市场取向似乎是提高效率的重要途径。其实，学校的私有化和民营化，并不一定提高效率。教育的市场取向的实质是降低高校的录取分数线和提高学费额度，对于扩大高等教育的容量可谓立竿见影。实际上是以损害能力主义为代价，同时增加了教育成本。当教育质量不变的情况下，额外的收费提高了教育成本，实际降低了教育效率；如果教育质量有所提高，教育效率由于成本的提高而损耗，如何得以提高效率？

因此说，将效率与平等相提并论，理论逻辑上犯了偷换概念的错误，是把教育发展的不同策略，转换成效率目的。政策实践上则更为有害，既可将低效率归咎于平等的导向（无可指责），又可将现实中的不平等解释为优先于效率（无可奈何）。

总而言之，当我们讨论效率时，应当严格限定在经济范畴之内。而在判断平等与公正时，可以采用能力主义和差异补偿的价值工具：只有在能力主义的基础之上，教育平等才可能实现；只有在机会均等的条件下，采取差异补偿的措施，教育公正才可能存在。

高等教育管理方式转型的知识解读

毛亚庆[①]

一、高等教育管理方式转型的表现

20世纪后半期是世界高等教育管理方式开始转型的时期，高等教育经历了"高校管理革命"后，走上了追求效率的带有市场化和商业化倾向的发展道路。这种转型与高等教育发展与社会之间许多基本关系的急剧变化导致对知识诉求的变化有着密切关系，这种诉求的变化导致了高等教育在社会中扮演角色的变化，从而导致高等教育管理取向的变化，如何认识以及应对这种变化，是需人们作出理性思考的。

20世纪的后半个世纪是世界高等教育发展的转型时期，高等教育的管理体制面临着巨大的变革。在西方国家，这一时期高等教育经历了"高校管理革命"后，走上了市场化和商业化的道路。高等教育组织在竞争的重压之下为了变得更有效率，不管是出于自愿还是被迫为之，都借鉴并运用了企业和商业组织的管理体系和流程对高等教育组织进行了重塑和再造。1960－2000年的40年间，高等教育在进行的管理变革中，先后借鉴了规划—设计—预算法（PPBS）、零基预算（ZBB）、目标管理（MBO）、战略规划（strategic planning）、标杆管理（benchmarking）、全面质量管理/连续质量改进（TQM/CQI）、流程再造（BPR）等诸多企业和商业组织的管理

[①] 作者简介：毛亚庆（1966－），四川南充人，北京师范大学教育学部教育管理学院教授，研究方向为高等教育管理、学校管理改进。

理论。① 这次再造的目标指向是以最低的成本生产出顾客所期望的商品，使高等教育变得更像一个企业。企业是关注盈利的，然而现实中的高等教育对经济发展现实的反应常常表现是迟钝的，它饱受人们的批评也就在所难免，因而当高等教育的批评者们用一种这样的视角来看待高等教育时，"他们往往会追问'为什么大学不更像企业？'"②

在这样的背景下，高等教育管理中"充斥着商业词汇"，人们对高等教育管理中呈现出这样的现象评论道："如今很难找到一所大学声称自己能够免受这样方法的评价或避免被这样的管理体系和流程所改造"。③ 出现这样的评论并不奇怪，尤其是在 20 世纪 70 年代以来，随着大学获取公共资金额度的逐渐减少，寻求更有效的管理方式和经营方法以促进大学的发展成为了改进大学管理模式的重要手段。1972 年美国市场学的 Richard Krachenberg 教授在《高等教育月刊》上发表了题为"给高等教育带来市场营销的理念"的研究文章，强调高等教育要进入市场，要接受市场竞争的考验，认为在当时的时代背景下"不管以什么名义、由谁实施或者发生在机构的哪个部分，总之大学正在进入市场"。④

我国自 20 世纪 80 年代开始的市场经济改革，也极大地改变了我国高等教育运行的外部环境。面对市场经济的冲击，高等教育面临着调整适应性的问题：一方面是高等教育经费的国家投入严重不足，另一方面又是高等教育自身运行的效率低、现有教育资源利用不充分、对市场需求变化反应迟钝等问题。在复杂、变化和不断增强的市场经济环境中，高等学校如何通过人、财、物的创新组合，提高组织运行效率，更好地满足社会日益增长的人才培养、知识创新以及服务社会需求，实现高等组织的社会价值最大化，这些成为了高等教育管理需要解决的问题。特别是 1985 年中共中

---

① 罗伯特·伯恩鲍姆著. 高等教育中的管理时尚 [M]. 毛亚庆, 范平军译. 京师高等教育译丛, 北京师范大学出版社, 2008: 25.
② 罗伯特·伯恩鲍姆著. 高等教育中的管理时尚 [M]. 毛亚庆, 范平军译. 京师高等教育译丛, 北京师范大学出版社, 2008, 前言: 3.
③ 罗伯特·伯恩鲍姆著. 高等教育中的管理时尚 [M]. 毛亚庆, 范平军译. 京师高等教育译丛, 北京师范大学出版社, 2008: 3.
④ A. R. Krachenberg, Bring the Concept of Marketing to Higher Education, Journal of Higher Education, 43 (May 1972).

央作出了《关于教育体制改革的决定》,明确提出了我国高等教育管理体制的弊端之一,就是"在教育事业管理权限的划分上,政府有关部门对学校主要是对高等学校统得过死,使学校缺乏应有的活力;而政府应该加以管理的事情,又没有很好地管起来"。在这个决定中第一次明确提出了"扩大高等学校的办学的自主权"。此后,随着我国经济体制改革的目标确定为建立社会主义市场经济体制,高等教育的改革发展也进入到了新阶段,1993年《中国教育改革和发展纲要》明确指出"在政府与学校的关系上,要按照政事分开的原则,通过立法,明确高等学校的权利和义务,使高等学校真正成为面向社会自主办学的法人实体。……建立起主动适应经济建设和社会发展需要的自我发展、自我约束的运行机制。"由此,为适应市场经济体制而建立的具有自我定向、自主运动、自我发展和自我约束的高等教育发展的机制在我国开始启动,绩效管理、项目管理、工程计划、质量问责、量化指标、成本效益等也成为了我国高等教育管理中耳熟能详、使用频率非常高的词汇。

由此可见,世界高等教育的发展正在经历着市场化和企业化的洗礼已经是一个不争的事实,难怪就连诺贝尔经济学家都如此评价高等教育的性质,"高等教育是一个竞争性行业——是一个庞大的、应当比较繁荣的竞争性行业"。[①] 世界高等教育的管理变革把竞争机制、效益观念、企业化经营以及顾客导向的服务意识等市场因素引入到了高等教育的发展之中。在这样的背景下,中外高等教育管理体制运行机制的转换,使高等学校在管理上转而对其运作所依赖的环境变化以及自身运行的结果更为关注。这种追求的结果使今天的大学正变得越来越像公司,越来越具有企业的性质。高等教育在现实的管理运行中越来越呈现出准市场化的特性、更关注绩效与质量的问责、课程设计日趋职业化、"国家—高校—企业"的关系也在发生着深刻的改变。这一系列的变化概括起来,就是要增强高等教育管理的效率与责任、强调职业化、密切与外在世界尤其是与企业的联系,要关注外在客户的需求。其基本的发展理念,就是要"根据企业的重建原则,

---

① [美]乔治·斯蒂格勒. 诺贝尔经济学奖获奖者学术精品自选集:知识分子与市场[M]. 何宝玉译. 首都经济贸易大学出版社,2001:53.

建立高绩效的学校组织和管理模式"。① "教育不应该是政府提供的一项服务,而应该是自由市场体系中的一部分"。② 尽管人们对高等教育管理呈现的市场化取向存在着很大的争议,但高等教育管理变革和发展中的市场化、企业化趋势却日趋凸显。

二、高等教育管理方式转型的原因

高等教育管理转型与高等教育发展与社会之间基本关系的急剧变化导致对知识诉求的变化有着密切的关系。这种变化对高等教育在社会发展中扮演着主要角色的判定、高等教育的定位乃以学术为取向的认识以及高等教育在文化传承中起着不可替代作用的理解提出了空前的挑战。这种挑战在高等教育与知识、社会之间的关系上得以充分的彰显,导致高等教育管理的知识重点发生了急剧的变化。

从高等教育发展的历史来看,高等教育所涉及的活动主要就是学术活动以及这种活动的专业化过程,基于此,学科和专业为学术思想所独有的理念成为大学的主要取向,大学的产生就是适应保存知识和学术成就孕育而生的制度性安排。因此高等教育通过围绕知识的特性所进行的学科分工和制度安排;通过学术组织所遵循的学术信念和价值观所具有的与众不同的、强有力的象征性作用;通过在高等教育系统中所从事的学科以及伴随而生的学术信念而产生的学术权力,所有这些使高等教育成为了控制高深知识和方法的社会机构。由于它所传承的是各个国家以及各个民族文化中较为深奥的思想和相关的技能,从而使生活在高等教育组织中的教师的活动主要就是发现、保存、提炼、传授和应用知识,"如果说木匠的工作就是手拿榔头敲打钉子的话,那么教授的工作就是围绕一组一般的或特殊的知识,寻找方式扩大它或把它传授给他人"。③ 因此自中世纪大学诞生以

---

① [美]雷·马歇尔等著. 教育与国家财富: 思考生存 [M]. 顾建新等译. 北京: 教育科学出版社, 2003, 译者序言: 4.
② [美]罗伯特·G. 欧文斯著. 教育组织行为学 (第7版) [M]. 窦卫霖等译. 上海: 华东师范大学出版社, 2001: 493.
③ 伯顿·克拉克著. 高等教育系统——学术组织的跨国研究 [M]. 王承绪等译. 杭州: 杭州大学出版社, 1994.

来，学科和专业为学术思想所独有的理念在大学里大行其道，人们遵从大学的本质是发展纯学术的大学发展理念。因此，人们普遍的认识就是认为大学是保存和传授普遍知识的场所，大学存在的目的不是为了追求功利，而是为了传播永恒的真理，大学的核心是知识的发现。

但这种大学发展的理念在现实生活中越来越成为"只是代表一种对理想化了的过去的回忆，一种并不能阻止现实向另外方向发展的怀旧观念"。① 在人们看来，知识型社会之前，知识的生产和传播是小规模的，是艰深的，社会能够赋予这些数量不多的拥有极大自主权和特有权利的大学履行这些职责，大学扮演的角色仅仅是社会的点缀物与装饰品，其发挥的社会作用只是传播高深的知识，高等教育扮演的角色定位仅仅是"社会中的高等教育"，在高等教育、知识、社会三者的关系中其所凸显出的地位和作用是相对独立的，是游离于社会发展之外的，是无须更多地了解社会需要的。高等教育可以通过研究强化人们的理解，通过教学满足人们求知的欲望，高等教育扮演着传授知识给社会的角色，他有着自己的知识定义，并把自己所理解的知识通过所培养的学生和通过研究成果的传播来影响社会的发展。而现今一切都被颠转了过来，社会、知识、高等教育三者关系在进行着重构，高等教育在社会中扮演的角色已从"社会中的高等教育"转化为"社会的高等教育"，它已难于游离在社会的现实需要之外独善其身，它须满足、适应社会发展变化的需求。

这种需求的变化导致对知识概念的扩展，传统的知识观受到人们的质疑，以学科为基础的知识不再能够囊括所有的知识，传统的知识范式需要转换：从以学科为基础的知识转换到以关注解决实际问题的操作主义知识，合法知识的边界已被扩展到包括知道怎样（knowing-how）和知道那样（knowing-that）的知识。② 由于这种关注操作能力提升的知识日益被人们所推崇，"一个辽阔的操作能力市场展现出来了。不论现在还是将来，这种知识的占有者都是收购的对象，甚至是政治引诱的赌注。从这个角度

---

① 伯顿·克拉克著. 高等教育系统——学术组织的跨国研究［M］. 王承绪等译. 杭州：杭州大学出版社，1994.

② Ronald Barnett. The Limits of Competence. SRHE and Open University Press，1994：47.

看，知识的末日不仅没有来临，而且正相反"。① 随着知识范式的转换，知识的生产性也日益受到人们的重视，知识在生产领域中的地位变得越来越重要。知识的这种生产性具体表现在两个方面：一是知识变成资本，知识资本可用于投资，人们对待知识的态度从闲暇的好奇变成资本的投资，从"爱智慧"变成"求回报"。社会发展的诉求从物质资本到人力资本再到知识资本的变化轨迹，生动地体现了这一点。二是知识变成商品，可以自由地交易，知识从无产权变成有产权，从装饰门面变成流通商品；从交流思想变成交易知识。由此，知识的评估从内在价值转变为外在价值，从智慧的价值变成金钱的价值（value for money），从理论的价值变成实践的价值，高等教育相应地也就从"社会中的高等教育"变成"社会的高等教育"。②

这种转变使高等教育要越来越满足国家、政府、企业、社会对高等教育的诉求，而且现今从事知识生产的机构却不是高等教育机构独此一家。各种各样的政府研究机构、大公司大企业的研发机构、各种社会组织的研究机构等如雨后春笋一般不断出现，成为了在知识生产上与大学竞争的对手，大学沦为了众多知识生产机构中的一家，大学正逐渐丧失作为知识生产者的垄断者的地位。在这样的竞争环境中，高等教育也开始对自身的管理诉至绩效，回应现实社会的实际需求。由此，规划、数量、成本、收益、绩效、产品的提供能力以及对社会的贡献率变成高等教育管理中最常见的口号与词汇，追求绩效的管理与评价成为了大学谋求发展与质量好坏的主要尺度。

三、高等教育管理方式转型的缺陷

现代社会正日益按照自己的愿望决定着它所希望的知识类型的生产，它对知识的理解与诉求不再让位于对学术的理解，它要求高等教育对知识的解读应从更为广义的社会角度做出应有的回答。尤其是在全球经济竞争的背景下，现代国家都在构建着自己明确的发展旨趣和意向，都在思考如何在激烈的竞争中能够立于不败之地，都在致力于如何提升经济和产品的

---

① 利奥塔尔. 后现代状态 [M]. 北京：生活·读书·新知三联书店，1997：107.
② Ronald Barnett. The Limits of Competence. SRHE and Open University Press，1994：21.

竞争能力。面对这种竞争导致人们在对知识的诉求上呈现出一种实用主义的取向，现代社会所盛行的技术思想在很大程度上就是这种实用主义取向的具体表现。现代社会往往将技术看成社会文化发展的决定性因素，决定着现代社会人们的生活秩序以及现代社会生活自身的意义。在技术与文化之间的相互条件关系中，技术的发展是自变量，而社会文化的发展是因变量，技术的利用与发展决定着社会的自由程度与发展，人与社会都被"技术形态化"。这种文化上的技术决定论的社会发展理念在高等教育的发展中也必然有所反映，作为现代社会这些旨趣反映的就是"操作主义"的取向在高等教育中日益占据了主导的地位，现代社会召唤着高等教育发展所有的学生有效操作的能力，否则高等教育就没有适应社会的发展需要。

在现代社会的发展中，社会的旨趣已不仅仅是对学术的追问，随着市场化的取向，人们日益把在劳动力市场中具有可操作的、可计算性质的，具有使用价值的知识类型置于优先考虑的地位，这导致对高等教育的描述和对学生质量的诉求上，直觉、理解、反思、智慧和批判被淡化了，取而代之的是技巧、能力、输出、信息、技术和灵活性。因此，在高等教育中把知识仅仅视为来自于学科的观点，把知识视为"给予"的观点，把知识解读为关于知识的理解的观点，在操作主义的眼中都是可怀疑的，都是虚妄的。在操作主义看来，学生应是具有运用知识的能力个体，应是展现操作能力于实际工作中并高效工作的个体，因为只有掌握了这样知识的学生才会在激烈的就业竞争中立于不败之地。对此在高等教育管理的现实回应中，金钱进来，质量出去，是一种回应，所以赫钦斯写道："当一所大学决定要挣钱的时候，它必须要放弃它的精神"。① "盈亏底线的暴政"② 是另一种回应，大学为了达成在市场中的收支平衡，形成了以收益为中心的独霸专权的大学管理，通过密谋商议预算和升降个人的待遇，导致了校长办公室成为了"克林姆林宫，"③ 大学里一切都有了它的价格，但人们却忘却了它的价值。大学的管理者不再有吸引人们的伟大思想，有的只是自己

---

① ［美］大卫·科伯. 高等教育市场化的底线［M］. 晓征译. 北京大学出版社，2008：33.
② ［美］大卫·科伯. 高等教育市场化的底线［M］. 晓征译. 北京大学出版社，2008：47.
③ ［美］大卫·科伯. 高等教育市场化的底线［M］. 晓征译. 北京大学出版社，2008：123.

与大学存在的需要。对学生而言,世俗化的追求也成为必然,"厌倦了阅读莎士比亚的作品?那就抛弃(通识教育)要求,坐在椅子里,吃着爆米花,看人们的表演吧"。①

这种取向引发了人们对大学发展定位的争论。为此大卫·科伯分析描述了美国大学在面对市场的残酷性与保持市场中的竞争力时所采取的管理变革措施与"美国大学一直期望成为学者和自由思想的园地"、"市场不能超越它的领地"的大学发展理念之间的摇摆不定、内在纠结与矛盾冲突。②但不管怎样,市场竞争成为了大学不可回避的现实问题。竞争导致不管什么样的大学在学科发展的规则上都追求"胜者通吃"的原则,都希望在每一门重要的学科上强大起来。"专业化的教育机构以它们在这个领域的不足感到羞耻;科技学科的大学,比如麻省理工学院,则因为它们在社会科学和人文学科领域不断强盛而沾沾自喜。"③但现实情景却是没有任何一所大学,即使最富有的大学也没有足够的资金和能力来雇佣传统艺术和科学的每个领域里最杰出的6个人之一,"世界上最富有的博物馆,也不能得到举世闻名的荷兰画家伦布朗的全部画作;同样,世界上最富有的大学,也不能雇佣所有的精英。"④ 因此乔治·斯蒂格勒这位经济学领域诺贝尔奖的获得者在其就如何适应大学发展之间存在的这种激烈竞争时,对芝加哥大学给出的建议是:努力保持在一打最经久不衰和最基础性的学科上居于领先地位,同时在其他基础学科保持至少是值得尊重的地位。"芝加哥大学不会变成一位街头的应招女郎,但我也不希望她变成一位老处女。"⑤

---

① [美]大卫·科伯. 高等教育市场化的底线 [M]. 晓征译. 北京大学出版社,2008:122.

② 见大卫·科伯教授(David Kirpd)的"SHAKESPEARE, EINSTEIN AND THE BOTTOM LINE"。2009年初到密西根大学教育学院高等教育研究中心做高访,当看到这本书时,就感到一丝的惊奇,书名为何要冠以莎士比亚、爱因斯坦这些举世瞩目的大文豪、著名的科学家,且与高等教育的管理变革纠结在一起。大致看过以后方才释疑。国内将此书翻译为《高等教育市场化的底线》,北京大学出版社,2008

③ [美]乔治·斯蒂格勒. 诺贝尔经济学奖获奖者学术精品自选集:知识分子与市场[M]. 何宝玉译. 首都经济贸易大学出版社,2001:54.

④ [美]乔治·斯蒂格勒. 诺贝尔经济学奖获奖者学术精品自选集:知识分子与市场[M]. 何宝玉译. 首都经济贸易大学出版社,2001:56.

⑤ [美]乔治·斯蒂格勒. 诺贝尔经济学奖获奖者学术精品自选集:知识分子与市场[M]. 何宝玉译. 首都经济贸易大学出版社,2001:59.

竞争一方面导致专业化程度越来越高，另一方面也使专业人士越来越局限于自己狭隘的研究领域，其结果使人们被迫承认一个悲哀的事实，"即使一个人最圆满精通一个专业的知识，也不能排除他在其他专业领域里出洋相"。"一个在专业领域里知名的人士，一旦他们走出自己的专业领域，他们的逻辑能力和证据标准就崩溃了"。"专业化没有造成他的缺陷，相反专业化只是倾向于把他局限在某个领域，在这个领域他的缺陷没有表现出来。"① 竞争也使高等教育管理要像企业一样更关注效率，追求同样的效率，但这种效率的追求忽视了不同组织之间的差异性。对此学者有幽默的分析：公鸡指着一只鸵鸟蛋对母鸡说："我并不是埋怨你，我只是提醒你注意，亲爱的，你看看人家外国，看看人家是怎样干活的。"② 这则幽默对于大学的管理者而言有着现实的意义，要向企业学习，追求效益，将大学视为企业加以管理。为此罗伯特·伯恩鲍姆对于美国的大学母鸡在从20世纪50年代到90年代的三四十年里为了更好学习企业鸵鸟的管理经验，提高大学的生产效率，而将企业的管理创新理论运用到大学管理实践而发起的七次学术管理运动作了条分缕析的分析，③ 读后使人意识到大学与工商企业的组织结构是不同的，用"老美的话说，大学和公司实在是两只不同的'动物'"。④ 在管理理论的借鉴上不能忽视差异，同类而语。

这种以关注效率而建构设计的高等教育管理模式使大学组织更关注对产出结果数量化、工具性、程序化的评价标准的建构，它挪走并取代了道德标准，尽管它给大学组织带来了效率。因此，英国哲学家齐格蒙·鲍曼认为，在现代组织中的角色被要求承担的只是技术责任，而不是自然的类似家庭中的角色，这种角色同时具有道德品质的要求。在这样的组织中所承担的角色与生命历程并无内在的逻辑一致性，角色彼此可能冲突。这

---

① ［美］乔治·斯蒂格勒. 诺贝尔经济学奖获奖者学术精品自选集：知识分子与市场［M］. 何宝玉译. 首都经济贸易大学出版社，2001：18.
② 程星在文章"管理时尚与大学效率"中所举到的一则幽默，程星. 细读美国大学［M］. 北京：商务出版社，2007：209.
③ 见罗伯特·伯恩鲍姆著. 高等教育中的管理时尚［M］. 毛亚庆，范平军译. 北京：北京师范大学出版社，2008.
④ 程星：细读美国大学［M］. 北京：商务出版社，2007：209.

样,个体在社会角色的流变中自我摇摆不定,出现碎片化及分裂化的状态。① 在追求效率的大学组织中管理者将管理过程演变成了按照量化标准进行评价的技术操作过程,在操作的过程中,管理者天然的情感减少了,自己的道德本性削弱了,大学组织的管理中出现了实现最终目标的具体手段被演变为目标本身的"目标的替代特征"的现象,导致"目标—手段"发生了置换,在这种置换的过程中,大学发展目标中原有的价值取向被遮蔽、抛弃,使得整个组织的行动链缺失了价值缰绳的牵引,行为者自身的道德意识与道德意志也悄然隐退与消失,失去道德约束的行为主体只被组织的效率所驱使,导致学术违规的现象不断呈现。因此,当失去道德约束的行为主体,一旦行动的方向发生偏差,管理过程中的行为者就有可能踏上恶的历程,且效率越高,速度越快,罪孽越深。②

四、高等教育管理方式转型的改进

对于现实中的高等教育发展来说,虽然高等教育扮演的角色和定位已从"社会中的高等教育"转化到"社会的高等教育",高等教育与社会的关系已不能只是凸显高等教育自身地位和作用,强调自身的相对独立性,它须更多地了解社会发展的实际需要,而且已难于游离在社会的现实需要之外独善其身以适应社会发展变化的需求。但高等教育的发展不是简单地满足社会无所不包的需求,对急切变化和盛行一时的事物持反对态度,要比全盘接受他们所冒的风险更小,大学必须坚持毫不妥协的高标准,大学不能因为要适应社会的需求,就丧失了所扮演的社会良知的指示器的角色。"大学必须抵制诱惑,不要试图事事都为了社会。大学是许多利益中独一无二的利益,它必须时时盯着这种利益,以避免与希望它更实用、更现实、更随俗的要求妥协。"③ "大学不捍卫社会,不是因为大学只反映它

---

① 齐格蒙·鲍曼. 生活在碎片之中——论后现代道德 [M]. 郁建兴等译. 学林出版社,2002:304.
② 汉娜·阿伦特. 耶路撒冷的艾希曼:伦理的现代困境 [M]. 孙传钊译. 长春:吉林人民出版社,2003.
③ [美]艾伦·布卢姆著. 美国精神的封闭 [M]. 战旭英译. 凤凰出版传媒集团,译林出版社,2007:209.

们自身的利益,而是因为这种社会中各种力量的均衡最需要尽量尊重思想自由,因而也最需要保护思想自由。"① "最成功的暴政不是武力确保一统天下,而是使人们意识不到还有其他可能性,把还有其他道路可走当作不可思议的事情,使人们失去对外部世界的感受。"②

现有的大学体制除了受市场需求的左右之外,全然不能分辨什么重要和不重要。③ 现在的大学教育"失去典籍,使人们变得更加狭隘和平庸。说他们狭隘,是因为他们缺乏生活中最必要的东西,说他们平庸,是因为缺少对事物的解释,缺乏诗意或活跃的想象力,他们的心灵就像镜子,反映的不是本质,而是周围的影像"④。大学所培养的学生仅仅成为了追求"洞穴影像"的"囚徒",而不是在"学园"里询问、追求真理的具有批判精神的理性之人。所以大学教育赖以生根的土壤更加贫瘠了,"导致大学生既没有多少文化上的自负,也拒绝对高雅文化表现出礼节性的虚伪恭敬,就此而言,他们活得'很真实'"。⑤ 因此"不读好书,既削弱了洞察力也助长了我们最致命的倾向——以为此时此地就是一切"。⑥

我们希望的"大学是这么一个地方:你选择一个你最喜欢的东西,看看你干自己最喜欢的事情能干得多么出色。这才是检验你才能的一把尺子,也是最好的训练"。⑦ "大学的根本,就是这种心灵的自由。如果你老盯着什么是'热门',盘算着什么'有用',你的心灵就会像一个总盯着老

---

① [美]艾伦·布卢姆著. 美国精神的封闭 [M]. 战旭英译. 凤凰出版传媒集团,译林出版社,2007:214.
② [美]艾伦·布卢姆著. 美国精神的封闭 [M]. 战旭英译. 凤凰出版传媒集团,译林出版社,2007:204.
③ [美]艾伦·布卢姆著. 美国精神的封闭 [M]. 战旭英译. 凤凰出版传媒集团,译林出版社,2007:15.
④ [美]艾伦·布卢姆著. 美国精神的封闭 [M]. 战旭英译. 凤凰出版传媒集团,译林出版社,2007:16.
⑤ [美]艾伦·布卢姆著,战旭英译,美国精神的封闭 [M],凤凰出版传媒集团,译林出版社,2007年,P18.
⑥ [美]艾伦·布卢姆著. 美国精神的封闭 [M]. 战旭英译. 凤凰出版传媒集团,译林出版社,2007:21.
⑦ 薛涌. 北大批判——中国高等教育有病 [M]. 凤凰出版传媒集团,江苏文艺出版社,2009:10.

板颜色的雇员一样唯唯诺诺。"① "大学是一个让探索和哲学开放精神自行其是的地方。它旨在鼓励人们对理性本身的非工具性运用,它提供一种气氛,使统治者意志的道德优势和自然优势不至于吓跑哲学上的怀疑。而且,它维护着滋养这种怀疑的伟大行为、伟大人物和伟大思想的丰富宝藏。"②

现代大学的核心使命在于对知识的责任,对知识的发现、创新、传承,最基本的责任应该是对知识的发现责任,既包括对"真"的发现的追求,也包括对"善"的思索和探究。人类社会赋予现代大学许多责任,但责无旁贷的无疑是用理性的知识揭示真实的世界,用理性的知识指引良性有序社会的建构。因此,大学的内在逻辑应该是什么?阿什比认为大学的内在逻辑是探索和传播真理的堡垒;洪堡认为,大学是高等知识的机构,是把科学和学术当作解决无穷无尽任务的工具并永不停止的探索过程;赫钦斯则把大学愿意承担外部社会机构付钱的任何任务看作是学术界弊端的根源。他警告说:"如果我们认为政府和企业为大学提供经济补助,是毫无私利地追求永恒的而不是一时的真理,那纯粹是自欺欺人。"③ 诺斯·怀特海在论述大学的作用时说,④ 大学之所以有理由存在,是因为它使老少两代人在富于想象力的学习中,保持了知识与生活热情之间的联系。大学提供信息,但它是富于想象地提供信息。一所大学如果做不到这一点,就没有理由存在。大学的任务就是要使想象和经验融为一体。因此,大学的正确作用就是通过想象创造性地获取知识。一所大学不具有想象力,不说一文不值——至少也是没什么用处的。

罗伯特·伯恩鲍姆在其专著《大学运行模式——大学组织与领导的控制系统》的中文译序中引用英国诗人约翰·曼斯菲尔德(John Masefield)充满诗情的语言歌颂过大学:"世间再无堪与大学相媲美的事物。在国破

---

① 薛涌. 北大批判——中国高等教育有病 [M]. 凤凰出版传媒集团,江苏文艺出版社,2009:11.
② [美] 艾伦·布卢姆著. 美国精神的封闭 [M]. 战旭英译. 凤凰出版传媒集团,译林出版社,2007:204.
③ [美] 约翰·布鲁贝克著. 高等教育哲学 [M]. 王承绪等译. 杭州:浙江教育出版社,2002:12.
④ 诺斯·怀特海. 大学和大学的作用 [J]. 刘小梅译. 中国大学教学,2002(11).

家亡、价值沦丧之时，在大坝坍塌、洪水肆虐之时，在前途暗淡、了无依赖之时，不论何地，只要有大学存在，它就巍然屹立，光芒四射。只要有大学存在，人的自由思想、全面公正探索的冲动仍能将智慧注入人们的行为之中。"① 进而义无反顾地认为"我坚信，技术不能也不会取代伟大的大学"。② 因此，大学应该同时是实现年青一代社会化的场所，是批判性文化传统得以延续的场域，是社会得到建设性批判的学园、是追求思想和智慧的家园。

---

① 罗伯特·伯恩鲍姆著. 大学运行模式——大学组织与领导的控制系统 [M]. 别敦荣主译. 青岛：中国海洋大学出版社，2003：6-7.
② 罗伯特·伯恩鲍姆著. 大学运行模式——大学组织与领导的控制系统 [M]. 别敦荣主译. 青岛：中国海洋大学出版社，2003：7.

现代大学制度的实践逻辑

周作宇[①]

"现代大学制度"从学者讨论和实践诉求走向国家政策文本，从一个侧面反映了一段时间以来普遍存在着的对"现在大学制度"的不满。现在只是一个时间概念，而现代具有明确的价值指涉，和时间有关，但不限于时间。内含价值指涉的现代大学制度一定是人们所向往的、值得追求的、美好的制度。大学制度在空间上纷呈多样，判断究竟哪种制度是好的，需要一个参考标准。问题是，如果将大学从其存在的系统中剥离，抽象一种放之四海而皆准的制度标准，何以可能？大学不是超国家、超文化、超历史的天马行空的"学术飞毯"，它根植于特定的社会土壤，不同国家的大学具有鲜明的个性特征。但大学毕竟有其普遍的组织特征。在一个国家叫大学的组织，在另外一个国家具有同样特性的组织也叫大学。大学具有超国家、超文化、超历史的共性。因此，考察大学制度的现代性，或对大学制度优劣性的评价，既需要考虑一般性特征和普遍性原则，也需要考察特定文化背景下的大学制度实践，走向实践的大学制度学。

一、现代大学制度的含义解析

制度是规范人们的行为、使集体行动保持在一个相对稳定的秩序内的规则。制度和人相互作用，人在制度内，受制度的限制。人也具有超越制

[①] 作者简介：周作宇（1964－），男，内蒙古武川县人，新疆师范大学副校长，北京师范大学教授，国家教育行政学院第34期高校中青年干部培训班学员，主要从事教育原理、高等教育管理研究。

度，打破既有结构，扰动稳定秩序，重新建构制度的主动性。人的目的是最高原则，相对于人的目的而言，制度是手段和方法。超稳定的制度在封闭社会能够存延，但是对迅速变迁的社会，制度的改革完善不可避免。这是一般的制度变迁规律，也是特定组织内部制度调适的通则。大学作为一种组织，和其他组织处在相同的社会系统之中。社会环境的变化必然会反映到大学组织中来。当大学既有的行动指令在大学和外部世界不断交换信息和能量的过程中出现失灵现象的时候，其制度危机就呈现出来。对制度危机的消解只能从制度本身出发。大学制度是一个制度集合。这个集合或者是系统的，或者是非系统的。系统的制度就是在一个统一的制度母体中，在大原则和规则下存在着的彼此连贯、各自有效的子制度的集成。而非系统的制度则是缺乏整体一致性，甚至还存在彼此矛盾和冲突的子制度族。大学的秩序为制度规定。"有法可依"、"有章可循"，是任何一个成熟的组织必备的前提条件。大学制度分上位的制度和下位的制度，外部制度和内部制度，还分显性制度和隐性制度。章程就是大学的"大法"，大学的"宪章"，是大学的上位法令。章程的功能是界定组织性质，建立内部秩序，规范相关人员的行为。章程是机构、责任、权利和义务等组织要素的集合体。有没有章程反映了一个机构的正式法律水平和法治状况。我国《高等教育法》明确规定大学要有内部章程，但中国大多数大学至今没有章程。为什么没有章程大学还能够正常运转？因为大学可以根据惯例或者传统行事而完全不需要成文的法律法规。没有章程并不意味着没有制度，没有系统的成文制度也不意味着大学奉行无政府主义。制度规范人们日常行为，既包括成文的规则，也包括不成文的规则。而不成文的潜规则在相当广泛的场域中发挥作用。诚如诺思所言，"任何社会、经济或政治体制都是由人构建的，并且这种结构在我们所处的这个有序社会里，具有人为的功能。这种结构是规则、惯例、习俗和行为信念的复杂混合物。它们一起构成了我们日常的行为选择方式，并决定了我们达到预期目标的路径。"① 显性制度和隐性制度之间可以相互转化。显性制度如果能够发挥作

---

① 科思，诺思，威廉姆森等. 制度、契约与组织——从新制度经济学角度的透视[M]. 北京：经济科学出版社，2003：15.

用,日积月累,习惯成自然,内化为个体行为而成为隐性制度。隐性制度如果有效,经过总结提炼,可以变成显性的制度。在日常行动中,如果不是因为发生矛盾和冲突,或传统习惯在调节人际行为中依然有效,人们对传统制度的改造和革新就缺乏动力。这是解析现代大学制度时必须要认清的制度特征。

现代大学制度可以拆解为现代大学的制度和大学的现代制度。如果"现代"是大学发展阶段的划界标准的话,那么至少在理论上存在两种大学形态,一种是前现代大学,一种是现代大学。同样地,如果"现代"是制度的分水岭的话,那么大学制度在类别上存在现代制度和前现代制度。将现代大学和前现代大学作为一个维度,前现代制度和现代制度作为另外一个维度,如此形成一个矩阵结构。两维参量结合,出现"前现代大学—前现代制度"、"前现代大学—现代制度"、"现代大学—前现代制度"和"现代大学—现代制度"四种可能性。这种二维矩阵的分类方式是将大学和制度分开的。在现实高等教育图景中,是否存在前现代制度规制的现代大学?是否存在现代制度约束下的前现代大学?换句话说,有无这样的现代大学:它是现代大学,但其制度是前现代的;或有无这样的前现代大学,它是前现代的,但其制度是现代的?进一步追问,制度的现代性是否为大学现代性的一个前提性条件?或者说,大学的现代性是否独立于制度的现代性?现代大学划界的标准究竟是什么?将现代大学和前现代大学区分开的标志是什么?

西方高等教育的上限可以追溯到古希腊的阿基米德学园和吕克昂学园。但是学界比较公认的现代意义上的大学始于11、12世纪出现的博洛尼亚大学、巴黎大学等中世纪大学。[①] 中国古代有稷下学宫这样的似高等教育机构;随后还有太学和书院的官私有别的学术组织。虽然如此,北洋大学的创建被认为是中国现代大学的肇始。将中世纪大学和古希腊高等教育机构以及将稷下学宫和北洋大学区分开来的分界线是什么?哈罗德·珀金(Harold Perkin)指出,"所有的高级文明都需要高等教育来训练统治者、传教士、军人和其他方面的社会精英"。这样的机构在古代中国、印度、

---

① 高等教育界通常认为波罗尼亚大学创建于1088年。

伊斯兰国家、印加、日本等国就已经出现了。古希腊的雅典娜神庙和吕克昂学园在一定程度上具有了中世纪大学的特征。但是，作为专门从事教学和学术性活动，并且具有法人自治和学术自由的机构，大学是从中世纪起才获得现代意义上的独特组织身份的。① 珀金对现代大学的划界有两个基本的要素：一是大学具有从事高等教育的基本功能，二是大学具有自治的、独立的组织管理方式。这就意味着，现代大学的现代性不仅仅由其功能来界定，还由其独立的法人身份来界定，而这个法人身份是由其基本的自治管理和学术自由保证的。因此，现代大学和现代大学制度是不可分的。现代大学制度本身就是现代大学的一种内在规定。如果将珀金对现代大学的界定和我国当下的话语背景结合考察，有必要追问，从北洋大学开启的高等教育实践，是不是现代大学的实践？如果是，那么就说明现代大学制度从那时已经开始确立。如果不是，就说明我国还没有真正意义上的现代大学。果然如此，"建设现代大学制度"的盛行话语即昭示：现代大学制度的缺失乃是现代大学身份缺失的写照，建设现代大学制度意味着中国大学依然承续着现代化转身的历史使命。事实上，我国现代大学制度讨论的动力，更多地源于对大学品质、质量与绩效的计较。在一定意义上，知识经济驱动下的高等教育扩张，世界竞争背景下的一流大学工程建设、就业信息反馈映射下的高等教育质量保证，如此等等的问题将现代大学制度和大学绩效关联起来，成为时下的热门话题。

二、现代大学制度的绩效关联

现代大学制度的绩效关联如果不是最初激发讨论的明确动机，至少也是潜在的重要原因。现代大学制度进入我国学者和官方文件论域，源于对大学现代性的反思，更直接的是对大学现代性的制度反思。对制度反思的思维策略或从现代大学的条件进行演绎，或对大学绩效征候进行反推溯源。来自社会的一般性感性经验和研究的科学研究结果都是大学制度批判讨论的原因，也是批判讨论的结果。在我国特有的话语背景下，"钱学森

---

① Harold Perkin, History of Universities, in Philip G. Altabach, International Higher Education, An Encyclopedia, Vol.1, Garland Publishing, INC. New York & London, 1991, 169.

之问"和"去行政化"诉求既焕发了学术共同体的研究兴趣,又吸引公共媒介的眼球。前者关涉大学绩效,后者和制度关联。将两者联系起来分析,可以在通俗的意义上建立大学制度和大学绩效的关联。对大学绩效的不满和质疑必然引导人们寻求解决问题的有效方案,而处方怎么开,首先需要对病症有准确的诊断。现代大学制度问题就此出场。在现代大学制度被确认为一剂良药的背后,深藏着大学制度和大学绩效之间存在着根本性关联的朴素认识。[①] 在反思我国现代大学进路的时候,西南联大常常成为学者"怀旧"的精神向往。梅贻琦先生的"大师说"也相应地余音绕梁,"昨日重现"。将大师和大楼对应起来,突出大师的重要性。在办学规模小、办学条件要求不高、办学成本低下的情况下,由大师界定大学有其合理性。但是当学生选择机会增加、大学规模扩大、人员集聚、体积增容、诉求膨胀、支出攀升,大学成为如克拉克·科尔(Clark Kerr)所称的"巨型大学"(Multiversity)的时候,"大师说"的局限性就暴露出来。贾米尔·萨尔米(Jamil Salmi)在对世界一流大学进行比较研究的基础上,提出了一流大学"精英集中、资源充足、治理得当"关键的三要素说。与梅先生的"大师说"相比,萨尔米的三要素说更加系统全面。萨尔米指出,世界一流大学一方面成为政府着力打造、实质性支持建设的"宠儿",但是另一方面过度管制恰恰抑制了世界一流的进程。他以巴塞罗那足球俱乐部借喻大学:"如果巴塞罗那足球队像大学一样在政府的严格管制下运营,它能成为一流球队吗?"他利用三要素模型对马来西亚大学和新加坡国立大学进行了比较。两所大学在1962年前曾经是同一所大学。新加坡独立后,一校两立,命运各不相同,新加坡国立大学在任何一个世界大学排行中遥遥领先于马来西亚大学。新加坡国立大学经费投入充足,教师和学生多样性和竞争性优势突出,更为重要的是,他们在治理结构上具有马来西亚大学所不具备的自治权。一般推论是:大学的治理结构在人财两种资源上保持不同于公共部门的管理制度,在权力配置上需要有应对外部环境

---

① 我国学者孙天华在《大学的科层组织特征及效率——对我国公立大学内部治理结构的分析》(河南社会科学,2004(5))中,从韦伯的科层结构理论出发,针对我国实际提出"双子权力系统"的概念。

变化的程度更高的灵活性和主动性，在大学领导团队的选用上有足够的自主性，在高层决策机构上需要建立由外部代表参与的独立董事会。① 西门·马金森（Simon Marginson）在总结成功大学的治理经验时也指出，国家政府对大学建设全球化能力非常重要。但是官样文章会令大学窒息。大学需要"更多的自主性和更大的运作空间"。"战略性领导力对大学发展非常重要。舍此就不会有世界一流大学。""政府通过任命校长来控制大学，这对大学领导行为具有直接影响"。"新加坡国立大学校长不是由政府任命的，其他周边的邻国也应效尤"。②他转引越南国立大学校长麦从南（音译：Mai Trong Nhuan）的话说"当我遇到越南总统的时候，我不要钱而要更大的自主性。要回应社会和全球化的需要，我们需要更大的自由、责任、透明度和灵活性"。将大学的卓越追求归结为自治诉求，这和现代大学的内涵中在治理结构上的规定性相一致。萨尔米等人的研究对象是东南亚国家。对现代高等教育体系后发国家而言，建立一整套与现代社会发展相适应的大学制度和体制的必要性是不言而喻的。但是，如果将注意力仅仅集中在第三世界国家，并且用抽象的普遍原则指导这些国家的制度建设，一方面，忽视了西方古典大学自身也承载着强烈的制度改革压力的事实，形成西方大学制度是现代大学制度的"绝版"和"模版"的错觉。另一方面，大学置身其中的政治、经济、文化等系统因素被遮蔽起来，大学实践的制度环境受到忽视。③ 将现代大学制度的建设任务归结为自治还原，抓住了主要矛盾，但是不能解释"何以至此"的制度路径。大学治理结构在大学成文的制度中表现出来。建立旨在追求卓越的现代大学治理结构和建设现代大学制度具有同等程度的意义。将大学制度和大学绩效相关联，在一般的意义上可以解释为大学制度在大学发展中起着非常重要的作用。但是，对特定的具体的大学而言，制度究竟是怎么形成、变化和发挥作用

---

① Phil Baty. http：//www. timeshigher education co. uk/story. asp？story Code = 408885&section code = 26.（2009）.

② Phil Baty. http：//www. timeshigher education co. uk/story. asp？story Code = 408885&section code = 26.（2009）.

③ Jason Lane, The Spider Web of Oversight：and Analysis of External Oversight of Higher Education [J]. Journal of Higher Education, 2007, 78（6）.

的，光从正式的、成文的制度文本来解释远远不够。在自主性得到法律保证的宏观背景下，大学自治和学术自由的呼声依然不绝于耳，这就说明，比起正式的制度来，大学行动中的制度内涵要丰富得多。① 大学特殊的组织特性和实践逻辑凸显了大学制度的复杂性。

三、现代大学的组织特性

在最为抽象的意义上，组织就是人们为实现一定的共同目标相互协作结合而成的集体或团体。所有组织都需有一个管理结构，以此来确定部门、职能、职位、职务、权力、职责等相互关系。在给定的结构内，个人结成各种各样的团队或集体，为了共同利益而相互配合，完成单个人所无法承担的任务。管理的最终目的就是实现集体目标。正是集体目标决定组织内部的结构形态和个人行为，而不是相反。组织为集体目标所设，但是构成组织的成员不可能一成不变，外部环境的变化也会或迟或早影响到集体目标的确立上来。当组织的目标发生变化之后，原有的管理结构就可能会成为组织目标实现的障碍，这就要求组织不断加强自身调整和改革，进而实现持续发展。组织存在于特定国家和文化背景下。跨国组织有一定的超越性，但也是在特定空间内存在，不可避免地受国家影响。国家制度和体制在相当程度上会投射到微观层面的组织制度上来。在特定国家里，受大环境影响，不同组织在内外部关系上有许多共同特点，打着共同的"大文化"② 烙印。这是在研究任何组织特性时必须清醒认识到的关系特征。但是，不同组织在目标和功能上分工有别，组织内部结构、运作模式有别，人群个性有别，在不同组织之间，在相同组织的不同实体之间都存在一定的差异。前者是类别上的，后者是操作上的。

大学具有一般组织的共性，也具有不同于其他组织的个性。对大学组织特性的认识和把握是深入研究大学管理和制度的基础。关于大学的组织特性，有的从一般组织理论进行演绎和经验概括，也有的通过比较的方法

---

① 我国《高等教育法》明确规定了"七个自主"，从法律文本中看，高校的自主性得到充分认可。但是在执行过程中，自主的法人地位还没有完全确立。
② "大文化"是相对于"小文化"而言的。

揭示大学的特殊性质。珀金斯（James A Perkins）认为大学是现代社会最复杂的结构，同时，在不断变化的社会里，大学显得有些过时落伍。其复杂性在于从其正式的结构和制度无法描述实际的权力和责任配置。其守旧性表现在，大学功能也不能通过特许状的正式规定而得到实现。大学具有教学、科研、社会服务以及民主建设等不同的使命。不同使命相互冲突，这使大学组织陷入困境。大学组织设计从根源上是为教学服务的。当大学功能不断扩张，而组织设计则基于单一的教学功能，组织失调就不可避免。大学的功能拓展是大学回应社会变迁的演进结果。在不同功能之间存在着一定的矛盾和冲突。对矛盾的克服和消解推动着大学使命的重塑。使命的重新界定必然要求大学改革治理结构，以适应环境变化。[1] 他曾组织专家对大学的组织特性进行讨论。贝斯（Ralph M. Besse）、柏黎（Stephen K. Bailey）、劳瑞（W. McNeil Lowry）和康森（John J. Corson）等人分别就大学和公司、政府和其他组织进行过比较。"在编制和监督预算、人员聘用、组织设计和空间设施管理、因特定事件、领导风格或外部威胁而热衷于规划、在绩效表现监督中只说不做等方面，在政府部门和大学之间存在内部管理和政治方面的相似性"。公务员退出政府部门到大学当校长的事例[2]就是这种相似性的一种反映（S. K. Bailey，1973）。就公司和大学比较，在公司治理实践中也可以找到大学管理可以迁移借鉴的经验。在国家经济萧条、大学财政紧缩的背景下，采企业家精神、吸收公司管理的经验来治理大学被认为是解决财政困难的可选策略。虽然在不同组织之间找到共同的管理特征，但在组织特性上，在具体的组织目的、权力结构、功能和绩效责任上差异明显。与公司和政府不同，大学的组织呈扁平的金字塔结构，自治的传统诉求塑造了大学的权威系统和权力特征。为公司适应的绝对权威和政府的强制性权力在大学里有不同表现。人事制度在公司相对简单。如果不服从公司的意志，或和公司的旨趣不合，辞职或被辞退是公司人事处置的必由之路。政府部门权力结构层次分明，人际关系对人事决

---

[1] James A. Perkins. University as an Organization [M]. New York：McGraw Hill，1973：3－14.
[2] Charles Hitch 曾是麦柯玛纳曼将军麾下的国防部高级管理人员，后来转到伯克利大学从事管理工作的岗位。美国类似的例子还有由财政部长的位置转任哈佛大学校长的萨莫斯（Larry Summers）。

策意义明显，谨言慎行是经典的组织规则。而大学一方面有"终身制"的保护，另一方面学术职业本身就带有"批评性"，和正统观点背道而驰的"叛逆"性格是许多大学教师的自我定位和身份依托，专门"唱对台戏"是大学必须容忍和呵护的教师特质。此外，大学里还有另外一个群体，即学生。学生是大学的重要组成部分。学生的身份既不同于组织的雇员，也不是简单的"客户"。这种在大学的权力结构和权威关系中不能不考虑的特殊身份和组织构成，是别的组织所没有的。由特殊人群的特殊性格划定的组织边界从一个方面揭示了大学的特征。而大学目的和绩效责任乃是凸显大学组织特性的更为重要的标志。经济目标对公司而言没有多少歧义，公司里一切都可以转化为利润和货币这样的指标，绩效责任容易测量和评定，成本核算是公司的生命线，"唯财是举"是公司的行动准则。可是在大学，创造知识、传播知识和转化知识是大学的基本使命，这些看似意义明确的目标陈述，在具体的大学实践中却比较模糊，组织绩效难以测量评价。为各种排行榜所吸引的眼球只能看到一个骨架性的指标分值，可以引导人们对一个大学水平作笼统判断，但是无法让人们真正了解一个大学的实际运作和"组织产出"。

科恩等人在研究组织问题时，发现组织中有一类"有序的混乱"现象。其特点首先是偏好不确定。组织的运作基于不相统一、界定不清的各色偏好。与其说组织有一致的结构化偏好，不如说仅有松散的意见集合。组织行动不是从偏好出发，相反，组织的偏好是从行动中发掘出来的。其次，虽然组织要在竞争中持续生存发展，但是，内部成员对组织的运作过程并不清楚，专业技术难以界定。"尝试错误、从过去事故和经验中学习、应急反应"是成员实操的基础。最后，组织成员参与的流动性和变动性大。人们的精力在不同领域分配，投入程度深浅有别。从而，组织边界既不确定，又变动不居。这种现象在每一类组织中都有发现，但在政府部门和教育组织表现更为突出。其中，大学就是目标不清、技术模糊、人员频繁流动的"有序的无政府组织"的典型代表（M. Cohen，J. March，

J. Olsen, 1972)①。

　　珀金斯及其同事和科恩等人的研究对丰富我们对大学组织特性的认识具有积极意义。大学具有组织的一般特征，但是目标的模糊性和多样性、功能的特殊性及相互间的矛盾性、组织成员兼备自由职业人和组织人、保守性和创造性的双重性格，表明了大学不同于其他组织的高度复杂性。面对这样复杂的组织，通过一般组织理论的演绎或其他组织经验的迁移来解释结构化的大学制度有借鉴意义，但是无法根本上解释行动中实际起作用的大学制度。鉴于大学制度本身不是目的，而大学又和外部环境具有千丝万缕的联系，因此，对大学制度的研究需要跳出就制度论制度的思维定式，要将制度置于社会系统之中、大学目的之下。从而，对社会一般形态的感知、对大学目的的理解和主张以及在一定目的指领下的大学行动乃是考察现代大学制度必须观照的内容。谁感知？谁理解？谁主张？谁行动？这涉及思想和行动的主体问题。当思想者和思想的对象、行动者和行动的过程进入考察的视阈域，基于反思的实践逻辑就是检讨大学制度、进而为制度改革提供建设性意见的一条逻辑理路。

四、现代大学制度的实践逻辑

　　实践逻辑具有主体性、行动性、关系性和政治性等特点。实践逻辑是对主客观二分思维的一种颠覆。大学制度是一个需要解释和建构的意义空间。制度不说话，是人在说话。制度不约束，是人在约束。制度是由人设计、由人解释并体现在人的行动之中。所以，主体意识和制度不可分割。社会现实包括行动，也包括结构，以及二者相互作用所产生的历史。这些社会现实的材料存在于关系之中。而常识语言具有突出实体，牺牲关系的倾向。"社会行动者与世界之间的关系并不是一个主体（意识）与一个客体之间的关系，而是社会建构的直觉与评判原则（即惯习）与决定惯习的世界之间的'本体论契合'"。② 实践逻辑的主体性并不是要将主体和外在

---

① Michael D. Cohen, James G. March, and Johan P. Olsen, A Garbage Can Model of Organization Choice [J]. Administrative Science (Quarterly), 1972, 17 (1): 1-25.
② 皮埃尔·布迪厄，华康德. 实践与反思——反思社会学导引 [M]. 北京：中央编译出版社，1998：22.

的结构分割开来,而恰恰在主体与结构相互作用中呈现出来。突出主体性,既是以"关系思维"突破"固体思维"的一种思想策略,更是行动策略。大学制度是人的构造,制度如果不能在人的行动中和人相互建构,最多不过是人造符号,既没有意义,又没有效果。具有主体性的大学成员在大学如何行动?大学成员和大学制度是如何相互作用、相互建构的?这既要从大学的成文制度的形成机制考察,更要从大学场域和成员惯习中解读。

解析大学制度的实践逻辑,如果不深入到这种组织核心成员的日常活动,就无法了解共同体内的权力、利益的互动特征。大学存在于社会场域之中,从总体上说不可能游离于社会之外而成为真正意义上的"象牙塔"。如前已述,大学自身有其特殊的社会角色,因而有特殊的场域特征。处于大学场域之中的大学成员共享组织的基本价值,但以其不同的身份而承袭不同的惯习和规则。与其说大学人员是在统一的制度规制下行动,不如说是惯习使然。"用身体思考"是大学成员的行动法则。"学术人"和"行政人"是两类主要的大学成员。虽然同在一个组织服务,但各自有着不同的行为规范和行动原则。大学行政人和学术人的角色有很大的差别。行政人是大学内部的"公务员",是完全的"组织人",行政人的利益和组织紧紧地捆绑起来,对组织的依赖性超过学术人。在理论上说,行政人的目标是组织利益最大化。在组织利益和个人利益之间存在高度关联。而学术人是大学组织中的自由人,是"游牧部落"。学术人的利益虽然和大学利益同样有高度关联,但是这种关联不同于行政人。学术人和大学在影响力上互相借力。差别在于,学术人从加盟大学开始便享受大学的影响力。而大学对学术人个人影响力的分享则取决于学术人实际的影响,不管这种影响是社会影响还是学术影响。这就说明,对学术人而言,组织和个人在借力的周期上存在时滞。行政人不存在学术影响。行政人的社会影响源于他在大学组织结构中的正式职位,也源于他在大学发展和治理中独特理念的公共表达。行政人和学术人对大学目的和技术的感知图式不同。行政人聚焦大学中的"公共事务",而学术人聚焦"学术事务"。

现代大学的职能日益增加使大学学术人身兼多重角色。学术人在教学、科研和服务等角色之间不断转身,将有限的时间在不同任务间不断切分的尺度是什么？是兴趣、价值和利益！学术人倾向于奉行抽象的原则，但对具体的规定则常常持批判态度。批判是学术职业要求具备的重要品质。学术上的创造性突破，在很大程度上取决于批判的能力。这样的训练使他们形成一种不同于日常生活经验的观察视角。用一双批判的眼睛看世界，当然多为阴暗和雀斑。证明和反证是学术生活中两种最普遍的活动。也就是说，他们不是在寻找证据证明什么，就是证伪什么。无论是证明还是证伪，都有一个立论的立场、出发点和前提。抽象地说，这个前提是客观的，基于事实的，是非人格的。但是，每个人都是历史的产物。在人的视野里，所有的客观的事实都是有限的客观。这个限制，既是学术人员本人的限制，也是已有的人类的认识成就的限制。学术人员的自大和谦卑，可以刻画出两种极端的性格：自大往往是因为踩在人类认识边界的最前端，君临于芸芸众生之上，自有真理代言人的感觉。而谦卑则是因为站在人类认识的极限边上，茫茫四顾，发现在自己和未知的世界之间一片黑暗，未知世界何其之大，而人类的认识何其之小，"生也有涯，知也无涯"，谦卑之心油然生发。学术人的兴趣在于别出心裁的思考和超凡脱俗的语言表述。一般情况下，最令他们兴奋的不是生活中油盐酱醋的得失，而是对疑难问题的识别和解决。但是，如果物质利益分配的公平感受到挑战，他们也会丢下精神世界的玄想，投入到物质利益的计较中来。学术人的行为是独立的，他们通常独往独来，任何集体的任务，公共的活动，在他们看来都可能是一种累赘。只要有可能，都会尽可能逃脱。在行政权力和学术权力的讨论此起彼伏，行政权力饱受争议的时候，常常出现学术性委员会的"集体冷场"现象就是明证。[①] 学术人追求独立，但是独立性走向极端，就容易滑落到群体性的"自闭症"。学术活动是个人的行为，学术观点个人负责，需要集体攻关的科研项目一旦在个人间化零分配，最终能够形成一个在逻辑上契合的整体成果非常不易，而常见的是在一个题目下不同个体思考结晶的相互缀合。

大学由不同身份的群体构成，在制度上需要有特殊的组织意识和身份

---

① 威廉·布朗（William Brown）在《学术政治》（Academic Politics）中曾提及一项在1973年于Colgate University所作的调查。

自觉。关于大学的组织模式,有学院模式、官僚模式和政治模式等理论主张。① 在大学的权力分析中,韦伯的科层分析框架常被采用。② 根据韦伯的理论,在官僚组织中,组织的权威来自职务赋予的"权力",组织目标是效率最大化,组织的思想基础是"法律理性",组织结构呈科层化。科层之间有正式的沟通系统和指挥链。组织中各工作人员的岗位职责、聘任程序、报偿系统、升迁路径有明确的描述和规定。在成文制度和正式组织的角度上看,韦伯关于官僚结构的理想类型无论是对企业还是对公共部门,都具有相当的解释力。但对大学组织,必须要看到韦伯模式的局限性。

班德利兹指出韦伯理论在分析大学制度中的不足。首先,韦伯的"权威"仅仅局限于正式权力,而没有涉及其他权力,如:非法律强制上的权力、大众运动力量的权力、专家权力、可诉诸情感的权力等。韦伯的官僚组织范式主要针对正式结构,很少涉及组织的动力过程。而从静态结构难以解释组织行动的实际运作状况。从时间维度上,通过正式结构只能解释某组织在一时刻的情况,但是不能说明组织的历史变革过程。此外,韦伯的官僚范式不涉及政策形成过程,它只说明政策是如何执行的,而不关注政策是如何制定的,也不考虑政策制定过程中的政治因素。事实上,组织中的利益集团常常为使政策朝向有利于他们的方向而进行或明或暗的斗争。③ 针对大学的目标分化、利益冲突、权力斗争等特点,班德利兹提出了"政治模式",这在很大程度上弥补了学院式、官僚式模式的不足。大学不是真空状态的理想模型。学者社区的学者有其自身的利益主张,官僚组织的权力"表达式"在大学不能完全套用。无论在宏观意义上还是在微观形态上,大学无不具有政治属性。"当高等教育卷入日常生活的时候,必然会遇到如何确定目标和如何行使权力来实现这些目标的争论。而这些

---

① 林杰关于美国大学组织理论中的学院模式有细致的研究,详见论文《美国高校组织理论中的学院模型》,发表于《高等教育研究》2006年第7期。
② 特鲁普(Herbert H. Stroup, 1966)曾从八个方面分析了韦伯理论对大学组织的适用性;孙天华《大学的科层组织特征及效率——对我国公立大学内部治理结构的分析》(《河南社会科学》,2004年第5期)。
③ J. Victor Baldridge. Power and Conflict in University, Research in Sociology of Complex Organizations, John Wiley & Sons, Inc, 1971.

争论自然具有政治性"。① 罗伯特·达尔（Robert A. Dahl）曾指出，"无论我们愿意与否，任何人都不能完全超越某种特定的政治系统。政治是人类存在不可回避的事实。每个人无不在特定的时间、以特定的方式、参与在特定的政治系统。②" 政治生活是任何人日常生活的内容构成。政治人和经济人一样，是常人的两种特有的人性假设。在以知识为中心的组织中，除政治人、经济人外，大学的主体成员还有"学术人"的特点。大学不同于官僚机构和企业。企业里的忠诚是根据组织的规则朝向既定的目标高效地工作。大学里的忠诚则表现在对知识探究的执著和其所做出的贡献。③ 在经济人、政治人和学术人之间存在着现实的矛盾。作为身体的存在，学术人不可避免地要遵从经济和政治逻辑。如果将追求真理、自由探索的价值观与经济需要和政治行为切断，一个具有衣食住行需求的普通人要承担"无我"的学术探索如何可能？美国加州1879年通过的《州宪法》宣称大学是一种"公共信托"组织（public trust）。这在法律上保护了大学的自治性质。"大学的组织和治理应该完全不受政治或派系的影响。因此在董事会和行政负责人的聘用上拥有自主权"。1915年成立的美国大学教授学会（AAUP）通过自治的大学联盟保护教授不受经济困扰和政治干预的自由探索权益，在实践中发挥了一定的"防火墙"作用。但是，无论是宏观政治还是微观政治，大学都无法做到不问世事，我行我素。像美国这样既有成文的法律规定，又有民间组织保证的国家，也难以保证大学不受外部力量的干预和影响。④ 这就说明，在宏观层面上，大学和外部力量之间的关系不是由大学自己界定的，而是由大学和外部力量的"关系"界定的，是由大学所在的场域界定的。大学自治不完全取决于自己的组织诉求，还取决于外部力量的理解和解释。在大学内部，在涉及内部权力配置和决策过程的微观政治层面，大学一方面存在着像霍夫曼所指出的内在矛盾："追求

---

① 胡克（1953），转引自布鲁贝克. 高等教育哲学［M］. 浙江教育出版社，1987：14.
② Robert A. Dahl（1984，1976，1970，1963），Modern Political Analysis, 4th Edition, Prentice Hall, Inc., Englewood Cliffs, New Jersey. 1.
③ R. William Browa. Academic Politics［M］. The University of Alabama Press, 1982：11.
④ 马丁·特罗（Martin Trow）在对加州大学的治理结构研究中引述四个例子来说明大学内外部政治的互动。

真理和追求权力是水火不相容的"。[①] 另一方面也存在着制度惯性和变革力量的紧张关系[②]。制度改革的本质是什么？无论是从大学的外部关系看还是从内部关系看，改革根本上说来就是改秩序和改习惯。结构性调整和成文制度的改革旨在从外部建立新的秩序，但是如果没有内化为个体的行为，如果这种行为不能转化成习惯，改革就不可能成功。

现代大学制度的建设和改革是一个长期的任务。与其说"现代性"是一个目标，不如说是一个不断开放延伸的过程。在这个过程中，不能从固定的角度出发对改革的主体和对象加以界定，不能仅仅将大学看作是改革的实体。在可控的范围内，大学的举办者、管理者和办学者都应该是改革主体，同时也是改革的对象。大学制度的改革既是大学的改革和改革大学，也是政府的改革和改革政府。改革的任务既涉及宏观的公共高等教育制度，也涉及微观的大学内部制度，既包括正式的成文的制度，也包括组织行为和个体行为。将正式制度和制度行为纳入改革的对象，实现从个人意志到组织制度、从习俗性制度到成文制度、从声称的制度到行动的制度、从静态制度到动态制度，做到制度的民主化、正式化、操作化、革新化，是一个漫长的永无止境的过程。

---

① 霍夫曼（1970），转引自布鲁贝克．高等教育哲学［M］．浙江教育出版社，1987：13.
② 英国前财政大臣戈登·布朗（Gordon Brown）发动的旨在推动大学和企业界合作的治理结构改革的例子能够很好地说明大学内外部政治角力的复杂性。

论大学组织冲突

周作宇

大学是一种特殊形式的组织，大学组织冲突与大学的改革和发展相伴相生。大学的兴衰起落，在某种程度上说就是大学组织冲突的折射。大学组织冲突的层面包括在个体、人际、群体内、群体间、组织之间、组织所内嵌其中的文化间。大学的组织冲突既有组织冲突的一般特征，也有因大学组织特殊性而显现出的独特性。从大学和外部组织关系上看，围绕"何谓大学"的身份问题而存在着边界冲突。在大学内部，存在着大学"应该做什么"和"如何组织"的使命、功能和结构上的冲突。如何认识冲突、管理冲突，如何利用冲突的积极作用，克服和限制其消极影响，对大学发展有着重要意义。

一、大学身份认同：组织边界冲突

大学是一种社会实体，存在着多元利益相关人群。大学的利益相关人是大学的行动会给他们带来直接或间接影响的那些人。大学决策对他们有一种"利害关系"，大学的利益相关人分内部利益相关人和外部利益相关人。大学外部利益相关人的范围很广。外部利益相关人从身份上与大学没有内部隶属关系，但是在利益上和大学之间存在一定相互影响关系。从相关人的存在形式上看，有具体相关人和抽象相关人之分。具体相关人有正式的法律身份，抽象相关人则是超越具体组织与个人的拟制存在，比如市场、社会、公众等。

大学的外部利益相关人构成复杂，人群众多，由于各自和大学的关系在性质上有所不同（有正式的关系，有松散的关系；有行政关系，有协约关系等），因而表现出不同的互动特征。在互动过程中，不同类型的组织或个人由于长期形成的"组织范式"，不可避免地将自身的思维方式、工作风格、外部期望等个性特征带到与大学的互动关系中来。政府部门拖着科层化和行政化的影子，企业界盯着合作中的利润和效益，媒介聚焦大众的热点和兴趣，千千万万个家庭则关注子女经过大学的洗礼能够在社会阶层和职业地位中占据的位置。从理论上讲，大学不是政府、不是企业，大学不是非政府组织（NGO）、不是职业技能培训学校，大学就是大学。但在实际操作过程中，不同组织对大学的定位、价值观、战略选择、运行方式等特有的品质根据自身的"组织范式"抱以期待，施加影响，甚至加以干预，其结果是大学与其他组织的同质化。当外部人凭借自身资源优势（权力、经费等）对大学实施干预的时候，大学和外部的"边界冲突"就会发生。面对边界冲突，大学要么坚卓守望，要么失守就范，要么适时"转身"。如何选择更多地取决于大学自身对"身份"的体认和认同。内部利益相关人就是大学组织内通过行动实现组织目标并且享受组织利益的成员。

内部利益相关人从大类上分有学术人员和非学术人员。学术人员再细分，还可以分为直接学术人员和辅助性学术人员。非学术人员则是为大学的学术活动提供支持和保障条件的工作人员。对直接学术人员而言，还有完全学术人员和非完全学术人员。完全学术人员是以学术为职业的人，非完全学术人员是从事学术活动，但学术活动不是职业，而是为未来职业做准备的与学术工作相关的活动。大学教师是完全学术人员，大学生是非完全学术人员，研究生是潜在的完全学术人。

从活动性质上看，研究生的学术活动和大学教师相同，但从职业属性和身份上讲，研究生是潜在的完全学术人，但不是现实的完全学术人。[①]在内部利益相关人中，学生是一个独特的群体，他们具有"生产"和"消费"双重性。这里所讲的生产与消费不是严格的经济学意义上的概念，而

---

① 这里的大学生指尚未参加工作的全日制的大学生。按照中国的人事制度和劳动政策，他们还没有获得独立的职业资格。所以，他们虽然也从事学术性活动，比如知识学习和学术研究，但还不是以学术为业。

是一种隐喻。学生是生产者,乃是因为学生是界定大学的重要主体,离开学生就无所谓大学。学生学习是自我行动,但同时又是在学科规训和教师教学指导下的行为。他们本身就是生产者,也消费着大学所提供的各类服务和产品。

大学里的行政人员属于学术人员还是非学术人员,在"双肩挑"现象非常普遍的情况下,似乎难以区分。按照韦伯式的理想类型,这里的行政人员指那些不从事学术工作,或者专为学术工作(如教学、科研、国际交流等)提供组织服务,或者为全学校成员提供财务服务的人员。前一种行政人员属于辅助性的学术人员,而后者则属于非学术人员。由完全学术人员、非完全学术人员、辅助性学术人员和非学术人员构成大学内部利益相关人的结合体。由于主体的角色不同、价值观不同、工作性质不同、关注内容不同、交往圈子和交往形式不同,必然会产生权力、认知和利益上的冲突。

需要说明的是,如果像剑桥大学前校长理查德·阿里森所言,"大学是抽象的,而这里的人是具体的,正是具体的人界定着大学",或者如梅贻琦先生更简明界定的,"大学之大,为大师所谓也,非大楼所谓也",那么可以断言,大学学术人员是大学身份的象征。这并不是否定大学其他成员的价值,相反,没有这些人员的投入和参与,现代大学甚至难以正常运转。但是,对这些成员而言,其他机构也同样存在,而且在工作性质上没有根本的区别。所以,在大学身份认同的问题上,学术是大学的核心价值之所在。一切活动应该围绕学术工作展开。在大学里有不同的利益相关人,也需要设置不同类型的岗位承担特定的工作职责和任务,但学术职业以及以此为中心展开的制度安排,乃是界定大学边界的基本判据。学界讨论的行政权力和学术权力的矛盾以及大学"行政化倾向",在结构和制度层面,表现为学术人和非学术人在权力上的冲突。

从个体层面来看,大学组织冲突乃是经济利益、政治利益、社会利益之间的冲突;而从大学组织的合法性上看,则是来自大学内部利益相关人的一种关于大学身份的认同冲突。也就是说,在"大学和其他组织比较起来其特殊性究竟何在"的边界问题上,在认识上产生分歧,在行为上发生对核心价值的偏离。

大学的身份不是给定的，不能拿大学的一般定义来限定一所具体的大学。大学是什么，不仅仅取决于文本中对大学的规定，而且取决于人们的解释，尤其是大学利益相关人的解释。历史上王朝更迭，许多组织销声匿迹，但为什么像博洛尼亚大学、巴黎大学、牛津大学、剑桥大学这样的古典大学常青？如果变成了公司，大学能否永续？大学如果像公司一样，将经济利润作为组织追求，社会分工中的组织合法性何在？政府对大学的建设发展至关重要，但是如果大学变成政府拖长的尾巴，成为政府的"派出机构"，大学的组织独立性何在，生命力何求？大学的兴衰起落、合合分分、"王旗变换"，究竟该谁主沉浮？在国际高等教育版图中，合并使被合并院校的"户口"消失，升格使院校"华丽转身"而共享"千人一面"，更名使大学姓名出现记忆断裂等，大学命运的转承变幻，无不折射出大学组织身份的"边界危机"。边界危机通过边界冲突的形式释放出来，而在大学身份认同问题上出现边界冲突的同时，大学自身在结构上和功能上也表现出不同程度的冲突征候。

二、大学行动安排：组织使命冲突

学界和高等教育实践领域对在大学的使命和功能的认识上，虽然有涉及文化引领、民主建设等方面的补充观点，而这些观点犹在争论之中，但在人才培养、科学研究和社会服务几个方面已达成普遍共识。许多在大学理想、大学理念、大学使命、大学功能的标题下研究大学办学方向的文献，往往将纽曼重自由教育的大学理想，洪堡强调科学研究、提倡学术自由的主张，以及范海斯倡导重视社会服务的"威斯康星思想"作为与两大功能对应的三大理念。克拉克·科尔在目睹大学的迅速扩张、组织结构日益复杂的现象后，提出"多元巨型大学"（Multiversity）的概念。由 College，University 到 Multiversity，从学者社团到多元巨型大学，随着大学功能的扩展，大学管理面临着越来越多的挑战。在资源有限、目标模糊、人员流动频繁的组织环境下，大学在使命和治理方面矛盾凸显，冲突频发。

较早论及大学使命冲突的是前康奈尔大学校长詹姆斯·珀金斯。在《组织与大学的功能》一文中，珀金斯在对大学使命和功能演变进行历史追述的基础上，揭示了在大学诸使命之间存在着冲突。他指出，关于大学组织的一般描述是，大学是由董事会、学术机构、行政部门和学生构成的学术社区。董事会从政府那里获得特许状，聘任校长，由其负责行政事务，批准学术机构选拔学生且施以教育，并从事科研和社会服务，实现三大公认的基本功能，但这种对大学组织的简单化描述"具有一定的欺骗性"。事实上，大学是现代社会中最为复杂的组织，它越来越复杂，并且越来越混乱。说其复杂，乃是因为大学的正式结构无法对实际的权力或责任进行明确界定和描述；说其混乱乃是因为它的功能并不是，也不可能仅仅通过章程的正式规定照章办事而实施完成。大学的组织窘境在某种程度上是因为自身存在着使命冲突。不仅如此，大学的功能拓展了，不同使命相互冲突，但是大学还保持着原初的针对教学或知识传递功能而设计的组织框架。而大学在科研、社会服务以及民主社会的理想建设等方面的新使命所需要的组织形式，与单纯从事人才培养的组织结构比较，相去甚远。

在珀金斯看来，大学的使命冲突肇始于19世纪开始的研究功能的兴起。此前，大学也从事一定的科学研究，但研究的目的是为了促进教学工作，"使教师的大脑更加敏锐、讲座更加鲜活、学生在智力上更加机敏"。研究形式在早期表现为私人的钻研、反思和写作活动。几个世纪以来，学术研究局限在个人探索的层面，而非机构性行为。因此，大学对学术研究支持十分有限。但是这样的状况逐步变化，学术人员的注意力从知识的传递转向探究新知识。由此，到19世纪末，不管研究对教学有无影响，它本身变成了大学的一个目标。研究从对教学使命的支持性地位上升为大学另外一个相对独立的使命。当研究成为大学的一个使命之后，过去紧密联系的研究与教学之间的关系受到了"腐蚀"。如今，两者的差别变得泾渭分明。对研究而言，"创意比人更重要，实验室和图书馆比院系教师会议更重要，外部经费比内部预算分配更重要，学术领域同行的学术评价比学生发展的教学评价更重要"。大学社会服务功能的扩张增添了大学使命的新冲突。根据珀金斯的理解，在广义上看，从大学诞生之日起就通过培养和造就学者、教师和有教养的好公民而始终在履行社会服务的功能；从狭义上讲，大学直接承担社会服务的功能是从美国赠地学院运动开始的。集教学、科研、社会服务于一体的农学专业被认为是大学几大功能有机结合的楷模。

珀金斯富有洞见地揭示了大学使命之间的结构性冲突，这对研究组织冲突具有重要的参考价值。但是，由于他的着眼点是大学组织层面的问题，对冲突的研究没有展开，所以有必要进一步讨论。从总体来看，大学的使命关涉大学的发展方向，与大学的功能有关。大学的功能是大学使命的具体化，大学使命进而大学功能之间的冲突必须还原到大学的行动才可以理解。大学行动就是围绕大学使命而展开的一系列活动。按照大学内部组织的职能划分，这一系列活动还可分为行政和学术两大类。学术活动包括教学（主要指面对在校的常规学生而开展的教学活动）、科研和社会服务三种活动。学术活动是大学的核心活动，正是学术活动使大学和社会其他组织实体相区别。珀金斯所谓的使命冲突，主要从大学学术功能上讲的。学术功能需要行政支持，但学术行动最终由学术人员自身来承担。因此，在分析大学使命冲突的时候，需要将学校组织层面的冲突还原为个体层面上的冲突。如前已述，组织冲突涵盖了个体、群体和组织各个层面。无论在哪个层面，资源的有限性和活动的多样性需求是一对永恒的矛盾。在有限的资源里，时间资源是其中一种稀缺资源。

在个体层面，首先是单个个体内部存在冲突。将大学功能冲突还原为学术人员的个体内部冲突如何理解？对大学学术人员而言，一部分人从事教学工作，一部分人从事科研工作，一部分人从事社会服务工作，这种将三种功能分别安排几种不同的人来完成的现象虽然有，但是比较少见。常见的情况是，一个人同时要从事三类活动，这三类活动可能会相互促进，比如，像珀金斯所言，早期大学中的学术研究主要是为了促进教学工作的，反过来，教学也会促进对学术问题的深入思考。但是，对单个活动主体而言，这三类活动由于在时间上存在排他性，即此时用于教学就不能从事科研，搞社会服务就不能从事教学工作，如此等等，因此存在着相互竞争的现象。

在时间给定的情况下，当不同任务在同一时间区间内要求学术人员做出行动的时候，三大功能之间的冲突在个体身上发生。当个体对几种活动不得不做出选择的时候，由时间冲突的表面现象所折射的价值冲突和利益冲突就显现出来。在个体层面，如果经济价值在个体价值观中占有核心位置，那么，按照经济学"理性人"的假设，学术人员会以经济利益最大化原则做出选择,即通过对三类活动的利益计算来分配自己的注意力和精力。那些能够给个人收入带来更大经济利益的活动排到优先位置,有偿的社会服务、高回报的科研项目当然就会成为追逐的目标。如果"切割知识边缘"占据核心价值,学术人员的注意力就会集中在学术难题上。个人的价值取向不同,精力投入和注意力分配就会有所侧重。假若个人的价值取向和行为偏好完全自主,那就会使大学"组织失灵",即大学人员的行为和组织失去联系或只保持松散的象征性隶属关系,大学成员成为自己的雇员。

事实上,尽管大学学术人员在工作岗位上享有相当程度的自主性,大学的组织规范还是有相当的影响力。大学主张什么、鼓励什么、支持什么,就三类活动建立怎样的综合激励机制,在一定程度上影响着教师的行为。如此,个体层面的冲突就上升到个体之间、群体之间和组织层面。学术人员个体之间的关系与工业组织员工之间"流水作业"的工作链不同。对三类不同的活动而言,工作关系存在很大的差异。在教学活动中,教师直接面对学生,不受其他教师的影响。在课程结构上有一定的先后安排顺序,在微观的质量保证上也存在前后制约关系,比如,高等数学学不好,大学物理就可能受影响。但就教学工作而言,在教师间不存在强制性的协作要求,因而不构成直接冲突。但是,由于教师间存在教学资源或激励资源的配置问题,如课时、教学实验室、教学创新团队、教学名师等,因此,个体之间的冲突就有可能发生。类似的还会出现在科研和社会服务等方面。三类活动分别存在着个体间的冲突本质上是资源竞争中的冲突。对个体的社会认可和资源获得是冲突的基本动因。这样的冲突是一般的组织中的人际冲突。在教学、科研和社会服务三者之间的冲突乃是使命冲突,即功能性冲突。这样的冲突在群体层面,尤其是在院系层面也有相似的表现。

院系在学术人员的工作安排上究竟是教学优先,还是科研、服务优先,关注教学还是关注科研与社会服务,在导向上有很大的差异。一方面有"育人为本"的呼求和"人才培养是大学核心功能"的大学定位成为官方表达;另一方面"研究型"因被视为大学水平和声誉的基本判据而受追捧。以横向课题、技术和决策咨询、继续教育为代表的社会服务项目如潮席卷，校办企业和旨在筹集经费的校企合作备受推崇，作为拯救大学的一剂猛药，由企业家精神领导大学的主张见于国际高等教育管理学界，诸多诉求、诸多需要、诸多活动将大学的精力切分，使大学的权力转移。与学术人员个体层面的自身冲突相似，在组织层面，使命冲突从根本上说是大学价值观的冲突，是围绕不同使命开展活动而不得不面对的大学责任、利益和权力的较量。

大学功能的演进是一个自然的历史过程，是不可逆的。纽曼的大学理想值得"怀旧"，洪堡的大学理想值得追求，但是克拉克描述的巨型大学无法回归至"是"（to be）。无论是大学舵手还是船上的成员，必须直面多重使命、多重功能驱动的挑战，而大学的制度安排则必须做出有效的回应。

三、大学组织设计：治理结构冲突

"结构是在直接感受到的经验之下潜藏的各种社会安排所体现出来的模式。"广义地说，大学组织结构是影响大学人员互动方式、制约其行为选择、超越偶然的个体行为表现的大学行动安排模式。这种模式是客观存在的，大学人员或者在意识层面能够直接感受到，或者已经内化为行为模式而处于无意识状态之下。大学组织是一个开放系统，由机构、成员、制度、资源、基础设施等要素构成。由各要素不同的排列组合方式形成的结构，影响着大学人员的行为。根据大学人员的行为属性可以将大学组织结构分为治理结构、学术结构、社会结构、政治结构、经济结构、文化结构等。治理结构是大学为了实现组织目的而在机构设置、权力配置、人员和资源调动等方面做出的制度安排。学术结构涉及人才培养和科学研究中的学术事务，包括学科结构、专业结构、课程结构、项目结构等。

大学内的社会结构由于大学成员构成的不同而表现出不同于一般社会结构内其他组织的特征。其中，大学内部的分层现象具有特殊的社会学意义。总体而言，大学的政治结构与国家政党和政体同构，一个国家有什么样的政体，在大学内部也会相应地存在什么样的政治结构。虽然如此，在微观层面，大学还存在体现不同组织性格的微观政治结构，从而使一个大学不同于其他大学。经济结构乃是大学经济运行中的收入支出结构，不同国家对不同属性大学的经济规定有所不同。在公共经费普遍缩减的大环境下，通过学费、社会服务和经营性收入增加经费总量，是许多大学的应对策略。一些国家的大学有类似"基金"的投资咨询机构，一些国家的大学则有专门针对科研收益中出现的"利益冲突"而制定的内部规定。在支出分配上，在不同国家、不同大学也表现出许多不同的结构性特点。关于文化结构，C.P. 斯诺曾在《两种文化》中有所论及。事实上，在大学内部存在多种亚文化。就学术文化而言，除了斯诺所描述的人文和自然科学两种不同群体分别共享各自的文化价值外，社会科学的兴起、工程科学的分野、跨学科的交叉和融合，都对斯诺两种文化的"理想类型"提出了挑战。上述大学组织结构的各个不同面相都有专门讨论的必要，比较而言，治理结构属于行政性的结构问题，与大学管理实践密切相关，影响组织绩效，故重点讨论。

大学治理是大学决策过程中在大学内部包括董事会、教师、学生、职员、行政人员、学术委员会、教育委员会、教师大会、工会等在内的相关人员之间进行权威、权力和影响力分配的过程。大学治理在不同国家有不同的传统，在同一个国家不同类型的大学中还有不同的治理结构和运行模式。列奥·特拉克曼在比较了英国、澳大利亚和美国的大学治理结构的基础上总结了五种治理模式：教授治校、公司模式、董事会模式、利益相关人模式和聚合模式。教授治校模式的基本假设是，大学学术人员最了解大学的目标和愿景，他们也知道该如何实现这样的目标。所以，大学应该由学术人员来治理，或者赋予教师大会绝对权力，或者主要由教师代表组成委员会，或两者并行，由此实现教师对学校的治理。公司模式的出现是对公众对公立大学管理不善、效率低下的批评和指责的回应。聚合模式是以上几种模式取长补短综合的产物。聚合模式的典型陈述是：在组织身份上，大学为整个社会奠定知识基础，在学科或专业领域的学术研究上追求卓越，切割知识边缘，实现重大突破，为经济发展推动创新；在人才培养方面，无论学生的背景如何，为他们提供各种机会，最大限度地实现他们的潜能；在经济行为方面，大学的一些营利行为能够获得利润；在经费使用上，专款专用，合法合理地用好公共经费；在管理中，保证学术自由，使专家学者公正科学地建言献策，在相关领域提供高水平的咨询服务。董事会模式是一种委托代理模式,强调受托人(董事会成员)对委托人的诚信态度。利益相关人模式重在突出大学利益相关人不同的利益诉求和在大学决策中的公平表达。

艾琳·赫根在对加拿大社区学院的治理结构考察的基础上总结了治理的四种模式:一元治理、二元治理、三元治理和混合治理。一元治理的学院只有一个治理机构,该机构既负责行政事务,也负责学术事务。二元治理模式拥有两个决策机构,一个是董事会,一个是教师大会或教育委员会。三元治理包括三个决策机构:董事会、教师大会和教育委员会。混合治理结构是几种模式的混合形式,多见于远程教育机构。尽管不同院校、不同学者在治理结构的制度安排和理解阐释上有所不同,但在核心问题上是共同的:为谁决策、谁决策、怎样决策、如何落实。而无论是一元、二元还是三元,治理问题都绕不开三大要素:学术事务、资源配置和利益诉求。对三大要素的侧重不同,治理的结构就随之不同,而每一种模式都只能照顾到大学的局部层面,难求整体平衡。当学生规模小、外部环境相对稳定,大学受到来自政府和市场的压力和影响较小的时候,教授治校有其合理性,而当学校规模扩大,政府和市场的影响增加,经济运作、绩效责任成为突出问题的时候,公司模式似能解燃眉之急。

此外,大学具有公共性,不能封闭办学,必须考虑社会责任和公共利益。为此,董事会范式或利益相关人范式就是积极的回应。多重目标、多重主体、多重利益、多重技术,面对如此多样的大学侧面,任何治理模式都不可能满足所有方面的要求,结构性冲突不可避免。何况,治理结构不仅仅是一个静态秩序问题,还涉及操作化的动力过程。

在相当长的时间里,韦伯的"科层范式"("官僚范式")是主要的解释框架和理想类型。与此并行的是"学者社区"的理论解释。这两种模式各有短长。班德里兹根据1968年在对纽约大学进行个案研究时提出解释大学治理的"政治范式",作为对这两种范式的补充。根据韦伯的解释,官僚组织是一个由一系列社会群体联合起来的网络,服务于一定的目标,为了效率最大化相互协作,按照法制理性的原则开展工作。在组织中,制约人们行动的不是人际友谊、家庭忠诚和具有卡里斯马人格的领袖指导,而是经过一定的法律程序确立的原则、规定和纪律。这样的结构有正式的命令链，也有正式的沟通系统。斯特鲁普对大学治理的官僚范式做过系统的阐释，他从胜任力标准、工资的领取方式、等级级别的明确性、职业的专职性、生活方式、终身制特点以及个人财产和单位的财产相分离八个方面论述了"官僚范式"对大学的适恰性。班德里兹在总结学界关于官僚范式的适用性的基础上，从六个方面进一步讨论了大学管理中的官僚成分。[①]同时他也指出，在决策过程的权威性、动态性和政策的形成性等方面，官僚范式的解释力存在局限。在官僚范式视野下，权威涉及正式规定的权力，但是对其他形式的非正式权力和影响鲜有论及，如群众运动压力、专家的权力、诉诸情感的权力、不合法的威胁构成的权力等。官僚范式强调正式的结构，对动态过程关注不够。在组织设计中，正式的静态结构不可或缺，但是离开了对动态过程的深入描述，就不能全面了解组织的行动状态。在某一个时间节点上，官僚范式可以解释组织的正式结构，可是在一定时间跨度内，无法解释组织的变迁过程。官僚范式对政策出台后的有效运行有一定解释力，但在政策形成过程的博弈和政治斗争少有涉及。鉴于在大学运行的现实过程中各种力量交织，多种矛盾现象并存，针对大学目标模糊、技术不清、流动普遍，科恩和马奇将大学描述成一种"有组织的混乱机构"。大学的决策过程像是往垃圾桶扔垃圾，并非完全的理性过程，而是在特定时间相互独立的参与者、问题、解决方案和选择机会碰巧联系在一起的事件。大学官员个人的优先重点倾向与特定问题相匹配，是制定解决方案的基础。科恩和马奇的"垃圾桶"理论对官僚范式理性假设提出挑战。

此外，与"官僚范式"形成鲜明对照的还有"学者社区"范式。根据这种范式，大学是由学者们组成的社区。大学治理与其他官僚结构不同，"圆桌会议"式的全员参与大学管理事务是学者社区的组织特性和需要。在学者社区里，学者们自己管理学术事务，无须科层化的行政官员来管

---

① 班德里兹指出，第一，大学是由政府许可成立的复杂的组织，是承担公共责任的法人。第二，大学结构是一个正式的科层结构，有处室，有规定处室相互关系的条例。每个大学成员都有一定的身份和头衔，如教授、讲师、研究助理、院长、校长等。第三，有必须遵从的正式沟通渠道。第四，尽管边界模糊并且经常变化，但有明确的官僚权威关系。第五，有正式的政策和内部制度和规定。第六，有人员管理的一整套活动和流程，如学生的建档、注册、毕业等程序。

理。学者社区范式的主张者约翰·米利特认为，在大学组织中，大学成员之间的人际互动客观存在，静态的官僚结构范式对此无法解释。因此，官僚结构并非期望的组织描述。塔科特·帕森斯曾对官僚结构的处室所要求的"公务能力"和执行具体任务的"技术能力"作过区分。诸如医院的外科医生、军事顾问、工业界的科学家、大学的教授，他们的影响力来自自身的专业知识，而不是其正式的"官职"。鉴于专业知识在个人决策中的主导作用，对专业技术人员而言，个人能力应受尊重，组织约束应该放松。

有鉴于此，帕森斯指出，必须设计不同于官僚机构的新型组织，在其中，没有严格的官阶和权威层级，从正式身份上说，大学成员应该是地位平等的同事。此外，根据班德里兹的分析，随着大学的不断扩张，大学越来越失去人情味。师生之间的互动日渐稀少，学生在大学中日益被疏离，学生的不满加剧。为了克服大学人满为患、官僚浊气上升的巨型大学病，重返"学者社区"，凸显人性关怀、实施人道教育、直面现实生活的吁求浮出水面。保罗·古德曼指出，作为学者社区，大学应该增进师生的互动，使课程更加贴近实际，大学教学要更具创新精神，以使学生和自己的学科内容能有实质性的对话。学者社区范式对大学成员而言，有一种"乡愁"式的怀旧情怀。大学的"原型"理想在纷扰的变革时代虽然值得珍视，但是，这种范式失之简单，几近乌托邦。在班德里兹看来，学者社区的倡导者们常常将"描述性"和"规范性"两种不同形式的陈述混淆。大学究竟"是学者社区"还是"应该是学者社区"？学者社区范式与其说是对客观现实的描述，不如说是对"失乐园"的悲鸣。在决策过程中，"圆桌会议"的描述没有反映大学内部不同层面的实际情况。在学系层面以及在一些学术性的专业性委员会里，有相当的圆桌会议成分。但在大学高层，决策过程远非圆桌会议的平等协商，冲突是不可避免的组织形态。学者社区范式对冲突的解释力多有缺失，为学者社区所推崇的决策中的所谓"意见一致"过于天真。既然大学决策既非完全"官方许可"，也非完全是学者们的"意见一致"，那究竟如何解释大学的决策过程？为此，班德里兹提出了融官僚程序、统一意见、权力运作、矛盾冲突、明争暗斗的政治博弈于一体的政治范式。

根据班德里兹的分析，政治范式的基本假设有以下六个方面：（1）冲突是组织活动中的自然形态，不是反常的表现，也非大学社区的沦陷征候。（2）大学分割为许多利益群体和权力集团。不同的利益群体尽力影响大学决策以利于他们的价值诉求和目的。（3）少数政治精英主导核心决策，但这并不意味着一个精英群体操纵所有事务；相反，大学的决策分为多种类型，不同的精英决定不同的决策。（4）尽管精英政治占优，但是，大学还存在着民主倾向。年轻教师和学生参与决策的诉求不断增加，他们的声音也确实在决策委员会中有所反映。（5）官僚组织安排下的正式权威受到政治压力和利益集团的议价权力的巨大限制。大学的官员不能随便发号施令，他们需要在权力集团之间斡旋，以期达到利益平衡。（6）外部利益群体对大学具有巨大的影响。大学内部集团不可能在真空中制定政策。在总结了六大假设的基础之上，考虑到大学的政策关涉"如何将利益群体的欲望转化为政治资本"的核心问题，班德里兹重点从政策形成过程切入，提出了大学治理的政治范式。根据这种范式，大学治理和决策是一个政治过程。大学处于复杂的社会结构之中，不同群体由于存在生活方式、价值追求和政治利益的分歧而产生冲突；围绕冲突呈现的诸多压力集团对大学政策的制定施加影响；各种利益诉求通过正式程序最终转化为大学政策；当政策形成并付诸实施后，冲突和紧张暂时解决。在实施过程中会不断出现信息反馈，经过一段时间的集聚，新一轮冲突产生。如此循环，展现了大学政治的现实面相。

政治范式弥补了官僚范式和学者社区范式的缺陷，将大学微观政治的动态摩擦和互动过程揭示出来。但是，班德里兹的政治范式也存在一定的局限。这种范式未能解释为什么在持续的冲突中组织还能延存，它低估了日常官僚程序的影响，同时，还有许多其他政治程序没有引起该范式的注意。该范式对长期规划和决策模式的重要性没有充分体认，对组织结构在政治努力中的制约作用也认识不足，而且，忽视了大学组织的环境因素。事实上，大学组织本来就是一个复杂多面体。官僚范式、学者社区范式、政治范式各有其适用的解释范围和侧面。在对大学组织治理的理解上，它们各自强调某个方面忽视了其他方面。作为"认识工具"，各有用处。官僚范式基于"理性假设"，在一定程度上潜在地将组织喻为机器，强调常规运转秩序。学者社区范式中的"学术人"则怀揣梦想,生活在纯净世界,不食人间烟火,通过"群言堂"自我管理,编织一个学术的理想国。这种模式虽然浪漫无际,但它是大学性格的理想写照。政治范式的提出是对官僚范式、学者社区范式的补充和拓展,而并非旨在取代这两种范式的"独尊"范式。政治范式提醒人们,人是"政治动物",人与人之间、人与组织之间的讨价还价、竞争合作、斗争妥协等现象,是组织的常态。

以上关于大学组织冲突的讨论,实践背景限于美国等西方国家,理论多为西方学者创造。尽管在对冲突的形式和解决策略上,不同国家和文化背景下有一定的差异,用西方的理论解释中国的实践,难免存在"削足适履"的缺陷。但是,作为高等教育机构,大学组织特性存在一定的跨国跨文化共性,这是理论借鉴和评价以及实践问题分析的基础。对中国高等教育实践而言,按照《教育规划纲要》的判断,提升高等教育质量和建立现代大学制度是两项重大任务。在某种意义上说,"钱学森之问"和"去行政化"就是这两大问题的通俗表达。泛泛而论,在宏观层面,高等教育系统本身存在结构、规模和效率问题。高等教育质量和制度的关系既受微观层面活动的影响,也和超越微观层面的要素相关。个别大学的质量不能反映高等教育整体的质量。但在统计学意义上,不同类型、不同层级的大学代表集合状况,可以在一定程度反映高等教育质量的一般水平。在微观层面,大学质量和大学制度相关。细分析起来,大学质量不是笼统的质量,而是具体的与特定使命和功能联系的质量,即人才培养质量、科研质量和社会服务质量。现代大学制度的核心是决策和秩序问题,即谁决定、为什么、谁做什么、收到什么样的效果,涉及大学的治理结构和管理运作过程。

大学组织设计是人为的过程,也是历史传统承袭的结果。大学组织在身份、使命和结构上的冲突和冲突在实践操作中的展开,既受共时性的环境影响,也受历时性的惯习约束。空间和时间作为两个影响变量,构成观察大学组织发展的一个坐标,在大学组织发展和制度安排的实践中具有重要意义。导致冲突的原因和后果是多方面的,一般认为,资源短缺、主体间目标和个性不同、多头指挥、权力交叉、评估和奖励系统错位、任务之间相互依赖等都可能是冲突的原因。在最抽象的意义上,资源是人们可以用来认识、生产、消费或交换的有形或无形的利益。韦伯所谓的财富、名望和权力，都是资源。而对拥有多重使命和功能的复杂组织而言，时间是不可忽视的一种稀缺资源。资源的稀缺性是组织冲突的重要根源。而制度、规则和个性，也影响冲突的发生、强度和解决。从冲突的后果上说，一方面，冲突可能是积极的，有助于刺激组织的创造性，暴露组织存在的缺陷，为组织创新、改进和变革创造条件；另一方面，冲突也可能会激化矛盾、打击士气、制造分裂、加速组织瘫痪或失效。在对待冲突的态度上，通常有回避、和解、调解、控制和权力介入以及正面对峙等不同的策略。回避策略是视而不见，或将冲突双方分开，使其少有互动。和解策略是息事宁人，强调冲突双方的和谐关系。调解策略旨在寻找冲突双方都觉得比较满意，至少是局部满意的解决方案。控制或权力介入的策略是通过更高管理层的介入解决问题，而不是将冲突限制在相关层级。正面对峙策略是通过彻底而公开的讨论，找到冲突的根源和类型，议定有利于群体的最佳的解决方案，其代价是某个甚至所有的冲突方利益受损。文化不同，在对待冲突的态度上和管理冲突的方法上也有所不同。我国经典文献中有许多家喻户晓的箴言，如"和为贵"、"和而不同"。"和"是价值追求，"不同"可以，但以"和"为基础。这些本土声音反映了我国传统文化中看待和处理人际冲突中求和的价值取向。这在组织沟通中具有积极意义，但是从另一个侧面也反映出对待冲突的消极"回避"态度。

从组织的立场上看，如何正视冲突、管理冲突、设计有效制度、限制冲突的消极作用、发挥冲突的积极作用，是大学组织发展的重要任务。在大学的身份问题上，必须突出大学组织的学术个性，在强调开放办学的同时，划清大学和其他组织的边界。在大学治理结构上，围绕学术组织的独特性质，一方面还微观政治的本来面目，另一方面，还要在学者社区和管理绩效间求得平衡。如果说大学使命冲突是大学功能拓展的必然结果，而"育人"是大学的根本任务，那么就要在制度上和文化上重塑大学的使命。在三大功能的优先排序上从个体行为层面开始，设计有利于人才培养这一核心的现代大学制度。

高等教育强国的内涵、特征及建设策略

洪成文①

何谓高等教育强国？其本质内涵是什么？它有哪些突出特征？在新的历史时期，如何建设高等教育强国？只有切实解决了这些最基本的问题，《国家中长期教育改革和发展规划纲要（2010－2020年）》（下文简称《纲要》）所提出的强国目标才能真正得以实现。本文首先概述了当前学界关于高等教育强国的研究成果，指出了这些成果的积极意义以及所存在的不足。在此基础上，笔者提出了高等教育影响力的输出端与输入端相比较的观点，提出强国高等教育的特点是输出大于输入，或称"顺差"。尽管高等教育强国没有绝对统一的指标，但也隐含着一个共同点：即高等教育强国都是高等教育输出国，不仅表现在思想上、制度上，还表现在学者的自然人流动上。提出这个研究视角的理论意义在于：突破长期以来沿用下来的传统范式，即借用世界一流大学的研究成果，以一流大学指标套用高等教育强国指标的思路。这一惯性思维方式客观上造成了我国高等教育强国研究步伐不大，甚至停滞不前的状况。与此同时，用输出和顺差的视角研究高等教育强国，将会对高等教育实践者产生强烈的指导意义，突破高等教育强国建设过程中的"小富即安"思想，产生紧迫感，明确我们国家高等教育发展的"强国"奋斗目标。

---

① 作者简介：洪成文（1960－），男，安徽舒城人，北京师范大学教育学部教授，博士，博士生导师，高等教育研究所常务副所长，国家教育考试评价研究院执行副院长，主要从事高等教育比较及大学筹资、基金投资研究。

一、高等教育强国的基本内涵

关于高等教育强国的内涵，国内外学者进行了深入的探索和研究。在国外，联合国开发计划署（UNDP）在《2001年人类发展报告：让新技术为人类发展服务》中提出判断高等教育强国的三个标准：经济指标，GDP不低于6000美元，GDP排在世界最前列；高教规模指标，即高教毛入学率不低于70%；10万人口接受高等教育的比例，高教强国须在5000人以上，比如美、加、澳等主要发达国家。由UNDP的观点不难看出，高等教育强国不只是教育的指标，而更多的是经济指标。一句话，没有一个很强的经济发展水平做支撑，是无法建设高等教育强国的。

我国最早提出高等教育强国思想的，是高等教育学会周远清会长。他认为，我国建设高等教育强国是"顺应潮流"，我国高等教育进入"大提高的阶段"。我们的目标就是"把各级各类教育做强，建设高等教育强国"。可见，高等教育强国是我国高等教育自身发展的必然。周远清认为，发达国家在建设高等教育强国的过程中，积累的强国建设经验是努力建设一批高水平的高等教育机构。高等教育强国，一句话，就是世界高等教育事业的"领头军"，也是世界各国的"思想库、人才库、科研成果库"。

邬大光认为，高等教育强国与经济强国的总体发展脉络是基本一致的，换言之，经济强国往往是高等教育强国，高等教育强国也就是经济强国。高等教育水平、科学技术发展水平与经济发展的水平具有高度的相关。邬大光认为，高等教育强国的基本内涵有三个要素：即具有符合时代特征的高等教育理念、体系合理的高等教育制度和世界公认的高质量高等教育。高教强国是先进理念、制度和质量的集合，而这个集合的基础就是经济。对于高等教育强国的内涵，顾秉林提出了"五要素说"，分别是：（1）较大高等教育规模和较高的高等教育普及率；（2）具有良性的高等教育体系结构；（3）具有世界领先水平的高教总体质量；（4）有一批跻身世界优秀大学群体的高校；（5）具有全球影响力的办学理念和办学模式。蔡克勇则从"为我所用"的效用角度来理解高教强国的内涵。他认为，衡量一个国家的高等教育水平的重要指标，就是看这个国家的高校能否独立自主地解决本国和本地区的经济、社会发展、科学技术创新所出现的理论和实践问题。高校的三大功能是人才培养、科研产出和社会服务。强国的高等教育机构一般都是能够基本满足本国和本地区的实际需求的。所谓"基本",是指对外国技术的依存度不高于20%。丁三青的指标分别是规模、质量、结构和投入等方面界定高教强国。规模和质量居于世界前列,良性的高教结构,是高教强国最本质的因素。学科水平和办学水平世界一流,所培养的人才不仅达到国内一流水平,而且能够达到国际一流水平。苏竣等人则更为具体地界定了高教强国的内涵,概括出了八个方面的指标,即:一流大学(及一流学科)的比例及其在世界的地位;大学入学率;高等教育对经济发展的贡献率;高等教育对建设创新型国家的贡献率;高等教育对社会文化观念的引领作用;中国大学对外国学生的吸引程度;先进且具有引导作用的大学教育理念;民主、开放、鼓励创新的高等教育管理体制。李立国、黄海军认为,高等教育强国的指标包括高等教育的规模(在校生规模、毛入学率、主要劳动人口接受高等教育的比例)、质量(是否有世界一流大学和一流学科、高等教育是否协调发展、高等教育对于本国经济社会发展的贡献和在世界的影响力)、投入(高等教育投入占GDP的比例、生均经费等)和效能(人才培养质量、科学研究水平和社会服务能力)。苏竣、薛二勇在重点研究比较分析了八国集团(G8)、澳大利亚和欧盟高等教育发展基本指标后认为,高等教育强国的特征是:高等教育毛入学率在65%以上;高等教育公共支出占GDP的比例在1%以上;留学生占本国高等教育学生规模的比例在3%以上;适龄人口(25-64岁年龄段)中的30%以上接受过高等教育;普通高校全职教师的65%以上拥有博士学位。

综上所述,已有的研究成果呈现三个特点。一是突出了高等教育强国建设的经济基础,高等教育强国与经济强国存在正相关,即二者互为依存。二是提出了高等教育强国的内涵和特征是什么。较为一致的观点是:具有世界一流的学科和教授;具有吸引外国留学生的教育思想和制度;是世界的思想库和人才库等。三是高等教育强国与一批世界一流大学互为验证,高等教育强国必然有一批世界一流大学,世界一流大学的存在乃是高等教育强国的基础。

二、高等教育强国的特征

在系统考察高教强国内涵的基础上，我们从高等教育影响力及输出性功能方面提炼出三个基本特征：即理念和思想；制度和体制；自然人流动。概而言之，衡量一个国家高等教育的强弱，则可以通过输出和输入两个端点的比较看出。世界上不存在一个不能输出任何思想的高等教育强国，世界上也没有任何一个号称是高等教育强国，却不能让同行争相效仿的学术制度；世界上也找不到任何一个自称为高等教育强国，却没有能活跃在世界高等教育的舞台上的教授。

（一）思想的发源地

就思想的丰富性和对外影响程度而言，美国的高等教育，影响力范围广，力度大，具有很强的世界辐射力。从生命科学的基因组研究计划及细胞学的研究突破；到脑科学、信息科学和认知科学的聚合发展，再到不断涌现的政治外交新思想；最后到大学功能和关系研究的威斯康辛思想、伯顿的三角理论等，无不体现出美国作为一个世界思想库，具有无可替代的作用。美国高等教育强国的生态，尽管也是良莠丛生，但却遮蔽不掉其生机勃勃的生长态势。美国高等学校与全球思想库，几乎可以相提并论。没有思想，没有思想的丰富，没有对他国社会、经济和文化发展的影响，岂能称之为高教强国呢！

（二）通过不断的改革和创新，创造和培育出行之有效的制度

以美国为例，高校所提供的教学、科研和管理服务的制度，正在成为越来越多的国家进行本国高教改革和发展的参照和借鉴。有学者认为，美国之所以拥有值得很多国家同行学习的制度，不是因为拥有最优秀、最美好的制度，而是因为美国所提供的制度的多样化。当然，值得注意的是，美国的制度也是在百年以上的实践中逐渐形成的。在这个过程中，美国的特点与欧洲渐行渐远，特点也因此而逐渐显露出来。能够孕育美国特点的因素众多，其中多样化是根本，竞争是基础，其秘密武器则是其制度生态环境的宽松和自由。这是美国产生高等教育强国的制度性基础，也是美国能够强于世界其他国家的根本之所在。

(三) 高教系统内的学者自然人的国际流动

流动，分为频次和方向。频次是指流动的速度，方向反映的是谁影响谁以及谁的影响力更大的问题。就美国高等教育而言，应邀出国从事学术交流和专家指导的，从诺贝尔奖得主经济学家斯蒂格利茨，到哲学社会科学领域内的罗蒂教授，再到高等教育研究领域的阿尔特巴赫教授……举不胜举。这些集智慧和思想于一身的学问大师，作为知识流动的载体，其影响的范围及力度，非任何"物品贸易"所能匹敌。美国拥有百万教授，为其他国家所邀请的频次超过任何一个国家。这些学者自然人的流动，虽然形式上看起来是"游击战"，但是其穿透力和渗透力是巨大的。自然人流动、知识流动、思想流动是其表象，表象背后，则在一定程度上伴随着价值观的传播或渗透。美国学者及其自然人流动对其他国家的影响范围和力度不可小觑。

三、建设高等教育强国的主要策略

(一) 努力实现"两个转变"

首先，要有建设中国高等教育模式的雄心。百年前，哈佛大学艾略特校长在探讨美国高等教育模式的时候指出，美国要学习欧洲，但更重要的是要从欧洲模式的框架中跳出来。高等教育模式，就其身世而言，都是"生而平等"的。对于美国而言，需要建设的不是欧洲高等教育模式，而是美国高等教育模式。这个观点，对于努力建设世界一流大学运动的我国而言，也有启发价值。是建立中国高等教育模式，还是建立"其他"高等教育模式，需要认真研究。通过美国高等教育百年发展史，不难看出，中国也需要建设自己的高教模式，前提是我们要有这个雄心。只要我们能从"简单的借鉴和狭隘的模仿中跳出来，着力推动高等教育的改革和创新"，我们就有可能早日建成高等教育的强国。

其次，要有服务世界高等教育的胸襟。转变的核心就是要善于提炼高等教育发展的中国经验或模式。30余年的中国高等教育改革开放，积累了无数的经验和教训。无论从过程还是效果来看，抑或是从创新探索上来看，都是其他任何国家所不能相比的。我国高等教育的发展是一个充满着幸福与艰辛的过程，所取得的经验也是有目共睹的。因此，我们在发展的过程中，不能忽视经验的总结，更不能忽视中国模式的"出口"。任何国家有需求，我们都要有此胸襟，为他们提供服务。能否为其他国家提供服务，多大程度上能够服务好，反映的本质其实就是我们能不能成为强国的指标。

（二）在合作过程中，为服务世界各国同行定位

要不要建立中国高等教育模式，还是一个颇有争议的话题。我们认为，中国模式的高等教育是客观存在的，不仅因为我国高教规模的迅速扩展，而且还因为我国高校的办学水平上升迅速，有少数大学已经跻身世界百强。此外，高等教育与经济发展是共生的，中国经济发展的成功与高等教育的作用是分不开的。有经济领域的中国模式，也可能有高等教育领域的中国模式。如果中国模式的高等教育发展是可能的话，那么，我们首先就需要了解其他国家的高等教育有哪些需求，有什么需要。如何了解呢？国际交流与合作是需求和服务能够对接的关键。这就是说，通过国际交流与合作，方才真正了解哪些国家有问题、有挑战。找到了需求，我们就找到了服务的着力点。而且不能因为我们的需要而去影响别人，这不是很好的"教育输出"模式。

我国高等教育有什么能够为其他国家提供服务呢？原因很多，但是有一点是不可忽视的，即我国高等教育发展过程中的具有独特经验的探索。从自学考试制度，到独立学院建设，再到大学合并和效益主导式改革以及我国的高考招生考试制度，等等，都是我国高等教育发展独特的经验和素材。因此，需要特别指出的是，当下亟待我们解决的问题不是讨论中国是否已经具备了影响别的国家的经验和制度，而是我们是否意识到了这一重大潜在的国际需求。我们有没有在自我发展的同时，考虑到其他正在发展中的国家和同行。用中国模式，尽早且更好地服务其他国家，理应成为一个高等教育强国的国际义务。

（三）培植宽松环境，便于新思想、新制度的产生

高等教育强国的主要特质是思想和理念的不断创新。如何促进新思想、新理念的产生，我们认为必须考虑四个方面。首先，必须坚持思想解

放的原则不动摇。思想解放是我国改革开放以来连续性最强的主旋律。突出思想解放的根本，是繁荣学术发展、培育适宜生态学术环境的前提。其次，解放思想也是党和国家政府对于高等教育发展的殷切期望，胡锦涛总书记多次提出解放思想的重要价值。不仅提出全党要"坚持解放思想、实事求是的思想路线"，而且旗帜鲜明地反对"教条主义、本本主义"。温家宝总理也曾从王安石的著名观点中重申了"天变不足畏"、"祖宗不足法"和"人言不足恤"，直言对反对改革者的"流言飞语"不予顾及。只有思想解放，高等教育强国建设之路才能畅通其行。再次，解放思想是高等教育强国研究能否重大突破的思想武器。思想创新、制度创新，需要环境和制度的宽松。一旦制度环境宽松了，才能有思想的冲撞，才能有新思想的产生，也才能最终出现影响自己也影响他人的思想。改革开放以来，我党反复强调思想解放这一思想武器，只能说明我们的思想解放步伐还不是很快，还需要加快。最后，解放思想才能解除不必要的顾虑和担忧。当前高等教育和学术界存在着不敢或者不愿意闯"雷区"的现象，这也怕，那也怕，如果"怕"字不排除，思想又如何充分地活跃？因此，仅从高等教育强国的研究出发，如果因循守旧，抱着不犯错误的守成思想，那么，我们哪一天才能有影响他国的思想和制度，我们哪一天才能有专家、学者遍布他国出谋划策的一天？如果没有这些思想和制度，没有学者"自然人"的国际频繁流动，我们的高等教育强国又如何实现呢？

可以展望，我国高等教育强国建成之日，一定是我国对世界高等教育事业产生重大影响的时代。届时，中国的高等教育系统，不仅会有取之不尽的思想，有世界各国争相取经的场面，更值得一提的是，我们的学者和专家们活跃于世界舞台的日子终会来到，中国高等教育强国目标终将实现。

美国大学治理的边界

李 奇[①]

什么是大学治理？对此，美国学界没有标准的定义，有学者说，大学治理指的是大学正式的组织和运行模式，主要包括共治模式、科层模式、政治模式和有组织的无政府模式。也有学者说，大学治理指的是大学权威决策的结构和过程，尤其是重大问题的决策，如学校的领导、战略方向、学校变革、教育技术、教学过程、资源的获取与配置、战略优先级、结果和问责等重大问题。

在新经济时代，共同治理这一工业经济时代的产物是否仍然适用？这是美国的大学必须直接面对的一个重大问题。马尔斯等人认为，新经济催生了美国大学与产业之间的社会契约，按此契约，大学成为生产知识的场所，成为应用和传播知识的私营公司，也就是说，大学必须通过知识的生产和技术转让等活动来发挥经济引擎的作用，同时还必须通过创收来谋求生存和发展。

迄今，围绕共同治理的争论仍然在持续，批评者说它决策缓慢、效率低下，落后于时代的发展；随着问责力度的加大，大学应该采用自上而下的科层模式。支持者回应说，在新经济时代，如果偏离了共同治理的原则，大学就不大可能自由地探索、传播健康社会发展所需要的知识，也不大可能为学生提供广博的人文教育，而人文教育是把学生培养成合格公民的先决条件。

---

① 作者简介：李奇，北京师范大学教育学部教授。

一、共同治理与公司治理之间的边界

在过去的75年里,共同治理是美国很多大学指导决策的首要原则,是大学内部治理的共识基础。共同治理的核心理念是,在制定校内政策的时候,教师和管理人员应该共同参与决策。根据一项全国问卷调查的结果,47%的被试认为,共同治理是协作式决策,即教师和管理人员达成共识、共同决策;27%的被试认为,共同治理是咨询式决策,即师生参与决策过程,但参与者一般只限于讨论和分享信息,决策权掌握在高层管理人员和董事会成员手中;26%的被试认为,共同治理是分布式决策,即教师和管理人员只在各自分管的领域享有决策权。也就是说,共同治理至少有三种形态:协作式决策、咨询式决策和分布式决策。

在新经济时代,大学所在社会的政治和经济等环境发生了深刻的变化,在全球化趋势的推动下,面对问责压力和激烈的竞争环境,大学试图通过知识商品化、参与市场竞争等方式来适应环境的变化。甚至有学者说,在研究型大学中,共同治理已经成为遥远的过去,而公司治理却成为常态。在公司治理模式中,大学董事会是学校事实和法律上的权力中心和决策中心。尽管一些大学仍然宣称共同治理是学校的治理模式,但公司治理可能是真正的运行模式。

在公司治理模式下,大学更多地借用了公司运行的方法。大学并未废止共同治理结构,而是通过建立新的管理结构,通过赋予经理人更大的自由裁量权,达到绕道而行的目的。例如,在强调科技创新的年代,大学纷纷建立了技术转让办公室、信息技术办公室等机构。由于这些机构既不属于传统的学术部门,也不属于行政部门,其专业人员事实上无权参与共同治理。另外,就董事会的人员结构来说,具有商界背景的人员比例越来越大。一项全国问卷调查的结果显示,2010年,美国公立大学和非营利性的私立院校中分别有49.4%和53%的董事会成员来自工商领域。而在1986年,只有40%的大学董事会成员来自工商领域。

在公司治理模式下,学术资本主义正在深刻地影响着美国的大学,其表现形式主要包括:美国的大学(1)通过技术转让、特许经营和管理方式的转变来适应市场、资源和公共政策的变化;(2)通过与工商界的横向联合、允许公司给学校商学院或其他设施命名来换取公司的捐赠；（3）通过委托猎头公司招聘学校的高管；（4）通过增加非终身制的教师和博士后人员的比例达到节流的目的；（5）通过开发拥有版权的课件、提供远程教育和开办高收费的专业学位课程达到开源创收的目的。用拉普沃思的话说，公司治理模式的兴起可以看作是学术参与度降低、管理主义兴起和大学运行环境变化的结果。

不过，公司治理模式的兴起并没有动摇共同治理模式的根基。一项有2000多人参与的全国范围的问卷调查的结果显示，86%的被试肯定共同治理是树立价值观和建立认同感的一个重要环节。在三类不同层次的高校，包括四年制本科院校、颁发硕士学位和博士学位的院校，分别有79%、75%和79%的被试认为，教师和管理人员之间有着足够的信任，74%、71%和70%的被试认为，教师和管理人员之间有着足够的交流。但调查结果也显示，教师和管理人员对教师评议会普遍表示不满，这在颁发博士学位的院校尤为普遍，仅19%的被试认为，教师对教师评议会的活动很感兴趣。在设有教师评议会的大学，53%的被试表示，他们对评议会的活动兴趣不大。相比之下，教师参与共同治理活动的三个最重要的场所是：学术院系、教师常务委员会和特别委员会。

共同治理与公司治理模式之间的现状格局，某种程度上反映了美国的大学在理想与现实之间、政治与经济因素之间的考量和些许无奈。早在1918年和1936年出版的美国高等教育两本同名专著中，作者韦伯伦和赫钦斯就批评了美国商业文化对高等教育的侵蚀，强调人文教育的重要性，表达了人文主义教育哲学的理想和情怀。这与实用主义教育哲学形成了鲜明的对比，后者称理性人文主义教育不是目的，而是解决现实世界问题的手段。事实上，在美国高等教育发展的历程中，这样两种哲学呈现了钟摆式的变化特点。在新经济时代，大学肩挑两副经济重担，面对竞争压力和全球化趋势，公司治理似乎是一种适者生存的理性选择。

二、治理结构与治理文化之间的边界

大学治理制度指的是在大学内外各个层面控制大学资源配置的一系列的政策、程序和决策单位。按此定义，大学治理制度至少包含大学的治理结构和治理文化两部分。

就校内治理结构来说，美国的公立大学至少有这些共同点：其一，董事会是校内最高的权力机构，但在不同的院校，董事会的名称却不尽相同，如密歇根州的密歇根大学、密歇根州立大学和维尼州立大学（Wayne State University）董事会的名称就各不相同，州宪法已经确定了它们的名称。其二，大学都有各自的章程和规章，详尽说明校内治理的结构和权力分布情况。其三，校内治理的主体是董事会成员、管理人员和教师，其他治理者的人数较少，因而影响有限。其四，不同学校的学术治理组织对教师的准入标准是不同的，校学术评议会往往只对终身制教师开放，一些学术委员会成员是从教师中海选的。其五，在校内治理中，学术和行政分别在校、院、系三个层面互动。以密歇根州立大学为例，在校内治理结构的顶层，董事会与以校长为首的行政治理互动，也与以教师联络员为代表的学术治理互动，还与学生联络员互动。在此结构的下端，以校长为首的校行政治理与校学术治理组织互动，包括校学术评议会、教师执委会、学术委员会和教师委员会。在学院层面，以院长为首的行政治理与院常委会互动，常委会是院学术治理组织，它由各系的教师代表组成。在系层面，系主任与系咨询委员会互动，咨询委员会与系常委会互动，两个委员会均由本系的教师代表组成。

就校外治理结构来说，州政府是最主要的治理者，治理权主要包括：（1）全权建立、组织、支持和解散公立大学的权力；（2）对私立大学颁发特许、许可和认可其学位授予权的一般监督权；（3）制定法律、法规和伦理守则的权力；（4）财权以及对卫生和安全的监督权；（5）通过判例法对合同责任和侵权责任的法律关系加以规范的权力。在行使这些权力的过程中，美国有20多个州的大学外部治理采用的是治理委员会结构，还有20多个州采用的是协调委员会结构。总的来说，两种结构各有所长，如前者对州的当务之急反应迅速，而后者对市场的需要回应快捷。此外，联邦政府通过行使财权和立法权对大学治理施加影响，区域认证机构和专业学会组织一般是通过认证和制定相关的标准来引导和监督大学落实学术自由和共同治理的原则。迄今，州政府在大学治理中的应然角色仍然存在争论，大学治理的结构也没有呈现明显的变化趋势。

相比之下，大学的治理文化指的是影响大学治理的一套价值观和行为方式，它们相互依存、为社区所共有，往往绵延不绝。正如文化可以分层一样，治理文化也可以分为信念、价值观、规范和人工制品等层次。在过去的几十年里，大学的治理文化越来越受到重视。以大学的战略规划为例，学校的核心价值观通常位居规划的核心，与使命和目标并列。此外，学校的核心价值观还往往贯穿于学校的人工制品之中，包括校内政策、组织结构以及决策的结构和过程等方面。这或许可以部分地解释为什么在三类不同层次的院校，教师和管理人员之间有着足够的信任。

三、学术权力和行政权力之间的边界

在论法的精神中，孟德斯鸠写道：一切行使权力的人都会滥用权力，要防止权力滥用，就要用权力制约权力。为了防止权力滥用，美国宪法确立了分权和制衡的原则，美国的大学治理本质上也是如此。在它的指导下，学术权力和行政权力通过分权、制约和平衡的方式来划定彼此的边界。分权至少包含两层意思。其一，它指大学的学术和行政权力各有边界，彼此不得越界。根据美国大学教授协会的学院和大学治理的声明，以教师为代表的学术权力主要负责的领域是：课程、学科内容、教学方法、科研、教师职位以及和教育过程有关的学生生活的方方面面。校长的主要职责是：确保学院或大学内部的运行标准和程序符合董事会的要求，符合良好的学术实践标准；确保把教师的意见传达给董事会，包括教师在共同治理问题上的不同意见，把董事会和行政的相关意见通报给教师。根据美国大学董事会协会的院校治理的声明：大学董事会对院校负有最大的职责。其二，分权意味着在大学内部，拥有行政权力和学术权力的人都有各自的角色定位，并通过岗位职责描述加以规范，从而最大限度地减少权力在行使过程中的随意性。

制约意味着以权力约束权力，以透明保障知情，以制度限制权力，彰显显规则，遏制潜规则，最大限度地减少权力在行使过程中的随意性。该原则贯穿美国大学治理的政策和实践。显然，大学的伦理守则、利益冲突政策和公开会议与档案政策本质上就是政府伦理法、利益冲突法和信息自由法等校外法律规章的延伸。以南加州大学的伦理守则为例，它共有十条原则，内容涉及师生员工的互动伦理，自律、守信、尊重、包容，不骚扰、不虐待、不贬低、不伤害、不占便宜、不姑息剽窃的伦理原则；还有，在面对谎言、偷窃、欺诈、作弊、不当使用人类被试、滥用学校资源或滥用被托管者资源等行为的时候，师生员工应该遵循的伦理原则。

平衡权力就是防止一权独大。美国大学治理的权力制衡分为内外两部分。内部权力制衡主要是通过完善校内治理结构和治理文化来实现的，其中，建立校内投诉机制是主要的手段；外部权力制衡主要是通过专业学会和法院等机构来保障的。实践中，不信任投票是学术权力制衡行政权力的核武器，它依托的是美国宪法第一修正案所保障的言论自由权，投票的对象往往是校长、董事会或董事会成员。例如，2011年2月和4月，爱达荷州立大学和新罕布什尔大学的教师分别对其校长进行了不信任投票；2005年，由于哈佛大学萨默斯校长的言论被指性别歧视，人文和科学学部的教师对他进行了不信任投票，并通过了投票，2006年，萨默斯校长提出了辞呈。除不信任投票外，司法审查也发挥了重要的平衡作用。例如，1992年，印第安纳州立大学的78名教师把本校董事会告上了法庭，指控校长的遴选和任命违反了教师手册中的规定；因为按照规定，校长遴选委员会应该有教师委员，但事实上却没有做到。原告不仅要求法院审查校长遴选中的违规细节，还要求审查教师手册的法律地位。最终诉讼双方达成了终止诉讼的协议，虽然协议并未言明教师手册是否构成一份可以执行的合同，但协议重申，按照手册中的规定，教师应该能够实质性地参与学校的治理。

四、结论与启示

新经济催生了美国大学与产业之间的社会契约，按此契约，大学成为生产知识的场所、应用和传播知识的私营公司。在实践中，美国的大学治理也在悄然偏向公司治理模式，再现了适者生存的法则。不过，共同治理仍在发挥主导作用，这不仅因为共同治理是政治正确的选择，而且因为共同治理奠定了现代美国大学治理制度的基础。实际上，美国大学内部治理结构的主要形态还是共同治理，州、区域认证组织、专业学会组织和联邦教育部等组织机构的共同参与形成了外部治理的扁平结构。大学的治理结构与治理文化形成了互补的关系,在此关系模式中,学术权力和行政权力是通过分权和制衡的方式互动的。这意味着在大学治理中没有绝对的权力,各种权力之间是相生相克的关系。

对我国的大学治理制度建设来说,美国的大学治理变化传递了很多信息,其中下列三条信息特别具有启示意义:

1. 以权力制衡权力

实践证明,以权力制衡权力是防止权力越界的有效手段,它至少包含三项任务:其一,以法律制约权力。我国高等学校信息公开办法就是以立法权制约大学的信息权、保障消费者的知情权和选择权的实例。除立法外,依法行政和秉公执法也是以权力制约权力的重要举措。其二,平衡权力结构。我国的大学治理传统上是以行政权力主导的集权结构,因而,在平衡外部治理权的时候,适度地把政府的治理权转变为协调权或非政府组织的专业权就是一种制衡手段。例如,政府可以加大政治问责和市场问责的力度,非政府组织可以在院校评估和专业评估中发挥更大的作用。在平衡校内治理权力的过程中,大学应该建立校、院和系三级学术治理组织,保障教师能够实质性地参与学术治理,建立集体谈判机制,定期开展教师满意度调查并定期公布调查的结果等。其三,倡导治理伦理。大学往往被誉为社会的良心,思想的灯塔,因此,依法治理不过是大学治理的最低标准,大学还应该更积极地制定和实施本校的治理伦理标准,公开承诺并自觉践行这些标准,使治理伦理成为引导组织和个人行为的标杆。

2. 重构大学治理结构

在我国大学的外部治理结构中,政府是大学事实上和法律上的规划者、举办者、管理者和评价者。诚然,这一结构有很多优点,如便于全局规划、便于动员和领导、能快速回应国家的战略部署等,但也有行政权力独大、制衡力度不足、政治考量干扰大学自主权的问题,还有运动员兼裁判员的瑕疵。针对这些特点,大学的外部治理应该适度减少政府的管理职责,增强协调功能,把集权结构转变为扁平的、多元参与的治理结构,鼓励第三方的参与和监督。在重构大学治理结构的过程中,修订高等教育法并推动地方教育立法,这是引导大学治理建设的关键所在。在修订后的高等教育法和地方教育立法的引导下，部属和地方院校可以分别依法进行组织重构，再各自依法制定本校的章程，明确校内权威决策的结构和过程，更新党委领导下的校长负责制的组织形式，阐明党、政和学术三方权力的关系格局，划定校内学术治理组织的结构和权责边界。在章程的规范下，校学术治理机构制定本校的学术治理规章，明确校内各级学术治理的决策结构和过程及其权责边界；以校长为首的校内各级行政管理部门负责设计校内各级行政决策的结构、过程和权责边界。另外，对各级治理岗位的职责，大学都应该通过章程、规章或岗位合同等媒介予以具体的明示。

3. 重塑大学治理文化

大学治理制度包含结构控制和社会控制两个系统，目前，相关的研究过于注重结构控制，但对社会控制或文化视角关注不够。因此，在重构大学治理结构的过程中，我国大学的治理文化建设也应该刻不容缓，建设的内容主要包括：（1）树立学校的核心价值观。大学应该选择与本校的使命和目标相匹配的核心价值观，并使之贯穿校内的结构控制系统，如学校的组织结构、决策过程和规章制度；还要使之贯穿学校的社会控制系统，如师生之间、上下级之间、行政与学术之间的沟通和交往。（2）做到有法可依和有法必依。校内法、校外法和大学治理的伦理是大学结构控制系统的构成要件，是结构控制系统建设的优先级，无法可依或有法不依都会使结构控制丧失活力，使潜规则凌驾于显规则之上。（3）建立诚实、信任和有效沟通的文化。在经济高速发展、竞争日趋激烈的今天，大学治理面临很多挑战，建立信任与合作的大学治理文化可谓任重道远，考虑到大学内部充满了边界，而跨边界的交流、沟通、协调与合作无疑更具挑战性，特别是当成功越来越多地是用科研经费的数量和科研产出量来衡量的时候，建立信任与合作的治理文化会愈加困难。有理由相信，只有当大学的治理结构和治理文化建立在广泛的共识基础之上、彼此之间形成相互印证和相互补充的关系属性的时候，现代大学制度的效能才能够真正地得到释放。

高等教育强国建设与我国
高等教育改革的政策走向

刘宝存[①]

改革开放以来,我国高等教育改革与发展取得了举世瞩目的成就,建立了世界上规模最大的高等教育体系。《国家中长期教育改革和发展规划纲要(2010 – 2020 年)》(以下简称"教育规划纲要")明确提出了建设"高等教育强国"的战略目标,如何从高等教育大国走向高等教育强国,是未来很长一个时期内我国高等教育改革与发展政策的基本走向。

一、建设高等教育强国:我国高等教育改革与发展的战略目标

为了适应全面建设小康社会、建设创新型国家的需要,教育规划纲要要求坚持以改革创新为动力,以促进公平为重点,以提高质量为核心,推动教育事业在新的历史起点上科学发展,加快从教育大国向教育强国、从人力资源大国向人力资源强国迈进,为中华民族伟大复兴和人类文明进步作出更大贡献。从"教育大国"向"教育强国"迈进,从"人力资源大国"向"人力资源强国"迈进,虽然体现在各级各类教育中,但最终体现在高等教育中。没有高等教育强国,就没有人力资源强国,就没有创新型国家。正因为如此,教育规划纲要提出了建设高等教育强国的战略目标。

---

① 作者简介:刘宝存(1964 –),男,山东菏泽人,教育部人文社会科学重点研究基地北京师范大学比较教育研究中心主任、北京师范大学国际与比较教育研究院院长、教授、博士生导师,主要从事比较教育、高等教育研究。

自从教育规划纲要提出建设高等教育强国的战略目标以来，高等教育强国建设成为我国高等教育研究的一个热点问题。但是，对于高等教育强国的定义，并没有统一的认识，人们一般从高等教育自身的特征，如总体规模、普及程度、整体质量、开放程度、体制和制度、办学思想和观念，高等教育的数量、质量、结构、效益的协调性以及高等教育对经济社会发展的贡献程度等方面去理解和阐释。实际上，高等教育强国是一个比较的、历史的概念，在不同的时代、不同的语境下有着不同的内涵，很难有一个统一的定义。我们认为，所谓高等教育强国，就是指一个国家的高等教育通过人才培养、科学研究和社会服务不仅能够满足本国经济社会发展的需要，而且能够增进人类社会的共同福祉和知识创新，具有较强的国际影响力和竞争力。

根据教育规划纲要精神，我国所要建设的高等教育强国，不同于世界上的其他高等教育强国，有着很强的阶段性特征和鲜明的中国特色，主要包括以下一些指标：

1. 形成中国特色、世界水平的社会主义现代高等教育体系，高等教育大众化水平进一步提高

即到2020年，高等教育毛入学率达到40%，高等教育在学总规模达到3550万人，在校生达到3300万人，其中研究生达到200万人；到2020年，具有高等教育文化程度的人口数达到19500万人，主要劳动年龄人口中受过高等教育的比例达到20%，新增劳动力中受过高中阶段及以上教育的比例达到90%。

2. 高等教育人才培养质量全面提高

高等学校建立完善的多层次、多类型的人才培养体系，不仅为经济社会发展培养出具有社会责任感、创新精神和实践能力的数以千万计的高素质专门人才和一大批拔尖创新人才，而且通过高水平师资队伍建设涌现出一大批在各学科领域中具有国际影响力和竞争力的领军人才，一大批具有全球视野、富于创新、跨学科合作和成果卓著的教学科研团队。

3. 高等学校科学研究水平显著提升

若干学科领域的基础研究和应用研究水平、成果转化率达到或接近世

界先进水平,成为国家科学研究的战略高地,在知识创新、技术创新、国防科技创新和区域创新中作出重大贡献。哲学社会科学繁荣发展,建立哲学社会科学研究的创新平台体系和资金支持体系,形成具有中国特色、中国风格、中国气派的哲学社会科学学科体系和教材体系,高等学校成为经济社会发展的智囊团和思想库,为国家和地方经济建设、政治建设、文化建设、社会建设和生态文明建设作出更大贡献。

4. 高等教育结构进一步优化

建成若干所世界一流大学、一批有特色的高水平大学和一批世界一流学科,形成不同层次和类型高等学校协调发展和特色发展的新格局。东部地区高等教育率先发展,建成若干高等教育强省(市);中西部高等教育发展水平快速发展,在中西部地区形成一批水平高、有特色、贡献大的高等学校,从而实现中西部高等教育协调发展的新格局。学科专业和层次、类型结构进一步优化,形成基础学科与应用学科、传统学科与新兴学科协调发展,学术型、应用型、复合型、技能型人才培养协调发展的新格局。

5. 高等教育国际影响力显著增强

来华留学生和留学人员结构更趋合理,规模不断扩大,到2020年,来华攻读学位的留学生达到或超过20万人,各类留学人员达到或超过50万人,"985工程"高校的留学生人数达到或超过在校生总数的10%,使我国成为世界主要留学目的地国之一。全球或区域性的双边、多边教育科研合作和学术交流不断深入,主动参与世界教育政策、规则、标准的研究和制定的能力不断增强,高等学校成为吸收借鉴国外优秀文明成果,传播中华优秀文化,增强中国软实力的重要力量。

二、建设高等教育强国:我国高等教育的现有基础

新中国成立以来,特别是改革开放以来,我国教育事业取得了巨大的历史性成就,成为名副其实的高等教育大国,为高等教育强国建设奠定了坚实的基础。

1. 高等教育规模实现了跨越式发展,成为名副其实的高等教育大国

1999年,根据当时经济社会发展的重大需求和人民群众希望更多接受

高等教育的强烈愿望,党中央、国务院审时度势,作出扩大高等教育招生规模的重大决策。10多年来,经过各地区、各部门和高等院校的共同努力,我国高等教育的发展取得了巨大成就。1998年到2010年,全国各类高等教育总规模由不到800万人(其中,普通高等学校本专科在校生340.87万人)增加到3105万人(其中,普通高等学校本专科在校生2231.79万人),增长了2.9倍,先后超过俄罗斯、印度和美国,位居世界第一位;高等教育毛入学率由9.8%提高到26.5%,进入大众化发展阶段。仅"十五"和"十一五"期间,全国高校就为各行各业输送了4897万名毕业生,为转变经济增长方式、调整产业结构和推动科技创新提供了强有力的人才支撑。

2. 高等学校科学研究和社会服务取得了丰硕成果,为经济社会发展服务作出了重要贡献

在"十五"期间,高校向国家贡献了一大批科技创新成果,累计获得国家自然科学奖75项,占全国授奖总数的55.07%;国家技术发明奖64项,占全国授奖总数的64.4%;国家科技进步奖433项,占全国授奖总数的53.57%;其中国家自然科学一等奖一项,国家技术发明一等奖2项,后者打破了我国连续6年无国家技术发明一等奖的局面。在"十一五"期间,高等学校的科学研究又取得新突破,在2010年度国家科学技术奖授奖项目中,全国高校获得各类奖项超过总数的70%。高校科技成果转化也取得新的进展,为经济社会发展提供了重要的科技支撑。高校哲学社会科学繁荣计划的实施,为发展先进文化、全面建设小康社会做出了突出贡献,很好地发挥了"思想库"和"智囊团"的作用。

3. 高等教育体制改革取得历史性突破,初步形成了中国特色社会主义高等教育体系

近年来,我国通过采取"共建、调整、合作、合并"等措施,组建了一批学科综合和人才汇聚的综合性大学,形成了中央和省两级管理、以省为主的管理新机制。高校内部管理体制改革不断深化,高校后勤社会化、校内人事和分配制度、招生考试制度、毕业生就业制度和高校成本分担制度等重大改革取得明显成效,贫困学生资助政策与制度体系逐步完善,民办高等教育有了较大发展。人才培养体制改革不断深入,逐步形成了中国

特色的学位制度和人才培养模式。"211 工程"和"985 工程"的顺利实施，有力地促进了我国高水平大学的发展，不但使得高等学校科技创新和社会服务能力显著增强，而且促进了高等学校的分类发展。

4. 高水平大学建设成效显著，带动了我国高等教育整体办学水平和竞争力的提高

我国在 20 世纪 90 年代开始实施"211 工程"和"985 工程"，现在分别有 112 所和 39 所大学进入了"211 工程"和"985 工程"重点建设项目。这些高校汇聚了一大批高层次人才，科研水平和创新实力不断增强，产生了一批具有国际先进水平的学科和研究成果，初步形成了一批中国特色的高水平大学，缩小了与世界一流大学的差距，同时也带动了我国高等教育整体办学水平和竞争力的提高。根据中国科学技术信息研究所《中国科技论文统计结果 2009》，按 2008 年 SCI、EI、ISTP 合计，我国作者发表在国际主要科技期刊和重要会议上的论文共 27.1 万篇，占世界总数的 11.5%。按照国际论文数量排序，我国居美国之后占世界第 2 位，高于英国、德国、日本。

5. 高等教育对外开放不断扩大，国际化水平不断提升

从 1950 年接收第一批来华留学生开始，我国已累计接收外国留学生 169 万人次，目前有来自 190 个国家和地区的 24 万多名留学生在我国求学。从 1978 年到 2010 年底，我国各类出国留学人员总数达 190.54 万人，出国留学规模由 1978 年的 860 人增加到 2010 年的 28.47 万人，扩大了 331 倍。迄今为止，我国已经与世界上 188 个国家和地区建立了合作与交流关系，签署教育合作协议 190 多个；与包括英、法、德、澳等 26 个发达国家在内的 43 个国家和地区签订了学历学位互认协议；与联合国教科文组织、联合国儿童基金会、开发计划署、世界银行等 40 多个重要的国际组织建立了教育合作与交流的关系，开展了大量的合作项目。另外，我国在 105 个国家建立 350 多所孔子学院和 60 多个孔子课堂。

三、建设高等教育强国：我国高等教育存在的差距

我国现在虽然已经是一个高等教育大国，但还不是一个高等教育强国。与国际公认的高等教育强国相比，我国还存在着较大的差距。

1. 高等教育毛入学率和主要劳动年龄人口中接受高等教育的比例较低

2010年，我国高等教育在学人数达到3105万人，是世界上最大的高等教育体系。世界高等教育规模第一的桂冠与我国人口规模世界第一的基本国情是密切相关的。世界上的高等教育强国的高等教育规模虽然不及我国，但高等教育毛入学率却远高于我国。2010年我国高等教育的毛入学率为26.5%，处于大众化阶段；而高等教育强国都已超过50%，进入普及化阶段。由此可以看出，即使我国到2020年高等教育毛入学率达到40%，与高等教育强国相比仍然存在一定的差距。与高等教育毛入学率相联系的是主要劳动年龄人口接受高等教育的比例。2009年，虽然我国具有高等教育文化程度的人数9830万人，高居世界第二位，但主要劳动年龄人口接受高等教育的比例只有9.9%，比高等教育强国一般低20个百分点，即使到2020年达到20%，与高等教育强国相比仍然存在一定的差距。

2. 高等教育质量偏低

高等教育强国不仅体现在规模上，更为重要的是体现在质量上。根据上海交通大学2011世界大学学术排名，进入世界大学前100名的大学基本上都是美国、英国、德国、加拿大、日本、澳大利亚等发达国家的大学，我国大学没有一所进入前100名。在人才培养方面，著名国际咨询公司麦肯锡在2005年的调查报告《应对中国隐现的人才短缺》中指出：2005年有310万名大学毕业生，是美国的2倍多，但只有不到10%能够满足跨国公司的要求，主要原因是缺少实际应用技巧和糟糕的英语水平；未来10年，中国将需要7.5万名拥有一些国际经验的管理人员，但目前只有5000多名；中国每年有60万名新工程师"诞生"，比美国多出9倍，但仅有1.6万拥有在外国公司工作的实用能力和语言能力。这样的调查结论虽然不一定准确，但在一定程度上反映了我国高等学校人才培养质量存在的问题。在科学研究方面，1999－2009年间发表SCI论文累计超过20万篇以上的国家共有14个，我国科技人员共发表论文64.97万篇，排在世界第5位；但论文共被引用340万次，排在世界第9位；平均每篇论文被引用5.2次，排在第12位，与世界平均值10.06次还有不小差距。在科技成果转化率方面，根据OECD的统计，2006年OECD国家百万人口的三方专利平均数为 42.4，其中日本为 111.1，美国 53.3，韩国 57.7，而我国仅为 0.4，与俄罗斯相同，高于印度（0.1）和巴西（0.3）；2007 年中国发明人拥有的三方专利数为 591，占世界的 1.1%，排在第 12 位。以上数据表明，我国高等教育在整体质量上以及在人才培养、科学研究、社会服务等方面，都与高等教育强国存在不小的差距。

3. 高等教育投入不足

高等教育投入既是高等教育强国建设的重要条件，也是高等教育强国的一个重要指标。由于我国教育投入长期严重不足，高等教育经费投入一直维持在较低的水平。就公共高等教育经费支出占 GDP 的比重来看，2006 年 OECD 国家平均为 1.0%，其中丹麦、芬兰、瑞士、瑞典、挪威、奥地利、比利时、新西兰、法国、美国、爱尔兰、捷克 12 国达到或超过 1.0%，最高的是丹麦、芬兰，高达 1.6%。同年，我国仅为 0.59%。就高等教育经费来说，以购买力平价计算，2006 年，OECD 国家高等教育阶段生均经费支出为 12336 美元，其中美国、瑞士、瑞典、挪威、英国、丹麦、新西兰、奥地利、澳大利亚 9 国超过 15000 美元，最高的美国高达 25109 美元。同年，我国高等教育阶段生均经费仅为 11755 元人民币。2006 年，美国高等教育经费开支达到 3755.39 亿美元，占 GDP 的 2.8%。比较而言，我国高等教育经费为 2938.87 亿元人民币，占 GDP 的 1.39%。从以上比较分析看，我国高等教育投入水平较低，这也是我国高等教育质量不高的原因之一。

4. 高等教育国际化水平偏低

根据联合国教科文组织统计，2006 年世界高等教育强国高校接收外国留学生的数量分别是：美国 58 万人，英国 33 万人，德国 26 万人，法国 25 万人，澳大利亚 20 万人，日本 13 万人，俄罗斯 8 万人，上述数据都是学历留学生的数据。而 2008 年我国来华学历生仅 8 万人，且质量和层次也不高，攻读硕士、博士学位的留学生仅有 1 万人。另外，从全国范围来看，来华长期留学生的总数尚不足在校生总数的 1%，而西方发达国家大学的国际学生数量占在校生比例已经接近或超过 10%，OECD 国家 2006 年的高等教育机构外国留学生比例平均值为 9.6%。

5. 管理体制机制不完善

改革开放以来,管理体制机制改革一直是高等教育改革的重要内容。虽然从政策到实践我国高等教育体制机制改革都取得了很大的成绩,但仍然存在一些问题。如政府管理职能不清,高等教育管理中存在明显的"缺位"和"越位"现象;管理观念落后,政府对高等学校的管理方式僵硬,主要采用行政指令、计划等方式,最典型的管理手段就是行政性审批,计划体制和集权管理的色彩明显;高等学校缺乏办学自主权,难以真正面向社会自主办学。这种集权化、行政化的管理体制机制与高等教育强国的政府宏观指导、高等学校自主办学的管理体制机制有着很大的不同。管理体制机制不完善,导致高等学校办学活力不足,面向社会自主办学能力不强,而且高等学校间同质化倾向严重,办学特色不鲜明。

四、建设高等教育强国:我国高等教育改革的政策走向

建设高等教育强国是一个系统工程,涉及高等教育全方位的改革。总的来讲,教育规划纲要提出的所有高等教育改革措施都是为建设高等教育强国服务的,概括起来主要有以下几个方面:

1. 牢固把握高等教育发展的核心任务,全面提高高等教育质量

教育规划纲要指出:"提高质量是高等教育发展的核心任务,是建设高等教育强国的基本要求。"为了实现建设高等教育强国的战略目标,虽然我国高等教育规模仍然要不断扩大,但我国将本着"尽力而为,量力而行"的原则,确定了一个有限的规模目标,高等教育发展的核心任务将是提高高等教育的质量。高等教育质量包括人才培养质量、科学研究质量、社会服务质量、文化传承创新质量四个方面。提高人才培养质量,就是要牢固确立人才培养在高校工作中的中心地位,着力提升学生思想道德素质、社会责任感、创新精神和实践能力,培养一大批信念执著、品德优良、知识丰富、本领过硬的高素质专门人才和拔尖创新人才,使人才培养更加适应经济社会发展和人的全面发展需要。提高科学研究质量,就是要充分发挥高校在国家创新体系中的重要作用,积极提升高等学校的原始创新、集成创新和引进消化吸收再创新能力,以高水平科学研究支撑高质量

高等教育，使之成为国家知识创新、技术创新、国防科技创新和区域创新的重要基地，努力为建设创新型国家作出积极贡献。提高社会服务质量，就是要求高等学校牢固树立主动为社会服务的意识，紧紧围绕科学发展的主题，以加快转变经济发展方式为主线，在成果转化、决策咨询、继续教育、科学普及等方面发挥更大作用，对综合国力提升和区域经济社会发展以及党和国家科学决策、民主决策做出更大贡献。提高文化传承创新质量，就是要发挥高等教育作为优秀文化传承的重要载体和思想文化创新重要源泉的作用，积极推进文化传播，弘扬优秀传统文化，发展先进文化，努力为增强我国文化软实力和中华文化国际影响力，推动人类文明进步作出积极贡献。高等教育的人才培养质量、科学研究质量、社会服务质量、文化传承创新质量是相互影响、相互促进的，只有全面提升高等教育质量，才能更好地满足人民群众接受良好教育的要求，更好地为我国经济社会发展提供强有力的智力支撑与人才保障，尽快缩小与高等教育强国的差距。

2. 优化结构，突出办学特色

在过去，我国高等教育的发展在结构上严重失调，各类高校不管性质如何，也不管条件如何，盲目升格，出现"东施效颦"的现象，致使高校之间同质化倾向特别严重。为此，教育规划纲要提出了"优化结构，突出办学特色"的发展思路，适应国家和区域经济社会发展需要，建立动态调整机制，不断优化高等教育结构。在区域结构优化方面，我国将设立支持地方高等教育专项资金，加大对中西部地区高等教育的支持，实施中西部高等教育振兴计划；新增招生计划向中西部高等教育资源短缺地区倾斜，扩大东部高校在中西部地区招生规模；鼓励东部地区高等教育率先发展，加大东部地区高校对西部地区高校对口支援力度。在类型结构与专业结构方面，我国将优化学科专业和层次、类型结构，促进多学科交叉和融合，重点扩大应用型、复合型、技能型人才培养规模，加快发展专业学位研究生教育。此外，我国还将建立高校分类体系，实行分类管理，充分发挥政策指导和资源配置的作用，引导高校合理定位，克服同质化倾向，形成各自的办学理念和风格，在不同层次、不同领域办出特色，争创一流。

3. 加快一流大学和一流学科建设

建设高等教育强国不仅要求扩大高等教育规模，优化高等教育结构，而且要求加快一流大学和一流学科建设。为此，我国将以重点学科建设为基础，继续实施"985工程"和优势学科创新平台建设，继续实施"211工程"和启动特色重点学科项目，加快创建世界一流大学和高水平大学的步伐，培养一批拔尖创新人才，形成一批世界一流学科，产生一批国际领先的原创性成果，为提升我国综合国力贡献力量。为了提高各项工程和项目的效率，我国将改进管理模式，引入竞争机制，实行绩效评估，进行动态管理；鼓励学校优势学科面向世界，支持参与和设立国际学术合作组织、国际科学计划，支持与海内外高水平教育、科研机构建立联合研发基地。

4. 加强国际交流与合作，提高高等教育的国际化水平

我国将坚持以开放促改革、促发展的基本思路，开展多层次、宽领域的教育交流与合作，提高我国教育国际化水平。我国将借鉴国际上先进的教育理念和教育经验，促进我国教育改革发展，提升我国教育的国际地位、影响力和竞争力，努力培养大批具有国际视野、通晓国际规则、能够参与国际事务和国际竞争的国际化人才。我国将大力引进优质教育资源，吸引境外知名学校、教育和科研机构以及企业，合作设立教育教学、实训、研究机构或项目，鼓励各级各类学校开展多种形式的国际交流与合作，办好若干所示范性中外合作学校和一批中外合作办学项目。我国将大力推进扩大政府间学历学位互认，支持中外大学间的教师互派、学生互换、学分互认和学位互授联授，创新和完善公派出国留学机制，进一步扩大外国留学生规模，不断提高来华留学教育质量。我国将积极推动我国高水平教育机构海外办学，提高孔子学院办学质量和水平，加大教育国际援助力度，为发展中国家培养培训专门人才。同时，我国还将加强与联合国教科文组织等国际组织的合作，积极参与双边、多边和全球性、区域性教育合作，积极参与和推动国际组织教育政策、规则、标准的研究和制定。

5. 加大经费投入，为高等教育强国建设提供物质保障

高等教育改革与发展中的许多问题都是由于投入不足造成的，高等教

育投入不足又是教育投入不足在高等教育领域的反映。早在1993年,《中国教育改革与发展纲要》就提出了"财政性教育经费占国民生产总值的比重,在2000年达到4%"的目标,但是十几年过去了。"4%"的目标一直没有落实。教育规划纲要要求各级政府优化财政支出结构,统筹各项收入,把教育作为财政支出重点领域予以优先保障,提高国家财政性教育经费支出占国内生产总值比例,2012年达到4%。为了实现"4%"的目标,高等教育实行以举办者投入为主、受教育者合理分担培养成本、学校设立基金接受社会捐赠等筹措经费的机制,同时完善高等学校家庭经济困难学生资助政策体系,建立健全研究生教育收费制度和资助政策,设立研究生国家奖学金。为了提高经费分配的科学性,我国将设立高等教育拨款咨询委员会。为了提高经费使用效率,我国将加强经费管理、建立科学化、精细化预算管理机制,科学编制预算,提高预算执行效率;加强高等学校财务会计制度建设,完善经费使用内部稽核和内部控制制度;完善教育经费监管机构职能,在高等学校试行设立总会计师职务,提升经费使用和资产管理专业化水平;建立经费使用绩效评价制度,加强重大项目经费使用考评。

6. 加快高等教育体制改革,创建富有活力的体制机制

体制机制改革是教育规划纲要中高等教育改革的重要内容,主要措施包括:克服行政化倾向,取消高等学校实际存在的行政级别和行政化管理模式;落实和扩大高等学校办学自主权,高等学校按照国家法律法规和宏观政策,自主开展教学活动、科学研究、技术开发和社会服务,自主设置和调整学科、专业,自主制定学校规划并组织实施,自主设置教学、科研、行政管理机构,自主确定内部收入分配,自主管理和使用人才,自主管理和使用学校财产和经费;完善中国特色现代大学制度,完善大学校长选拔任用办法,充分发挥学术委员会在学科建设、学术评价、学术发展中的重要作用,探索教授治学的有效途径,充分发挥教授在教学、学术研究和学校管理中的作用;探索建立高等学校理事会或董事会,健全社会支持和监督学校发展的长效机制;探索高等学校与行业、企业密切合作共建的模式,推进高等学校与科研院所、社会团体的资源共享,形成协调合作的

有效机制,提高服务经济建设和社会发展的能力;深化办学体制改革,健全政府主导、社会参与、办学主体多元、办学形式多样、充满生机活力的办学体制,形成以政府办学为主体、全社会积极参与、公办教育和民办教育共同发展的格局;加强省级政府教育统筹,完善以省级政府为主管理高等教育的体制,合理设置和调整高等学校及学科、专业布局,提高管理水平和办学质量;转变政府教育管理职能,改变直接管理学校的单一方式,综合应用立法、拨款、规划、信息服务、政策指导和必要的行政措施,减少不必要的行政干预。

去行政化路径：完善高校法人制度

刘慧珍①

普通高校去行政化问题成为近年社会与学界关注的热点，2010年7月颁布的《国家中长期教育改革和发展规划纲要（2010-2020年）》的出台，将去行政化问题由理论讨论层面推进到实践改革阶段。该《纲要》明确提出，要"推进政校分开、管办分离"，要"随着国家事业单位分类改革推进，探索建立符合学校特点的管理制度和配套政策，克服行政化倾向，取消实际存在的行政级别和行政化管理模式"。尽管该《纲要》从国家管理层面确认了教育中存在"行政化"问题，并提出了要推进管办分离，建立符合学校特点的管理制度。理顺政校间关系，无疑是将高教体制改革推进到了更深的层次，但是，对于高校与政府之间的关系如何改进，《纲要》并未提出具体的改革计划或实操方案，所以讨论依然是需要的。本文拟对高校行政化的表现、行政化之危害和去行政化的路径提出自己的一家之言。

一、高校行政化的本质及其表现

关于高校"行政化"概念基本含义的把握，笔者认同钟秉林教授的定义，即"所谓大学'行政化'，是指以官僚科层制为基本特征的行政管理在大学管理中被泛化和滥用，即把大学当作行政机构来管理，把学术事务当作行政事务来管理"。②然而，由于关注问题的视角不同，本人所理解的

---

① 作者简介：刘慧珍，北京师范大学教育学部高等教育研究所教授。
② 钟秉林. 关于大学"去行政化"几个重要问题的探析［J］. 中国高等教育，2010（7）：4-7.

"泛化"和"滥用"的程度会更加严重,其负面影响也不止于高等院校本身,还包括给社会造成的负面影响。

从社会组织理论的视角看,高校也是一种社会组织,如同任何正规组织所具有的结构与规则一样,也会具有马克斯·韦伯所概括出来的科层制的典型特征,即专业分工与权威等级。在高度组织化的现代社会,科层制被普遍用于对群体活动的组织过程之中。"任何一种支配现世的策略中都蕴涵了朝向提高效率的价值尺度,而科层官僚支配是在制度上最能够契合这种价值的一种发明"。特别是在人类团体活动的规模越来越大,且共同活动又越来越注重效率的时候,"科层行政组织亦愈有其必要"。[①] 高校中的教学与研究工作,也是一种群体合作的社会活动过程,也需要权威对集体活动的程序和规则进行规定,需要行政系统对日常活动过程及其中包含的各种关系和事件进行协调。从组织管理的层面看,行政权力和科层制行政系统是高校正常运转不可或缺的必要条件。

在这里需要理解的问题是,科层制行政权力不等于"行政化"。换言之,存在于高校中的行政管理系统,并不会必然导致我们现在所要解决的高校"行政化"问题。笔者所理解的"高校行政化"发生于高等教育系统的宏观和微观两个层面:在宏观层面,是指在国家行政与高校行政两个系统的关系方面,所产生的国家行政系统同化大学组织的现象。这种国家行政系统同化高校组织的"行政化",其本质特征主要表现在两个方面,其一是模糊了高校的组织边界,即国家管理的行政权力,直接介入到高校的内部运作过程之中;其二是取代了高校的组织目标,即国家管理的行政目标直接移植到高校中自动成为高校的组织目标。例如,国家对本属于高校的学位问题的相关管理、对学校课程设置方面的具体规定,以及将国家既定时期的经济和政治发展目标直接安排在高校的教育目标之中等等。

在微观层面,高校的行政化特征表现为,在高校内部管理系统,用行政管理理念和运行原则取代学术领域的运行原则。如多数学者所讨论的高

---

① [德] 施路赫特. 理想化与官僚化——对韦伯之研究与注释 [M]. 顾中华译. 桂林:广西师范大学出版社, 2004: 123, 111.

校行政权威绝对化、学术权威边缘化，① 学校成为变相的官场、学者蜕变为官僚、行政级别取代学术标准②等等。无论宏观和微观层面的高校行政化表现，其深层的运行机制，都是将学校行政官员纳入到国家或地方行政系统之中，即学校的高层或中层领导由国家或地方政府委派或任命，赋予高校领导国家行政系统的行政级别，以此确保国家或地方政府的指令能在高校中贯彻执行。所以，从某种意义来看，高校实际上也是"被行政化"了。

二、高校行政化的负面影响

对高校行政化在社会与高校自身两方面所产生的负面影响进行认识，是我们今天检讨高校行政化问题，以及选择去行政化的行动策略时所必须解答的问题。无论是从社会层面还是从高校组织自身来看，高校行政化的负面影响，都源自于行政化之后高等教育独立性和自主能力的缺失。

从高校与社会的良性互动角度看，大学的本质职能是为社会的发展提供知识基础，社会的存续需要共识维护，社会的发展需要新知的引领。大学是"为知识而生，靠知识而活。在这里，知识的创造、传播、应用都非常重要"。③ 随着社会发展水平和社会事物复杂性的提高，大学与社会的互相依赖程度也越来越紧密，在大学成为社会发展轴心的时代，与世隔绝的象牙塔也不复存在了。但无论是出世还是入世，都是大学为了保持更好的知识传播与生产能力而做出的选择。

开放或封闭，取决于大学自主的理解与选择，其动机是永恒不变的，即实现大学传播和创造知识的组织目标。或者说，独立自主是大学胜任其社会功能、维持社会生存合法性的基本前提。在我国高校被纳入到国家行政系统直接管理之后，高校变成了政府实现具体时期特定目标的行政工具，知识组织、传播和创新都会受到这些短期目标和局部目标的约束，很

---

① 别敦荣，唐世纲. 我国大学行政化的困境与出路[J]. 清华大学教育研究，2011（2）：9-12，24.
② 冉亚辉. 高校行政化与去行政化辨析[J]. 现代大学教育，2010（5）：11-15.
③ [美] 弗雷德里克·E. 博德斯顿. 管理今日大学：为了活力、变革与卓越之战略[M]. 桂林：广西师范大学出版社，2006：4.

难达到高深知识操作所需的制度环境和文化氛围。这也许就是"钱学森之问"的答案吧。

高校行政化产生的社会负面影响主要表现在以下四个方面：首先，失去独立性的高校，在行政系统的指挥棒下，为短期或局部的政府计划目标服务的同时，不得不放弃追逐知识发展的脚步和逻辑。不能在更为广泛的社会时空范围内思考和研究问题，不能坚持科学原则，高校就不可能创造出原创性科学文化知识，高等教育对社会长远发展的支持和引导作用就难以实现，甚至在很多时候会成为社会发展的拖累或障碍。比如，我国经济发展模式的转型问题，就受制于技术和人才储备不足的掣肘，不仅不能自发实现转型，即使在政府的大力推动下，也是反反复复，艰难曲折。

其次，高校行政化自然要求高校培养目标更多体现政府政绩目标的要求。如1950年制定的"高等学校暂行规程"，将高校的培养目标规定为："适应国家建设的需要，进行教学工作，培养通晓基本理论与实际运用的专门人才"。1961年高教60条规定："高等学校的基本任务，是贯彻执行教育为无产阶级政治服务、教育与生产劳动相结合的方针，培养为社会主义建设所需要的各种专门人才"。这种针对短期建设需要的培养目标，带来高校人才培养综合素质水平低下的长期问题。作为挽救措施，1998年教育部颁发《关于加强大学生文化素质教育的若干意见》，确定将素质教育作为高校教学改革的重要任务。

再次，缺乏独立性的高校，不能主动对人类发展和社会发展的基本问题和现实问题进行独立思考，不能为社会发展道路和发展技术的选择提供价值判断的框架，就难以发挥理性引导社会发展的"社会良心"作用。社会的文化与道德传统、社会的和谐稳定与持续发展，都会因缺乏高校的这些必要服务而受损。

从高等学校层面来看，高校行政化对学校组织本身的危害也是相当严重的。最严重的负面影响是使学校丧失了最基本的独立生存能力。在政府主导高校发展目标和内部规则的环境条件下，"等、靠、要"成为了学校领导者的主要管理策略，等上级政府的工作指令和政策规定，避免闯红灯错误；靠政府的制度规定和特殊政策维持生存，如高考制度自动配给高校新生源、985和211给某些高校的特殊地位；向上级管理者要科研项目、要学位点、要学位授予权,要各种学校原本该有的办学权利等。面向社会独立办学的能力缺失,就不能主动适应社会的发展变化,必然引发社会对高等教育的普遍质疑。

高校行政化对学校本身的负面影响,还表现为大学精神和科学理念不再是学校的灵魂,学校中对行政权威的尊崇胜过尊重真理。"一心问学"和"独立思考"的治学态度没有市场后,知识创造与传播的神圣光环不复存在,马虎应付教学与研究的现象变成了常态。开课不再是知识研讨和传播的过程,不再是教师的责任和荣耀,倒成为教师要躲避的任务了。所以,不难理解教育部还要专门颁发文件,要求教授要给本科生上课。

最后是大学的生存成为问题。附属于国家行政系统后,各学校没有自己的办学理念和培养目标,千校一面。无怪乎有学者称中国只有一所大学,即教育部大学,各个高校都是教育部这所大学的分校。以笔者看,作为分校,也是缺乏相对独立和自我目标的分校。在社会发展复杂性程度越来越高,社会机构与个人的价值追求越来越多元化的今天,当受教育者的多元需求难以在统一僵化的办学体制中得到满足时,学生选择了用脚投票,本科生留学比例每年快速增长着。用人单位选择了面向海外留学生,就连国有大银行也会打出只接受海归毕业生的招聘广告。在开放的环境下,缺乏独立性的高校,遭遇生存危机只是迟早的问题。

所以,无论出于提升高校履行社会责任能力的考虑,还是关注高校自身的生存与发展,去行政化都是必须完成的历史使命。

三、高校去行政化的路径

由上述对高校行政化的本质及其负面影响的讨论看,去行政化对于高校管理系统的健康运行是正确的选择。在此需要说明的是,高校去行政化,不是取消或者削弱高校的行政管理系统,这对于高校组织正常运行是不可能的。去行政化的本质是,将高校从国家或地方政府的行政系统的直接控制下解放出来,让高校成为依法办学的独立组织,建立尊重高校教育本质的校内行政系统、构建体现高等教育运行规律的学校内部治理结构。

有研究揭示:"从客观效果看,总体上,大学行政化倾向与大学功能表现总体上呈现'负相关'关系。"① 笔者认为，这种负相关关系，某种程度上是由政府和高教两个系统的社会活动性质不同所决定的。政府的行政权力要求执行者要针对目标统一行动，而高校教育活动功能是多元的、效果是综合的；政府常常关注的是当下存在的问题及具体的解决方案，而高等教育活动结果的影响却是比较深远的。所以，政府考虑问题和解决问题的特定视角，对高等教育活动而言，并非总是正确的，或者，至少从长远角度看，是不够全面的。如新中国成立后高教系统大的动荡总与政府的直接干预有关，如1952年的院系调整、211工程的院校合并、1999年的高校扩招等等，事后都显示出了当初决策的局限性。还有现行各种体现行政管理要求的教育制度，也都表现出方便管理但与教育规律有所矛盾的实施结果。如高校的绩效工资制度与教师工作性质的矛盾；再如，高考制度不仅限制了大学独立办学能力发展和学校定位，同时也制约了中小学教育的发展，应试成为学生和学校的共同目标。

高校去行政化的治本措施，是在国家行政系统与高等教育系统之间建立一道篱笆，廓清二者的行动范围和权力边界，让两个系统在确保各司其职的基础上形成良性互动。依照现行的法律规定，这道隔离墙最为适合的制度安排是高校法人制度。"法人制度约束的不仅是学校，还有高等教育系统的各级领导，或者说是各级政府。面对高校法人制度，政府要转变职能和角色，专注于系统目标的制定、系统规则的建设与维护，以及系统健康运行的信息服务等职能，而不再对高校组织的内部运作下达指令。政府的各种特殊需求，更多的应该以激励性政策的形式出现，引导学校法人做出自觉与自愿的选择，在高校与政府之间建立起良性的互动关系。"②

法人制度不仅约束的是政府有形之手不要越界，法人制度同时也要求高校要履行社会责任和自我约束。换言之，去行政化是一个加强管理的双向制度建设过程，通过高校法人制度，使政府回归宏观监控的社会管理者角色，使学校对自己的行为及其后果负起切实的责任。对政府而言，高校

---

① 文明. 我国大学行政化的深层背景与根源探析［J］. 国家教育行政学院学报，2010（4）：14-16.
② 刘慧珍. 落实高校法人制度，突破高教改革的瓶颈约束［J］. 北京教育（高教版），2011（10）：11-13.

法人是一个有自主权的法人行动者，政府应该依法对其进行监控和指导；对高校而言，以独立法人角色面对社会自主办学，需要更加强而有力的内部行政管理系统，而不是废除行政权力。对于政府和高校内部的教育管理系统建设的具体设计，都需要我们在重新认识高等教育和政府职能的基础上，依法建构相关的制度安排。如李成从"委托代理关系"视角的理解，提供了一个可供参考的研究范本。①

去行政化的核心诉求，是高校的办学自主权回归于学校组织，使高校成为自治的法人实体。对于高校自治，有学者从实质性和程序性两个角度给出了相应的定义："实质性的自治是大学或学院以它的法人的形式决定它自己的目标和教育计划的权利——院校的（是）'什么'问题。程序性的自治是大学或学院在它以法人的形式决定通过什么手段实行它的目标和教育计划——院校的'如何'的问题。"② 该定义的深层含义是，无论从实质还是程序角度看，高校法人制度都是大学自主权的前提条件和制度保障。

我们建议通过完善大学法人制度来消解高校的行政化问题，是希望在回归的大学自主权与政府的合法监管权之间，建立一种良性互动的平衡关系。法人制度的作用是双重的：高校法人在拒绝政府有形之手干预高校内部活动的同时，也约束高校要依法办学，遵守国家的监管规则；法人制度在保护大学独立性的同时，也要求大学负起社会责任，为自身的生存与发展不懈努力。对此，范富格特早有认识，他指出，不能将高校自治看作是高校对绝对权力的诉求："任何人可以一方面把自治看作涉及院校与政府之间权力平衡的关系问题，另一方面把它看作涉及行政和院校内部学术职业之间权力平衡的关系问题，而不把自治看作一个绝对的事情。"③

所以，我们认为，去行政化本质上是加强高等教育管理的过程，而非

---

① 李成. 对高校"去行政化"问题的思考——基于"契约不完全"的代理视角 [J]. 教育发展研究，2011（5）：18-22.
② [荷兰] 弗兰斯·F. 范富格特. 国际高等教育政策比较研究 [C]. 杭州：浙江教育出版社，2001：11，416.
③ [荷兰] 弗兰斯·F. 范富格特. 国际高等教育政策比较研究 [C]. 杭州：浙江教育出版社，2001：11，416.

像有些人担心的会引发高校的管理混乱。因为，通过高校法人制度，在国家的宏观管理与高校自主发展之间建立一种平衡，政府和高校都会更加专注于自身的责任和工作效果。法人制度不仅保障了高校的自主能力，也让高校主动性有了发挥的空间，能够让学校为社会提供更为丰富的服务内容，满足社会的多元选育需求。法人制度也能减轻政府的管理负担，将其力量集中在高等教育市场规范制定和市场秩序的维护上，确立维护我国高等教育系统长期稳定的发展机制。

当然，高校法人制度也包含学校内部治理结构建设问题，这涉及校内各种利益相关者的权利分配与协调合作问题，需要对内部管理关系的重新认识与合理构架，只是此问题超越了本文的讨论的主题，在此不便深入分析。

论高等教育全球化的张力

毛亚庆　蔡宗模[①]

在信息技术、环境安全和全球资本等的共同推动下,全球化作为继工业革命之后又一场深刻变革和全球重组趋势,已经从根本上改变了人类的日常生活和国际交往关系,挑战着传统思维习惯与行为方式,也推动着原有政治、经济、文化和社会结构的转型。作为专门的知识生产组织,高等教育的全球化既顺理成章又充满困惑。全球化过程显示出一元化、同质化、不平衡性和霸权性,同时又表现出多样性、发展性、主客混杂性、开放性,有学者将它概括为"复数全球化"(globalizations)。在这样复杂的境遇中,高等教育将如何选择或抉择,取决于我们对全球化本身的认识和理解,张力就是一种合适的分析工具。

一、何谓张力

"张力"原是物理学中的一个术语,指物体受到拉力作用时,存在于其内部而垂直于两相邻部分接触面上的相互牵引力。例如,拉紧的绳子内部就有张力作用,液体表明也存在造成其收缩状态的表面张力。这是张力概念的基本意义。

"张力"作为一个学理概念被应用,很可能始于库恩。他在 1959 年的一篇讲演《必要的张力:科学研究中的传统和革新》中指出:在基础科学

[①] 作者简介:毛亚庆(1966—),四川南充人,北京师范大学教育学部教授,研究方向为高等教育管理;蔡宗模(1967—),男,重庆璧山人,博士、副教授,重庆文理学院学报编辑部主任、执行副主编,研究方向为高等教育管理。

领域，变革与传统是相互依赖、辩证结合在一起的。没有对科学传统的深入研究，没有对它的研究领域和解决问题的方法技巧有充分了解，就不可能洞悉它解决某些疑难问题的局限，不可能发现原有理论解释框架的症结，也就不可能在这个基础上提出新的解释范式，即突破旧有思维、带来科学革命。所以，基础科学领域的训练，最主要的不是发散性思维而是收敛式思维。然而与此同时，对于一位有个性、有创造潜质的科学家来说，他要想有所突破，不埋没自己的天才，则必须时刻保持发散性思维警觉，随时留心理论与实际的可疑（反常）之处并尝试找出旧有方法在克服这个困难上的根本欠缺和危机，从而突破已有思维范式、找到新的解决问题的方法。只有具备这样的张力素质和张力思维，伟大的发现和伟大的科学家才会诞生，"成功的科学家必然同时显示维持传统主义和反对偶像崇拜这两方面的性格"。[①] 仅仅依靠发散性思维，就像实用主义哲学所指导的那样，或者完全信奉收敛式思维，像多数教科书所遵循的那样，都不可能产生科学事业的巨匠。作者并以爱因斯坦和彭加勒两位科学家为例证明科学的历史是贯穿"必要的张力"的历史。

虽然作为科学哲学家的库恩严格将其"张力"逻辑限定在基础科学（纯粹科学家）领域内（结合他的范式使用），认为对于发明家（如爱迪生）和介于纯粹科学家与发明家之间的应用科学家来说，这个逻辑可能并不合适。然而"张力"概念却有着远为丰富的哲学意蕴，已经超出了科学哲学的认识领域，成为人们分析和处理复杂问题的一个有效工具，有人将它总结为"矛盾—联系、对立—互补、动态—平衡"[②] 的观念。这就是张力概念的学理意涵，也是本文借以分析高等教育全球化的理论视角。

二、高等教育全球化张力的构成

首先从治理主体来看张力的形成。全球治理主体多元，除了各国政府（包括各政府部门），往外有超国家和跨国性组织，如联合国教科文组织、

[①] [美] 托马斯·库恩. 必要的张力：科学的传统和变革论文选 [C]. 范岱年，纪树立译. 北京：北京大学出版社，2004：233.

[②] 李醒民. 两极张力论 [M]. 西安：陕西科学技术出版社，1988：5-72.

世界贸易组织、亚太经济合作组织、欧盟、各种国际性非政府组织和商业网络等;在内有亚国家组织,如地方当局、组织、协会等。此外还有数量急剧膨胀、弥漫全球的公民社会组织及本土行动者。[1] 他们方向有别,目标不同,又彼此联系相互作用,共同构成了影响高等教育全球化的外部环境。

再从发展逻辑看张力的构成。文德(Marijk van der Wende)在她的题为"全球高等教育:迈向新的研究和政策框架"就职演说中提出了四个高等教育全球化的逻辑(rationale)。它们是经济逻辑、政治逻辑、学术逻辑和文化逻辑。[2] 前两个是外生的,学术逻辑是高等教育本体的,而文化逻辑既是外在要求也是高等教育内在的规定性。经济逻辑趋向全球化,政治逻辑指向国家化、民族化,学术逻辑从追求规范化、可交流性来说,也是倾向于全球化的。文化逻辑从根源上倾向于本土,从发展性上则指向更大的共同体,包括全球社会。此外,如果文德站在非西方世界的角度,她应该意识到第五个逻辑,即西化逻辑的存在。与其说它属于政治意识形态,莫若说它属于政治和文化集群。因为在西方看来先在的理所当然的东西,在非西方世界看来却是西方化的、侵略性的、有明显政治倾向和文化褊狭的东西,这势必激发非西方甚至反西方、要求回归本土的力量。

最后我们来分析一下克拉克和马金森模式中的张力。伯顿·克拉克(Burton Clark)的"三角协调模式"反映了国家框架内高等教育发展的三对张力:政府—市场、政府—学术、学术—市场。它不存在全球化问题,也没有文化问题和本土化问题。(如图1)

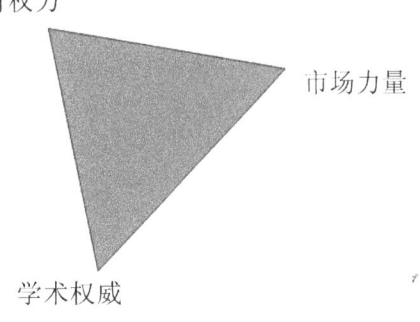

图1　"三角协调模式"的张力

---

① 参见俞可平. 全球化与政治发展[M]. 北京:社会科学文献出版社,2005:9-17.
② Eggins, H (Ed. 2003). Globalization and Reform in Higher Education. Maidenhead. Open University Press3.

西蒙·马金森（Simon Marginson）等人的"全球国家地方能动模式"①反映出高等教育全球化场域中的多维复杂张力（如图2）。与"三角协调模式"相比，这个模式有三个显著的变化：一是在平面的国家层次上增加了两个层次，向上是全球层次，向下是地方层次，这使高等教育发展的空间在三个维度上展开；二是在组织（机构）的基础上，增加了行动者的能动行为（作用）；三是认识到任何一个组织或行动，都与全球、国家、地方上的任何其他组织或行动关联并发生相互作用，由此形成一个复杂的全球网络，这些组织或行动者成了网络上的一个节点。此外，在每一个层次上都考虑到了新崛起的非政府组织及其能动作用。因此这个模式增加了全球、国家和地方三个层次的高等教育组织及其行动之间的张力，以及三个层次的政府与非政府组织及其行动分别与各层次的高等教育组织及其行动之间的张力。

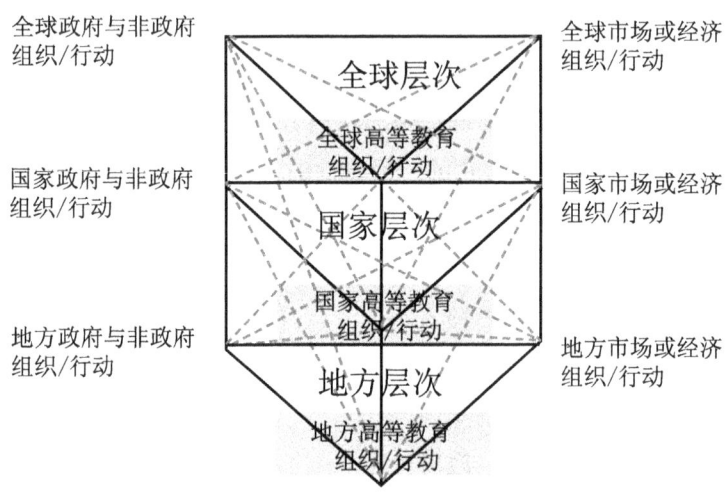

图2 "全球国家地方能动模式"的张力

但这个模式把高等教育视作张力的一极而与政府和市场等并列，虽然突出了高等教育组织的主体性和自主能力，却未免将巨型、多元、松散、复杂的高等教育系统简单化了，将高等教育等同于单纯的学术权威。一方

---

① Marginson, S. and Rhoades, G. (2002) "Beyond national states, markets and systems of higher education: aglonacal agency heuristic", Higher Education 43 (3): 281 – 309.

面，高等教育的突出特征在于其学术性，因此学术权威在一定程度上决定着高等教育的发展。但另一方面，高等教育并不就等于学术权威，无论系统或组织，都受到多种力量的共同塑造而表现出历史性、环境性和多面性。单单学术的发展并不等于高等教育的发展，即使学术不发展或发展不好，高等教育仍然存在，只不过它可能是另外一个样子（比如在极权控制下的高等教育）。当然，在全球化时代，这意味着低层次或初级的高等教育（如社区学院或培训学院），或者在激烈的竞争中将被淘汰出局的组织。马金森和文德在提交给 OECD 的报告《全球化和高等教育》中写道：一国高等教育的全球化取决于不同的政策、治理和管理，但这种自决权的运作是有限度的，即在完全自决和完全放弃之间。[①] 按伯顿·克拉克的思路，高等教育系统处于全球化的各种张力场域中——当然包括学术权力与其他各种权力之间的张力——而不是处在张力的一极或边缘。总之，无论在民族国家框架还是在全球化背景下，高等教育（系统、组织）都是在多种权力（包括学术权力）构成的张力空间中被塑造而不仅仅是学术权力自决或学术与政府、市场等简单博弈的结果。高等教育组织的主体性及自主行动能力也是在这个前提下得到言说和体现的。强调这一点，意在说明高等教育组织的高度复杂性和极强的社会适应能力。

三、高等教育全球化的张力模型

（一）全球场域两个维度

1. 空间维：全球化—地方化

全球化与地方化的对立统一是辩证的、必然的，它们构成了当代人类社会的共同语境。全球化由超国或跨国行为体主导，它意味着区域化或全球同质化；地方化则由民族国家和亚国家行为体支撑，它包括政治本土化、经济本土化和文化本土化。本土文化（包括民族、种族文化）是对抗全球同质化的最后一道防线，也是本土认同的根本和地方化合法性的根

---

① Marginson, S., & van der Wende, M. (2007, July) Globalisation and Higher Education. OECD Education Working Papers, 5.

源。因此全球化必须包含本土化,在全球网络中允许多元性的存在。这要求高等教育必须有本土文化意识,重视整理、发掘和弘扬地方文化。目前,全球化与国家化之间的冲突较为突出,表现在政治、经济和文化等方面。首先,高等教育受到全球政治的吸引,要求以思想自由的形式服务于公民社会和全球治理;但它同时受到国内政治的影响,必须打造民族凝聚力,强化政治认同,为民族国家的政治稳定服务。这是通过思想的发明和传布来实现的,体现了它的政治功能或工具价值。其次,高等教育受到经济一体化的裹挟,要求知识资本化,打破市场壁垒,积极参与全球竞争;但同时也要求它为国内经济、民族产业发展服务。这是通过知识的生产和传播来实现的,体现了高等教育的经济功能或商业价值。最后,高等教育受到全球文化普世价值的召唤,要求为全球共存和公民社会服务,实现普世文明和人类共同善;但同时要求它保护、传承和发展民族文化,维护民族身份认同。这是通过对文化的整理和传承来实现的,体现了它的文化功能或文化价值。

2. 伦理维:西方化—民族化

由于对高等教育全球化状态的理想预设和西方学者的视角局限,西蒙·马金森等人的"全球国家地力能动模式"忽视了全球化的意识形态问题。因为以新自由主义为代表的西方主流意识一味看好市场,追求标准化和同质化,这无疑是对文化多样性、民族特殊性的威胁,尤其构成了对与之异质的非西方价值及非资本主义文化的霸权。如果高等教育全球化不等于西方化,就应该考虑西方与非西方这对张力的存在。用这个维度来衡量各国高等教育全球化的得失,我们就可以看到,全球高等教育市场尚不规范、不平等,充满了无序竞争,遵循着丛林法则,对高等教育强国有利,而对高等教育后进国家极为不公。因此,在1999年1月底召开的达沃斯世界经济论坛第29届年会上提出了"负责的全球化"。按照罗尔斯的正义原则,在高等教育全球市场上全球伦理缺位,公平竞争的机制没有建立起来,对高等教育后进国家的补偿更无从谈起(话语权都掌握在强势国家手中,标准也由他们先入为主地强加给世界,比如英语语言、技术规范、质量认证、国际基准等等),结果是既不公正也不合理的。这个局面应该得

到纠正,必须诉诸全球正义,[①] 给非西方世界人民足够的话语权力和行动空间。(如图3)

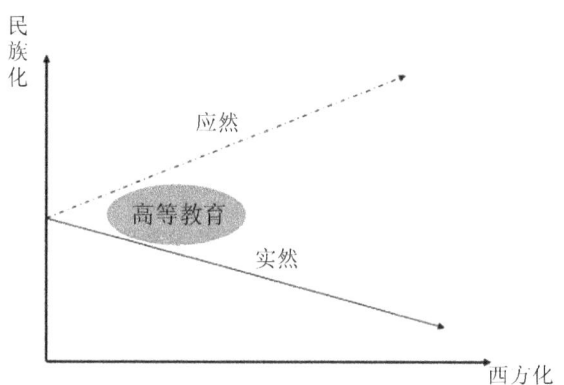

图3 高等教育全球化的伦理维度

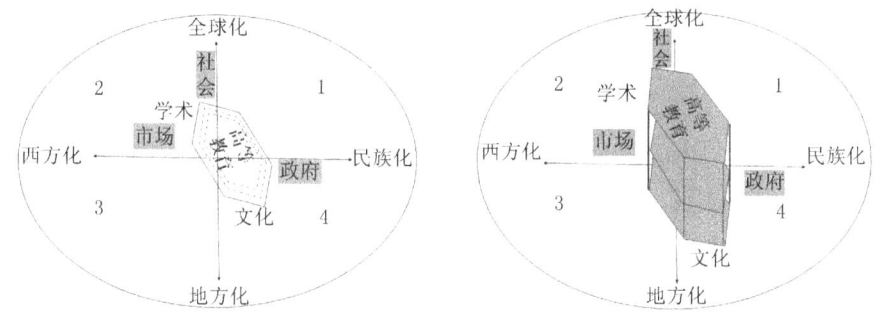

图4 高等教育全球化张力模型

这样,由"西方化—民族化"之间的张力形成的横坐标与"全球化—地方化"之间的张力形成的纵坐标构成了高等教育全球化的张力场(空间)。共有四个象限:第1象限是非西方的全球化模式,第2象限是西方的全球化模式,第3象限是西方的地方化模式,第4象限是非西方的地方化模式。西方世界的高等教育将第2象限认定为全球化发展的目标,而非西方国家的高等教育更认同第1象限的全球化进路。目前占主流地位的是西方式全球化发展模式。(如图4)

[①] 罗尔斯的正义论是国家框架内的道德评判框架,而万民法虽然考虑到了国家间条约的正当性和合法性,但它是建立在各国政府能有效代表其国家和人民的假设之上的。这个缺陷被新世纪兴起的全球正义哲学所弥补。

(二)高等教育多重张力

在全球场域中,高等教育外有政府、市场和公民社会的影响(高等教育系统张力),内有学术文化与地方文化、学术权力与行政权力、学术逻辑与市场逻辑、学术价值与社会价值之间的张力(作为学术机构的高校行动者张力)(见表1)。目前市场与学术倾向于西方化和全球化,民族政府与地方文化则指向国内和本土,公民社会在全球和地方都有作用力,但主导力量在全球化方向。这样,由于作用于高等教育的组织和行动者增加,高等教育已经由伯顿·克拉克眼里的"三角形"变成了六边形(多元巨型组织),并且由国家平面扩展到地方、国家和全球立面。(图4)

表1 高等教育全球化的张力一览表

类型	张力
外部张力	市场—政府、市场—社会、社会—政府、社会—市场
内外张力	高等教育—政府、高等教育—市场、高等教育—社会
内部张力	学术—行政、学术—文化

与马金森等人的"全球国家地方能动模式"相比,高等教育全球化张力模型除了增加了"西方—非西方"这个意识形态维度,还有两个重要变化:(1)在市场(含经济组织,如跨国公司)和政府(包括政府间国际组织,如联合国)之外,增加了"社会"。因为作为"第三部门"(The Third Sector)[①] 的公民组织(又称"非营利组织"、"中介组织"、"非政府组织"、"志愿组织"等等)急遽增加,影响力越来越广泛。这些组织活跃在全球性、区域性和地方性等各个层次,是形成公民网络社会、促进全球化的重要力量,表示为全球和地方两个方向。(2)将"学术"处理为高等教育的内部事务,并增加了与之有张力关系的"文化"。因为学术倾向于规范化、标准化、科学化,与国际同行接轨,即全球化。但民族历史和本

---

① 又称为志愿部门(Voluntary Sector),概念出自社会学与经济学,即"通过志愿提供公益"的非政府组织NGO或非营利组织NPO,与第一部门的政府和第二部门的企业相对而言。第三部门是一个与传统模式相异的全新组织形式,美国学者萨拉蒙称之为现代民族国家之后的"全球社团革命"。据说工业化发展模式要求民族国家,而后工业的可持续发展模式则要求发展跨国的第三部门组织。虽然一般谨慎的学者认为它应当与第一、第二部门互补互动,而不是向这两个部门挑战乃至试图取代它们。

土生活已经渗透到高等教育组织，使之不可避免地具有地域性文化特征。英国前剑桥大学副校长阿什比说过："任何类型的大学都是遗传与环境的产物。"① 它要求高等教育在向全球化转型的时候，关注本土，服务地方。珍视自己的文化之根，"外之既不后于世界之思潮，内之仍弗失固有之血脉"，② 是尊重历史规律、顺应时代要求的明智之策。虽然历史最悠久的大学正在拥抱全球化，地方政治、文化和历史却也在塑造他们的具体做法。③ 联合国教科文组织也指出，高等教育在变革世界中应兼顾两个方面：一方面要保留那些应作为教育和文化遗产组成部分的特点，另一方面则是更好地对付人类面临的普遍问题和满足经济与文化生活的需求。④ 因此，高等教育外部在受到"全球—地方"张力作用的同时，其内部也存在"学术—文化"之间的紧张。只不过在全球化程度高一些的组织（如世界一流大学），代表全球性的学术方面突出而标记地域性的文化较不显明罢了。反之，在地方性高等教育组织（如美国的社区学院、中国的地方院校），地域性特征较为突出而全球化程度相对不高。这样，不同层次的高等教育组织在高等教育系统中就有着不同的定位，承担着不同的社会功能，也就有着不同的全球化议程。

需要说明的是：第一，无论政府、市场或社会，在这里既代表组织，也指行动者。其中"社会"特指公民社会，即所谓"第三部门的崛起"。"政府"的内涵和作用也有所变化，它包括民族国家政府和政府间国际组织（或称国际政府、世界政府），前者倾向于维护本国利益，而后者却有更多的全球化意涵。第二，把各个层次（全球、国家、地方）的高等教育机构都置于全球化的张力场中，这意味着无论在哪一个层次，高等教育都处于相互联系和相互作用不断加强的全球网络世界。这完全有别于"三角

---

① ［英］阿什比. 科技发达时代的大学教育 ［M］. 滕大春，滕大生，译. 北京：人民教育出版社，1983：7.

② 鲁迅. 文化偏至论 ［A］. 鲁迅全集（第1卷）［C］. 北京：人民文学出版社，1981：56.

③ Weber, L. E. and Duderstadt, J. J. （eds., 2008）. The Globalization of Higher Education (p. 279) ［EB/OL］. http://www.glion.org/pub_ 2008_ globalization.html, 2010 - 09 - 20.

④ 联合国教科文组织. 关于高等教育的变革与发展的政策性文件 ［Z］. 巴黎：联合国教科文组织，1995.

协调模式"所在的场域，意义重大。

根据高等教育全球化张力模型，非西方世界（高等教育后进国家）有四种可能的选择：其一，全盘西化，走西方式高等教育全球化之路。其二，反其道而行之，坚持走自己的即非西方式全球化道路。其三，完全退回到本土化，以闭关锁国的保守方式对抗西方式全球化的挑战。其四，中间道路，即一方面着力建设一批高水平的全球性大学，使之积极参与全球知识竞争和价值建构，遏阻甚至扭转西方的话语霸权；另一方面大力发展具有"全球思维，本土行动"战略眼光的地方院校、社区学院，重点服务当地经济社会建设，发掘、整理、保护和弘扬本土文化。当然还有中间层次的大学，主要面向区域或全国。事实上，每一种选择都不乏先例。怎样选择才适合自己，有利于长远发展，这是各国及各高等教育机构战略规划必须优先考虑的事项。

四、结论

本文着眼于高等教育全球场域，① 重点揭示了高等教育全球化的张力内涵并建构了张力模型。该模型是对马金森等人"全球国家地方能动模式"的改进。它增加了"西方化—民族化"伦理维度，改造了"政府—市场—学术"的三角架构，将公民社会对高等教育的影响与政府力量和市场力量并列，并且将高等教育机构的学术文化与本土文化区别开来，以说明其遗传性、环境性跟学术的标准化、国际化之间的张力。这种改造基于高等教育内外部发展环境的巨大变化和场域判断，立足于非西方视角。其价值在于：不但为非西方世界的高等教育全球化路径选择提供了一个可资参考的决策工具，还可以用来检视国内外高等教育全球化实践，批判全球主义对高等教育的不利影响（市场化、西方化），为进一步提出我国高等教育全球化战略做铺垫。

---

① 按布迪厄的理解，场域（field）是"位置间客观关系的一个网络（network）或一个构型（configuration）"，场域内存在力量和竞争，是各种力量和冲突关系结成的一个张力空间，有各种不定项选择和可能。

学术伦理，学者内在的品质

王晓辉[①]

随着学术失范和学术腐败现象的不断曝光，学术伦理问题已经成为社会关注的一个焦点。如果说学术失范和学术腐败是市场经济和商品社会伴生的必然现象，那么西方国家的市场经济时间长度和影响广度比我国大得多，反观西方的学术与教育机构，学术失范和学术腐败现象却罕有发生。因此，我们不得不追问西方国家学者的学术伦理是如何养成的？我们可以得到何种启示？而在此之前，有必要明确学术伦理的内涵。

一、学术伦理的内涵

何谓学术伦理？

伦理，即道德。在西方语言中，伦理与道德本是同一词汇。"道德"（moral）源于拉丁语"mos/mors"，当其翻译成希腊文时，便是"êthos"，成为后来西文中的"伦理"（ethic），均指品行、风尚，或更广泛的意义是指人类行为。但伦理与道德也有所不同，伦理偏向目的性，道德强调义务；伦理思考的是"何为善？"，道德审视自己"如何做？"；伦理提出建议，道德强迫执行。在汉语中，"伦"有类、辈分、顺序、秩序等含义，"理"则具有条理、道理、规律等意义。虽然中国文化语境中的伦理也如同道德，是调整人与人之间关系的道理和准则，但人伦处于伦理的核心。在孟子那里，"人伦"即"父子有亲，君臣有义，夫妇有别，长幼有序，朋友有信"。孟子的"人伦"理念后来被演绎为构成中国传统伦理与文化

[①] 作者简介：王晓辉（1952 - ），男，吉林长春人，教育部人文社会科学重点研究基地北京师范大学比较教育研究中心、北京师范大学国际与比较教育研究院教授、博士。

支柱的"三纲"(君为臣纲,父为子纲,夫为妻纲),"五常"(仁、义、礼、智、信)。

道义或职业伦理的西文对应词是"deontologie",源于希腊语"deontos"(义务)和"logos"(论述)两个词的组合,可以定义为"关于义务的理论"。法国《小拉鲁斯》辞典将"道义"(déontologie)解释为"某职业通行的全部规则和义务,引导从事该职业的人处理好他们之间和他们与公众之间的关系"。实际上,职业伦理是某一特定职业群体由其自身的协会或联合会等机构建立的规则。

埃里克·普莱哈特(Erik Prairat)认为,职业伦理有三大功能:职业决策的标志与导向;职业身份的确定;职业道德实践指导。

为了指导职业道德实践,职业伦理必然包含行为规范,但行为规范不是规范人的所有行为,"没有必要要求人们去呼吸(因为每时每刻人都在呼吸),也没必要禁止人们偷窃自己的翅膀(因为人不拥有翅膀)"。规范限制的是人们有意而为的行为,或者说是摒除和纠正人的某些不道德行为。

"学术"一词,在我国虽古已有之,但其广泛应用则是在西学东渐之后。开始我们并未把"学术"笼而统之为一词,而是将"学"与"术"分别考察。梁启超在《学与术》的文章中写道:"学也者,观察事物而发明其真理者也;术也者,取所发明之真理致诸用者也。"大体相当于今天的"科学"与"技术"。而今天的"学术"则通指"较为专门、有系统的学问",并将科学与技术混为一谈,统称为"科技"。而在西方,科学(science)与技术(technology)虽然经常在一起使用,但其区分总是十分明显的。

西方国家语言中作为名词的"学术"一词,似乎也并不常见,可能德语的"wissenschaft"比较接近中文"学术"的含义。其实,在限定伦理或职业伦理时,西语经常使用形容词,如"学术的"(academic)、"职业的"(professional)、"科学的"(scientific 或 of science),且都与人或群体相关。"学术的"(academic)一词源于柏拉图的"学园"(academy),既指与学园相关的事物,也指学园中人的群体。现代语境中,英语"academic"多表示"学术的"或"学者的"含义,而法语更喜欢分别用

"académiques"表示"学术的",用"universitaires"表示"学者",并特指"大学学者"。皮埃尔·布尔迪约(Pierre Bourdieu)的重要著作《学术人》(Homo academicus)极罕见地直接用拉丁语命名,其中"学术"便是源于学园的"academicus"。在布尔迪约看来,学术人不仅占有经济资本,而且占有文化资本、社会资本、学习资本(毕业于名校)、大学权力资本(担任各种考试的评委、担任院系领导)、学术权力资本(担任杂志的编委)、学术荣誉资本(参加各种学术研讨会)、知识名誉资本(电视访谈、发表文章)和政治经济权力资本(智囊团成员、载入名人录)。

  2004年6月25日,联合国教科文组织欧洲高等教育中心在罗马尼亚首都布加勒斯特召开了"欧洲高等教育和科学中的伦理和道德问题国际会议",并发表了《关于欧洲高等教育伦理价值和原则的布加勒斯特宣言》。其英文版本中的"学术的"和"学者"均用"academic"表示,而法文版本中"学术的"用"académiques"表示,"学者"用"universitaires"表示。虽然此宣言通篇都在讲学术伦理与道德,但并未见"学术伦理"(academic ethics)的字样,而是采用"学术精神特质"(academic ethos)。"精神特质"(ethos)是与伦理相近并易于混淆的词,源于希腊语"ηθο",有"气质"、"精神状态"、"心理特点"等含义。美国社会学家默顿(Robert K. Merton)在20世纪40年代将公有主义(communism)、普遍主义(universalism)、无私利性(disinterestedness)和有组织的怀疑主义(organized-skepticism)四个学术规范看作是"科学的精神特质"(the ethos of science)。默顿在这里使用的是带介词的"科学"组合词,应当理解为"科学界的",他所针对的应当是从事科学研究的全体人员。尽管默顿的学术规范具有一定的理想主义色彩,但已经触及到价值问题。学术的最高价值应当是对真理的不懈追求。按照马克斯·韦伯(Max Weber)的话说,就是"为世界去魅","唯有理智的正直诚实,才是最有价值的美德"。因此,学术诚信是学者的基本品质,学者当以学术为业,学术则须讲究诚信。典型的职业伦理往往集中于专业性较强的职业,如医生、律师、法官、建筑师等,且常由执业者以誓言的方式加以表述,如古希腊医生著名的《希波克拉底誓言》。今天,我们可以很容易地检索到这些职业的伦理规范或行为准则,但很难找到成文的、有明显约束力关于大学学者的学术伦理规范。英国学者阿什比（Eric Ashby）可能是最早把"学术"与"职业"两个词并在一起使用的人，他在1969年呼吁设立一种"学术职业的希波克拉底誓言"，以维护学术职业的神圣地位。但至今，人们未见到类似的誓言面世。

综上所述，学术伦理并不是普遍应用的概念，它应当是科学界或学术界的职业道德规范，它应当是由学者，特别是大学学者通过其自身的协会或联合会等机构建立起的规则。然而，学术伦理并不总是体现为成文规范或行为准则，它更普遍地存在于学者的自觉行为之中，或者说，学术伦理是学者的内在品质。

二、学术伦理的养成

学术伦理的养成几乎与学者身份的确立同步。除了个人在家庭教育和基础教育中获得的道德营养之外，学术生涯的起步通常要经过大学生和研究生的历练。特别是在研究生阶段，青年学者"通过研究，学会研究"，初步掌握了科学研究的方法和规范，也完成了学术伦理的第一次洗礼。之后，青年学者便有机会寻求大学的一些教学和科研的临时职位。德国大学教授经常聘用其博士生为助教，美国的博士后职位实际承担着临时性的教学与科研任务。在法国，大学设置了若干"博士生—津贴助教"职位，承担这些职位的博士生在3年博士论文准备期间领取国家津贴，但每年须在大学讲授64小时的课程，并在"高等教育启蒙中心"接受30天的培训。此外，法国大学还有一些教学和科研的临时职位向博士生，特别是向博士论文即将结束的博士生开放，聘用期为1年，也有可能再延聘1年。但这些职位都是临时性的，无论是大学聘任，还是国家支付津贴，都既无严格的审查，也无激烈的竞争。而要成为大学的终身教授，在西方国家通常都要经过严格的审查程序和十分激烈的竞争。美国大学的终身教授（tenure）居于美国大学教师聘任制度的核心位置。能够成为终身教授的前提条件是取得"终身教授申请资格"（tenure track），而获得这一资格须从应聘助理教授开始，经过5至6年的试用期后方可以申请终身教授资格。

一般来说，申请终身教授资格需要经历以下阶段：

1. 个人申请

当某大学终身教授空缺公布之后，申请者须向该大学招聘终身教授的院系递交一份申请书以及反映本人最近 7 年在教学、科研及服务三方面所取得成绩的汇总报告。

2. 校外专家评审

院系主任将申请人提供的简历和相应材料寄给国内外相关领域的知名专家、学者，请他们对申请人的学术水平作出评审。

3. 评审委员会筛选

评审委员会要对申请人的学术成就、各方面成绩和存在问题提出意见，进行初步筛选。评审委员会对初选之后保留的 10 余名申请者进行面试，推选出 3 - 4 名申请人。申请人在学校试讲，然后评审委员会对申请人排序。

4. 校长作出最后裁决

其实，美国各大学招聘终身教授的程序不尽相同，一些名牌研究型大学的教授聘任程序更为复杂。例如，斯坦福大学在启动招聘伊始便设立搜寻委员会，就像"猎头公司"一样，去寻求最合适、最优秀的学科精英。

在德国，获得大学教授职位亦是一个极其漫长而又艰辛的过程。首先在获得博士学位之后，申请者要有在大学从事科研和教学辅助工作的经历，并取得"教授备选资格"（habilitation），方可进入编外讲师职位系列。当某大学教授有空缺职位时，具有"教授备选资格"者可向该大学提出应聘申请。该大学以教授为基本成员的遴选委员会将对候选人进行预选，通常在 10 人以内。申请者的资料须寄送校外专家评审。每个申请者须主持一次讲座课，并接受遴选委员会的面试。最终，被选中者的教授职位由州政府任命。从申请到被任命的程序不仅复杂，时间也长达 1 年以上。

在法国，法规规定了大学教授的录用标准，即只有具备博士文凭和"科研指导资格"（habilitation a diriger des recherches）才可能成为大学教授。但这仅仅是成为大学教授的基本前提，真正成为大学教授还需要通过以下关口：首先，须经"大学全国委员会"（Conseil national des universités）审查大学教授或研究员的申请资格。该委员会根据学科划分，设 56 个分部，分别负责不同学科申请者的资格审查。所有申请教授或讲师资格的人员，须准备 3 份申请资料。第一份资料为行政资料，报学区总长，以确定其申报资格。另外两份为学术资料，分别报送大学全国委员会相关分部的两个专家（报告人）。大学全国委员会根据申请人的学术水平、研究成果及出版物确定是否将之列入"全国资格名单"（liste de qualification nationale）。之后，被列入全国资格名单的申请人才可以向有空缺教授职位的大学递交申请资料。大学组成专家委员会对申请者进行预选，听取申请人大约 30 分钟的陈述，然后将申请者的排序名单提交学校行政委员会，最后由行政委员会公布结果。最终，大学教授由共和国总统令任命，以凸显大学的独立性，不受制于中央行政部门。如果被列入全国资格名单的申请人，在 4 年内未被任何大学聘用，其资格自动丧失。

美国、德国和法国的教授聘任制度虽然只是个别国家的情况，但却体现了大学学术职位系统的共同特点：不经历艰苦的努力和复杂的程序则无法进入终身教授的行列。也许韦伯说得有道理，"学术生涯是一场鲁莽的赌博"。游戏者，谁都想赢，但输家是多数；学者，谁都想成为终身教授，但不一定成功。然而在学术生涯中，只要遵守游戏规则，也无所谓失败。在成为终身教授之前，须小心谨慎、坚持不懈；功成名就之后，亦会戒骄戒躁，珍惜名誉。有人担心，教授终身制会导致保守、平庸，其实学术伦理一旦养成，将会伴随人的一生，学术成果也会与时俱进。只有那些沽名钓誉者才置轻松得来之名誉如儿戏，继续其弄虚作假之伎俩，但一旦东窗事发，名誉也就随之扫地。犹如暴发户，财富来得容易，挥霍也轻松。可以相信，把好教授聘任制度的入口，基本上就可以保证学术生态的良性发展。

三、学术伦理的重建

默顿曾经断言，"科学史上根本不存在作弊"。面对似乎日甚一日的学术腐败，官方和民间机构都在制定学术伦理规范，有人还主张严惩学术腐败行为。实际上，监督和惩治都无法根本解决学术腐败问题。如果以治理权力腐败为例，我们可以看到中外诸多严惩腐败的极端案例。在中国历史上，东厂、西厂、锦衣卫作为皇帝的耳目随时随地监督官员的举止行为，明朝甚至将贪官剥皮，并将其皮制成灯笼悬挂在衙门内，以警示威慑后任官员。历史上，意大利等欧洲国家也曾对贪渎法官活剥人皮，但这些严刑重罚都未能有效阻止腐败的发生。只是自15世纪之后，欧洲国家把罗马法的形式合理性纳入统治秩序之中，通过与世俗世界隔离、严格的遴选制度、终身的身份保障，所谓"给正义女神蒙上眼睛"，让她只按照法律和良心裁决，才基本解决了司法公正的难题。

同理可证，通过严厉惩罚对学术腐败的治理可能难以收到满意的效果，学术伦理的问题只能通过学术伦理的重建来实现。学术伦理的重建，一方面是学术精神的复兴，另一方面是学者制度的改造。关于学术精神，孔子有"古之学者为己，今之学者为人"（《论语·宪问》）一说，学术的目的曾经就是学术本身。严复也曾倡导孔子的"为己之学"："盖学之事万途，而大异存于鹄。以得之为至娱，而无假外慕，是为己者也，相欣无穷者也？"但是在中国科举制度框架下，"学而优则仕"始终是学人的基本追求。真正的学术精神诞生于古希腊，不计较利害，为知识而求知，是早期希腊学者的特性。他们爱知识，爱智慧，崇尚纯理性思考，并且在知识与道德上达到了完美统一。正如苏格拉底所言，"道德即知识"。真正认识到善的人是不会为恶的，而要想在道德上完美，就必须真正有知识。

关于学者制度，首先是抬高终身教授的门槛。大学教授应当是专业素质极高的学术精英，绝不可沐猴而冠，其职位数量也须严格限定，不可随意增加。其次是扩大临时教师的比例。这可能对年轻学者不公平，但当前的大学人事制度改革已悄然实施临时聘任制。其实如果从制度的层面看，大学人事制度本该如此，关键是建立优中选优的筛选机制。最后是严格教授的遴选与聘任程序。程序公正虽然不能保证结果的公正，但程序不公正一定会导致结果的不公正。程序公正的要素是事先确定规则，不能因人而异，不能随意更改。如今的教学和科研评估及检查日甚一日，如果官僚化的管理少一些，学者会有更多的精力专注于学术。另外，也不要以为大学教授总是才华横溢，"创新思想不仅鲜为人知且具风险。社会因此应当对大学有所宽容。它应当允许某些教师说些平庸的事，说些微不足道的事，这样才会有一些教师说出明智而重要的事"。

第二章
入学机会与招生政策

引 言

高考政策成为社会关注的焦点，也是理论家着笔最多的领域之一。本章选择了7位作者的5篇论文，主要就高考政策顶层设计、高考招生公平性、异地高考政策进行了理论探讨。论文《积极稳妥地推进高等学校招生制度改革》提出了高考政策改革的公平性方向，指出了高考政策的难点是不同利益群体的博弈，提出了一整套顶层设计的方案和对策。《我国异地高考问题、原因及解决对策——基于新制度主义的分析》一文基于新制度主义的视角，指出了解决异地高考问题的现实必然性，反映的是行为主体对客观现实的实际需求。作者提出的一系列制度性安排的建议，既有理论基础，也有现实观照。论文《异地高考政策：具体规则与利益博弈》探讨了异地高考政策出台之前的博弈过程，指出了政策留下的时空敞口，揭示了我国高考政策出现的自下而上的互动新路径，最后提出了高考政策改革与深层改革推进的相关性。《公平视域下政府角色的不同面向——兼论高等教育入学机会公平问题》一文从理论上分析了政府在入学机会分配中存在的社会重构、不干预和有限干预的三种角色类型，政府的干预并非不必要，但需要坚持两大原则，即公共利益至上原则和责任与权力对等原则。杜瑞军的《扩大的差距——巴西高等教育入学机会分配政策的变迁与面临的挑战》以"金砖成员国"之一巴西作为案例，审视其高等教育的结构体系，入学分配政策及其成效，分析了巴西所面临的问题和挑战，预测了未来的政策走向，为反思我国高教入学机会政策的完善，提供了一面棱镜。

积极稳妥地推进高等学校考试招生制度改革

钟秉林[①]

高等学校考试招生制度（简称"高考招生制度"）是国家高等教育制度体系的重要组成部分。高考招生制度自1977年恢复以来，不仅为众多学子提供了继续深造的机会，同时也拓展了社会流动的通道，对我国教育乃至整个社会都产生了不可估量的深远影响。客观而言，普通高等学校入学考试是迄今为止社会公信力最高的国家考试，不仅最大程度保证了入学机会均等，维护了教育公平，而且为后来陆续实施的一系列国家考试（如公务员考试、各类专业人员考试等）提供了宝贵的经验和借鉴。不可否认的是，近年来高考招生制度广遭社会诟病，关注群体之众多、抨击意见之尖锐、观点建议之多样，为其他领域所鲜见。作为曾经发挥过重要历史作用的高考招生制度，为什么面临不得不改的处境？高考招生制度改革的复杂性和艰巨性何在？应该按照什么样的原则和路径进行高考招生制度改革？这是对现行高考招生制度进行审视、反思和改革时不可回避的重大问题，也是本文探讨的主旨所在。

一、高考招生制度改革的必要性

事实表明，迅速变化的经济社会发展和教育改革实践，以及促进高等教育公平的时代呼唤，已成为高考招生制度改革的重要动因。

---

① 作者简介：钟秉林（1951 - ），男，北京人，原北京师范大学校长。北京师范大学教育学部教授，博士生导师，从事高等教育管理、教师教育研究。

1. 高考招生制度已不能完全适应经济社会发展和教育改革的现实需求

作为我国教育制度重要组成部分的高考招生制度的存续，不可能脱离我国经济社会发展和教育事业发展的历史进程。总体而言，与经济社会发展和教育改革的现实需求相比，现行高考招生制度呈现三个"不适应"现象：

（1）不能很好地适应我国高等教育大众化阶段的现实需求。现行高考招生制度是在我国精英化高等教育阶段建立的，设立这一制度的目标，是要从众多考生中选拔少数优秀人才，对他们实施精英教育。因此，高校录取学生时严格坚持学术标准，坚持"分数面前人人平等"的原则，在实现人才选拔这一高考招生制度首要功能的同时，也相应达到了促进教育公平和社会公平的目标。随着20世纪末以来高等教育规模的急剧扩张，我国高等教育进入了大众化阶段，高校入学机会不再是极度稀缺的资源。仅2012年全国报考人数就达915万，计划录取685万，高考录取率超过75%。在此背景下，将每年一次的高考成绩作为高校录取的唯一依据，面临越来越多的质疑。一方面，高等教育进入大众化阶段后，高校分层显著，仅用高考成绩难以有效满足不同类型高校的人才选拔需求；另一方面，随着高等教育普及程度的不断提高，高考录取率也迅速提高，高职院校应该而且可以考虑实行注册入学，本专科层次全国统一高考的必要性也值得商榷。

（2）不能很好地适应科学选拔优秀人才的现实需求。随着科教兴国和人才强国战略的实施，培养创新型人才的迫切需求对现行高考招生制度提出了新的挑战。从考试来看，现行高考偏重考察考生一般性、程式化的知识，而难以考察创造性、批判性等创新型人才必备的能力，更难以考察社会责任感、道德品质、团队精神等方面的综合素质。从招生来看，高校将高考成绩作为录取学生的主要依据或唯一依据，致使那些具有特殊禀赋，但高考成绩并不理想的学生，大都难以获得升学的机会或失去了享受优质高等教育资源的机会。虽然目前已在90所高校实行自主选拔录取（亦称"自主招生"）试点改革，2011年实际录取学生逾8万名，但不论是自主招生的规模还是试点高校自主的程度，以及试点高校自主选拔的对象和考核评价内容及方式，都难以保证具有学科特长和创新潜质的学生能够脱颖而出。

（3）不能很好地适应我国基础教育改革的现实需求。改革开放以来，我国基础教育实践发生了巨大变化，培养模式、课程体系、教学方式以及教学管理、学校管理、教育行政管理等教育模式和制度，已经或正在发生深层次的变革，这对包括高考招生制度在内的各类考试评价制度都提出了相应的变革要求。比如，基础教育新课程改革要求改变课程评价过分强调甄别与选拔的功能，发挥其促进学生发展、教师提高和改进教学实践的功能；教学改革极力推崇探究式教学、参与式教学等新的教学模式，要求打破以教师和学科为中心的传统教学模式，培养学生的创新精神和实践能力。而现行高考制度明显与课程和教学方面的改革不协调，滞后于基础教育改革的步伐，甚至在某种程度上误导了基础教育改革的方向。近年来，中小学课程改革和教学改革推进困难，先进的教育教学理念难以推行，应试倾向难以扭转，素质教育难以全面实施，中小学生课业负担过重、健康状况下滑等问题日渐严重。在反思基础教育改革本身的同时，许多人将此归咎于高考招生制度，认为高考招生制度是应试教育的根源，学校的办学行为、教师的教学行为和学生的学习行为等都受其调控；基础教育改革的深化，只有在高考招生制度改革的基础上才有可能。

2. 高考招生制度的公平性遇到了严峻挑战

高考招生制度设计的初衷，旨在为不同阶层、不同地域、不同民族、不同性别的考生，提供公平竞争高等教育入学机会的平台，将高考成绩作为入学的唯一依据或主要依据，借此最大限度地保障教育公平和社会公平。应该说，高考招生制度在这方面确实发挥了积极的作用，得到了社会的广泛认可。但同时也应看到，经过30多年的发展演变，高考招生制度的公平性不断遭到侵蚀，面临新的问题，改革现行高考招生制度已势在必行。

（1）在实施过程中出现偏差，部分背离了制度设计的初衷。近年来，由于种种原因，高考招生制度在实施过程中出现了一些违背制度设计初衷的现象，招致了社会公众和新闻媒体的抨击。比如，高考加分政策设计初衷是为了拓宽特殊人才的升学通道，但实际操作中，由于加分依据缺乏统一标准、信息不透明、监管不力等原因，导致加分政策近乎失控，为一些掌握社会资源的人谋取不正当利益提供了便利。类似问题在高校自主招生和特殊类型招生等多个环节都程度不同地存在。更有甚者，"点招"现象屡禁不止，高考舞弊现象屡屡出现，如2012年发生的硕士研究生考试泄题事件，教训惨痛，发人深省。这种种损害教育公平的现象，严重冲击了高考招生的社会公信力。对此，社会公众深恶痛绝，将批评指向了高考招生制度本身和教育系统内部，不断提出改革的诉求。

（2）新问题不断产生，公平性遇到更加广泛的挑战。近年来，随着经济社会和教育事业的发展，一些新问题和新情况不断产生，现行高考招生制度面临新的挑战。比如，改革开放使一些城市的非户籍人口急剧膨胀，目前进城务工的农民已达2.5亿。随着时间的推移，进城务工人员随迁子女的"异地高考"问题逐渐凸显。又如，大众化高等教育进程的推进，使我国高考录取率和高等教育毛入学率逐年增加，但由于区域经济、社会、文化发展水平的差异，省际高等教育毛入学率、高考录取率以及高考录取分数线差异依然较大，中西部地区、农村地区、贫困家庭、少数民族等弱势群体的入学机会均等问题，尤其是平等享受优质高等教育资源的问题更加突出，由此导致"高考移民"和"国际高考移民"等严重违背教育公平现象的产生。解决省际招生名额科学合理分配问题、治理"高考移民"现象的呼声愈加强烈。再如，随着特殊教育事业的发展，出现了从义务教育阶段向学前教育和高等教育两端延伸的趋势，构建和完善特殊教育体系的需求已经提上议程，而国家或地方政府至今还未出台残疾学生参加普通高校入学考试的特别措施和办法。

二、高考招生制度改革的复杂性

应对上述种种诉求，应科学设计高考招生制度改革的目标。一是要增强人才甄别选拔的有效性，根据高校的人才培养目标和规格要求优化人才标准，调整选拔方式；二是要促进入学机会均等，维护教育公平，保障社会公正；三是要发挥高考招生的导向作用，引导基础教育改革发展的方向，促进素质教育的实施。高考招生制度改革内容设计十分复杂，应紧密围绕改革目标，针对现实问题，统筹进行设计。

1. 改革招生名额配置

现行高校招生名额配置仍是计划模式，由政府行政权力主导进行分配，近年来弊端日益显露。一是高校自主权难以真正落实；二是招生名额省际差异较大，人口规模大但高等教育规模小的省份考生升学机会明显偏低；三是一些中央部委直属高校在确定各省份的招生名额时，明显对所在省份倾斜，影响了其他省份考生享受优质高等教育资源的机会。改革现行招生名额分配方式已经成为促进入学机会均等、保证教育公平的重要内容。第一，政府分配招生名额时要更多考虑高校自主发展的需求，尊重高校的自主权，尽可能避免行政干预；第二，招生名额分配要更多考虑人口基数、高等教育入学机会多寡等因素，对入学机会较少的地区予以适当倾斜；第三，根据公平和公开透明的原则，加强对中央部委直属高校招生名额分配的监督，避免这些高校的招生名额对所在省考生过度倾斜。

2. 改革入学考试方式

现行高等学校入学考试方式的特点，一是政府主导，强调地方乃至全国的统一性；二是每年仅提供一次考试，考生选择机会少，往往"一考定终身"；三是考生只能在户籍所在地参加高考。针对这些问题，必须加快推进入学考试方式的改革。第一，逐步实施高等学校分类入学考试。普通高等学校本科入学考试由全国统一组织；高等职业教育入学考试由各省、自治区、直辖市组织，或试行注册入学。第二，探索英语、数学等科目一年多次考试的办法，为考生提供更多的考试机会。第三，研究制定非户籍人口子女在流入地参加考试的办法，依法保障其受教育权和考试权。

3. 改革入学考试内容

目前，全国统一高考按照"3 + X"模式设置考试科目，即语文、数学、英语三科再加上理科综合（物理、化学、生物）或文科综合（历史、地理、政治）。一方面，文、理分科考试不利于对考生综合素质的考察，而且会导致高中生偏科；另一方面，考试内容过度强调统一性，不足以为特定学科和专业人才选拔提供充足的依据。改革考试内容，既要充分发挥高考的甄别功能，有利于合适人才的选拔；又要注意发挥高考的导向作用，有利于扭转基础教育过度强调应试的倾向。为此，第一，要根据高校人才选拔全面性和多样性的要求，在实行统一考试的基础上，增加选考模块，为高校录取学生提供更为全面深入的参照；第二，要针对目前考试内容过于偏重考察应试能力的倾向，以高校人才选拔标准和国家基础教育课程标准为依据，突出对学生综合素质和能力的考察；第三，要提供考生学科知识掌握情况和能力素质发展水平的评价报告，丰富高考成绩报告内容。

4. 改革高考命题方式

现行高考命题实行全国统一命题和分省命题。省际命题水平和阅卷标准存在较大差异，难以对不同省份考生的成绩进行横向比较；命题专家临时从高校和高中教师中选拔，以兼职为主，稳定性较差。近年来，高考试题的信度、效度不断遭到质疑，来自社会的批评日渐增多。改革高考命题方式，已经成为保证高考科学性和规范性的重要基础。第一，加强命题专家队伍的建设，保证全国和分省命题质量；第二，进一步完善国家考试科目试题库，丰富试题来源；第三，集中专门人才加强对考试规律和标准的研究，不断提高试题的信度和效度；第四，对于经评估不合格或水平明显较差的单独命题的省份，应收回自主命题权并实行全国统一命题。

5. 改革招生录取方式

现行招生录取方式主要存在两个方面的问题：一是将高考成绩作为唯一依据，标准单一，高校自主权小；二是设立了名目繁多的加分政策，破坏了高校招生录取的公平政策环境。因此，必须改革高考录取方式，扩大高校招生自主权，使评价方式更加科学，评价内容更加丰富，健全优秀人才选拔的综合评价和多元录取机制。第一，普通高等学校招生仍以统一入学考试为基本方式，同时将高中学业水平考试和综合素质评价结果以适当权重计入入学考试成绩，全面评价学生素质与能力。高等学校主要根据考试成绩择优录取。第二，对具有创新潜质、特殊禀赋或学科特长且符合培养要求的学生，高校可依据面试或自主测试的结果自主录取；对高中阶段全面发展、表现优异的学生，经所在学校或校长推荐，高校可决定是否录取；对符合条件，自愿到国家需要的行业和地区就业的学生，可通过签订协议的方式实行定向录取；对在实践岗位作出突出贡献或具有特殊才能的人才，可实行破格录取。

三、高考招生制度改革的艰巨性

尽管改革高考招生制度的诉求十分强烈，《国家中长期教育改革和发展规划纲要（2010-2020年）》也对高考招生制度改革的原则和内容作出了明确的部署，但从目前的总体推进情况看，改革举措及效果与社会预期仍有差距，公平与效率、近期与长远、内部与外部之间的矛盾相互交织，改革任务仍然十分艰巨。究其原因，大致可以归纳为两个方面：

1. 高等教育利益相关者的诉求呈多样化趋势

随着高等教育规模的扩张和体制改革的深化，高等教育利益相关者增多。不同的群体，站在不同的立场，分别对高考招生制度改革表达了各自的诉求，提出的观点和建议体现了不同的价值取向。有的希望通过改革，增强人才选拔的有效性，选拔出优秀生源；有的希望通过改革，促进入学机会均等，更好地实现教育公平；有的希望通过改革，为学校和学生减负，让孩子们健康快乐成长；还有的希望通过改革，让孩子进入好的大学，读上好的专业。显然，这种多元化的诉求，一方面增强了改革的驱动力，使得高考招生制度改革势在必行；另一方面由于目标诉求差异很大，价值取向各不相同，导致众说纷纭、众口难调，难以形成改革的共识和合力，加大了改革推进的难度。例如，公平和效率是对立统一的关系，公平是指考试和招生录取过程本身的公平，以及通过高考招生保障和促进教育公平；效率是指高考招生组织运行过程的效率，以及通过高考招生，实现人才甄别和选拔的优化。从理想的角度来看，应当实现二者的统一。但必须承认，公平和效率代表了不同的价值诉求，在制度设计中不可避免会面临取舍。

2. 高考招生制度被赋予了更多的功能

改革高考招生制度，必须对这一制度的功能有全面的认识和把握。表面上看，高考招生制度的功能是为高等学校提供甄别和选拔人才的依据。但实际上，高考招生制度还肩负着更多的社会功能和使命。比如，许多考生旨在通过这一渠道，改变个人和家庭的命运；特别是对广大农村考生来说，高考是跨越城乡二元对立的主要通道。从这个角度而言，高考招生制度是社会流动的阶梯，关系着社会稳定和公平。又如，"异地高考"不仅涉及教育领域内部的政策调整，还涉及户籍制度和社会管理等教育外部的配套改革。可见，高考招生制度改革必须应对多元化的目标诉求，并受政治、经济、文化等诸多因素的制约。因此，进行高考招生制度改革的顶层设计时，必须处理好内部和外部的关系。内部主要指的是：高考招生制度属于教育制度的范畴，必须遵循教育规律，服务于教育自身改革发展的目标；外部主要指的是：高考招生制度是重要的社会公平保障制度，改革这一制度，必须具有广阔的视野和全局意识，应"跳出教育看教育"。

四、高考招生制度改革的操作性

综上所述，高考招生制度改革涉及观念的转变、制度的更新、利益格局的调整和相关技术的应用，需要政府、高校和社会等各方面的广泛参与和支持，是一场涉及面广、意义重大、影响深远的深层次变革。但改革难免遇到各种各样的阻力，为确保改革顺利进行，笔者认为应从以下几个方面积极稳妥地加以推进。

1. 做好顶层设计，实行渐进式改革

高考招生制度改革是一项长期性的艰巨复杂的工作，改革成效的显现更是需要一个长期的过程，不可能一蹴而就、立竿见影。做好顶层设计是保证高考招生制度改革目标的统一性和改革探索的连续性的重要基础。

第一，细化改革目标任务，形成清晰的路线图和时间表。既要有近期目标，考虑可行性和轻重缓急，不可因过于理想化而影响改革推进；又要有中长期目标，能预见今后较长时期的需求。不仅要明确教育自身的目标，还要考虑教育之外的目标。

第二，明确改革推进机制。高考招生制度改革涉及多个部门，要建立跨部门工作机制，动员各方面力量，形成改革的合力。

第三，明确改革的责任主体。要区分中央与地方、政府与高校的责任。既要强调中央的主导作用，又要发挥地方的积极性，允许各地因地制宜进行探索。同时，要确立高校作为招生主体的地位，避免政府通过行政手段干预高校招生自主权。高考招生制度的改革既要积极主动，又要遵循客观规律，实行渐进式改革，由量的积累实现质的变化，形成面上的突破。一方面，不能一味等待所有条件都已成熟后才启动全面改革，而应坚持有限目标，成熟一项启动一项，以免耽误改革时机，增加改革成本。另一方面，改革应选择在一些地区和高校率先进行试点探索，同时建立纠错机制。另外，还要加强对改革的科学论证和风险评估，确保风险可控，以免造成大的偏差。

2. 加大治理力度，规范考试招生秩序

改革高考招生制度，首先要加大治理力度，规范考试招生秩序。只有让考试招生秩序井然，才能保证制度的公信力，坚定社会公众对改革的信心；否则，改革随时可能因为民意的丧失而流产。第一，实行防惩并举，坚决打击各种高考舞弊行为，确保考试安全。第二，清理和规范各种加分政策，让广大考生能够在相同起点上公平竞争。第三，加大对高校招生工作的监管，尤其是进一步调整和规范艺术、体育类专业招生，实行"阳光招生"，接受社会监督。

3. 建立利益协调机制，积极稳妥推进改革

高考招生制度改革，将会涉及利益格局的调整和价值取向的冲突。比如，规范和清理高考加分政策，将使部分学生不能再享受高等教育入学机会特权；改革中央部委直属高校招生名额分配方式，将影响一些地区高等教育入学机会；改革招生录取方式，将削减政府部门的权力；改革高考命题方式，将影响一些考试机构的经济利益；允许外来务工人员随迁子女在流入地高考，可能会影响当地考生的升学机会。因此，在改革实施过程中，必须处理好各种利益之间的关系。一方面，对于违规或非法获取的利益，无论面临多大阻力，都要坚决予以取缔；另一方面，要尽可能实行增量改革或以适当方式建立补偿机制，保障合理合法的利益。总而言之，要充分考虑到不同地区、不同群体的诉求，尽可能避免造成既得利益的激烈对抗，影响改革的平稳推进。

4. 加强统筹协调，实施配套改革

高考招生制度改革，主要涉及考试和招生两个关键环节；但高考招生

制度改革的目标，又不仅仅局限于这两个环节，应强调高等教育和基础教育、教育系统内部和教育系统外部统筹改革。因此，在组织好考试和招生这两个环节改革的同时，还要实施一系列配套改革，包括中小学课程改革、教学改革、学生评价制度改革、高校人才培养模式改革、专业和课程体系改革，以及社会管理改革等。只有在实施好相关配套改革的基础之上，高考招生制度改革才能顺利推进，其成效才能真正得以显现。

5. 加强宣传引导，营造良好社会氛围

高考招生制度改革关系到上亿学生的前途和未来，牵涉到千万家庭的幸福，社会关注度极高，政策性、政治性很强，稍有不慎，即会招致责难，影响改革的进程。因此，改革的顺利推进，需要加强宣传引导，营造良好的社会氛围，把握改革的主动权。第一，加强先进教育理念的宣传，破除陈旧思想观念束缚，使素质教育理念深入人心，让教师、家长和社会各界真正理解高考招生制度改革的目标，尽可能凝聚共识。第二，多做正面引导，多宣传改革成效，尤其要避免"炒作"。第三，实事求是地宣传改革的复杂性、艰巨性和长期性，让公众对高考招生制度有理性的认识，对改革有合理的期待。

我国异地高考问题、原因及解决对策

——基于新制度主义的分析

伍　宸[①]　洪成文

2012年8月30日，国务院办公厅向教育部、发展改革委员会、公安部、人力资源社会保障部联合转发了《关于做好进城务工人员随迁子女接受义务教育后在当地参加升学考试工作的意见》，对当前社会各界广泛关注的"异地高考"政策作出明确规定，并给各地制定了严格的具体实施细则和时间，规定各地有关随迁子女升学考试的方案原则上应于2012年年底前出台。"异地高考"这一"顽疾"终于有望在中央政府的直接干预和指示下得到解决。解决这一问题的关键在于制度构建，因为制度的核心价值就在于规范人的行为，并调节社会中不同利益主体之间的关系，最终构建和谐的社会发展关系。对于异地高考来说同样如此，要妥善解决这一问题，就需要在全面审视现状基础上构建完善、合理的制度。基于此，本文试图在全面审视和理解我国异地高考现象基础上，以新制度主义视角提出构建异地高考制度的基本原则及基本措施。

一、现状审视：变化的实践对高考制度的全新挑战

"高考"是高等学校入学招生考试的简称。高考对于我国经济社会发展和长治久安具有极为重要的意义，其不仅具有人才选拔的功能，有维护社会基本公平和正义的作用，还担负着促进社会不同阶层之间顺畅流动的任务。当前，我国高考制度依旧是对自隋朝便开始施行的科举制度的改良

---

① 作者简介：伍宸，北京师范大学教育学部高等教育研究所、日本北海道大学教育学部联合培养博士研究生。

和进一步发展，其本质依然为通过考试选拔社会发展所需的各类人才，只不过其考试的目的、内容和形式，所选拔人才的类型等有所不同而已。与此同时，从世界范围来看，各个国家和地区也越来越重视通过统一、科学的考试手段进行人才选拔，以此保证效率、公平、公正等价值的实现。自1978年恢复高考以来，高考制度为我国经济社会发展发挥了不可磨灭的作用。但随着时代的发展，关于高考制度本身的反思与争议也从未停止过，如关于应试教育与素质教育之争、高考的效率与公平之争、高考报名户籍制度之争等。正视各种争论和矛盾，对其进行理性分析并试图找出一条解决这些矛盾的最佳路径，是促进我国高考制度自身不断完善的基本规律。为此，本文基于新制度主义的视角讨论近期在我国被高度关注的异地高考问题，即高考资格是以就学所在地为标准还是以户籍所在地为标准，并试图提出其解决方法。

异地高考现象出现的本质是理性个体对现存高考制度这一客体的客观反应，理性个体总是具有趋利避害的基本特征。仅此而论，我国高考制度不尽完善是不争的现实。异地高考所表现出来的具体行为便是大规模的"高考移民"，即一地学生通过各种手段获得另一地区考试的资格，从而实现个人利益诉求最大化。一般来说，其主要是从中西部的高考生源大省（如四川、安徽、河南等）流入到北京、上海等高等教育资源极度丰富以及受国家政策照顾倾斜的边远地区（如甘肃、西藏、新疆等）。由于高等教育入学机会（特别是优质高等教育）在区域间客观存在的差距导致"水位差现象"，考生在省际之间的自然流动便是不可避免的客观规律。有序的流动能在一定程度上调节高等教育资源在区域之间的失衡，在一定程度上缓解"高考洼地"现象，缓解高等教育资源短缺地区的升学压力，使更多学生得到升学的机会；同时也是有效解决留守儿童教育问题的手段，使留守儿童能跟随父母在就业地接受教育并参加高考。

然而，大规模不受控制的无序流动也可能带来问题，甚至是灾难性的后果。就目前看，大规模"高考移民"所带来的问题主要有以下三方面：一是流出地与流入地之间的矛盾，地区之间的矛盾激化；二是个人主观诉求与社会公正诉求之间的矛盾，因为高考是为实现维护全社会所有公民基本利益的目标，而不是保障少数人的利益；三是这一过程中存在大量的权钱交易等腐败行为，损害了我国高考制度的权威和形象，影响了社会的稳定与和谐发展。因此，我们要对异地高考现象的正反两方面影响结果进行全面分析，不能单维度地将异地高考贴上好或者不好的标签。同时，由于异地高考现象具有多维度的价值，我们在实践活动中对其进行价值判断和问题解决时存在现实困境。要深刻思考问题、解决当前存在的矛盾，就必须全面客观分析异地高考现象出现的原因，特别是从制度设计上剖析其诱导性因素。

二、异地高考现象归因分析

异地高考现象的出现既有其现实必然性，也有因为制度设计不合理等原因而诱导的偶然性。必然性是指随着经济社会的发展，在一定时期内区域间发展不平衡致使教育资源配置不平衡以及社会人员流动性增强，这导致了人们对异地高考难以避免的、刚性的、合理的客观需求。而偶然性是指由于制度设计的不合理或观念落后而导致这一现象的发生。例如，严重的高等教育地方保护主义便使得区域间入学机会存在巨大差异，为此便滋生了异地高考的投机性需求。因此，深刻揭示导致这一现象的必然性和偶然性因素是提出有效解决方案的基本前提，以此达到满足必然性和规避偶然性需求的最终目的。

（一）异地高考现象出现的必然性归因

1. 区域间经济发展不平衡导致教育资源配置不平衡

从产业经济学视角看，高等教育属于劳动密集型和资源消耗型产业，即高等教育本身在不直接产生经济效益的同时需要耗费大量的人力、物力和财力。同时，高等教育的准公共属性决定了其资助主体主要是政府，政府财政拨款是我国当前大多数高校赖以生存的主要资源。我国高等教育形成了少数重点高校以中央财政资助和地方资助相结合、大多数普通高校以地方政府为主要资助主体的分层资助体系。以上基本特征决定了高等教育发展水平与区域经济发展程度有直接的关系。区域经济发展水平高，当地高等教育机构便能获得更多办学经费，高等教育发展程度便高，反之亦然。改革开放后，我国经济发展呈现出严重的不平衡状态，从东到西，从城市到农村，无论是在经济总量上还是经济发展方式上都存在着巨大的差距。同样，我国高等教育在区域间的分布也呈现出严重的不平衡状态，这又突出体现在代表优质高等教育资源的重点高校的分布上。例如，拥有1亿多人口的河南省仅有一所国家重点高校，而仅有1500多万人口的北京市却拥有多达29所重点高校。教育资源地域配置的不均衡状况既是行政管理的结果也是地方因素的作用，但随着教育管理体制的改革，教育权力向地方转移，地方因素对区域高等教育资源配置必将产生更大的影响，这将对现有高等教育资源配置格局产生一定冲击。

2. 区域间人际交往量大且频繁

区域间人际交往的规模和频率是判断一国或地区经济社会发展是否具有活力的基本依据之一。随着改革开放的不断深入，地区间经济发展的相互合作、相互依赖日益增强，这便决定了区域间人员的流动不仅规模大而且更加频繁。"孔雀东南飞"是我国区域间人员流动所呈现出的基本特征，即中西部大量劳动人口流向经济发达的东部、南部地区。大量外来人口的流入一方面给当地经济发展注入了活力，另一方面也增强了当地社会各方面的负担和压力，而其中流入人口对教育资源的需求便客观存在。流入地不仅要满足本地居民接受各级教育的需求，同时也要在一定程度上解决外来人口的教育问题。近年来，留守儿童教育问题日益引起社会各界的关注，其重要的应对之策就是妥善解决外来务工人员子女的就学问题。

3. 较强的行政干预对我国高等教育资源分布有较大的影响

新中国成立后，我国高等教育的发展就打上了很深的计划经济制度痕迹，全国高等教育的社会主义化整合和调整为我国高等教育的发展奠定了基础。无论是高等教育院校的区域分布、专业开设还是高等教育的管理制度，都是在高度集中的政府统一指挥下进行的。这种管理模式在高等教育由弱到强的发展阶段有一定的积极作用，但随着我国社会主义市场经济的发展，这种由较强行政干预所形成的高等教育发展局面中所存在的一些矛盾和问题日益凸显，如依靠行政手段形成的高等院校区域分布与需求之间的矛盾、高校开设专业与就业市场不匹配之间的矛盾、高校缺乏办学自主性与日益增强的国际国内竞争之间的矛盾等。高等教育资源的分布受行政干预过强，导致高等教育资源供给与需求之间的矛盾日益加剧。例如，北京、上海及一些沿海城市和内陆的陕西、湖北等省份就依靠行政手段而享有较为丰富的优质高等教育资源，而河南、河北、山西等省份高等教育资源，特别是优质高等教育资源极度匮乏，而造成其匮乏的主要原因就在于未能通过行政手段获得更多的高等教育资源。

（二）异地高考现象出现的偶然性归因

1. 高考制度设计不合理

规范高考行为是高考制度设计的根本目的，同时高考制度设计还要反映一些基本的价值诉求，如"公平""效率""平等"等。从1978年恢复高考以来，为满足时代发展的需要，我国一直在对高考制度进行调整和完善。但是我国高考制度的设计没能及时跟上时代发展的步伐，对在新形势下出现的一些新问题和新矛盾缺乏有效的约束与规范。近年来日益广泛存在的异地高考现象就体现出我国高考制度对快速发展的社会形势缺乏敏感性。例如，依然采用传统的分省（自治区、直辖市）制订各高校招生计划的办法，就没有正视我国区域间基础教育发展水平日益均衡而高等教育发展水平日益拉大的现实。随着九年义务教育在全国的全面实现，各省区之间基础教育的入学率和毕业率差距日益缩小，因此过去一些教育欠发达地区对高等教育入学的需求量也日益增加，但是我国高等教育资源分布严重不均衡的状态并没有得到极大改善。在这种情况下，继续沿用传统的分省（自治区、直辖市）制订高校招生计划的做法就对高等教育欠发达地区十分不利，客观上刺激了异地高考人数的不断增加。

2. 我国高等教育的"过度地方保护主义"

所谓地方保护主义，是指政权的地方机构及其成员，以违背国家政策、法规的方式去滥用或消极行使手中权力，以维护或扩大该地方局部利益的倾向。采取地方保护主义的根本目的就在于通过行政等强制性手段限制市场经济生产要素在区域间的自由流动，以达到维护被保护地区的经济利益。高等教育的地方保护主义主要表现在高等院校在制订招生计划时给予院校所在地更多的招生指标，以服务院校所在地为其主要办学目标。高等教育地方保护主义的盛行产生了以下两方面不利影响。一方面，其不利于高校自身的发展。提高生源质量和生源构成的多元化是世界一流大学发展的基本经验，哈佛大学、剑桥大学、耶鲁大学等世界一流大学早已将吸纳世界各地优秀青年而育之作为办学基本使命之一。同样如此，我国高等教育要实现建设世界一流大学的宏伟目标，也首先要有纳天下英才而育之的气魄和胸襟。另一方面，其加剧了异地高考的投机性需求。高等教育入学机会，特别是优质高等教育入学机会在区域间的巨大差异，使考生产生了投机心理，纷纷涌向招生指标多的地区，给当地社会造成了各种压力，导致了新的教育不公平以及各种权钱交易等腐败现象。

三、异地高考制度构建：基于新制度主义的视角

异地高考制度构建的基本目标在于满足异地高考必然性需求的同时，最大程度地规避和规范偶然性需求，以此更好地保障高考选拔人才，促进社会公平、正义的实现，缩小地区间发展差距，推动社会主义社会和谐发展。同时，异地高考制度的重新构建，在规范相关利益主体行为的同时，通过对制度环境的重构，可以达到塑造行为者偏好、价值观和动机的目的。

兴起于20世纪80年代的新制度主义，是建立在对行为主义批判基础上的。新制度主义学者强烈反对把政治分析的基石界定为行为，也不相信行为能够解释所有的政治现象。行为不可能发生在真空之中，而是镶嵌在制度环境内；只有发生在制度背景下的行为才能充分地被理解。正是在这种背景下，学者大声疾呼：重新发现制度（rediscovering institutions）、回归国家（bringing the state backin）与回归制度（bringing institutions backin）。同时，新制度主义在对制度概念的认识和界定上也有全新的观点，且从不同的视角出发会得出不同的结论。例如，结构视角的制度概念，强调制度不是一种临时约束，而是个体或组织在一段时期内互动约束；政治行为视角的制度概念，强调政治行动的行为模式，而不是一种偶然；过程结果视角的制度概念，不是强调制度在时间上的持续与在空间上的延伸，而是强调制度如何把个体或组织行为转译为政治的、经济的与社会的后果。因此，在新制度主义视角下，我们要充分理解制度背景对个体行为的塑造，同时还要注意制度对个体行为的适应，使之形成一种相互形塑、相互建构

的良性互动关系。

（一）异地高考制度构建的基本原则

基于以上对新制度主义基本特征的分析，笔者认为在新制度主义视角下，异地高考制度构建应遵循以下几条基本原则。

第一，系统性原则。新制度主义者在对制度本身的认识上持一种立体的制度结构观，即特定时期内，一定范围的社会管理制度不仅包括经过协商一致而形成明文规定的制度，即我们所谓的正式制度，还包括一些非正式的、潜在的制度等。因此，在制度设计和制度实施过程中，我们不仅要注意对正式制度的建设和实施，还要注意一些潜在制度对制度目标达成正反两方面的影响。具体来说，一个社会的制度体系中存在以下几种制度形式：正式明文制度、正式潜在制度、非正式明文制度、非正式潜在制度等。不同制度形式以不同的路径产生，并以不同的方式各自发挥其作用。当然，其作用既有积极的，也有消极的，而制度设计的理想目标便是尽最大可能发挥各类制度的积极因素，规避消极因素，以此形成一个良性的制度体系。

第二，塑造性原则。一定时期的社会制度不仅要具有规定性、约束性作用，更要行使行为塑造性的功能，即通过立体的制度体系，全方位地塑造个人的行为准则和习惯、价值观等。制度发挥其最大功效的重要途径就是具有强大的塑造性功能，使其将外在文字性的规定、规则等内化为个人的行为习惯和价值观，并逐渐形成整个社会的行为习惯和价值取向。新制度主义强调外在制度对个体行为的塑造性功能，认为个人的行为结果不是自发产生的，而是与一定时期内所施行的制度有密切联系。因此，异地高考制度的设计也要遵循塑造性的基本原则，将异地高考制度的基本规定和价值观内化为个体的行为习惯和基本价值诉求，这也是这一制度设计的最高目标。

第三，互动性原则。要使异地高考制度具有强大的生命力和塑造性功能，我们就必须建立起良好的互动机制。所谓互动机制，是指在制度实施过程中，为增强制度的自我调适性和适应性而建立起的制度实施主体、制度与制度实施对象三者之间的相互交流、相互沟通的一种行为模式。坚持异地高考制度的互动性原则，就是为了增强其自我调适性，及时根据对实施结果的分析进行自身调整。这样一方面能增强制度本身的生命力，另一方面也有利于实施对象的基本诉求得到及时反馈和满足，反过来又有利于其塑造性功能的实现。

（二）异地高考制度构建的策略

高考制度的基本内容包括考试制度和录取制度两个方面，这两者是一个完整而成熟的高考制度所不可缺少的。考试制度的核心在于通过科学、公正、有效的方式对考生各方面素质进行全面评估，是高校录取考试的基本依据；而录取制度是指高校通过一定的手段，在坚持公正、公开、效率等基本原则基础上对合格考生进行的遴选。因此，高考制度构建与完善的实质就是对考试制度和录取制度的构建与完善。基于此，笔者提出以下两点建议。

1. 逐渐推行以第三方教育考试机构为实施主体的、统一的高等院校入学资格认证制度

要全面、客观、公正、有效地对考生的基本素质进行评价，必须有成熟的考试制度作保障。在这方面，我国应该学习和借鉴西方发达国家，特别是美国等国的高校入学考试选拔制度，逐步推行以第三方教育机构为实施主体的、统一的高等院校入学资格认证制度。首先，统一入学考试能增强考试的效率和公正性。同时，由于我国各地区基础教育存在的巨大差异，高等院校入学考试还必须考虑到教育发达地区和欠发达地区学生素质存在的客观差距，在考试内容设计上尽量做到既能考查教育发达地区考生基本素质，又能充分挖掘教育欠发达地区考生的基本潜力。其次，统一的高等院校入学资格认证制度不仅要对考生知识存量进行考查，还要对考生认知水平、道德发展水平以及心理、生理发展水平进行全方位、立体的认证，并将各项指标量化，以此成为各高校择优录取考生的综合性依据。这不仅有利于高校选拔到综合素质强的学生，还有利于推进素质教育在基础教育中的有效实施。

2. 打破高校分省分配招生名额的常规做法，各高校以高考报名人数为基本依据分配招生名额

根据前文对异地高考现象的归因分析我们可以看出，造成异地高考现

象出现的根本原因在于高等教育入学机会在地区间的巨大差异，而产生这一差异的主要原因一方面是由于高等教育资源分布不均衡，另一方面是由于我国高考制度中实施已久的高校分省分配招生名额的做法。因此，在短时期内不能从根本上解决高等教育资源分配不均衡状态的情况下，我国只有通过对制度进行重新设计，来缓解因高等教育入学机会不均衡而造成的异地高考现象日益严重的局面。

因此，笔者提出要打破高校分省分配招生名额的做法，各高校以高考报名人数为基本依据分配招生名额。按高考报名人数分配招生名额可以依类分步骤实施。首先要在教育部直属"985"高校实施，因为这一部分高校是优质高等教育资源，而造成异地高考投机性需求的重要原因就是众多考生对这部分高校的追逐。同时，这一部分高校的举办主体是教育部，其经费主要来源于中央财政，其按地区不公平地分配招生名额的做法本身既不合理也不合法。其次在教育部直属"211"高校实施，以此类推逐步在省属重点高校，省属一般院校以及高职高专院校实施，最后形成一个全新的高考招生体系，全国各高校均按各地区实际报名人数分配招生名额。例如，山东、河南等高考大省相应地就应该获得更多的招生资格，而北京、上海等地由于高考报名人数少，相应地其招生人数也应该相对较少。这一做法不仅能从根本上解决高校入学机会分配不公平现象，还能在最大程度上为高校选拔其所需的各类高素质人才，增强高校的活力和竞争力。

对异地高考制度的设计不仅是对现实问题的解决，更应该着眼于我国高等教育的未来发展。我们要以解决此问题为契机，全面提升我国高等教育的办学质量、活力和国际竞争力，使我国成为世界高等教育强国。

异地高考政策：具体规则与利益博弈

李晓燕[①]　刘慧珍

8月30日，教育部公布了《关于做好进城务工人员随迁子女接受义务教育后在当地参加升学考试工作意见的通知》（后续讨论简称为《通知》）。这个通知是由教育部、发改委、公安部及人保部四个部委联合制定，由国务院办公厅转发的。从政策制定参与部门的数量之多，我们能感到这是个非同一般的教育政策，从《通知》给考试概念设定的超长定语，我们也明白这是一个仅针对特定群体参加高考工作的指导意见。为什么这个特定群体会牵动国家为之出台专门的政策？为什么一个针对少数人的高考安排会动用了四大部委的能量？政策出台的过程和政策所涉及的制度改革意义，也许能够对此做一定的解释。

一、博弈：政策出台前利益相关者的互动

尽管《通知》是以四大部委决定的形式出现的，但这个通知本质上却是一个被动的政策选择结果。改革开放30多年了，人口流动已经成为现实。据2010年第六次人口普查数据显示，流动人口有2.6亿人。据全国妇联2007年调查数据，与这2.6亿流动人口同时存在的是约5800万的留守儿童，和2700万的随迁子女。在户籍制度没有根本改变的情况下，随迁子女在迁入地接受义务教育的政策早几年就已经出台了。而与户籍制度绑定的高考报名限制却没有实质性的改变，甚至在2005年还因解决高考移民问

---

① 作者简介：李晓燕，北京师范大学教育学部高等教育研究所硕士生。

题而得到了强化。①

然而，在不变的高考户籍规定面前，却是流动人口要求平等受教育权诉求方式的变化。网络时代给自发组织提供了非常便利的条件，从2010年3月开始，北京、上海和广东等流动人口集中地，在当地就读中学的外地户籍学生家长，就以学生权益监护人的身份，开始了有组织的维权活动。

他们组织了"教育公平志愿者"团队，采用了各种手段，不断击打户籍制度形成的高考地选择权利的壁垒：上访教育部、召开媒体见面会、拜访关注教育的学者和名人、给教育部长发公开信、约见教育部官员进行面对面的沟通、给两会代表发公开信等等，采用法律允许的各种手段，推动政策的改变。

北京的志愿者们借助地利的条件，每月一次轮流值班到教育部递交公开信。闸门开始松动，2012年1月教育部发布的《2012年工作要点》，在第12条中明确提出了"要研究制定随迁子女接受义务教育后在当地参加升学考试的办法"。此后，家长们提升了博弈的速度和力度。2月6日，家长们给教育部长发出了公开信，并从那天起每天都派人到教育部递交公开信，在这封公开信中，家长们明确提出了维权诉求：为所有纳税人提供不分户籍不分贫富不分地位的公平的教育机会，户籍与学籍分开，以学籍为高考报名的主要条件。同时，信中还提出要面见部长，讨论异地高考问题。2月23日，教育部约定与家长见面沟通，这一天教育部外聚集了300多名学生家长，他们推出5名代表，与教育部三名官员进行了沟通。教育部表示对异地高考诉求很重视，并在抓紧时间调研、与各省市沟通解决方案。当天，中国政府网公布了2011年制定的《国务院办公厅关于积极稳妥推进户籍管理制度改革的通知》。第十一条明确提出要对造成暂住人口学习、工作和生活不方便的政策措施进行清理，该修改的认真修改，该废止的坚决废止。

3月1日，他们发出了《九万随迁子女家长致全国人大代表和全国政协委员的一封公开信》，呼吁"尽快取消高考户籍限制"。全国人大代表、

---

① 参见教育部、公安部联合颁发的《关于做好普通高校招生全国统一考试考生报名资格审查工作的通知》。

民进中央副主席朱永新在两会上向教育部和公安部提交了《关于尽快出台政策解决非户籍常住人口子女教育问题的建议》。各类社会压力团体的影响，加快了各级政府回应的速度和力度。

在国务院《国务院办公厅关于积极稳妥推进户籍管理制度改革的通知》，以及教育部《2012年工作要点》给出闸门启动信号后，2012年2月29日，山东省教育厅宣布，2014年将在全国率先允许非户籍考生在山东省参加高考。之后跟进的广东和福建省，都将异地高考政策的实施时间定在了2014年。在今年3月份的全国政协十一届五次会议开幕会上，教育部长袁贵仁声明，异地高考改革方案将在10个月内出台。四部委的《通知》在约定的时间内出台，表达了政府解决问题的诚意，也昭示了在各方的博弈过程中，方便管理的政府利益向公民的教育权利做出了让步。

二、门槛：政策留下的时空敞口

四部委《通知》出台前，异地高考政策能否成行，吸引了社会各界关注的目光和议论。《通知》出台后，依然留下了一些需要进一步确定的规则问题，如具体实施时间、什么人能够得到异地高考的权利，权利适用的空间有多大等。因为《通知》只是对一些原则做出了规定，但具体的操作细则，还需要各个地方政府结合本地情况来决定。

《通知》揭示了异地高考政策的意义："坚持以人为本、保障进城务工人员随迁子女受教育权利、促进教育公平的客观要求，对于保障和改善民生、加强和创新社会管理、维护社会和谐具有重要意义。"对于具体规则《通知》并没有详细的规定，只是提出了制定实施规则的基本原则："统筹考虑进城务工人员随迁子女升学考试需求和人口流入地教育资源承载能力等现实可能，积极稳妥地推进随迁子女升学考试工作"。"因地制宜制定随迁子女升学考试具体政策"。

四部委还明确地方和国家在异地高考政策中的具体责任，国家的主要责任是负责协调工作，包括"对符合在当地参加升学考试条件的随迁子女净流入数量较大的省份，教育部、发展改革委采取适当增加高校招生计划等措施，保障当地高考录取比例不因符合条件的随迁子女参加当地高考而受到影响"。袁贵仁部长曾指出，随迁子女想要在学籍地进行高考，需满足相应的条件：首先家长在当地需有稳定工作、住所、收入并交了各种保险；学生也要符合条件，各地将会根据实际情况，决定什么样的学生跟本地生享有同样权利。

同样作为国家公民，不能因为一纸户籍，就使得不同地区的学生享受差距过大的教育权利。在输入地非户籍居民和户籍居民之间，应该具有均等的教育机会，维持不同户籍学生的利益平衡，这样才可以使得整个社会的教育公平水准得到提高。对于教育而言，户籍制度本就是不公平的，不能因为制度原因剥夺学生平等的受教育权利。在《通知》下发之后，此种教育公平理念已经成为政府与民间各种利益相关者的共识。但是，具体到异地高考政策如何平衡异地考生与本地考生的权利问题，还需要利益相关者们继续博弈和互动。

除了目前山东给出了确定政策门槛外，即2014年开始，在山东有完整高中学历的学生，都可以就地报名参加高考，在持续的讨论中，社会各界也都对异地高考政策规划提出了不同的操作样本。如学者总结解决异地高考问题，主要有三种大致的提议。第一种是"异地借考"思路。第二种是放宽高考报名资格条件的思路，即通过将"户籍＋学籍"高考报名条件，调整为"居住证＋学籍"或者"多年纳税证明＋学籍"来解决进城务工人员子女的异地高考问题。第三种是高考改革思路，探索建立"统一测试＋高校自主招生"的考试招生体系，所有学生可不分户籍选择参加自主招生统一测试，学校结合统一测试成绩、考生中学成绩、考生所在地区教育因素综合评价，进行录取。①

"教育公平志愿者"们，也曾公布了自己经过调查后提出的"随迁子女输入地高考"门槛高度：随父母在常住地上学至高中毕业，达到3年以上连续学籍的学生就应该可以在居住地参加高考和录取；北京和上海两地的学生连续学籍要达到4年以上的标准。看起来比较符合《通知》的因地制宜原则，说明这些维权者是很理性、很现实的。

全国人大代表朱永新建议，在设置限定条件的基础上逐步放开异地高考。他给出的限定条件是：家长在常住地有5年以上的工作历史并有完整

---

① 阳锡叶.平稳突破异地高考的种种藩篱［J］.湖南教育：上旬，2011（10）.

的纳税记录、学生本人有当地3年以上连续的学籍记录，且这些限定条件要随着教育均衡化的发展逐渐放宽。他还认为放开异地高考，引发的问题并不如想象的那么严重，有国家的招生计划支持，对户籍地学生也不会有特别大的冲击。另外，还可以考虑其他的方法，如让居住满6年以上的非户籍高中毕业生免考进入高职高专院校等。

从上述政策建议中，我们可以预见到，在《通知》给地方政府留下的操作空间中，利益各方虽然仍然会有一定的博弈，但是各方都会比较理性，各地陆续出台的具体操作方案对准入门槛的设定，不会与山东版本有太大差别。差别无非是当地学习时间长短和政策具体生效的时间早晚两个方面。因为《通知》给了地方"因地制宜"的裁量权。

三、治本：需要深层次的制度改革

其实，与户籍绑定的高考问题，远不止异地高考所涉及的非户籍地参考资格问题。曾经引起高层出台政策进行规范的还有"高考移民"问题，即为了提高被高校尤其是优质高校录取的概率，一些学生在高考报名前将自己的户口迁入不是自己接受普通教育的、且教育水平相对落后些的其他省市，并在户口转入地报名参加高考。在国家统筹的计划招生名额不变的情况下，这些"高考移民"就挤占了当地学生的升学机会，因而引发当地考生及家长们的严重不满。所以，2005年教育部和公安部联合颁发了《关于做好普通高校招生全国统一考试考生报名资格审查工作的通知》，要求"各省级招生委员会要切实加强本地高考考生报名资格审查工作"，要坚持户籍学籍双认定原则。其后，一些省市开始实行地方性课标和高考单独命题，以期减少高考移民的流入。

今天的异地高考政策，试图解决的依然是与户籍绑定的高考报名资格问题。但是，利益诉求的对象变了，政策的规则也变了。如今是有条件地放开户籍作为高考报名资格的规定，而且，放开门槛的高低取决于地方政府操作性规则。这个弹性空间，是否会引发各地政策差异造成新的教育公平问题？因为因地制宜的原则，一定会体现出地方规则的差异性，而公平的教育权利需要普适性的共享标准，在共同标准下的任何特例，都是对统一标准的违背。既然允许异地高考了，门槛高低差别一定会造成新的教育公平问题。

在高考报名资格整体原则维持不变的情况下，即考生必须在户口和学籍所在地报名参加高考的大原则不变的情况下，允许在某地有长期居住和求学经历的人参加当地的高考，那么其他群体对异地高考的合理诉求是否也能得到政府的支持呢，如父母长期在某地工作的留守儿童、如户籍近期变动考生是否可以在户籍地报名参加高考。实际上政府对此是有所担心的，所以在《通知》中还特别提出要防止"高考移民"。

在统一分配招生名额的前提下，非户籍考生流入地的学生和家长也有教育权受损的担忧，上海本地学生家长也曾多次到上海市教委，提出他们的维权诉求。的确，在统一分配高考招生名额的条件下，非户籍生流入或多或少都会对本地学生录取概率产生一定的负面影响。虽然《通知》提出要给有非户籍考生流入地增加统招名额，但是具体是否能够与流入生的比例相匹配，的确是个令考生和家长担忧的问题。因为，非户籍学生增长的速度是难以预料的，据统计2011年北京小学新生47.6%为非户籍学生。

对上述问题的思考，并不表示我们反对异地高考政策。相反，我们主张公平的教育权利，对于任何能够改善教育公平的举措都举双手欢迎。不仅因为教育公平是教育民主化的指标之一，更重要的是公平的受教育权是教育稳定和持续发展的必要条件，也是社会繁荣和稳定发展的必要条件。但问题在于这个改善措施是否完善，至少应该是帕累托式的改进，即不会因此而产生新的教育权利受损人群。

上面提到2011年北京小学新生非户籍学生将近占到一半的现实，既是非户籍生流入地考生和家长忧虑的注脚，也是流动人口达到如此比例的现实情况下，与户籍绑定的高考制度必须改革的充分证据。因此，我们希望从根本上认识和解决问题，同时也担忧这种针对性过强的局部解决方案，会引发新的公平问题。无怪乎有人会担心"异地高考即便按下葫芦也会浮起瓢"。①

在户籍与高考报名资格绑定的根本制度问题没有改变的情况下，占到如此比例的非户籍学生，不论出台多少针对特定人群的支持性政策，都无

---

① 舒圣祥. 异地高考即使按下葫芦也会浮起瓢 [J]. 教育·研究，2011：88.

法真正平衡户籍和人口流动产生的所有问题。此外，高考招生指标的统一分配制度不改革，地方教育发展水平差异引起的各地高考录取机会不平衡就会存在，由此引发的高考移民流也不会停止。《通知》所标志的异地高考政策，其进步意义在于，政府开始关注教育管理过程中要保护受教育者的教育权利问题，而且，政府能够与利益相关者进行互动，并尊重民间群体的利益诉求。

任何事情都有双面性，有针对性的改革，必然不会对根本性和整体性解决问题有所帮助。罗尔斯在其《正义论》中明确指出"平等的公民自由是确定不移的，由正义所保证的权利绝不受制于政治的教育或社会利益的权衡"。① 真正平等的受教育权利，也同样应该是排除个别社会群体利益干扰的，对所有受教育者一视同仁的普适原则下的教育公平。按照教育社会学的理论，只有回归到依据受教育者的学习意愿和学习能力来分配教育机会时，教育机会才是真正均等的。

我们承认异地高考政策已经触动了问题的核心，即户籍制度对教育权利的限制，也打破了户籍制度对教育权利的刚性约束，允许一部分人在满足某些条件的前提下，可以不受户籍的约束。但若真正使户籍和高考资格脱钩，我们还需要进行非常深入的研究和设计完善的高考制度改革方案。

---

① 约翰·罗尔斯著. 正义论 [M]. 何怀宏，何包钢，廖申白译. 中国社会科学出版社，1988（3）：2.

公平视域下政府角色的不同面向

——兼论高等教育入学机会公平问题

杜瑞军[①]

公平是人类社会发展的基本理念和追求目标,维护社会的公平是政府的基本责任。然而,不同研究者基于不同的立场在理解和解决社会公平问题上却大相径庭,甚至各自的内部也在逐步分化。高等教育入学机会的获得要求建立在个人的能力和学术水平基础之上,这一点已被世界公认。但围绕着这一标准本身以及由于这一标准导致的后果,却引发了理论研究和政策实践层面对政府是否介入高等教育入学机会的分配存在重大分歧。其部分原因是由于人们对这一分配标准认识的深入,更重要的原因是人们对政府角色本身认识的差异。正如哈耶克指出,政府角色是一个永恒的争论焦点,今后也不可能停止这种争论。尽管每个人可能都希望国家以某种方式采取行动,但在政府该干些什么的问题上,几乎是有多少不同的人,就有多少种看法。[②] 本文试图以入学标准为切入点对经济新自由主义的不干预说,政治新自由主义的干预说以及马克思主义的社会重构说等三类主张进行了梳理和分析。

一、天赋自由与政府不干预

主张政府不干预是古典自由主义以及经济新自由主义(Nedliberalism)

[①] 作者简介:杜瑞军,男,(1975 –),山西阳泉人,北京师范大学教育学部高等教育研究所讲师,教育学博士,研究方向:高等教育政策、大学教师发展。

[②] [英]弗里德里希·奥古斯特·冯·哈耶克. 通往奴役之路 [M]. 北京:中国社会科学出版社,2007:94.

的基本观点。① 古典自由主义以亚当·斯密的经济学说为代表。经济新自由主义的代表主要有弗里德里希·哈耶克（Friedfich Hayek），米尔顿·弗里德曼等（Milton Friedman），罗伯特·诺奇克（Robert Nozick）等。其基本主张是"管得最少的政府是最好的政府"。在经济上实行权力下放，减少管制，减少政府在社会服务上的花费，减少税收，实行小政府。

自由主义思想在西方有着浓厚的传统，其核心价值在于"天赋自由"，主张机会平等。相信人的尊严，相信根据他自己的意志来尽量发挥他的能力和机会，只要他不妨碍别人进行同样的活动的话。每个人都有得到自由的平等的权利。② 丹尼尔·贝尔认为，机会均等的原则正是建立在自由主义的这一基本主张之上的：它主张个人——不是家庭、社团或国家——是社会的单位，社会的安排是为了使个人有机会实现他的目的：可以通过劳动去获得财产，通过向上流动取得与他的才能相应的地位。社会机构应该给那些有不同愿望的人提供公平及更多的竞争机会。这样，机会均等原则上取代了所谓地位上的优先、裙带关系、保护人和其他不靠才能参与竞争的一切标准。③ 更值得一提的是，在自由主义者看来，个人与生俱来的天赋和能力是一个有关个体的不可剥夺的事实，无论更广泛的社会目标的价值如何，我的个体的完整性都要求它不被篡改。在布劳和邓肯看来，从先赋的地位到获得的地位是工业社会基本演化的必然结果，或许不止于此，它也是自由社会的必然要求。

正是由于这样一种原则符合自由社会的本性，在自由主义者看来，它既与自由契合，也不与平等相悖，政府的基本职责就是创造和维护一个有利于自由竞争的社会。国家是保障人的最大财富——自由——的条件，人在国家中最优越的地位是，最多姿多彩的个性，最地道的独立自主和各种个人之间的同样最多姿多彩和最诚挚的结合并存。因此，国家机构的设置

---

① 张纯厚. 当代西方两种新自由主义——政治新自由主义与新保守主义的对立［J］. 政治学研究，2010（3）：105 – 112.
② ［美］米尔顿·弗里德曼. 资本主义与自由［M］. 北京：商务印书馆，2006：5 – 7.
③ ［美］丹尼尔·贝尔. 英才治国与平等［A］张人杰. 国外教育社会学基本文选［C］. 上海：华东师范大学出版社，1989：254.

应尽可能少地给这个终极目标制造障碍。① 因此,他们反对破坏这一规则的任何企图,即使这一规则有可能带来不同群体实际差异的扩大。在他们看来,这是不完全竞争导致的结果,而不是自由本身的弊端,增进社会福利的唯一真实的源泉在于市场。② 哈耶克毫不掩饰对此的辩护:在竞争的社会,穷人的机会比富人的机会所受到的限制多得多,这一事实丝毫也不影响另一事实的存在,那就是在这种社会里的穷人比在另一种不同类型的社会里(集权的社会——笔者注)拥有很大的物质享受的人要自由得多。……只有在竞争制度下,才没有任何人能够阻挠他谋求致富的努力。③

即使针对存在的歧视(种族、宗教和性别等方面的歧视)——这一破坏自由竞争原则的痼疾,在他们看来,解决的途径不是通过政府的干预而是竞争。自由市场是把社会歧视缩小到最低限度的主要原因。④ 自由主义对自由和个人权利的崇尚,使得他们对政府的干预保持高度的警惕。他们认为,个人是唯一的实体,社会或国家既不是实体,所以,要求为了国家或社会的利益而牺牲某些个人的利益,实质上是为了一些人的利益而牺牲另一些人的利益,那是不道德的。任何人都不可以为了他人而被牺牲。⑤ 国家并不需要对公民正面的福利作任何关照。所有为了福利而采取的措施如法律、奖励、奖赏都有可能损害或者限制人的自由,并且还会因此增加国家的行政管理本身的困难,增加为此所需要的手段,因而成为种种弊端的渊源。⑥

因此,自由主义者对政府实施优先政策,如肯定行动(Affirmative action)进行了批判。他们认为,个体的就学、就业应该完全以才能和实力为标准,因为,这一标准保证了所有人完全平等地进行竞争,确保胜利唯

---

① [德]威廉·冯·洪堡. 论国家的作用 [M]. 北京:中国社会科学出版社, 2005: 12 - 173.
② [匈]安东尼·德·雅赛. 重申自由主义 [M]. 北京:中国社会科学出版社, 1997: 2.
③ [英]弗里德里希·奥古斯特·冯·哈耶克. 通往奴役之路 [M]. 北京:中国社会科学出版社, 2007: 100.
④ [美]米尔顿·弗里德曼. 资本主义与自由 [M]. 北京:商务印书馆, 2006: 119.
⑤ [美]罗伯特·诺奇克. 无政府、国家和乌托邦 [M]. 北京:中国社会科学出版社, 2008: 40.
⑥ [德]威廉·冯·洪堡. 论国家的作用 [M]. 北京:中国社会科学出版社, 2005: 36, 54.

有通过个人的努力（而不是上层精英阶层的指定）才能获胜。① 如果承认每一个人都是平等的，每个人都具有与他人一样重要的生活，那么具有同样资格的其中一方（如白人男性）为什么被选择出来作出牺牲。如果这样的诘难是合理的话，那么，所谓的优先政策就破坏了自由的原则。在他们看来，个人身份或地位或财富的大部分差异归根结底可以被认为是机会的产物，是他们幸运（或不幸运）所继承的遗传因子。② 在自由主义者看来："处境不利者"的存在不是由于历史的、社会的问题（其假设前提是社会为每一个人提供了平等的机遇），而是由于自身不可避免的缺陷（包括能力和条件的差异），或者由于偶然的机遇等等。建立在契约基础上的资本主义社会是近乎公正的。③ 每个人都有同样的机会，因此它是在合乎正义的原则获得的所有物。一个人幸运地成为一个白人，出生于一个富裕的家庭，继承了父母的天赋等在道义上并不能为他们因此就屈从于优先政策进行辩护。

C. 詹克斯的研究似乎也佐证了这一点：贫穷首先并不是继承的，出生于贫穷的孩子往往比别人更有机会结束贫困，一代人与一代人之间有着很大的经济流动。一个家庭中兄弟间的经济差距就和社会上存在的差距一样大……在考试中取得高分的人之间与社会上的一般人一样也有许多经济上的不平等。④ 因此，以成绩和能力为基础，但又不完全依赖这两者的不平等状况的存在构成了不公正的事实。

进一步的批判是对政府干预的合法性的质疑以及对干预的实际效果和可能带来的后果上。诺奇克指出，在西方社会中，没有任何集中的分配，任何人或任何群体都没有资格控制所有的资源，都没有资格共同决定如何

---

① [英]拉尔夫·H. 特纳. 赞助性流动、竞争性流动和学校教育 [A]. 张人杰. 国外教育社会学基本文选 [C]. 上海：华东师范大学出版社，1989：93.
② [美]米尔顿·弗里德曼. 资本主义与自由 [M]. 北京：商务印书馆，2006：178.
③ 魏小萍. 契约原则是否带来了自由和平等——雅克·比岱的元结构与罗尔斯的正义理论 [J]. 哲学研究，2002（3）：12－18.
④ [美]丹尼尔·贝尔. 英才治国与平等 [A]. 张人杰. 国外教育社会学基本文选 [C]，上海：华东师范大学出版社，1989：257.

把它们施舍出去。① 政府的干预不仅不能获得预期的效果,而且还会损害自由。例如,优先政策阻止学校选择更合适的学生。而在哈耶克看来,那些许诺通过政府计划能够带来更大自由和平等的社会主张,事实证明是一条通向奴役的道路:当人们放弃自由,转而强制性地将事务加以组织起来的时候,……随着组织管理的增加,目标的多样化必定会让位于一体化。这是对有计划的社会和人类事务中独裁主义原则的必然报应。②

批判的声音还有对在优先政策中受惠群体的关怀,认为这一政策会损害他们中一些人的自尊,因为,如果没有那些政策,他们能够同样获得机会,但他们无法判定自己不在受益者之中。③

简而言之,自由主义所代表的,乃是一种"保障个人权利","缩减政府功能"的原则。他们主张每个人都有权利依据他所选择的方式生活,只要他尊重别人同等重要的生活。④ 进一步而言,他们坚信,自由的竞争不仅有利于个人自由的维护,而且有利于平等的实现。因为它给予每个人同等实现自己意愿的机会。国家既不是个人自由的保护者,也不能凌驾于个人自由之上,因为它与每个人都应对自己的命运负责的信念是相悖的。⑤

对于这一主张的现实回应,是肯定行动在美国的一些州开始被取消。1997年,加利福尼亚州"209提案"(Proposition 209),全称《加利福尼亚民权动议》(California Civil Rights Initiative)开始生效。"209提案"规定,加利福尼亚州在公共就业、公共教育,以及公共合同领域取消了对少数种族和妇女的肯定性行动计划,其他多个州也先后通过了类似的法案。⑥ 于是,长期以来在解决与种族主义历史休戚相关的社会不公问题上,原本大有可为的政府以及包括高等院校在内的相关机构被拒之门外,市场取而

---

① [美] 罗伯特·诺奇克. 无政府、国家和乌托邦 [M]. 北京:中国社会科学出版社,2008:179.
② [英] 弗里德里希·奥古斯特·冯·哈耶克. 通往奴役之路 [M]. 北京:中国社会科学出版社,2007:31.
③ [美] 托马斯·内格尔. 人的问题 [M]. 上海:上海译文出版社,2004:114.
④ 江宜桦. 自由民主的理路 [M]. 北京:新星出版社,2006:158.
⑤ [美] 米尔顿·弗里德曼. 资本主义与自由 [M]. 北京:商务印书馆,2006:4.
⑥ Brian Pusser. The Contemporary Polices of Access Policy: California after Proposition 209 [A]. Edited by Donald E. Heller Affordability Access and Accountability [C]. The Johns Hopkins University Press Baltimore and London, 2001, 121 – 152.

代之，成为决定谁接受高等教育，谁不能进大学的因素。①

自由主义的主张是建立在对完全自由竞争社会的推崇和对完全"计划性社会"的批判基础之上。而自由主义的国家理论是"社会契约论"。"社会契约论"作为国家理论的合理性、正当性和魅力存在于两种不同但又相关的理想中。一种是"自律"的理想，将契约看作一种人的自由行为，其道德性存在于订立契约的自愿性质之中。另一种是"互惠"的理想，将契约视为相互帮助的工具，其道德性依赖于交易的公平。但是，实际的缔约情境都是不完善的，在达成契约的经验过程中，当事人在信息、知识和能力等方面都不可避免地带有各种局限性。② 另外，自由主义者也并非是无政府主义者，他们强调政府应当有所作为，但要求政府的行为应该严格地限制在法治的框架下。他们相信法治，认为法治是自由主义时代最伟大的成就之一，它不仅是自由的保障，而且也是自由在法律上的体现。然而，正如哈耶克自身所强调的，法治和政府的一切行动是否在法律的意义上合法这一问题没有什么关系。集权政府极有可能是以严格的合乎宪法的方式获得无限权力，但无人会承认这样的政府是法治政府。因此，法治就含有限制立法范围的意思。③ 但自由主义依然面对的诘难是：其一，政府在保障个人自由的名义下对自由竞争的"失败者"置之不理是否是"正义"的？其二，那些具有相同"天赋"的人，却由于社会和文化的不利条件无法获得"相同的成功前景"是否是正义的？其三，哈耶克所讲的法治是谁的"法治"？前两点正是罗尔斯试图解决的，而第三点正是马克思主义者所竭力批判的。

由于自由主义者对自由的崇尚没有顾及到自由本身所受的限制，这就使他们的理论本身也带有理想的色彩。如果在一个不能实现完全竞争的社会，主张自由竞争而放弃政府在促进社会平等和福利方面的积极作用，必将导致社会中不同阶层之间差距的进一步扩大。即便是人与人的竞争是在

---

① 罗伯特·罗兹，张燕军. 新自由主义影响下的加州公立高等教育危机 [J]. 江苏高教，2011 (1)：148-151.
② 姚大志. 反契约论——评诺奇克的新自由主义 [J]. 哲学研究，1997 (9)：74-80.
③ [英] 弗里德里希·奥古斯特·冯·哈耶克. 通往奴役之路 [M]. 北京：中国社会科学出版社，2007：82-83.

平等的条件和规则下进行，其结果也不仅是强者最终获胜，而且强者企图使自己永远成为胜者。资本主义发展过程中的社会结构巨变，贫富差距扩大，不同阶层受教育机会严重不均的现实就证明了这一点。因此，为了国家目标的利益，我们必须意识到这种企图的存在，而且要预先采取措施阻止其发生。①

二、分配正义与政府的有限干预

主张政府有限干预的观点主要来自政治新自由主义者（New Liberalism）。他们同样强调个人自由和个人权利必须得到第一优先考虑的。但同时认为，仅仅依靠个人不相互干扰和公平地制定和实施法律，不能保障自由平等。如果没有对基本社会需求和经济需求的具体规定，我们就无法有意义地实践我们的公民自由和政治自由权。尽管政府的确不可能同时满足全体公民的愿望和要求，但应该满足而且能够满足所有人必需的"社会基本善"，如自由、健康、收入、机会、自尊等等，② 它们既是所有社会成员必需的，也是一个完善社会所应提供的。所以要求扩大政府调节经济和保障社会公正的权力。这一思想集中反映在罗尔斯的《正义论》之中。

针对先前自由主义者依据个人能力和天赋获取机会，并把个人身份或地位或财富的大部分差异认为是机会的产物，人人都有同样的机会的主张，罗尔斯认为这种观点是不正确的或者不充分的。天生的优势和社会优势一样，是偶然和武断的结果。正如不应由历史和社会命运来分配收入和财产一样，也不能靠自然天赋决定分配。他指出："没有人应得他在自然天赋的分配中所占的优势，正如没有一个人应得他在社会中的最初有利的出发点一样。因为，人的个性在很大程度上依赖于幸运的家庭和环境，而对于这些条件，个人是没有任何选择权利的。"③ 因此，需要有一种原则以减少这个自然奖券的武断作用。

罗尔斯理论视正义为社会灵魂，他提出了有关正义分配的两个原则：

---

① [美] 赫伯特·D. 克罗利. 美国生活的希望：政府在实现国家目标中的作用 [M]. 南京：江苏人民出版社, 2006：22.
② [美] 约翰·罗尔斯. 正义论 [M]. 北京：中国社会科学出版社, 1988：85.
③ [美] 约翰·罗尔斯. 正义论 [M]. 北京：中国社会科学出版社, 1988：104.

第一个原则：每个人对与其他人所拥有的最广泛的基本自由体系相容的类似自由体系都应有一种平等的权利（即天赋自由原则）。第二个原则：社会和经济的不平等应该这样安排，使它们（1）被合理地期望适合于每一个人的利益（即差别原则）；并且（2）依系于地位和职务向所有人开放（即自由平等原则）。① 这两个原则存在一个词典式的优先顺序，只有在充分满足前一个原则的情况下，才能考虑后一个原则。罗尔斯认为，第一个原则优先于第二个原则，第二个原则自由平等原则又优先于差别原则。

  第一个原则表明了罗尔斯对先前自由主义传统的吸收，同样承认那些确定基本自由的规范应当平等地适用于每一个人，这些基本的自由有政治上的自由及言论和集会的自由；良心的自由和思想的自由；个人的自由和保障个人财产的权力等。② 不过罗尔斯认识到，这种形式上的自由会受到社会和自然偶然因素不合时宜的影响，会导致社会资源倾向于简单地复制原初的才能和财产的分配，那些在才能和资产方面占有优势的人总是在初次分配中占有优势。因此，他提出了第二个原则，即自由平等原则，其理想是提供给所有人一个"平等的起点"，从而使那些具有相似天赋和能力并具有相似意愿去训练这些天赋和能力的人，能拥有"相同的成功前景"。自由平等原则是对天赋自由原则的修正，其方式是超越那些形式上的机会平等，在可能的地方矫正社会的和文化的不利条件，目标是建立一种公平的精英统治。但机会均等即便做到完美无缺，也只是对财富专横的一种微弱限制。③ 在这样的基础上，罗尔斯提出来第三个原则，即差别原则。这一原则适合于最少受惠者的最大利益，尽量排除社会历史和自然方面的偶然任意因素对于人们生活前景的影响。在罗尔斯看来，出生和天赋的不平等既不是公平，也不是不公平，而只是任意的，这些自然资质或天赋是不应得的。由于出身和天赋的不平等是不应得的，这些不平等就多少应给予某种补偿。他从"处境不利者"的立场出发，认为社会应该更重视那些出生于家庭地位较低的家庭而天赋又较少的人，不平等的存在只要有利于其

---

① ［美］约翰·罗尔斯. 正义论［M］. 北京：中国社会科学出版社，1988：56，292.
② ［美］约翰·罗尔斯. 正义论［M］. 北京：中国社会科学出版社，1988：57，60.
③ ［美］迈克尔·J. 桑德尔. 自由主义与正义的局限［M］. 南京：译林出版社，2011：85 – 86.

状况的改善就是公正合理的,就是可以被接受的。

差别原则以一种根本不同的方式攻击"任意性",改变了自由主义所主张的按才取利的分配基础,而是把天赋才能的分配看成是共同的所有物,一种共享的分配的利益。但罗尔斯的差别原则——即给那些出身和天赋较低的人以补偿,缩小以至拉平他们与出身和天赋较高的人们的出发点方面的差距——透露出一种平等乃至平均主义的倾向而招致指责。然而,正如桑德尔(Michael J. Sandel)所指出的,罗尔斯的差别原则不等同于结果的平等,它也并不要求铲除人与人之间的所有差异,他的方法不是根除不平等的天赋,而是对收益和责任的方案进行安排。①

罗尔斯对利益和责任的分配在很大程度上沿袭了自由主义传统继承,这体现在他对权利对善的优先和程序优先性的辩护上。罗尔斯对不平等的修正首先建立在自由优先的原则基础之上,尊重自由主义所竭力倡导的个人权利,捍卫权利对善的优先,他认为权利在两个方面优先于善:其一,某些个人权利"胜过"或压倒共同善的考量之意义上;其二,在具体规定我们权利的正义原则证明不依赖于任何特殊的善的观念之意义上。"权利优先于善"引发了关于正义与善能否割裂,个人权利和共同体权利孰轻孰重之争。罗尔斯沿袭了自由主义的传统,对个人权利给予了充分的肯定和保护,强调由正义所保障的自由权利绝不受制于政治的交易和社会利益的权衡,不管这种有损于自由的交易多么有利或将带来的社会利益多么大,自由只能为了自由本身的缘故而被限制。② 另一方面,罗尔斯认为要达成正义,必须坚持程序的优先性。就一般而言,一个完善的程序正义有两个特征,其一是存在一个公平分配的独立标准;其二是设计一种保证达到预期结果的程序。③ 然而,正如罗尔斯对天赋应得观念的否定一样,他对是否存在一个不受偶然性影响的、唯一公平的分配标准存有质疑。善的观念是多种多样的,人类的目标也是多元的,人们可以自由追求他们不同的目的,而不管它们是什么目的,只要它们是公正的就行。因此,罗尔斯指

---

① [美]迈克尔·J·桑德尔. 自由主义与正义的局限 [M]. 南京:译林出版社,2011:87.
② [美]约翰·罗尔斯. 正义论 [M]. 北京:中国社会科学出版社,1988:241.
③ [美]约翰·罗尔斯. 正义论 [M]. 北京:中国社会科学出版社,1988:81.

出，不存在对正当结果的独立标准，一种正确或公平的程序如被恰当地遵守，其结果也会是正确的或者公平的，无论它们可能会是一些什么样的结果。①

如果说上述两个方面是罗尔斯对先前自由主义传统的传承的话，他对差别原则的辩护则是其所作出的超越，即罗尔斯着力构建一种社会共同体，表达了一种道义论的自由主义寻求确认的相互尊重的理想。② 他着力构建了这样一种合作体系，那些做到该体系所宣称的将会得到报偿的事的人就对他们的优势享有资格。在这个意义上，出身和天赋上具有优势的会有更好的条件，他们的要求是依据社会制度建立的正常期待；而社会有义务满足他们。但这个应得的意义预先假设了合作图式的存在。补偿原则正是建立在社会合作的基础之上的，在他看来，合作能够给每个人带来比独自生活更大的利益。事实上，天赋较高人的利益也是在与那些天赋处于劣势人的合作中获得的，如果没有这些天赋不利者的合作，天赋较高者也不可能获得较大的利益。③ 他主张在一种互惠互利的合作体系中，由天赋较高者对天赋较低者进行一种依据天赋并非应得的让利和补偿，并允许那种能给最少受惠者带来补偿利益的不平等分配。④ 因为，这一原则不仅是维系社会合作的基础，同时也能使所有人受益。

差别原则在教育机会分配中的应用体现在"肯定行动"中。尽管"肯定行动"在美国多数州被取消，但德沃金以和罗尔斯相同的逻辑依然坚定地为此进行辩护，他指出没有人能公正地申明他的权利被肯定行动计划所侵犯。原因有二：其一，在大多数情况下，他们所具有的许多相关特性并非他们自己得来的；他们的天赋智商、家境、社会文化机遇等等，这些因素很大程度上都是人力控制之外，取决于运气的好坏。其二，能算作特殊任务所要求的资格，取决于该任务恰好要求的那些品质。个人不可能拥有

---

① [美] 约翰·罗尔斯. 正义论 [M]. 北京：中国社会科学出版社，1988：82.
② [美] 迈克尔·J. 桑德尔. 自由主义与正义的局限 [M]. 南京：译林出版社，2011：95.
③ 冯建军. 三种不同的教育公正观——罗尔斯、诺齐克、德沃金教育公正思想比较 [J]. 比较教育研究，2007 (10)：36-40.
④ 宋月红. 试析罗尔斯和诺齐克关于差别原则的不同认识 [J]. 政治学研究，1999 (3)：83-91.

优先于或独立于公正社会制度所可能赋予的那些价值、优点和应得。只要优待政策是出于某种价值目的而有利于人们，而不是判断人们本身价值的优劣，它就是可以接受的。只有基于种族的排斥动机不是发自偏见，而是发自"手段性计算"，发自对"社会优先资源的最有效利用的合理计算"这样的理念，就是正当的。①

尽管与罗尔斯和德沃金的观点不尽相同，但内格尔还是从社会融合的角度为肯定行动进行了辩护，他指出，尽管优先政策不是公正原则所要求（自由主义传统的公正观——笔者注），但它们也并非严重不公正。他指出，一项（针对黑人和妇女）的优先录取政策的做法不会伤害白人作为一个群体的自尊，因为，这种情况产生，只是由于他们在社会上占有总体支配地位，而且这种做法的目的只是为了有利于黑人，而不是为了排斥白人。这项政策的意图是支持一个社会地位特别受压制的群体，这种压制对于那个群体成员的自尊、对于社会的健康和内聚力都带来破坏性的后果。亚当·莫顿也认为，尽管这一做法就本身考虑也许是不公正的，但是它对长期公正的更大贡献使它得到认可，因为它消除了一种长期不变的模式。②

罗尔斯通过否定天赋应得的观念在一定程度上揭示了依靠个人能力自由竞争的本质与教育机会不平等的根源。尽管解释路径不同，更多的批判者加入了进来。他们指出，尽管能力本位取代裙带关系和任人唯亲，是历史的进步，但是，仅仅停留于此却并不会带来他们所期待的平等，因为个人能力的获得与其所处的家庭环境有着很大的关系，愈是单纯地强调这一标准，愈会导致社会不平等的再生产。布迪厄在批判那种除了个人能力之外不承认任何不平等的观点时指出，对能力的崇尚是通过竞争性考试来实现的，考试在完全保证考生的表面平等的同时，却以不具名的方式根本不考虑它们在文化面前的实际不平等，考试所保障的表面平等只是把特权转化成了成绩，因为它使社会出身继续发挥作用，只是途径更加秘密而已。③

---

① ［美］迈克尔·J. 桑德尔. 自由主义与正义的局限［M］. 南京：译林出版社，2011：158－161.
② ［美］托马斯·内格尔. 人的问题［M］上海：上海译文出版社，2004：113.
③ ［法］布尔迪约，帕斯隆. 继承人：大学生与文化［M］. 北京：商务印书馆，2004：89－90.

鲍尔斯分析到，这种能力本位实际上是上层阶级规定并维护的一套比赛规则。① 这一规则看似公正，其实并不公正，它通过创造一种人人皆可变动社会地位的神话，在使自身合法化的同时，也在复制社会的不平等。大量的实证研究都证明了这一点。那些通过自由竞争以扩大高等教育入学机会的努力，其结果并没有使学生队伍总的社会结构有重大的变化，获益者总的来说是有特权地位或半特权地位的人。因此，需要对自由主义哲学所遵循的逻辑（即入学和升级应取决于个人的能力和才能，而不是取决于社会—经济地位）进行认真的审视。事实上，所谓"能力"，其特定的标准乃是客观测验的分数和考试成绩，而这些标准都与学生的社会背景有关。② 例如在英国，人们越来越多地以才能而不是学校或家庭的声名作为评价依据。然而，尽管阶级偏见在降低，但影响人民生活的社会环境的影响力依然非常强大。英国已经越来越"唯才是举"，但人们获得才能的机会与以往一样还是不平等。③

当然，罗尔斯把天赋才能的分配看成是共同的所有物的观点以及其差别原则依然遭到自由主义者的不断质疑，尽管存在诸多争议，但补偿原则已经成为各国政策实践的一个重要部分。法国高教改革委员会主席雅克·阿达利在《构建欧洲高等教育模式》中认为，处于困难处境的优秀高中学生应当得到长期高等教育学习的低风险保障，高等教育应当有助于社会不公正的缩小，在财政和文化上帮助处境不利的学生获得同样的权利。

罗尔斯的正义原则是从所假设的组织良好的社会中提出来的，这样的社会有两个基本特征：成功地实行公正制度是所有社会成员共有的最终目的；同时，这些制度形式（公正的宪法和法律秩序）自身被人们看作善。④ 这使得他的理论具有一定乌托邦的色彩。基于自由主义的传统，把不利群体之所以处于不利地位的原因依然归咎于个人不可避免的因素，他通过补

---

① ［美］塞缪尔·鲍尔斯. 不平等的教育和社会分工的再生产［A］. 张人杰. 国外教育社会学基本文选［C］. 上海：华东师范大学出版社，1989：218.
② ［瑞典］托尔斯顿·胡森. 平等——学校和社会政策的目标［A］. 张人杰. 国外教育社会学基本文选［C］. 上海：华东师范大学出版社，1989：210.
③ 张千帆，曲相霏. 大学招生与宪法平等：国际经验与中国问题［M］. 南京：译林出版社，2011：143.
④ ［美］约翰·罗尔斯. 正义论［M］. 北京：中国社会科学出版社，1988：514.

偿原则改变不利群体处境的举措没有触及资本主义制度本身。在马克思主义者看来，不利群体之所以处于"劣势"是起点（阶级社会）不平等造成的，解决这一问题的根本方法是废除产生阶级社会的生产资料私有制。

三、马克思主义与政府重构

主张政府重构的观点主要来自马克思主义者，马克思主义者主义批判了资本主义法权和"永恒正义"等概念，同时对各类无政府主义和机会主义者所提倡的平均主义思想进行了批判。指出真正解决实现平等正义问题的关键在于通过阶级斗争，通过解放和发展生产力，建立一个无阶级的社会，一个没有剥削的社会，即社会主义社会。①

马克思、恩格斯反对抽象地讨论平等、自由以及公平和正义问题。他们甚至拒绝将所谓的"平等"或"正义"口号作为自己的理论范畴来使用。阿兰·桑德洛指出，当恩格斯在他的论文《论住宅问题》中把正义的概念描述为"社会燃素"时，他非常明确地表达了马克思主义传统中的一个难题，即贬低关于正义问题之讨论的重要性，而且最终消除这种思想。②马克思、恩格斯之所以贬低平等和正义问题的重要性在于他们把其看作是一种具有依附性和描述性的意识形态的法权概念，③依然限定在资产阶级的框框内，没有触及资本主义制度本身。正如卢卡奇所言，资产阶级用"自由"的名义进行的反对社会等级制度组织的斗争在取得胜利的同时，就必然变成一种新的压迫（即资产阶级对无产阶级的压迫），然而资产阶级在理论和实践上总是千方百计地想把阶级斗争的社会事实从社会意识中抹去。④所谓倡导平等权利和永恒正义正是这样的手段。

在马克思主义者看来，包含着平等和正义理念的资产阶级法权不是抽象的，它们建基于资本主义的物质生产方式之中。物质生活的生产方式制

---

① ［英］卡尔·波普尔. 开放社会及其敌人（第二卷）［M］. 北京：中国社会科学出版社，2007：217.
② ［加］阿兰·桑德洛. 马克思主义的正义理论？［J］. 马克思主义与现实，2009（6）：21－29.
③ ［美］艾伦·伍德. 马克思对正义的批判［J］. 马克思主义与现实，2010（6）：39－47.
④ ［匈］卢卡奇. 历史与阶级意识［M］. 北京：商务印书馆，2004：121.

约着整个社会生活、政治生活和精神生活的过程。不是人们的意识决定人们的存在，相反，是人们的社会存在决定人们的意识。"宗教、家庭、国家、法、道德、科学、艺术等等，都不过是生产的一些特殊的方式，并受生产的普遍规律的支配。马克思在对黑格尔法哲学批判的基础上得出这样的结果：法的关系正像国家的形式一样，既不能从它们本身来理解，也不能从所有人类精神的一般发展来理解，相反，它们根源于物质的生活关系，这种物质的生活关系的总和，黑格尔称之为市民社会，而对市民社会的解剖应该到政治经济学中去寻找。① 恩格斯在《论住宅问题》中也指出，人们的法权产生于他们的经济生活条件，但人们往往忘记这一点，不是把它们视为相应经济关系的反映，而是把它们视为本身包含有自己根据的体系。于是法学家和盲目相信他们的人们眼中，法权的发展只在于力求使获得法律表现的人类生活条件愈益接近于公平理想，即接近于永恒公平。而这个公平却始终只是现存经济关系在其保守方面或在其革命方面的观念化、神圣化的表现。②

正是在这样的基础上，马克思、恩格斯还批判了形形色色的社会主义者、机会主义者对平等、公平和正义的曲解。马克思在《哥达纲领批判》中批判了拉萨尔关于劳动所得应当不折不扣和按照平等权利属于社会一切成员的主张。他指出：生产者的权利是同他们提供的劳动成比例的；平等就在于以同一尺度——劳动——来计量。这种平等权利，由于劳动者体力或智力不同，因此，对不同等的劳动来说是不平等的权利。它不承认任何阶级差别，因为每个人都像其他人一样只是劳动者；但是它默认，劳动者的不同等的个人天赋，从而不同等的工作能力，是天然特权。所以就它的内容来讲，它像一切权利一样是一种不平等的权利。③

马克思同样对拉萨尔等提出的"通过国家来实施普遍的和平等的国民教育"的主张进行了责难。他反诘道，是不是以为在现代社会里教育对一切阶级都可能是平等的呢？或者是要求上层阶级也被迫降低到很低的教育

---

① 马克思恩格斯选集（第二卷）[M]. 北京：人民出版社，1972：82.
② 马克思恩格斯选集（第三卷）[M]. 北京：人民出版社，1972：539.
③ 马克思恩格斯选集（第三卷）[M]. 北京：人民出版社，1972：11-12.

水平——国民小学呢,即降到不仅唯一适合于雇用工人的经济状况,而且唯一适合于农民的经济状况的教育水平呢。①

这表明马克思把平等问题和绝对的平均主义划清了界限。马克思坚持个体之间是不平等的,因为他们是有差异的个体;从任何既定标准以及程序来考量,他们都是不平等的。任何以平等的名义否认人与人之间权利的不平等的真实存在都是不切实际的。实现实质平等——真正的平等应该被看作是形式平等的前提和尺度。因此,马克思在《哥达纲领批判》中明确批判了消除"一切社会的和政治的不平等"的提法,认为这种提法应该改成:随着阶级差别的消灭,一切由此差别产生的社会的和政治的不平等也将自行消失。② 这就意味着,作为共产主义者所渴望的理论表述,真正的平等既不可能,也不可欲。恩格斯在《反杜林论》中从多方面批驳了杜林关于"两个人彼此完全平等"的错误主张。指出,那种摆脱了一切现实,摆脱了地球上发生的一切民族的、经济的、政治的和宗教的关系,摆脱了任何性别和个人的特性的抽象的平等权利进行了批判,③ 人与人之间的平等,只是在什么愿望也没有的时候才存在,一旦他们不是抽象的人而是转为现实的个人的意志时,平等就完结了。④

当马克思、恩格斯把对平等和正义问题的讨论限制在法权的概念框架之下时,我们至少可以从如下方面理解马克思主义者对此的认识:(1)由于法权建基于一定物质生产方式之上,制度的平等和正义与否依赖于它们与它们所隶属的那个生产方式之间的关系;某个生产方式中的正义制度,可能在另一生产方式中是不正义的。正如恩格斯所言,希腊人和罗马人的公平观认为奴隶制度是公平的;1789年资产阶级的公平观则要求废除被宣布为不公平的封建制度。⑤ 因此,所谓永恒的公平和正义如果不是"陈词滥调"便是虚伪的、不切实际的谎言。(2)消除资本主义社会的不平等与不公正问题,不能依靠对原有制度(法律、政策等)更合理的调整和修修

---

① 马克思恩格斯选集(第三卷)[M].北京:人民出版社,1972:22.
② 马克思恩格斯选集(第三卷)[M].北京:人民出版社,1972:18.
③ 马克思恩格斯选集(第三卷)[M].北京:人民出版社,1972:138.
④ 马克思恩格斯选集(第三卷)[M].北京:人民出版社,1972:142.
⑤ 马克思恩格斯选集(第三卷)[M].北京:人民出版社,1972:539.

补补而实现。马克思批判了"做一天公平的工作,得一天公平的工资"等所谓"平等"口号,因为,如果不消除雇用关系,不改变生产资料的不平等占有,工人无论是被支付公平的工资还是不公平的工资,都在遭受同样的剥削。同样,也不能通过激进的平均主义得以实现。因为,在马克思主义看来,分配不是与生产平行的东西,不是与其无关的东西,也不是人们凭其道德和政治智慧就能进行修改的东西。所有的分配方式都由生产方式决定,属于生产方式的一个功能性部分。①(3)权利决不能超出社会的经济结构以及由经济结构制约的社会的文化发展。② 平等权利的获得和实现,实质上是一定历史条件下物质资料占有方式的制度上的体现,最终取决于社会生产力的发展水平。平等权利的扩大和平等发展水平的提高,也最终取决于生产力发展水平的提高。因此,平等是历史的产物。(4)无产阶级革命的目的并不是,也不可能把革命家眼中最值得称道的道德规则、法律规则或"正义原则"强加给社会。政治制度不创造、也不可能创造新的生产方式,它只能与人们已经造就的生产方式相一致。如果革命的制度意味着新的法律、新的司法标准、新的财产权和分配形式,那么,这并不代表"正义"终于在它未曾实现的地方得以实现,而是代表着新的生产方式,随同它的有特色的法权形式一道,已从旧形式中脱胎而出。③

在马克思主义者看来,为促进平等就需要政府在机构和社会的建构方面进行一场激烈的变革,这可以从其国家理论中看出。马克思主义者指出,国家是阶级矛盾不可调和的产物,是一个阶级对另一个阶级压迫的工具。恩格斯在《家庭、私有制和国家的起源》中清楚地揭示了这一点:"由于文明时代(国家的产生)的基础是一个阶级对另一个阶级的剥削,所以它的全部发展都是在经常的矛盾中进行的。生产的每一个进步,同时也就是被压迫阶级,即大多数人的生活状况的一个退步。对一些人是好事,对另一些人必然是坏事,一个阶级的任何新的解放,必然是对另一阶级的新的压迫。"④ 马克思谴责了资本主义体系中私有制和雇用关系包含着

---

① [美]艾伦·伍德. 马克思对正义的批判[J]. 马克思主义与现实,2010(6):39-47.
② 马克思恩格斯选集(第三卷)[M]. 北京:人民出版社,1972:12.
③ [美]艾伦·伍德. 马克思对正义的批判[J]. 马克思主义与现实,2010(6):39-47.
④ [德]恩格斯. 家庭、私有制和国家的起源[M]. 北京:人民出版社,2003:184.

的残酷的不公的现实，并指出，这种不公是与完全是"形式上的"公正和正义结合在一起的。他严厉地批判了 J. 唐森的主张，并称其为最粗俗的辩护士。唐森在《论济贫法》中反对救困济贫，他认为通过帮助饥饿者，救贫法趋于"破坏上帝和自然在世界上所创立的这个制度的和谐与优美、匀称与秩序"。① 因此，在马克思主义者看来，要实现真正意义上的公平，必须进行社会重构。

值得指出的是，正如前文艾伦·伍德所指出的那样，马克思所主张的社会重构并不是革命家把最值得称道的道德规则、法律规则或"正义原则"强加给新的社会来谋求所谓的平等与正义。它只能与人们已经造就的生产方式相一致。然而实践却走向了反面。

这就使得马克思主义及其继承者受到来自波普尔的责难。其实这种责难早在巴枯宁的《国家制度和无政府状态》中就已经出现。巴枯宁诘问：

马克思主张建立人民国家，而人民国家不是别的，而是"上升为统治阶级"的无产阶级。请问，如果无产阶级将成为统治阶层，它将统治谁呢？就是说，将来还有另外一个无产阶级要服从这个新的统治，新的国家。②

马克思对此的回应是无产阶级在为摧毁旧社会而斗争的时期还是在旧社会的基础上进行活动的，如果作为阶级斗争和阶级存在的基础的经济条件还没有消失，那么就必须使用暴力消灭或者改造某种经济条件，或者必须使用暴力加速这一过程。但是马克思并没有回答在旧有基础并没有消失的这段时期，无产阶级是否会分化的问题。因此，波普尔指出"世界上并不存在这样的理由，一旦反对共同阶级敌人的斗争的压力消失了，组成无产阶级的个人还是保持阶级联合。一切潜在的利益冲突现在似乎必然将从前联合的无产阶级分裂为新的阶级，并发展成一场新的阶级斗争"。③ 波普尔的责难并非不真实的存在。

---

① [英] 卡尔·波普尔. 开放社会及其敌人（第二卷）[M]. 北京：中国社会科学出版社，2007：310 - 311.
② 马克思恩格斯选集（第二卷）[M]. 北京：人民出版社，1972：634.
③ [英] 卡尔·波普尔. 开放社会及其敌人（第二卷）[M]. 北京：中国社会科学出版社，2007：220.

社会主义时期的东欧各国和新中国成立初期都进行了积极的尝试。然而这些变革并没有取得预期的效果。例如在社会主义时期的匈牙利，最为彻底地实施了有关教育权利方面的"反歧视政策"，试图直接改变教育机会的分配方案，即为工人阶级的子女在中学和大学保留大量的学习机会，但是，为实现教育平等而作出的努力，却有助于维持校外的社会不平等和经济不平等。家庭社会地位与子女的就学机会仍然顽固地不肯脱钩。[1]

马克思主义继承者还面临的另外一个质疑在于无产阶级如何行使自己的政权以实现理论者所描绘的蓝图。这实际包含两个问题，其一是如何避免革命之后可能存在的分裂，即波普尔所指出的问题，其二才是如何实施蓝图的问题，斯科特在对列宁《怎么办？》的分析之后指出，列宁试图通过建立革命先锋队，作为党的头脑，而那些在革命政治中得到培训但"落后"的无产阶级，作为身体，通过严格的纪律和计划，就可实现政党与无产阶级的有机结合。他在精细解构了苏维埃极端现代化的具体举措——整个社会被严格地组织起来，人口按照"等级秩序、分类、管辖范围、严格的制度、理性的计划和福利制度"被组织进不同的机构。改变世界并不是布尔什维克议程中的唯一任务，他们还试图进行文化革命创造新人，而这些新人，即布尔什维克的专家、工程师、官员代表了新的伦理[2]——后得出自己的判断：19世纪晚期和20世纪国家发展的悲剧都来源于三个因素致命的结合。第一个是对自然和社会管理秩序的雄心；第二个因素是毫无节制地滥用国家权力作为达到目标的工具，第三个因素是缺乏抵制这些计划能力的软弱和顺从的市民社会，[3] 清晰地指出来那些试图改善人类状况的项目是如何失败的。

四、政府角色的厘定原则

为了改善不利群体的处境，实现针对不利群体的补偿，政府的介入是

---

[1] Hanley. & McKeever. The Persistence of Educational Inequalities in State – socialist Hungary: Trajectory Versus Counter Selection [J]. Sociology of Education, 1997 (70): 1 – 18.

[2] [美] 詹姆斯·C. 斯科特. 国家的视角：那些试图改善人类状况的项目是如何失败的 [M]. 北京：社会文献科学出版社，2004：196.

[3] [美] 詹姆斯·C. 斯科特. 国家的视角：那些试图改善人类状况的项目是如何失败的 [M]. 北京：社会文献科学出版社，2004：115 – 116.

合理的，也是必不可少的。王绍光认为公平的自由只有在一个强有力的国家保障下才能实现。① 福山也指出，发展中国家政府软弱、无能或者无政府状态，是严重问题（如不公平、疾病、贫穷）的根源。尽管在对政府干预的范围和强度上存在一定的分歧，但人们越来越认识到，在保障人们获得平等的机会方面，政府不能无所作为。

推动政府干预高等教育入学机会分配的另一个主要原因来自于高等教育本身。这主要体现在两个方面：其一，经济和社会发展要求高等教育发挥更重要的作用。随着知识经济社会的到来，知识产业凸显。现在世界的运作越来越依靠知识和它的应用。国力的增强与知识的生产性有更加紧密的联系，国与国之间的竞争不再是资源和军事实力的较量，更多地体现在知识和技术的高低上。其二，高等教育大众化的到来，使高等教育被期待承担起推进社会民主化、创造一个相对没有等级的社会的责任。因此，克拉克·克尔指出，高等教育对社会的太多部分和太多的人民来说，已经变得太重要，以至国家不能完全不管。②

这些促使我们进一步思考政府角色，即思考政府权力实施的范围和实施的强度，这就需要进一步讨论政府角色厘定的原则。韦伯划分了解释行动合理性的两个方面：价值合理性和工具（或目的）合理性，本文对政府角色扮演应坚持的原则考量也正是建立在这样的理论基础之上的。

第一，公共利益至上原则

这是制定公共政策的价值基础，作为现代政府，在其施政理念上，应当认识到，公共行政的根本目标应是公共利益（public interest），政府不应有单独利益，而以追求社会公共利益为唯一目标，以实现社会公共利益为唯一的出发点和归宿点。T.库泊认为，公共利益，作为规范行政伦理的道德指南，把我们引向基本责任，他质问："你是为广大的公共享有的利益代言呢，还是只为有限的特殊利益集团服务？"在提醒我们担负着对前者而非对后者的伦理责任方面，在提醒我们作为公共管理者方面，公共利益

---

① 玛雅. 建立一个强有力的民主国家——与王绍光谈民主［EB/OL］.. 左岸文化网，http：//www. eduww. com/Article/Class4/200707/14160. html/2008－03－08.
② ［美］克拉克·克尔. 高等教育不能回避历史——21世纪的问题［M］. 杭州：浙江教育出版社，2003：48.

概念是最有用的。① 政府的职责是提供公共产品，维护和提供社会公正是其核心价值。它不同于企业，不能以效率作为首要目标。"公正是社会制度的首要品格"。切实实现真正的公平增长，保障机会公平，使全体公民的权利能够平等、充分地实现，是政府的紧迫任务和责任。②

然而，需要指出的是，公共利益并不等于大多数人的利益，它不同于政治哲学中功利主义的观点，即公共事务应当满足"为最大多数人谋求最大效用"这一原则。因为，这一原则会导致政府忽视或放弃对少部分人的责任。对此，可以从一些反对实施"优先政策"的主张中得到印证：他们的观点归结起来主要有两点：一方面，他们认为，实施优先政策会形成一种"反向歧视"的不正常现象，（这方面的论述在上文中已经提到）另一方面，他们质问，在一个资源短缺的时代，政府有必要花费如此高昂的代价保护少数人的权利吗？③ 他们辩称，以权利为基础而制定政策，更倾向于考虑较少团体的利益，而不是更大的社会利益。换言之，要获得这些有限的利益，我们付出的代价太大了。

政府的确不可能同时满足全体公民的愿望和要求，但是忽视或放弃对少数人权利的保障是不正义的。它们既是所有社会成员必需的，也是一个完善社会所应提供的。正如弗伦奇指出，如果行动的道德正义不是伴随着好的结果而产生，那么道德正义并不仅仅是由对个体或大众的幸福的考虑来决定的。因此，保障公共利益在政策选择上应当坚持普适性的原则，而不应该针对某个群体，所有的人都不应该被抛弃。

基于以上的分析，对这一原则的实践应当主要体现在两个方面：其一是保障所有人在政治、经济、社会上享有公平的机会，这是政府的基本职责；其二是避免绝对的剥夺。因为从机会到结果往往被扭曲，有些人即使享有公平的机会，但他们的努力事与愿违，不管是出于保障还是怜悯的角

---

① [美] 奥尔森. 国家兴衰探源：经济增长、滞胀与社会僵化 [M]. 北京：商务印书馆，1993：21.
② 高国希. 机会公平与政府责任 [J]. 上海财经大学学报，2006 (6)：2-10.
③ [美] 弗兰克·费希尔. 公共政策评估 [M]. 北京：中国人民大学出版社，2003：146-148.

度，政府都不希望自己的成员遭遇惨境。① 1998 年诺贝尔经济学奖得主阿马蒂亚·森在谈到经济全球化时仍指出，全球化：只要公平就好，我们真正要做的是如何更加公平地分享社会发展的成果。

第二，责任与权力对等原则

这一原则是建立在对公共行政行为符合工具（或目的）合理性的考量基础之上的。使责任与权力匹配是建立现代政府的基本要求。作为一种理想形态的假设，我们当然希望政府责任尽可能地大，而权力尽可能地小，但这样的政府是不可能存在的，一个权力很小或完全没有权力的政府是无法对任何公共责任承担责任的。而从制度安排的"经济人预设"出发，可以认为无论在任何"文化"中，如果没有制约条件，统治者都可能趋向于权力尽可能大，而责任尽可能小。而被统治者则相反，他们都希望兼享最大自由与最大福利保障，因此要求统治者权力尽可能小而责任尽可能大。② 上述两种形态不仅不能被现实所接纳，而且也难以有效承担其维护公共利益的责任，这就要求建立起责任与权力相匹配的政府。责任与权力相匹配的政府存在两种类型：其一是政府权力小，相应地其承担的社会福利责任与保障也小；其二是政府权力大，相应地承担的社会福利责任和保障也大。

但是，这两种政府形态仅仅使二者形成表面而不是实质的匹配和对应，因为，在第一种类型中，政府可能通过让渡自己的权力从而放弃自己应当承担的责任；在第二种类型中，政府可能通过扩大自己并不能承担得起的责任从而扩大自己的权力。因此，问题的关键是，我们必须对政府的权力和责任有清晰的认识：区分哪些责任是政府必须承担的，哪些责任是政府不能或不能完全承担的；哪些政府权力需要强化，哪些权力必须弱化。福山提出国家建构（state - building）的概念，他将国家活动的范围和国家权力的强度区别开来，前者主要指国家所承担的各种职能和追求的目标，后者指国家制定并实施政策和执法的能力，特别是干净的、透明的执

---

① 世界银行. 2006 年世界发展报告：公平与发展 [R]. 北京：清华大学出版社，2006：19.

② 秦晖. 权力、责任与宪政——关于政府"大小"问题的理论与历史考查 [J]. 社会科学论坛，2005（2）：10 - 37.

法能力——通常指国家能力或制度能力。并指出最佳的改革路径是在缩减国家职能范围的同时提高国家力量的强度。① 世界银行1997年世界发展报告《变革世界中的政府》指出，政府改革首先应使政府的作用与其能力相符；其次，通过重振公共机构活力从而提高政府能力。②

  从目前的政治实践来看，责任与权力分离的事实在一定程度上还普遍存在，或者在缩减政府职能的同时，放弃了政府的责任，或者不断扩大政府权力，而政府责任却有名无实。这就提醒我们，坚持责任和权力对等原则，必须注意以下三个方面；其一，从政府责任的实现来看，对于政府应当承担的责任，必须借助公共权力——即"干净、透明的执法能力"给以有效的保障，而不能仅仅体现为一种意志的表示；③ 其二，从政府责任的范围来看，政府的责任不是无限的，对于政府不能或不能完全承担的责任，政府就需要通过放权的形式确认和鼓励其他责任主体承担起来，形成一个公共机构和其他非公共机构多元治理的结构和体系；其三，权力依附责任而存在，责任借助权力以实施，没有无权力的责任，也不存在无责任的权力，二者互相对应，不能须臾分离，这就需要把责任和权力都置于法治化和制度化的框架之下。现代政治的使命就是对国家的权力实施制约的同时，把国家的活动引向它所服务的人民认为是合法的这一终极目标上，并把权力的行使置于法治原则之下。

---

① ［美］弗朗西斯·福山. 国家建构：21世纪的国家治理与世界秩序［M］. 北京：中国社会科学出版社，2007.
② 世界银行. 变革世界中的政府［R］. 北京：中国财政经济出版社，1997：3.
③ 王邦佐，桑玉成. 论责任政府［N］. 解放日报，2003 – 05 – 13.

扩大的差距——巴西高等教育入学机会分配政策的变迁与面临的挑战

杜瑞军①

在现代社会，高等教育越来越被看作是推进社会平等的工具，并期待为全体人口创造更大的机会。然而，无论是过去还是现在，知识的掌握都和一大堆不平等现象、排斥现象以及社会斗争如影随形。在过去的几十年中，全球范围内接受高等教育的人数在急剧增加，从 1970 年到 1990 年，高等教育注册人数增加了一倍，大学生从 2800 万增加到 6900 万，到 2002 年达到了 1.22 亿，估计到 2025 年达到 1.5 亿。② 但是，高等教育入学规模的扩张并没有有效地克服或缓解人们在获得教育机会时面临的歧视和不公正现象。沃尔特斯称之为 "增长的限界"，在他看来，单纯的教育扩张本身不一定会改变各社会群体在 "教育队列" 中的相对位置。教育机会的获得依然与家庭背景顽固地缠结在一起。这就需要研究者关注教育体系中规模增长与机会分配这一双重过程，避免出现非此即彼的倾向。③ 事实上，各个国家在不断增加教育供给、扩大教育规模的同时，都在积极建构社会改革方案，尽量弱化入学机会与家庭背景之间的关系，以弥合人们在高等教育机会获得方面的鸿沟。文本以 "金砖成员国" 巴西为例，通过审视高

---

① 作者简介：杜瑞军，（1975 — ），男，山西阳泉人，北京师范大学教育学部高等教育研究所讲师，教育学博士，主要研究领域为高等教育学原理、高等教育政策。
② 联合国教科文组织世界报告. 从信息社会迈向知识社会 [M]. 联合国教育、科学及文化组织出版，2005：19，92.
③ [美] 帕梅拉·B. 沃尔特斯. 增长的限界——历史视角中的教育扩张与改革 [A]. 莫琳·T. 哈里楠. 教育社会学手册 [C] 上海：华东师范大学出版社，2004：318，333，338.

等教育的结构体系、高等教育入学分配政策及其成效,分析其所面临的困境与问题,并对其未来政策走向进行评析。同作为金砖成员国,巴西的一些举措,无疑会为我国建立更加公平的高等教育提供经验和借鉴。

一、发展的路径——巴西高等教育的结构体系

要了解巴西高等教育改革的实质和效果,就必须了解巴西高等教育的结构体系。① 高等教育的结构体系与高等教育入学机会的供给规模和供给方式密切相关。它在一定程度上决定着人们能够在多大程度上获得高等教育入学机会以及获得什么样的入学机会。本文中所要讨论的高等教育结构体系主要包括两个方面:其一是高等教育的供给主体,即由谁提供高等教育;其二,高等教育的结构类型,即提供什么样的高等教育。

巴西高等教育的发展肇始于16世纪上半叶,最初主要是一些由教会和私人创办的单科性质专业学校(Isolated Institutes),如法学院、医学院,服务于特殊阶层的需要。20世纪初期,巴西各州和联邦政府陆续举办了一些高等教育机构。但这些机构无论是在管理体制还是课程设置方面,都移植法国模式,脱离本国实际需要,被称作"拿破仑模式"(A Napoleonic Model)。② 在这一时期,巴西的当权者并未把教育视为国家的战略性问题,即国民教育未被纳入治国方略之中。巴西最初的两部宪法(即1824年和1891年宪法)均未提及教育问题。依据巴西学者的看法,当时巴西不存在教育,而仅有教学。③

直到30年代之后,随着巴西工业化进程的开始,教育才作为国家的全局性问题被提了出来。热图利奥·瓦加斯(Getúlio Vargas)当政期间(1930 – 1945),成立了教育部,加强全国教育事务的管理,并在1931年

---

① Peter Maassen & Nico Cloete. *Global Reform Trends in Higher Education*. 2006 Springer. Printed in the Netherlands. 7 – 33.

② Simon Schwarzman. *Brazil: Opportunity and Crisis in Higher Education*. [J]. Higher Education. 1988;17,99 – 119

③ 恩若尔拉斯·若泽·德卡斯特罗·卡马戈. 巴西问题研究 [M]. 巴西陆军出版社,1979,174. 转引自张宝宇. 巴西教育问题:发展经济学视角的国际比较 [J]. 拉丁美洲研究,1998 (5):39 – 43.

首次尝试通过立法手段规范高等教育的发展。① 1931 年立法的主要目的是摆脱法国模式的影响，改变片面发展单科、专业学院的局面，注重综合性；改变有教学无研究的现状，注重发展高等教育机构的学术和研究功能。但这一目的直到 1968 年通过新的法律后才真正付诸实施。不过，在这一时期，由于政府的介入，先前的私立和州立高等教育机构逐步纳入联邦高等教育体系，成为联邦大学机构（Federal Universities）。在 1954 - 1964 年期间，63% 的学生进入大学学习。公立高校（联邦和州所属的学校）在校生人数达到了 81% 左右。②

1968 - 1978 年是巴西经济快速发展但同时也是社会矛盾比较激烈的时期。在这一时期，两种力量推动巴西高等教育改革。一方面，城市化进程进一步加快；妇女逐步进入劳动力市场；中等教育规模不断扩张；现代工业发展对新的技能提出了更高的要求，年轻人希望通过教育获得更好的工作机会，以实现自身的价值；社会福利和公共服务水平逐步提高——等等因素形成一种强大的力量，推动了高等教育迅速发展。③ 另一方面，由于人力资本理论的发展以及政府对高等教育在建立一个"强大的巴西"的作用怀有强烈的期待。对公立大学以及一些教会大学等学习美国模式给予鼓励，对它们开设硕士、博士学位课程，从事基础和应用研究给予大力扶持。在这样的背景下，1968 年，巴西通过了宪法第五修正案，签署了高等教育法（Law 5540/68），在强化军政当局对教育控制权的同时，主要发展"大学"层次的机构（University - type Establishments），并把教学、科研和社会服务作为大学的密不可分的功能。

---

① José Manoel Carvaho de Mello. *The Higher Education System in Brazil and its Developmental Role*. Paper presented at "UNIVERSIDAD2006" 5th International Congress on Higher Education Cuba, 13 - 17 February, 2006 [EB/OL] http：//www.fpi.lu.se/media/en/research/universidad06 - brazil.pdf. 2010 - 9 - 20.

② Angela C. de Siqueira. *Higher Education Reform in Brazil：Reinforcing Marketization* [J]. Journal for Critical Education Policy Studies. 2005. Vol. 7. No. 1，p170.

③ Simon Schwartzman. *Latin America：National Responses to World Challenges in Higher Education* [A]. Higher Education in the 21st Century：Global Challenge and National Response. Edited by Philip G. Altebach [C]. Boston College and Pattimcgill Peterson Institute of International Education and Council on International Exchange of Scholars. April 1999 [EB/OL] http：//henc - jordan.org/en/others/HIGHER1. PDF. 2008 - 05 - 06.

1968年改革实际是1931年改革的延续，主要意图是学习美国研究型大学模式，延揽优秀人才，开展硕士和博士等高层次教育，发展大学的学术研究功能等。改革的结果是在1970年，在巴西的高校中，才仅有57个博士项目，而到1985年，却达到了300多个，另有800多个硕士项目，它们90%分布在公立高校中。[1]

同时，为了应对经济社会发展带来的愈来愈多的入学需求，该项改革还大力鼓励和扶持私立教育的发展，却没有在质量控制方面给予必要的干预，导致高等教育规模急剧扩张。高校在校生人数从1968年的27.8万增加到1978年的40.5万，其中私立学校功不可没。[2]

1968年改革的初衷与结果大相径庭。导致了一个结构庞杂、层次多样、地区发展高度差异化的高等教育系统。其基本特征如下：

(一) 高等教育类型、层次多元化

1968年改革初步奠定了巴西高等教育的结构体系。依据主办者不同，巴西高等教育分为公立和私立两类。其中公立高校根据资助和管理者不同又分为联邦、州立、市立三类。私立高等教育机构根据办学性质不同分为营利性和非营利性两类。依据机构职能和办学使命不同，高等教育机构又可以分为四类：(1) 大学（Universities），主要在本科和研究生层次承担教学和科研等传统职能，拥有高度的自治权，至少1/3的教师拥有硕士或博士学位，至少1/3为全职教师；(2) 大学中心（University Centers），是根据《国家的教育方针和基本原则》（Law of Direction and Basis for National Education, LDBN1996）创办的，它们在很多方面享有同大学同样的权利。主要承担教学职能，无须开展研究，它们有权开设新的课程而无须谋求教育部批准；(3) 多科性学院（Multiple Faculty Facilities），提供多个知识领域的课程，如社会科学和技术等；(4) 单科性学院（Single Faculty Facilities），仅仅提供某一知识领域的课程，如社会科学等。无论是多科性学院

---

[1] Simon Schwarzman. Brazil: *Opportunity and Crisis in Higher Education*. [J]. Higher Education. 1988 (17): 99 – 119.

[2] Angela C. de Siqueira. Higher Education Reform in Brazil: Reinforcing Marketization [J]. Journal for Critical Education Policy Studies, Vol. 7, No. 1, p. 170.

抑或是单科性学院，都为非大学机构，它们几乎没有什么自治权，开设的每一门课程都需要经过教育部核准。①

在巴西高等教育体系中，受益于1968年改革，公立高等教育机构，尤其是联邦大学处于整个金字塔顶端。它们受联邦和各州资助，并且从教育部和规划部（Ministry of Planning）获得巨额项目资助，设施先进，精英荟萃，能为学生提供最好的教育，并且几乎不收取任何费用。据2002年统计，全国公立大学本科生数仅占全国的30%，但攻读硕士和博士学位的学生却分别占全国的82%和91%。② 在2009年巴西大学排名中，排在前十位的大学均是联邦政府举办的大学。③ 但公立大学入学竞争非常激烈。一流公立大学往往平均7-8人竞争一个名额，在一些热门专业如医学、法律，竞争更加激烈。④

（二）私立高等教育占有举足轻重的地位

巴西私立高等教育历史悠久，20世纪40年代曾发展迅速，尽管一度遭到政府干预，在50-60年代发展缓慢，但进入60年代末以后，随着所谓"经济奇迹"的出现，私立教育重新焕发新机。进入90年代，私立高等教育发展尤为迅速。私立学校在校生规模一直占全部学生总数的2/3左右，并且还有逐步增大的趋势。⑤

巴西里约热内卢大学的麦克万（T. McCowan）认为，巴西私立高等教育快速发展有三个原因：第一，受需求驱动。由于人口增长，中学毕业人数增加，就业市场需要高等教育文凭，但公立学校发展缓慢，不能满足这样的要求；第二，投资者认识到高等教育成为一个有利可图的领域；第

---

① World Bank (2002). *Higher Education in Brazil: Challenges and Options* (The Human Development Department Latin America and the Caribbean Region, World Dank, p4); Simon Schwarzman. Brazil: *Opportunity and Crisis in Higher Education*. [J]. Higher Education. 1988 (17): 99-119.

② Tristan McCowan. The Growth of Private Higher Education in Brazil [J]. Journal of Education Policy Vol. 19, No. 4, July 2004: 453-472.

③ *Rankings of Universities in Brazil* [EB/OL] http://en.wikipedia.org/wiki/Brazil_university_rankings, 2011-05-06.

④ Tristan McCowan. *Expansion Without Equity: An Analysis of Current on Policy to Access to Higher Education in Brazil* [J]. Higher Education, 2007 (53): p579-598.

⑤ Rosa Marina de Brito Meyer. *The Education system in Brazil* [J]. Anglohigher. Volume2, Issue5, 2010: 15-17.

三,政府采纳世界银行的意见,通过一系列刺激方案,如税收优惠和低息贷款等手段鼓励私立高等教育的发展。① 根据世界银行的报告,发展私立教育有三个主要有利之处。(1)发展私立教育有利于增加高等教育入学机会,促进教育公平;(2)欧洲传统的大学模式不适合中低收入国家(LMICs),发展私立教育有利于更好地满足学生的需要,并且通过竞争有利于提高高等教育质量;(3)发展私立教育有利于减轻公共财政负担,有利于政府把更多的经费投入到基础教育之中。②

来自社会的需求和世界银行的建议并不一定会把发展私立教育上升为国家政策层面。因此,尚需要明确巴西政府的执政理念。在20世纪石油危机之后,新自由主义一直主导着拉美国家的经济改革,拉丁美洲成了新自由主义的"实验场"。在高等教育领域主要体现为私有化(Privatization)。卡多佐(Cardoso)政府时期(1995-2003),就把大力发展私立教育作为应对日益增加的高等教育入学需求的主要策略。而对于公立大学,改革的呼声也甚嚣尘上,其主要内容是削减经费,扩大高校自主权,向学生收取学费,取消教师的一致工资。通过市场和产出水平来决定教师的收入等等。不过由于全国公职人员和学校师生大规模的抗议,这些改革没有取得预期成效。不过改革已经启动,正如巴西圣保罗大学哲学家 Marilena Chaui(2001)所言,如果巴西高等教育(大学)在20世纪90年代是以发展科学技术为核心的发展逻辑的话,现在其发展逻辑则是大学成为市场的一部分。③

需要指出的是私立高等教育机构在办学性质、办学目的等方面与传统私立学校早已大相径庭。传统的私立学校主要为宗教和慈善性质,具有非营利性特征。但现在的私立学校已经"企业化"(entrepreneurial)了。很多学校由大型的教育集团控制,它们已然成为营利性的或高度商业化的非营利机构。采取市场策略,扩大学校规模,注重经费使用效率。

---

① Tristan McCowan. *The Growth of Private Higher Education in Brazil* [J]. Journal of Education Policy Vol. 19, No. 4, July 2004; 453-472.

② World Bank (1994). *Higher Education: The Lessons of Experience* (Washington, DC, World Bank).

③ Angela C. de Siqueira. *Higher Education Reform in Brazil: Reinforcing Marketization* [J]. Journal for Critical Education Policy Studies. 2005. Vol. 7. No. 1, p. 170.

私立学校遍布全国,办学形式多样。一般而言,教会大学为精英大学,办学质量高。其他多数私立学校规模有大有小,教学质量低下,是颁发廉价文凭的工厂。① 主要提供本科层次的课程和教学,基本没有研究生教育,也几乎不开展研究工作。多数教师是兼职,主要招收没有机会进入公立大学的学生。私立学校通过开设夜校等形式,也招收那些希望通过教育获得晋升机会的中低层白领。学校教学设施简单,课程多是所谓的人文社会科学等"软科学"(Soft fields)。收费低廉,但对来自低收入家庭的学生而言,依然难以负担。

(三) 高等教育区域发展不均衡②

巴西高等教育发展不均衡具有深刻的社会历史根源。1959年,兰伯特(Lambert)就谈到了"两个巴西"。到20世纪80年代底,这一区分依然存在,一个是传统的农业——贵族式的社会,这个社会存在于北部和东北部的许多地区,另一个则是现代的、工业化、"进步的"南方。③ 巴西南北社会经济发展的差异导致高等教育地区分布极不均衡,50%的高校集中在10%的城市之中。④ 高等教育主要集中在南部地区,这些地区集中了最好的公立和私立学校。优秀的师生聚集在南部少数最好的公立学校之中,这些学校承担着大部分的博士、硕士课程。教授们待遇优厚,科研工作条件优越,学生们学费全免,并能获得2年或2年以上的奖学金。中南部或者北部的公立学校生师比高,师资质量不高。多数联邦大学在郊外建立了新的校区,但多数学校疲于维护。研究资料、实验器材和教学指导缺乏,教学质量堪忧。北部地区高等教育最不发达。见表1:

---

① *Higher Education Finance and Cost-Sharing in Brazil* [EB/OL]. http://gse.buffalo.edu/org/inthigheredfinance/project_profiles.html. 2011-05-06.

② Simon Schwarzman. Brazil: *Opportunity and Crisis in Higher Education* [J]. Higher Education, 1988; 17, 99-119.

③ [英] 劳勒. 巴西的教育和国家的发展 [A]. 瞿葆奎主编. 印度、埃及巴西教育改革 [C]. 北京: 人民教育出版社, 1990: 592.

④ Denilde Holzhacker Eufrasio Prates. Dstance HE in Brasil Brasil: A Social Inclusion Perspective? 2008 [EB/OL] http://www.ihep.org/assets/files/gcfp-files/Brazil-Distance_Higher_Education.pdf2008-05-06.

表1 巴西高等教育区域不均衡（2004）

区域（指数）	人口（%）	高等学校数（%）	第三级教育在校生数（%）
北部地区	13 972 422 (7.6)	101 (5.4)	230 227 (5.9)
东北部	51 661 192 (28.1)	304 (16.4)	624 692 (16.1)
南部	27 209 453 (14.8)	314 (16.9)	745 164 (19.2)
东南部	78 319 102 (42.6)	938 (50.5)	1 918 033 (49.3)
中西部	12 685 488 (6.9)	201 (10.8)	368 906 (9.5)
合计	183 847 658 (100)	1 859 (100)	3 887 022 (100)

资料来源：INEP（2004）Census José Manoel Carvalho de Mello, The Higher Education System in Brazil and its Developmental Role Paper presented at "UNIVERSIDAD 2006" 5th International Congress on Higher Education Cuba, 13-17 February, 2006.

二、扩大的差距——巴西高等教育入学机会分配的现状

自20世纪80年代末以来，巴西先后颁布了三个重要文件：巴西联邦宪法（Federal Constitution of Brazil, 1988）、国家的教育方针和基本原则（LDBN1996）以及巴西国家教育规划（The National Education Plan, PNE2001）。联邦宪法赋予每个人公平接受教育的权利，并把保障公民受教育权看作是政府、家庭以及全社会的责任（第205条），国家将提供免费的公立教育（第206条）。1996年的国家教育方针和基本原则推动了高等教育结构体系的多元化。而巴西国家教育规划则明确指明了巴西高等教育的发展目标是到2010年，18-24岁适龄青年中接受高等教育的人数达到30%。[1] 三个文件的颁布推动了巴西高等教育的急剧扩张。高等教育在校

---

[1] The National Education Plan. Accelerating Action Towards Education for All Amsterdam - The Netherlands, 10-11 April 2002.

生规模从1994年的170万,增加到2008年的550万,净增长210%。2009年,高等教育毛入学率①(Gross Enrollment Ratio in Tertiary Education)达到了38%,在金砖成员国中远远高于中国(2009,25%)、印度(2007,13%),低于俄罗斯(2008,77%)。在南美洲及加勒比海地区,属于高等教育发展非常快的国家之一,超过了秘鲁、哥伦比亚,不过还远远低于阿根廷(2009,68%)、智利(2008,55%)、委内瑞拉(2008,79%)等国家(2006-2009,世界银行发展指数)。

在巴西高等教育快速扩张过程中,私立教育发挥了重要作用。在1994年至2006年间,公立高校从211所增加到248所,增长率仅为17%,而同期私立高校则几乎增长了三倍,从711所增加到2022所,其中一半以上是1998年后新建的。② 私立学校在校生人数占全国高校在校生人数的比例从1994年的58%,增加到2008年的75%。公立学校学生人数尽管也从70万增加到了140万,但总体增长缓慢。见图1:

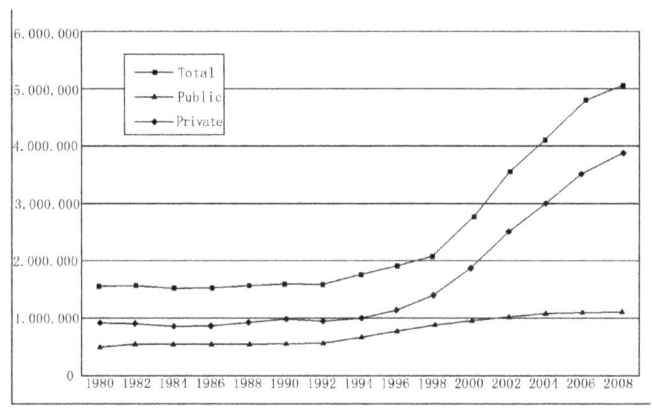

图1　1980-2008年巴西高等教育在校生人数

资料来源:Renato H. L Pedrosa. Master Planning in Brazilian Higher Education: Expanding the 3 - Year Public College System in the State of São Paulo. Research & Occasional Paper

---

① 注释:高等教育毛入学率:高等教育在学人数/18-24岁年龄人口;高等教育净入学率:18-24岁年龄阶段接受高等教育人数/18-24岁年龄人口.

② Jamil Salmi with Chloë Fèvre. Tertiary Education and Lifelong Learning in Brazil [EB/OL] http://www.anpedll.uerj.br/internacionalizacao/Banco-mundial/tertiary_education_in_brazil_15_Jan_09.pdf.

Series：CSHE. 2010. 10。

公立教育精英化，私立教育大众化是巴西高等教育的典型特征。[1] 正如前文所言，公立大学（包括高水平私立大学）竞争激烈，所有学生必须通过由大学或大学联盟自行组织的入学考试"Vestibular"，这是学生获得大学入学资格的唯一途径。激烈的竞争催生了各类考前辅导班（pre-vestibulares），这些辅导班一般由私人举办，收费昂贵，多数情况下，只有来自中高收入家庭的学生才能负担。另外需要指出的是，与其他国家相比，巴西存在一个比较特殊的教育体系。办学质量和声望好的中小学一般由私人举办，而在大学阶段，情形又恰恰相反。导致的结果就是来自富裕家庭的学生，他们在中学阶段就接受了最好的私立教育，然后再在"Vestibular"考试中取得好的成绩，从而进入免费的、一流的公立学校，而来自低收入家庭的学生，他们接受质量一般的公立中等教育，多数情况下在入学考试中难以获得很好的成绩，只能进入质量低劣但却收取学费的私立学校。米纳斯联邦大学（Federal University of Minas Gerais - UFMG）是巴西排名前三，世界排名前150名的大学，1996年入学新生中，60.8%的学生参加过大学入学考试辅导班（pre-vestibulares），59.3%的学生中小学在私立学校就读。圣保罗大学是巴西另外一个最大也是最知名的大学，2000年，一直在公立学校就读的学生仅有1.17%通过"Vestibular"进入该校，而98%的学生在中小学阶段就读私立学校。[2] 据统计，2002年，65%的公立大学生来自于私立中学，并且2/3来自于20%最富有的人群。[3]

通过表2可以看出，低收入家庭学生（处于1st\2nd\3rd阶段）无论在公立还是私立高等教育所占比例都很低。而在巴西，处于最低收入的家庭占到全国的30.2%，处于最高收入的家庭仅为6.9%。因此可以看出高等教育机会分配的不均衡性非常突出。

---

[1] Higher Education Finance and Cost - Sharing in Brazil [EB/OL] http：//gse. buffato. edu/org/inthigheredfinance/project_ profiles. html. 2011 - 05 - 06.

[2] Heloisa Suzana Santos Tomelin. Access to Higher Education in Brazil . In partial Fulfillment of the Requirements for the Degree Master of Arts . A Thesis Presented to the Faculty of the Center for International Studies of Ohio University.

[3] Rodrigo Davies. Brazil Takes Affirmative Action in HE. [EB/OL] . http：//education. guardian. co. uk/higher/worldwide/story/0，9959，1012157，00. html. 2008 - 04 - 20.

表 2　家庭收入水平与学生在公立和私立学校中的分布（2004 年）

	中等教育阶段						高等教育阶段					
公立/私立	合计	家庭收入等级					合计	家庭收入等级				
		1st	2nd	3rd	4th	5th		1st	2nd	3rd	4th	5th
公立	7 990 350	14.9	22.2	25.4	25.2	12.3	1 205 822	2.3	4.8	10.3	24.9	57.7
私立	1 381 091	2.5	5.0	10.7	24.4	57.4	3 375 882	1.2	2.1	6.6	20.8	69.3

注释：根据 Access, Expansion and Equity in Higher Education: New Challenges for Brazilian Education Policy 中的数据整理而成。

巴西高等教育入学机会不均衡还不仅如此，由于巴西社会经济和教育发展水平地区差异明显，不同地区、不同肤色的人群获得高等教育的机会同样存在很大的差异。① 北部和东北部教育发展落后于南部和中西部地区，18-24 岁年龄阶段的有色人种（黑人和棕色人种）接受高等教育的比例仅为 14.1%，而白人为 46.4%。巴西地理统计中心曾经对 2000 人进行调查，结果发现，25 岁以上的白人所获得的学位是同龄的巴西本地人和黑人的 5 倍以上。②（见表 3、表 4）

表 3　非洲裔巴西人按地区受教育水平（2002 年）

地区	非洲裔巴西人人口分布（%）		20-25 岁非洲裔巴西人完成高中教育比例（%）	黑人和白人接受高中教育之比（%）	非洲裔巴西人完成高中教育进入高等教育的比例（%）	黑人和白人进入高等教育的比例（%）
	按地区人口分布（%）	占全部非洲裔巴西人比例（%）				
北部	70.9	7.9	24.8	0.65	17.1	0.63
东北部	70.1	44.8	16.5	0.53	18.7	0.64

---

① World Bank (Document of the Inter-American Development, 2002) Brazil: *Diversity in Access to Higher Education*. Operation No. 1406/OC-BR. Approved on June 7.

② Nicole Roberge. *Brazil Experiences the Growing Pains of Affirmative Action Opinions Vary on Whether Policy Helps or Hinders Black Hispanics in higher Education* [EB/OL]. http://www.diverseeducation.com/artman/publish/article_5933.shtml. 2008-04-20.

续表

地区	非洲裔巴西人人口分布（%）		20-25岁非洲裔巴西人完成高中教育比例（%）	黑人和白人接受高中教育之比（%）	非洲裔巴西人完成高中教育进入高等教育的比例（%）	黑人和白人进入高等教育的比例（%）
	按地区人口分布（%）	占全部非洲裔巴西人比例（%）				
中西部	53.0	8.2	21.4	0.54	21.7	0.57
东南部	35.1	34.9	24.0	0.52	16.4	0.46
南部	15.7	5.3	16.4	0.41	23.6	0.63
全国	45.3	100	20.2	0.48	18.1	0.51

资料来源：RES, Social Information Service, based on Household Surveys (PNAD/99).

表4 18-24岁不同肤色学生在各级教育的分布（2003年）

地区	不同肤色18-24岁学生				
	合计（人）	接受各级教育百分比（%）			
		初等教育	中等教育	大学预科	高等教育
白人/巴西	4 258 209	11.6	35.3	6.3	46.4
黑人、棕色/巴西	3 626 733	30.9	49.8	3.9	14.1
北部（白人）	155 746	17.2	46.6	7.0	29.1
北部（黑人、棕色）	419 888	30.9	50.9	5.2	12.0
东北部（白人）	780 343	23.5	40.8	6.8	27.8
东北部（黑人、棕色）	1 792 587	38.6	45.7	3.9	9.9
东南部（白人）	2 117 679	8.9	33.2	6.6	51.2

续表

地区	不同肤色 18-24 岁学生				
	合计（人）	接受各级教育百分比（%）			
		初等教育	中等教育	大学预科	高等教育
东南部（黑人、棕色）	996 939	20.6	56.7	3.5	18.8
南部（白人）	939 576	7.7	33.9	5.6	52.2
南部（黑人、棕色）	125 483	20.2	52.7	4.4	20.4
中西部（白人）	263 643	9.2	34.0	4.5	51.8
中西部（黑人、棕色）	282 905	22.3	48.5	3.4	25.2

资料来源：Clarissa Eckert Baeta Neves; Leandro Raizer; Rochele Fellini Fachinetto, Access, Expansion and Equity in Higher Education: New Challenges for Brazilian Education Policy [EB/OL], http://socialsciences, scielo, org/scielo, php? script = sci_arttext&pid = S1517 - 45222007000100003&lng = es& nrm = iso&tlng = esllments, 2008 - 04 - 20.

巴西高等教育机会分配与成果分享不公是一个令人关注的社会问题。这种不平等是其社会经济不平等在教育领域内的反应。尽管巴西政府通过大力普及教育和增加社会项目投入缩小贫富差距，根据巴西著名智库瓦加斯基金会研究显示，巴西 2010 年判断收入分配公平程度的基尼系数为 0.5304，是自 1960 年有该项统计以来的最低值，表明巴西贫富差距明显缩小。① 但巴西依然被看作是世界上最不平等的国家之一。②

巴西高等教育机会分配不均还与其高等教育的供给方式密切相关。受

---

① 杨立民. 巴西基尼系数降至 0.5304，贫富差距明显缩小 [EB/OL]. 新华网 2011 - 05 - 04.

② World Bank (Document of the Inter - American Development). Brazil: Diversity in Access to Higher Education. Operation No. 1406/OC - BR. Approved on. June 7, 2002; 世界银行. 2006 年世界发展报告：公平与发展 [R]. 北京：清华大学出版社，2006：29.

新自由主义思想的影响以及政府采纳世界银行的建议，巴西高等教育的扩张主要是通过大力发展私立高校实现的。由于私立高等学校多数为营利性质，依据市场定价而收取的学费对于低收入家庭学生而言是一个沉重的负担。同时，多数私立高等教育机构提供的教育质量低下，对低收入家庭学生而言，花费昂贵的费用接受私立学校的教育能否在未来的劳动力市场获得期望的回报是让人质疑的。因此，单纯扩大入学机会，而没有有效的财政资助手段，并不能缩小不同阶层在获得高等教育入学机会方面的差异。

另外，高等教育入学机会不均衡往往是基础教育阶段不均衡的延伸和发展。世界银行在分析拉美地区低收入家庭接受第三级别教育低入学率问题时指出，基础教育和中等教育发展不充分并且入学机会不公平，导致来自低收入家庭的年轻人对接受第三级教育期望值很低，[①] 这些问题在巴西体现得尤为突出。

三、变革的举措——巴西改进高等教育入学机会分配不公的努力

高等教育入学机会不均已成为巴西实现国家民主化进程的"瓶颈"，并将影响到其经济和社会的进一步发展。世界银行在《高等教育：经验中学习教训》（Higher Education：The Lessons of Experience）报告中指出，推动高等教育入学机会公平有利于增强国家的融合，有利于改变不利群体的地位，为此提出以下策略：（1）改进不利群体基础教育阶段的受教育水平状况，以提升他们对获取高等教育入学机会的需求；（2）建立多元化的高等教育机构满足多元化的需求；（3）为学生学习提供财政资助；通过完善入学标准用以校正入学机会的不公平性。[②] 事实上，巴西政府已经采取多种手段扩大高等教育入学机会，保障高等教育入学公平。

---

① World（Latin America and Caribbean Region Human Development Sector February 2008）Yuki Murakami Andreas Blom. Accessibility and Affordability of Tertiary Education in Brazil, Colombia, Mexico and Peru within a Global Context, Number 117.

② World Bank Report. Higher Education：The Lessons of Experience, 1999：76.

(一) 采取各种方式推进高等教育结构体系多元化，扩大高等教育入学机会

自1996年《国家的教育方针和基本原则》颁布之后，特别是2011年教育规划提出18-24岁适龄青年中接受高等教育的人数在2010年要达到30%。巴西政府便把更多的关注点放在推进高等教育组织结构和供给形态的多元化方面。建立大学中心（University Centers），发展三年制高等职业教育，发展继续教育课程（sequential course），开办夜校（night classes），发展远程教育（Distance in Higher Education），举办开放大学（Open University）等等。政府把这些措施看作是增加高等教育入学机会的重要手段不遗余力地推进。从理论上而言，高等教育结构的多元化有利于扩大高等教育规模，满足人们不同的入学需求，进而能够推进入学机会的民主化程度和扩大入学机会的平等化水平。

不过，在巴西高等教育供给体系中，私立高等教育地位突出，私立高校在校生规模占全部学生数的2/3左右。因此，在推进高等教育结构多元化的同时，关于公立高校在应对日益增长的入学需求时应发挥怎样的作用就成为改革的焦点。公立高等教育的改革主要体现在两个方面：

其一，扩大公立学校在校生规模。扩大公立学校在校生规模主要通过以两种方式进行。一是开办夜校。根据2006年统计，夜校生在各类机构中所占比重逐年增加。见表5：

表5　不同类型机构中夜校生所占比重（%）

机构类型	1991年	1997年	2006年
大学（University）	37.8	44.5	50.5
联邦（Federal）	15.0	16.7	24.1
州立（State）	37.6	42.7	39.2
市立（Municipal）	71.1	72.1	67.8
私立（Private）	54.5	58.7	63.3
多科性学院（Non-University Multiple-Faculty）	77.3	77.0	69.5
市立（Municipal）	94.0	14.0	75.6
私立（Private）	76.6	77.3	69.3

续表

机构类型	1991 年	1997 年	2006 年
单科性学院（Non – University Single Faculty）	75.1	76.3	75.5
联邦（Federal）	29.9	43.4	46.2
州立（State）	74.6	76.1	60.2
市立（Municipal）	82.1	82.2	75.8
私立（Private）	76.0	76.9	77.1
Total	55.1	54.7	60.9

资料来源：MEC/Inep/Deaes，2006.

公立高等教育扩大规模的另一举措就是新建一批联邦大学，其中尤为突出的是大力发展公立专业和技术学院。2007 年，巴西实施了一项教育发展计划（Education Development Plan – PDE），该项规划的出发点是落实高等教育净入学到 2020 年实现 30% 的目标。在该发展规划中，主要的一项策略就是大力发展专业和职业技术学院。巴西圣保罗州已经学习美国加州经验，制定了一个总体规划（Master Plan）。该规划把公立学校的扩张看作一个整体，为此，在提交该州的一份报告中提出如下建议：（1）扩大州所属大学的规模；（2）大力发展类似美国社区学院的两年制职业学院；（3）大力发展公立技术学院（Public State Technological Colleges，FATEC）。报告认为，发展公立职业技术学院，一方面可以缓解公立大学的入学压力，使其在学术、研究等方面继续保持卓越；另一方面，由于其以就业为导向，在扩大规模的同时也能更好地适应就业市场的要求。[①]

为应对学校规模扩张可能带来的质量隐患，巴西政府还实施了"公立大学扩张与重建计划"。（The Program to Support Plans for Restructuring and Expansion of Public Federal Universities（Reuni – 2007）该计划也是教育发展计划（PDE – 2007）的一部分，其主要目的是确保学生不掉队（Drop out）。采取的主要措施主要有降低生师比，提高本科生面授课程的比重，

---

① Renato H. L. Pedrosa. Master Planning in Brazilian Higher Education：Expanding the 3 – Year Public CollegeSystem in the State of Sao Paulo. Research & Occasional Paper Series：CSHE. 2010. 10.

使面授课程达到90%以上等。①

其二，推动公立学校实施成本分担机制改革。早在20世纪90年代，要求公立学校收取学费的改革就呼声不断。这与当时拉美盛行的新自由主义思潮以及卡多佐政府的执政理念是一致的。巴西经济自由主义思想家斯密斯（Adam Smith）就指出，高等教育不应该是政府的责任，而是个人的主动选择。因为高等教育对少数特权阶层中的个体更加有利，因此主张把教育经费投入基础教育。2003年，巴西财政部报告指出，政府大量预算投入联邦高等教育机构，不仅降低了对其他各级教育的投入，而且也使得政府公共经费主要服务于少数富人。一向被巴西政府所倚重的世界银行也建议在公立高校中收取学费。在他们看来，收取学费可以提高学校经费使用效率；同时，通过收取学费，使得政府能够拿出更多的钱用于扩大高等教育规模，提供更好的教学条件。不过他们同时提醒巴西政府，收取的学费要充分考虑家庭人均GDP收入水平，同时要建立健全学生资助体系，为不利群体接受高等教育编制一个安全网（Safety Net）。② 不过这项改革并没有多少实质性的进展。

（二）实施积极的社会包容性政策，提升入学机会分配的公平性

为改变入学机会分配不公平的现状，巴西政府主要采取以下三方面的举措：

其一，实行大学为所有人开放项目（University-for-All Program，ProUni）。ProUni项目是卢拉政府于2004年9月颁布，2005年1月通过法律使其制度化的。该项目的主要内容是政府通过免税方式鼓励私立高校接受有能力的学生入学。学生只要来自低收入家庭，并通过教育部组织的"高考"（the National Examination of Secondary Education，ENEM），就将获得学费全免或部分免除的奖学金。另外，自2006年起，获得学费全免的全日制学生还将获得每月300里尔（折合185美元）的生活补助金。

---

① Maria Estela Dal Pai Franco Marilia Morosini. Access of Higher Education in Brazil: Critical Issue and Perspective 30th Annual Eair Forum 24 to 27 August 2008 Copenhagen, Denmark.

② Arthur Hauptman. Accommodating the Growing Demand for Higher Education in Brazil: A Role for the Federal Universities? The World Bank (Latin America and Caribbean Regional Office, 1998)

实际上，该项目无须政府参与学校的任何实际投入。政府只是要求私立学校把免于征税的部分用于奖学金的发放上，并要求奖学金的覆盖范围要达到10%。该项目的实施有利于充分利用私立学校闲置的教学资源，同时又保障了低收入家庭子女不因负担不起学费而失去接受高等教育的机会。政府希望该项目在2008年能让40万学生受益，这将相当公立学校在校生规模的33%。[①]

ProUni项目在实践中面临的主要问题和矛盾是政府为扩大该项目受益者范围而不断降低ENEM考试的分数，加之，项目学校主要是哪些质量和声望比较低的私立学校，教育质量难以保障。而对于参加该项目私立学校而言，尽管享受了免税的优惠，但依然认为自己分担了过高的费用，因此，为了自己的利益，它们并不能够严格按照规定分配名额，分配的名额也不一定都是针对目标人群的。同时，为了降低成本，它们选择尽量提供一些过时的、低成本的课程。这在一定程度上降低了该项目的实施效果。

其二，汲取美国肯定行动的经验，针对不同宗族人群实行配额制（Quotas）。为缓解不同种族在获取高等教育机会方面的差异，巴西政府汲取了美国肯定行动的做法，引入了颇受争议的配额录取方式。2004年，政府向国会提交法案要求所有联邦大学把一半的招生名额分配给公立中学的学生，这些名额将按照大学所在地按照非洲裔、本地人以及其他种族在人群中的比重进行分配。事实上一些联邦大学和州立大学在此之前已经实施了不同形式的肯定行动。巴西最好的大学之一，巴西利亚联邦大学（Federal University of Brasilia）有20%的名额专门为黑人学生预留，而在里约热内卢州立大学（the state University of Rio de Janeiro，UERJ），在2001年就拿出40%的名额预留给从公立学校毕业的黑人和其他有色人种学生。[②] 另外需要特别指出的是，ProUni项目在实施过程中也采取了配额制的方式。

---

① Jamil Salmi with Chloe Fevre. Tertiary Education and Lifelong Learning in Brazil [EB/OL] http://www.anpedll.uerj.br/internacionalizacao/Banco_mundial/tertiary_education_in_brazil_15_Jan_09.pdf.

② Jamil Salmi with Chloe Fevre. Tertiary Education and Lifelong Learning in Brazil [EB/OL] http://www.anpedll.uerj.br/internacionalizacao/Banco_mundial/tertiary_education_in_brazil_15_Jan_09.pdf.

该项目要求获取奖学金的本地人和非洲裔学生的比例应当与他们所属人群在当地人口中所占比例相当。

不过这一政策也引起众多争议。根据民意调查，多数大学校长反对这种配额制。主要是实行配额违背了根据分数、能力为标准公平获得高等教育机会的做法。另外，根据一项调查结果，那些通过肯定行动而获得高等教育机会的学生对此并不感到所预料的庆幸，由于学业成绩跟不上，使他们的处境颇为尴尬。[1] 毫无疑问，实施配额制在一定程度上有利于推进不同种族入学机会公平。但配额制的实施如果不辅之于相应的学习补偿计划是不可能成功，也不会长久的。不利群体即使通过肯定行动进入大学，他们也无力完成学业，而公立高校也会因推进"公平"的入学机会而使其质量和声誉受到影响。

其三，开展学生贷款项目。对学生提供的贷款项目主要是 FIES（Higher Education student finance fund，FIES），这项贷款项目开始于1999年。它是按学费的 50%（最初是 70%）直接贷给学校而不是学生，偿还利息低于巴西的一般标准，要求学生在毕业后的第一年开始偿还。学生要获得这笔贷款，必须进入教育部认证的学校，且学业优良。另外，贷款还要得到两个担保人的担保。这个项目实施良好，基本涵盖了 ProUni 项目所没有涵盖的多数学生。但存在的问题是贷款额度低，对于低收入家庭学生而言，依然难负担剩余的 50% 的学费。另外，在还款方面，由于要求每月还款的数额相等，而不是根据学生工作年限和收入情况逐年增加，这对刚毕业入职的学生而言是不小的压力。

（三）保障基础教育质量与公平，改进高等教育入学考试方式

为了推进高等教育入学机会公平，巴西政府还在国家教育规划（2001年）等文件中明确指出，要提高基础教育和中等教育阶段的教育质量，改进该阶段不利群体受教育机会不均的局面。在世界银行专家看来，这是推进高等教育入学机会公平持久而有效的举措。

---

[1] Nicole Roberge. Brazil Experiences the Growing Pains of Affirmative Action Opinions Vary on Whether Policy Helps or hinders Black Hispanics in Higher Education [EB/OL]. http://www.diverseeducation.com/artman/publish/artiele_5933.shtml.2008-4-20.

保障基础教育公平与质量的诸多举措之一就是改进高校招生考试方式。之前，进入高等学校的唯一渠道是通过由各大学或大学联盟自行组织入学考试（Vestibular），该考试是大学基于自己的需要组织的高选拔性考试，与公立学校教育内容没有太多关系，只有在进入私立学校或者进入专门举办的辅导班中才有可能在这一考试中取得好的成绩。在1996年LDBN法案颁布之后，高等教育入学的通道得以拓宽，其一是一些学校开始为在高中阶段表现优异的学生预留名额，如巴西利亚联邦大学就预留了25%的名额。另一个重要的通道是由巴西教育部发起并组织的"高考"（ENEM）。该项考试是对中等教育阶段学术能力和认知技能的评价。教育部"希望"无论是公立学校还是私立学校，都要把该项考试作为入学标准之一。目前，越来越多的学校认可了这项考试，2006年，高中毕业生中有74%的学生参加了这项考试。[1] ProUni项目也把参加该项考试作为获取奖学金的资格。ENEM的引入使得接受高等教育的途径得以拓宽，让低收入家庭的学生无须进入收费昂贵的私立学校和参加考前辅导（pre-vestibulares）也有机会获得高等教育入学机会，包括公立高等教育入学机会。不过，ENEM在一定程度上只是拓宽了入学的渠道，要想进入一流大学，依然要参加"Vestibular"考试。

扩大教育机会，推进教育公平是各国共同的理想。教育公平从属于社会公平，只有不断推进社会公平，教育公平才能从根本上得以解决。在推进高等教育入学公平时，公平与质量之间的冲突依然是一个永恒的主题，在各国的理论研究和政策实践中不断被提及。通过不断借鉴学习他国的经验，有利于丰富我们的认识，拓展解决我们问题的思路和方法。

---

[1] Jamil Salmi with Chloë Fèvre. Tertiary Education and Lifelong Learning in Brazil [EB/OL] http: //www.anpedll.uerj.br/internacionalizacao/Banco_mundial/tertiary_education_in_brazil_15_Jan_09.pdf.

第三章
学生评价与学生发展

引 言

育人是高等教育的核心功能，但历经几十年我们的高等教育都没能够形成比较稳定的教育理念和学生培养标准。红与专的争议、专与通的矛盾、学与术的平衡，以及当下的素质教育与专业教育的统筹问题，都依然没有在学界达成共识。如此现状，当然也表明我们没有建设出相关的学生发展理论和学生发展的评价工具。

改革开放后，社会发展变化提速大幅度提升，高等教育培养目标与社会需求之间的距离开始显现。高校毕业生的整体质量已经开始受到社会的质疑，"钱学森之问"更是将社会对高校育人问题的质疑推向了高潮。所以，提升高等教育的教学质量和学生的发展水平，不仅是我国高等教育自我救赎的途径，也是高等教育重建社会公信力必须解决的重要问题。

本章收入与学生发展和学生评价相关文章共有六篇，其中三篇文章研究的是国内高等教育学生发展和评价问题，另外三篇主要介绍美国的相关研究情况。

一、国内学生发展和评价问题探讨

论文"协同创新与高校创新人才培养政策分析"，论述了高校人才培养与国家创新系统建设的关系，认为创新人才培养体系是国家创新体系的基础，应该被纳入国家创新体系进行统筹规划和管理。作者指出，通过管理体制创新，组织高校、科研机构和企业进行深度的科研合作，形成基础研究和应用研究长期互利的协同创新机制，是提升高校人才培养质量、促进创新性人才成长的有效途径。

对于如何提升高校培养创新型人才的能力，破除我国创新型人才不足对建设国家创新体系的掣肘问题,该文提出了如下具体政策建议:重视高校的基础研究,大幅度地增加对高校科研的投入;改革高校学科结构、形态和组织方式,服务于培养科研创新人才;改革高校管理体制,进行科研与教学工作的整合,使校内与协同创新的科研工作,都能成为学校创新人才培养的途径,促进创新人才培养质量的提升。

论文"学习结果评估:本科教学质量保障的底层设计"指出,我国高等教育质量保障体系不够完善,缺乏关于学习结果的评价理论和评估工具建设,应该将学习结果评估作为本科教学质量保障体系基础,进行科学设计和贯彻执行。作者深入分析了教学目标与学习结果两个概念,界定了两个概念内涵与外延,在认真探讨了教与学的本质区别及其对高教质量保障意义的基础上,提出了高校管理应从关注教师教学转向重视学生学习,通过对学习评估系统的建构,完成我国高等教育质量保障体系顶层设计和底层设计的对接,完善质量保障体系对高等教育人才培养质量的保障和促进作用。

该文对学习结果评估概念、评估目标和评估方法等具体问题的研究成果做出了认真的梳理,并对国内外相关方面的发展情况进行了比较分析,在将理论研究成果与中外实践经验结合的基础上,指出了开展学习结果评估对提升我国高教质量的实践价值。且进一步提出了在我国,应建设政府、高校和社会组织三方协作的学习结果评估机制。这种增加了第三方组织和高校自身力量的学习结果评估机制,可以很好地提升我国高校的内部协调能力和自主办学能力、强化高校对质量的承诺和担当、凝聚高等教育领域对高校质量的共同认识、促进各个专业领域和各个高校结合自身情况建立适合自己的学习结果评估理念和评估工具,推动高校个性化发展进程。

论文"研究生学术能力:一个基于政策文本分析的理论框架",基于对国家政策和案例高校研究生培养的政策文件两类文本的编码分析,提炼出关于研究生学习能力的核心指标:学科、科研和实践能力,并进一步分析了三种核心指标形成的内在逻辑和外在环境影响。

作者认为,文中概括出的研究生学术能力指标,是教育理念和教育政策引导下的应然目标,现实中这些目标实现与否,还会受到学术组织自身的种种特征和学校中的学习过程因素影响，加入这些因素后，我们更应关心学生实际上能够获得什么样的学术能力。将应然期待与实然可能结合起来思考，将分解后的学术环境因素、细化的能力指标，与政策文本中概括出的核心指标进行动态连接，推导出了一个开放性的研究生学术能力假设理论框架。该理论框架为形成我国的研究生培养理论，构建操作化的研究生培养目标提供了很好的研究基础。

二、美国学生发展与学生评估相关研究介绍

论文"美国大学生学习评估工具分析和比较"，对当前美国高教实践中大学生学习评价六个主流工具进行了整理和比较分析。作者对各个评估工具的设计者和教育理念、评估对象、评估指标维度、评估题目类型和评估的信效度等方面做出了比较全面的比较分析。

作者发现，有长期的学术积淀和强大的研究团队为保障，美国大学生学习评价工具都具有比较高的信效度水平。在这六个评估工具中，评估主体以大学为主，体现了美国高校对学生培养工作的重视程度和管理能力。这些评估工具有共同的理论基础，都是以学生参与、学生参与和学习环境关系等学生发展理论为指导思想，所以在评估指标的选择和设定上有很高的一致性，同时也显示出美国高教界对学生发展目标有很高的共识。这些都为推动我国高校学生管理工作提供了很有价值的参考经验。

论文"美国高校学生事务管理专业协会：历史　结构　功能"，以NASPA和ACPC两个全国性专业协会为例，介绍了两个协会的发展历史、协会的内部组织结构和管理方式，及两大协会在美国高校学生事务管理和协会会员发展中所发挥的作用。

美国高校学生事务管理专业协会一百多年的发展历史，也是其推动美国高校学生发展理念和学生事务管理工作的历史。协会主要通过制定纲领和行业标准推动学生事务管理工作的发展，通过支持专业研究、学术出版，及提供各类培训，促进会员的发展。这些经验值得我国学生事务管理工作学习借鉴。

论文"吉尔曼与美国研究生教育：约翰·霍普金斯模式探析"，从霍普金斯大学研究生院创建过程和运行方式的分析入手，讨论了吉尔曼所创

建的研究生培养模式对美国研究生教育制度化的推动作用。

现代研究生教育制度中的核心制度安排，如研究生院、研究生导师制度、研究生助学金制度、客座教授制度和研究生学位标准规范等等，都是在吉尔曼的推动下成长和成熟起来的。尤其是研究生院制度，作为历史首创，不仅将美国研究生教育推向了一个新的历史阶段，也推动着美国研究型大学的发展和壮大，研究生院是现代美国研究型大学的标志性的组织机构。

上述论文关注的研究内容，从某种程度上显示出我国高等教育理念和管理重心开始有所转变，随着这一转变，相信会有更多的学者加入到此方面的研究工作中，也会有更多学术研究成果贡献给大家。

协同创新与高校创新人才培养政策分析

薛二勇[①]

本文根据政策分析理论中的多源流框架理论,研究协同创新与高校创新人才培养的问题流、政策流、政治流,指出创新人才缺乏是协同创新的瓶颈性问题,为此要将创新人才培养体系纳入国家的创新体系进行建设;三股源流的交汇,打开了协同创新与创新人才培养政策分析的"机会窗户",据此提出了关键性的政策设计建议。

胡锦涛总书记在庆祝清华大学建校100周年大会上的讲话指出:"全面提高高等教育质量,必须大力增强科学研究能力。要积极推动协同创新,通过体制机制创新和政策项目引导,鼓励高校同科研机构、企业开展深度合作,建立协同创新的战略联盟,促进资源共享,联合开展重大科研项目攻关,在关键领域取得实质性成果,努力为建设创新型国家作出积极贡献。"[②] 协同创新不同于原始创新过程的协调合作,也有别于集成创新、引进消化吸收再创新过程的产品技术要素整合,其本质属性是一种重要的管理创新。[③]

第十二个五年计划(2011-2015),是我国2020年基本实现教育现代化,基本形成学习型社会,进入人力资源强国行列,建成创新型国家的快速发展期和战略机遇期。但是,我国发展中不平衡、不协调、不持续的问题依然突出,科技创新能力不强,为此,国家提出"十二五"期间研究与

---

① 作者简介:薛二勇,北京师范大学中国教育政策研究院院长助理,教育学博士、公共管理博士后。
② 胡锦涛. 在庆祝清华大学建校100周年大会上的讲话[R]. 新华社, 2011-4-24.
③ 张力. 产学研协同创新的战略意义和政策走向[J]. 教育研究, 2011 (7): 18-21.

试验发展经费支出占国内生产总值比重达到 2.2%，每万人口发明专利拥有量提高到 3.3 件。① 《国家中长期教育改革和发展规划纲要（2010－2020年）》指出，中国未来发展、中华民族伟大复兴，关键靠人才，基础在教育。高等学校既是基础研究的重要源泉，也是创新人才培养的重要基地，在协同创新中大有可为，其在协同创新中的关键支撑便是培养大批的创新人才。

一、创新人才缺乏是推进协同创新的瓶颈问题

如果以国内生产总值（GDP）总量代表一个国家的经济发展水平，以专利总量代表一个国家的技术创新能力，以国际论文的被引用次数代表科学研究的水平。2011 年我国国内生产总值达到 471564 亿元，处于世界第 2 位，仅次于美国。2007 年中国发明人拥有的三方专利数为 591（经济发展与合作组织提出的"三方专利"指向美国、日本和欧洲专利局都提出了申请并至少已在美国专利商标局获得发明专利权的同一项发明专利，其是研究世界范围内最具市场价值和高技术含量专利状况的重要指标），占世界的 1.1%，排在第 12 位。1999－2009 年，论文共被引用 340 万次，平均每篇论文被引用 5.2 次，排在世界第 9 位。② 由此可见（见表 1），我国科技创新的水平和质量明显落后于经济发展水平，这对于国家可持续发展极为不利。科技创新水平和质量低下的原因除了经济、社会的发展差距之外，关键在于人才培养体制的差距，并因此导致创新人才缺乏，由此必须重视创新人才的培养，否则将会削弱我国的核心竞争力。

表 1　中国创新的关键性指标及世界排名

关键指标	国内生产总值	研发支出	基础研究经费	论文数量	引用次数	三方专利
世界排名	2	6	24	5	9	12

《国家中长期人才发展规划纲要（2010－2020 年）》指出，当前我国人才发展的总体水平同世界先进国家相比仍存在较大差距，与我国经济社会发展需要相比还有许多不适应的地方，主要为高层次创新型人才匮乏，

---

① 我国国民经济和社会发展"十二五"规划纲要 [S]. 人民日报，2011－3－17.
② 中国科学技术信息研究所. 中国科技论文统计结果 2009 [R]. 2009：1.

人才创新创业能力不强，人才结构和布局不尽合理等。我国创新人才队伍中至今没有出现诺贝尔奖获得者，在各学科领域具有重大影响的高引用科学家人数非常少，在世界6400余位高被引科学家中，包括中国香港在内高引用科学家仅为23人，其中大陆只有4人，占全世界高被引科学家总数的0.06%（基础科学指标"ISI"数据库，2009）。大陆的高引用科学家数量不仅远低于主要发达国家，也低于印度、俄罗斯和巴西。《2010年教科文组织科学报告》发现，中国研究人员的绝对数量较多，但研究人员密度远远低于美国，每千名劳动力中仅有1.83名研究人员，而美国则高达9.40，韩国已达到9.17。每千名劳动力中研究人员数量方面，主要创新型国家的研究人员占劳动力比例较高，其中日本和美国分别排名第3和第7，而我国在所比较的国家中排名为倒数第5。[①]

我国科技领军人才的成长对国外大学的依赖程度较高，领军人才的博士学位大多从国外获得。以院士为代表的科技领军人才，绝大多数人在国内研究型大学完成本科教育，但只有不到1/4的人在国内完成研究生教育，相反在美国接受研究生教育的比例高达45.2%。2011年在美留学的中国留学生为15.8万人，相比2010年增加了3万人，约占美国国际学生总人数的22%。1999 – 2009年，中国始终是美国国际博士生的最大来源国，占到了其国际博士生数的45%，其中约90%集中在科学和工程领域。

通过重视教育和改革教育培养更多的创新人才，已成为世界潮流和多数国家的既定国策。创新人才培养的根本途径是高质量的科研和教育，以及科研、产业、教育的合作，因此，应把协同创新作为渠道，在协同创新实施过程中，培养创新人才，并最终依靠创新人才推进协同创新。科研、产业、教育分离的体制不利于科学发展，科学研究与人才培养密不可分，在研究中凝聚、培养、储备大批的创新人才。通过协同创新，加强科教融合，培养更多的创新人才，已成为美国、英国、日本、德国、加拿大、法国、澳大利亚、意大利等发达国家的基本政策。我们应及时采取科学的政策，改进不利于协同创新的体制，发挥优势、克服劣势，推进科研与教育

[①] OECD. OECD Factbook 2009: Economic, Environmental and Social Statistics [R]. OECD Publishing, 2009: 152 – 153.

的融合，探索具有中国特色的协同创新路径，培养创新人才。

二、将创新人才培养体系纳入国家的创新体系

（一）创新人才培养体系是国家创新系统的基础和核心

《国家中长期科学和技术发展规划纲要（2006－2020年）》提出建设创新型国家，全面推进中国特色国家创新体系建设，逐步建立由技术创新体系、知识创新体系、国防科技创新体系、区域创新体系和科技中介服务体系等五个部分组成的国家创新系统。但是，创新人才培养体系尚未明确纳入国家创新系统建设，使得国家创新系统建设缺乏人才支撑，导致创新主体的缺失。

国家创新系统建设中，创新人才培养体系是基础和核心。高校作为创新人才的培养者、基础研究的主力军、创新文化的孕育者，是协同创新的中坚力量。创新型国家的建设依赖于不同创新体系的分工协作，但我国不同的创新体系由于缺乏创新主体，导致深度、有效的融合不够，相对封闭，开放创新的局面尚未形成；有关创新力量尚未围绕系统目标形成合力，发挥出应有的系统作用。世界上创新型国家的突出特点是大学、研究机构和企业三位一体，紧密配合，分工明确，共同进行研究与开发活动，将科研成果快速推向产业化，使研究成果几乎在产生的同时即转化为现实生产力；与此同时，培养涌现出大批的创新人才。现实中，我国科技成果转化率低已成为备受关注的问题，1985－2006年间我国拥有专利成果300余万项，但实际转化率不足20%；高校目前每年取得6000－8000项科技成果，但真正实现成果转化与产业化的比例不到10%。教育部相关统计数据发现，2003－2007年间我国专利售出量只占授权量的7.92%，[①] 使得高等学校大量的技术创新成果及其知识产权束之高阁，形成了数量惊人的"休眠专利"。由于缺乏创新人才，我国以知识产权许可和转让为形态的科技成果转移活动处于较低水平，已经严重影响了创新型国家的建设和协同创新的能力。

---

① 苏竣，何晋秋等. 大学与产业合作关系——中国大学知识创新及科技产业研究［M］. 北京：中国人民大学出版社，2009：101.

创新人才培养体系是技术创新体系、知识创新体系、国防科技创新体系、区域创新体系和科技中介服务创新体系的关联点和重要支撑，通过创新人才培养体系，各个创新体系之间进行深度的融合和相互的促进，同时培养出更多的创新人才，实现协同创新。实践中，由于创新人才匮乏，再加上我国产学研机制不健全，新知识难以快速地转化为现实生产力，导致高校的知识创新并未有效地促进技术创新；而技术创新对知识创新提出的新需求也难以及时有效地反馈至高校教育体系，并作为知识创新的导向，进一步在科学研究中培养创新人才，造成了创新体系的相互隔离。为此，必须加快培养创新人才，尽快将创新人才培养体系纳入国家创新体系，主动面向国民经济和社会发展的实际需求，在完成国家重大科技任务中、在国家培育新兴产业进程中积极发挥高校优势，促使高校在培养大批创新人才中发挥更加突出的作用。以高校尤其是研究型大学为核心，有效整合科研院所与企业研究资源，构建更加完善的国家创新系统，促进大学、企业、市场和政府的有效互动，营造创新的良好环境。

（二）创新人才培养体系纳入国家创新系统的基本思路

创新人才指具有一定的专业知识或专门技能，进行创新性劳动并对社会做出较大贡献的人员，是人力资源中能力和素质较高的劳动者。创新人才是新知识的创造者、新技术的发明者、新学科的创建者、新产品的培育者、新市场的开拓者，是科技创新、知识创新、方法创新的引领者。将创新人才培养体系纳入国家创新体系建设，是加快技术创新体系、知识创新体系、国防科技创新体系、区域创新体系和科技中介服务体系建设进程的必然选择。

2020年我国要进入人力资源强国和创新型国家行列，亟须将创新人才培养体系纳入国家创新系统，成为与技术创新体系、知识创新体系、国防科技创新体系、区域创新体系、科技中介服务体系建设并重的创新体系之一。在新的"5+1"国家创新系统中，创新人才培养体系是基础和核心，教育机构、研究组织、科技企业等主体根据不同的功能和优势担负不同的职责（见图1）。

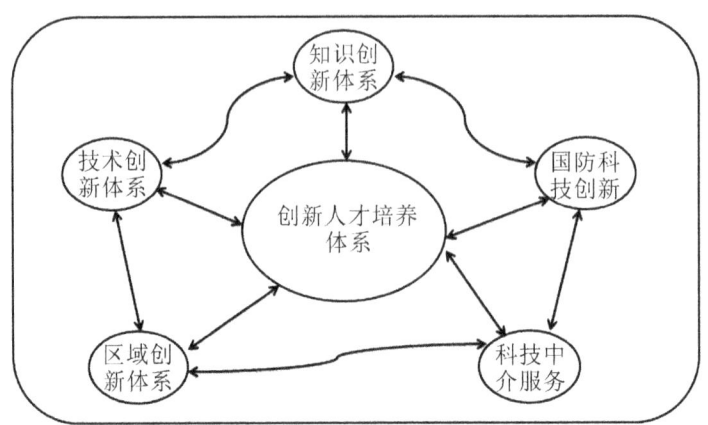

图1 "5+1" 国家创新系统

《国家中长期教育改革和发展规划纲要（2010-2020年）》中共有16处提及创新人才培养的有关内容，凸显了培养创新人才的重要性和紧迫性。要坚持人才资源是第一资源的战略思想，把培养造就创新人才作为建设创新型国家、人力资源强国的战略举措。遵循创新人才成长规律，坚持在高校的科学研究中、通过科学研究、为了知识和技术的创新，培育创新人才、锻炼创新人才。

创新人才是技术创新、知识创新、区域创新、国防科技创新、科技中介服务创新的主体，高校、尤其是研究型大学无疑是创新人才培养的最佳场所，主要原因在于大学固有的理性传统，人才培养、科学研究、社会服务三大基本任务的有机结合，以及其鼓励学术共同体自由探索的组织特性和学术使命。而且，高校在国家创新系统中，具有明显的人力资源优势，拥有众多的科技创新基地和平台，产生高水平的创新知识成果，是科技创新及应用的辐射源，处于创新系统中的高端位置，居于引领地位，某种程度上是国家创新系统的"创新极"。① 同时，创新人才是创新文化产生和发

---

① "创新极"（Innovation Pole）概念的提出，受启发于法国经济学家弗朗索瓦·普劳克斯（F. Perroux）的"增长极"（Growth Pole）概念；但二者是两个不同的概念。"增长极"作为经济学概念，用来解释世界经济的非均衡发展现象；而"创新极"则可以作为定位概念，说明大学在国家创新体系中的位置与作用。参阅李志强. 中国高校科技企业可持续发展研究 [J]. 北京：清华大学出版社，2006：27. 李凌己，胡平. 创新极：大学在国家创新体系中的定位 [N]. 中国教育报，2005-9-30（3）.

扬的主体，对文化具有选择与批判、传承与传播、适应与创造的作用，一方面，通过科学研究，直接创造新的文化成果；另一方面，通过文化传承、榜样示范等实现创新文化的再造，从而对社会创新氛围的塑造产生关键的影响，直接影响着协同创新的成效。

高校通过创新人才培养体系的建设，加强基础研究，在知识创新体系中发挥主导作用；通过加强重点领域、关键技术开发和科学前沿问题研究，提高技术创新能力，完善技术创新体系；通过加强军工科研，促进国防科技创新；通过发挥特色优势，服务区域创新体系建设；通过加强科技中介服务体系建设，促进技术成果转化，最终实现协同创新。

三、培养创新人才，提升协同创新能力的政策

（一）重视基础研究，大幅度地增加对高等院校科学研究的投入

1. 对比世界主要国家，加大科学研究投入

高等院校学科交叉，人才富集，创新思想活跃，创新成果丰硕。1901-2011年，诺贝尔奖和诺贝尔经济学奖共颁布549次；其中在物理、化学、生理、医学、经济领域共有482次颁发给了大学的科研人员，高校学者获奖次数约占总次数的88%。[1] 2010年，我国高校共发表100772篇SCI索引论文，约占我国发表SCI索引论文总数的82.92%；共发表1922篇SSCI索引论文，约占我国发表SSCI索引论文总数的82.1%。[2] 1995-2007年，经济发展与合作组织（OECD）成员国中由高校执行的国家研发投入比例基本维持在17.2%。从美国的历史经验看，1970-2006年，高校研发支出的70%用于基础研究，高校是承担基础研究的主要部门。我国高校执行的国家研发投入比例1995-2007年呈现逐年下降趋势，平均值约为10.1%，与经济发展与合作组织成员国平均值相比约低7%；2007年为8.5%，与经济发展与合作组织成员国平均值相比约低8.3%。[3]

发达国家基础研究经费占研发经费的比例大多在20%，相对较低的日

---

[1] Nobel Prize Facts and Nobel Laureates and Research Affiliations. 2012-7-1.
[2] 中国科学技术信息研究所. 中国科技论文统计结果2011 [R]. 2011 (2): 15-18.
[3] OECD. Main Science and Technology Indicators Database [R]. May. 2009: 41.

本也在10%以上。2008年，美国爆发金融危机后，大力加强联邦政府科技投入，安排研发经费215亿美元，其中绝大部分投入到基础研究，只有少量的应用研究和极少量的开发研究，基础研究预算将在2016年之前翻一番。1995-2007年，八国集团几乎所有的成员国基础研究经费支出都占到了GDP的0.1%以上。2007年，我国基础研究经费仅为美国的3.6%，日本的1/8、法国的1/5、意大利的2/5及韩国的1/2。2005年，美国、加拿大、法国、德国、英国等国政府对高等教育的投入约占到本国国内生产总值的1%，[①] 中国仅为0.62%。[②]

对比世界主要国家，我国的科学研究投入，尤其是基础研究投入要达到经济发展与合作组织国家对基础研究投入的平均水平，提供能够满足研究需求的科研基地和基础设施；在科学发展的前沿取得一批具有重大影响的创新成果，在具有广泛影响的重要国际奖项实现较大突破，培养并拥有一批具有世界影响力的科学家、研究团队等创新人才。

2. 制定基础研究战略，支持创新人才培养

进一步确立高校基础研究的战略地位，坚持以政府为主体，在赶超阶段超常投入，迅速提高基础研究占研发经费的比例，对重要基础研究领域或方向进行前瞻性部署。保障基础研究的经费支持力度，建立一套符合我国基础研究国情的长期稳定资助计划，将目前基础研究经费占研发支出比重的5%提升到2014年的8%，努力实现2020年15%的目标。

基础研究具有周期长、不确定性高、直接应用性低等特征。目前我国的科研项目往往规定了明确的研究期限（3-5年）和定量的考核标准，使得基础研究面临着短期内研究成果不显著、长期研究经费缺乏的现实问题，难以深入、持续、系统地展开探索活动。以短期评估为主的评价体系，不利于基础研究，研究成果也不容易达到预计的突破性目标。为此，应该尊重基础研究科研发展规律，建立适合基础研究的、行之有效的制

---

① OECD. Education at a Glance – OECD Indicators 2008 ［R］. Organization for Economic Co – operation and Development，2008：341，233.

② 苏竣，薛二勇. 中国建设高等教育强国路线图研究［J］. 中国高教研究，2010（4）：11-16.

度,推动原创性研究成果的涌现,营造基础研究健康发展的宽松环境。

增加研究生和博士后的奖助和创新基金支持力度。研究生、博士后阶段,是创新人才培养的激发期,国家应增大研究生和博士后的奖助资金支持力度,使其不为生活担忧,潜心进行创新。研究型大学设立研究生和博士后的创新团队建设基金,推动多学科、多领域交叉融合发展,推进知识、技术创新,激发自主创新精神。大力支持可能获得新发现、新概念、新思想、新理论、新方法和新技术的跨学科项目,规范保护"非共识项目"和"风险项目",营造创新文化氛围。

(二)改革高校学科结构、形态、组织方式,培养科研创新人才

1. 优化学科专业结构,建设优势学科

制定有关政策时,发展中国家应该更为科学地考虑如何分配科研资源,以使全球知识创新和本土科技需要达到更好的平衡。[①] 我国应构筑更为完善的高等教育重点学科建设体系,在实施"985工程"和"211工程"中,加强高水平大学和重点学科建设,促使部分学科达到国际先进水平;在实施"优势学科创新平台"建设中,加大对若干与国家和行业发展急需重点领域相关的优势学科的建设力度,建设"特色重点学科项目"。

分类指导学术型人才和应用型人才培养。统筹设置博士、硕士和学士三级学位的学科目录,建立既相对稳定又高度灵活的学科目录设置与管理机制。学科门类和一级学科目录由国家制订颁布,二级学科由学位授予单位在一级学科授权范围内自主设置,统一规划、动态调整。

建立宏观上有次序、微观上有活力,动态调整本科专业的新机制。学科结构与研究生目录衔接,专业结构以社会需求为导向。高校在本科专业目录内设置专业,专业设置准入和专业评估认证分离。目录外的新专业,先试点,后纳入目录。构建国家和省级高校学科专业人才需求预测、预警系统。

2. 改革学科组织形态,加强通识教育

减少高校单一学科性质的院、系所数量,加强学院、系所内部的学科

---

① Lan Xue. The Prizes and Pitfalls of Progress [J]. Nature, 24 July 2008 (454): 398-401.

交融。我国已经遴选17所高校启动试点学院综合改革，进行招生制度、培养模式、管理方式、教师聘任等方面的整体改革探索。① 学科组织方式改革中，把多学科的交融作为学院、系所设置的依据；以具有共同的研究领域与对象为基础，组成多学科性的特色学部、学院，充分发挥宽口径的人才培养功能和纵深化的研究功能。

以宽口径培养为基础，强化通识教育，培养各类应用型创新人才。加强实践教学环节和校内外实践教学基地建设，着力培养学生的实践能力、分析问题和解决问题能力，构建协同化实践教学新体系。② 稳步发展博士专业学位研究生教育，积极发展硕士专业学位研究生教育，到2015年，硕士专业学位研究生占硕士研究生的比例达到或超过50%。重视大学生知识、能力、素质的可持续发展，知识能力的精专和广博；健全人格的塑造和德行、情操、教养的修成，使学生具有必备的心理素质、道德修养和社会责任心。

推动学科管理体制机制的变革，明确学校、学部、系所的职能任务。学校负责制定学科重大发展战略、决定新兴学科和交叉学科的设置以及组织多学科联合攻关的重大科研、教学项目；学部是学科具体管理的主体，充分发挥积极性、主动性，瞄准学科前沿、现实需求等，灵活调整学科的设置形态；系所负责实施学科的发展政策，主要以学术为主进行专业化管理，同时保证学科内部的科学性。

3. 支持交叉学科发展，推进学术创新

通过淡化学科界限，实现多学科的融合发展，鼓励交叉领域的学术创新。大力支持设立交叉领域的研究机构、科研项目，同时加强学科之间的同行、专业评审、监督和质量控制。设立交叉学科专项基金，资助多种形式的跨学科、跨组织、跨领域的科研项目和学术研讨。

积极构建适应、鼓励交叉学科发展的管理体制机制，制定政策扶持和保障体系，对不同层次、不同领域、不同机构的科研活动进行分类、动态

---

① 袁贵仁. 五项改革激发教育事业科学发展活力 [R]. 新华社, 2011-12-29.
② 教育部. 哈尔滨工程大学构建协同化实践教学体系培养高素质创新型人才 [R]. 教育部简报第153期, 2011.

管理。鼓励高校灵活成立跨院系、跨领域、跨组织的实体性研究机构,成立专门的学院或研究机构,人员实行院系和机构双聘制度,进行前瞻性、全局性、战略性的研究,跨学科招收研究生,培养创新人才。

集成优势资源,建设跨学校的研究平台。以重大科研专项为切入点,集成中央高校和地方高校的优势资源,支持、培育、建立若干个跨学校、跨领域、跨学科的重大科研平台,在国家重大战略需求与国际科技前沿紧密结合的领域开展原创性研究,作为基础研究、学术创新、人才培养的生长点。

(三) 改革体制,促进科研和教育有机融合,加快培养创新人才

1. 跨部门合作,融合科研和教育管理体制

促使科学研究与教育教学的有机结合,加强高校学生的科研实践,推进教育改革,实现科研创新与人才培养的相互促进,以高水平的科学研究支撑高质量的教育教学,以高质量的人才增强高校、研究机构的自主创新能力。建立符合科研发展规律、创新人才成长规律的科教管理体制,对科研、教育资源进行统筹部署、重新组合、优化配置。建立跨部门合作的实体性机构,形成多方合作机制,从顶层设计、政策部署方面,促进科研和教育的结合。

高校已经发展成为合作研究的温室,并且在为科学研究的合作提供着坚强的后盾。[1] 目前,我国高校与工程研究院所已经联合培养博士生,2011年参与联合培养的科研单位由8所增加到18所,招收的研究生由2010年不足100人增加到236人。[2] 探索科研院所与高校的融合途径,建立资源共享平台,形成科研和教育有效融合的机制。利用不同高校的办学优势和教学资源配置互补的特点,在高素质拔尖创新人才培养方面展开深度合作,开拓创新教育教学方法;通过互开素质教育课程、互开辅修专

---

[1] 伊丽莎白·布莱克本,卡萝尔·格雷德,杰克·绍斯塔克,高锟,威拉德·博伊尔,乔治·史密斯,文卡特拉曼·拉马克里希南. 从诺贝尔奖看英美大学成为世界一流高校原因 [N]. 科学时报,2009-10-13 (B2 国际).
[2] 陈宝泉. 探索拔尖创新人才培养机制——高校与工程院所联合培养博士生开局顺利 [N]. 中国教育报,2011-10-30.

业、互修双学位、互推免试研究生、互聘任课教师、开放实验室等项目建设培养素质全面的优秀人才。①

科研院所科研资源向高校开放，高校教育资源向科研院所开放，建立资源共享网络。发挥比较优势，科研院所扩大研究生招生规模，和高校联合培养学生，向高校开放实验设备；高校和科研院所联合培养学生，尤其是研究生，合作共建国家实验室；研究生培养、特别是博士研究生培养中，针对应用性研究和跨学科研究领域实行"多导师制"。国家新增科研中心尽可能放在研究型大学，以集中、共享科研资源，施行科研人员聘任制，大学教师、科研院所科研人员除承担本单位工作任务外，还可以在科研中心承担教研工作。以融合促进科研和教育机构的改革，在科研实践中培养创新人才。

2. 有机结合高校基础研究与创新人才培养

高校是承担国家基础研究的主要部门，已在全世界形成普遍共识，高校应当成为原创性研究的中坚。基础研究主要是探索、认识、揭示自然现象、社会发展规律，取得新知识、新技术、新方法的科研活动。在基础研究中，培养创新人才、发现创新技术、提供创新知识，推动经济、社会的发展。

国家应该建立支持和鼓励高校基础研究的战略体制机制，持续、稳定、长期地资助部分科研人员，实行宽松的科研经费使用办法；对科研人员的创新活动进行有效的激励，将创新人才培养的成本作为科研经费专项列支，增加人员经费的比例。设定3－10年或者更为长期的时间，营造宽松的科研创新氛围，鼓励科研人员潜心从事基础研究，并培育创新人才。

设立高校基础研究试点基地，积极探索有利于开展基础研究的运行模式、体制机制等。在基础研究试点基地中，按照国际标准和惯例聘请高水平的科研教学人员，加强国内外学术交流和研讨；支持跨学科、跨组织、跨领域的专家学者围绕前沿科学领域，形成创新集群，联合攻关，取得原创性成果。基础研究试点基地科研教学人员不进行年度考核等短期评审，科研项目、成果等由国际知名专家组成的专家委员会进行专业评价。基础

---

① 教育部. 天大南开共建协同创新战略联盟 [R]. 教育部简报第177期, 2011.

研究试点基地内财务制度高度灵活，可以突破预算限制，并按照国家有关法律法规接受审计。基础研究试点基地具有人事聘任、项目设置、财务管理等自主权，创设促进基础研究顺利开展的制度环境。目前，可以选择部分有条件的大学进行试验，借此稳定一批世界一流的科研领军人才，产生一批具有重大突破意义的创新成果，培养一批高水平的具有创新精神的青年拔尖人才。

3. 建设共享机制，扩充创新人才培养资源

高校、科研院所、行业企业拥有丰富的创新资源，但各成体系、分散重复、彼此封闭、效益不高，人才培养与科研、社会发展脱节，由此要相互合作，建立"开放、集成、高效"的协同创新机制。我国的大学和科研院所在非竞争性的自由探索基础研究与竞争性的应用研究、试验开发领域占据着非常重要的地位，其关系往往更多地体现为竞争而不是合作，从而很难真正充分地发挥出潜在的创新人才培养优势。科研机构之间的封闭分立必然导致科研、教育资源的分割和浪费现象，应该完善大学和科研院所之间的合作与资源共享机制，实现政府科研财政投入效益的最大化。

建立高等院校、科研院所和企业一体化的创新网络，形成资源共享机制，构建知识创新、技术创新和创新人才培养一体化的完善的国家创新系统。在国家创新系统新框架下，发挥中央政府、地方政府和社会机构的积极性，推动大学、研究机构和企业结成战略联盟，促进研究与教育的结合。我国正在通过改革，激发创新人才培养体系的活力，遴选19所高校启动实施"基础学科拔尖学生培养试验计划"，在193所高校实施"卓越工程师教育培养计划"，启动卓越医生、卓越法律人才等教育培养计划，鼓励高校探索与有关部门、行业企业、科研院所协同创新、合作育人的新模式。[1] 而且，要进一步充分利用国内外优质教育资源，借鉴世界一流大学拔尖创新人才培养的理念、模式和方法，开辟拔尖创新人才培养的专门渠道，使得一批拔尖创新人才脱颖而出，成长为未来科研领域的领军人物，跻身国际一流科学家行列。

---

[1] 袁贵仁. 五项改革激发教育事业科学发展活力 [R]. 新华社，2011-12-29.

学习结果评估：
本科教学质量保障的底层设计

李 奇

未来十年，提高人才培养质量是我国高等教育改革和发展的一项核心任务。"深化教学改革，严格教学管理，健全教学质量保障体系，改进高校教学评估"等任务不仅已经写入《国家中长期教育改革和发展规划纲要（2010－2020年）》（以下简称《纲要》），而且部分任务已经实施了一个阶段。相比之下，"高等学校本科教学质量与教学改革工程"（以下简称"质量工程"）更像是执行《纲要》任务的行动计划，二者共同构成了我国本科教学质量保障系统的顶层设计部分。

通常，顶层设计难以直接用来指导教学一线的实践，这是因为：①顶层设计是自上而下的设计，其主要部分仍然需要识别、分解和优化，直至成为可以执行的行动方案；②在设计熟悉和全新的系统的情况下，顶层设计往往具有高效和高屋建瓴的优势，但本科教学的顶层设计包含很多可变因素，还涉及新旧系统的对接问题，因而顶层设计的优势并不突出；③自上而下的顶层设计难免有把改革强加于人之不足，因而可能会影响教师参与教学改革的积极性。

作为一种底层设计，学习结果评估具有很强的互补性，主要表现在以下三个方面：其一，底层设计是自下而上的设计，是鼓励广大教师参与设计的机制，是"我要改"而不是"要我改"的激励机制，这与自上而下的顶层设计形成了互补性。其二，学习结果评估要求高校必须明确核心的学习结果，这就意味着高校必须自主办学，明确人才培养目标，并把目标分解成具体的、可测量的学习结果，而目标的层层分解和优化就是组织学习和深度会谈的过程,这与科层管理形成了互补性。其三,学习结果评估是迎接国际化挑战、促进知识经济的发展、回应问责呼声的必然。在此方面,学习结果评估对传统的本科教学和评估无疑具有互补性。

一、学习结果评估的概念

什么是学习结果评估?事实上,学习结果评估的定义不尽相同,但它通常指的是系统收集教学信息的一套方法,用来评估学习结果预期的完成情况。一般来说,学习结果评估要求院校及其专业:①必须明确核心的学习结果,②建立自下而上的参与机制,③保障多元评估主体的参与,④建设证据文化,⑤倡导系统思考与部门协同关系。在过程方面,学习结果评估一般可以分为三个阶段:学习结果的设定、评估和改进。学习结果的设定指预设学习结果及其测评方法,学习结果的评估指评估学习结果的完成情况,学习结果的改进指利用评估信息来缩小预期结果与实然结果之间的差距。

在学习结果评估中,教学目标和学习结果是两个不同的概念。教学目标是对学生在教学活动结束后的行为预期,一般用宽泛的语言描述。学习结果指在一段时间学习后,学生预期达到的可测量的具体目标与结果,包括知识、技能和态度,即在认知、行为和情感方面的结果,并通过证据说明它们是某一课程、专业活动或过程而产生的结果。二者都与教学预期有关,因而经常混用,但它们各有侧重:①教学目标侧重教学活动,指教师、专业和学校力争达到的教学预期,主体是教师;学习结果侧重学习活动和学习预期,主体是学生。②教学目标和学习结果分别侧重的是"以教师为中心"和"以学生为中心"的教学理念与活动。③教学目标比较宽泛,有不易测评的特点;而学习结果往往使用具体的行为动词,呈现的是具体的、可测量的、可达到的、相关的和具有时间边界的特点。④教学目标使用广泛,常见于各级各类教学活动;学习结果一般只用于学习范式的教学活动,是衡量学习质量以及人才培养效果的一个标准。

上述对比不仅反映了两个概念的差异,也凸显了教学范式与学习范式之间的区别。在教学范式中,教学的使命是传授知识;衡量成功的标准是师生的质量以及资源的数量与质量等;教学结构呈现的是独立的专业和院系以及结构化的课程等特点，学生的成绩由课程的主讲教师评定；教学范式的指导理论认为，知识是客观的，学生是等待知识注入的容器，教师是教学活动的中心；高校采用科层治理模式，员工的职责是为教学提供服务和支持。相比之下，在学习范式中，教学的使命是创建学习环境，以此激发学习，引导学生发现和建构知识；衡量成功的标准是学习结果的完成情况等；教学组织呈现的是跨专业和跨院系的协同特点，学生的成绩由非本门课程的主讲教师评定；学习范式的指导理论认为，知识是学习者发现和建构的、受个人经验的影响，学生是学习活动的中心；高校采用共同治理模式，教师是学习方法和学习环境的设计者，员工是学生学习和发展的促成者和教育者。

基于上述界定以及我国本科教学和改革的现状特点，开展学习结果评估至少可以在两个方面发挥重要作用。其一，有利于增强本科教学质量保障系统的薄弱环节。由于我国高等教育质量的内部保障相对较弱，质量评估标准和建设目标比较单一，教育教学信息基础设施的建设比较滞后，输入和输出保障往往代替结果保障，专家和校内管理人员的视角往往代替其他视角，行政问责常常取代其他种类的问责，开展学习结果评估应该有利于增强这些薄弱环节。其二，优化顶层设计。第二轮本科教学评估将改用分类评估，以避免"评估主体和评估指标单一，缺乏明确的分类指导"等不足。然而，有理由相信，除非高校合理定位、自主办学，广大教师愿意参与教学改革与创新，高校建立以自评为基础的自我约束和自我发展的长效评估机制，教学评估注重多元主体的参与和证据文化建设，否则分类评估实难避免第一轮本科教学评估之不足。以此而论，学习结果评估非常适合用来优化顶层设计。

二、学习结果评估的目的

学习结果评估兼具问责和改进教学质量的双重功能，因而评估一般可以分为问责范式和改进范式的学习结果评估两类，二者的区别主要表现在战略和实施两个层面。在战略层面，问责范式的学习结果评估大多是终结性评估，主要用于外部问责，以此证明学校或校内某个专业是否达到了相关的标准或要求，是否应该继续得到外部支持，它通常由校外组织或机构来评估，评估的信息一般是为校外人员准备的。改进范式的学习结果评估大多是形成性评估，它通常由校内的教师和其他人员来评估，评估的信息主要是用来改进教学和学习的质量。在实施层面，问责范式的学习结果评估大多采用标准化考试、问卷调查和定量测评等形式，注重院校之间或专业之间的对比和评估报告渠道的透明度。改进范式的学习结果评估大多采用定量和定性相结合的形式，注重纵向比较，注重与本校或本专业的学习结果预期进行比较，评估报告往往通过各种渠道反馈到校内相关部门或个人，为后续的干预措施和改进决策提供数据和信息支持。

在美国，推动学习结果评估的最大动力来自认证和改进的需要。认证方面，美国高等教育认证委员会明确期望：①高校及其专业应该定期收集、解释、说明和使用反映学生学习结果的证据；②高校及其专业负责建立明确的学习结果预期，负责收集、解释和使用反映学生成绩的证据；③在评判学术质量和认证状态的时候，认证组织负责使用反映学习结果的证据；④高校及其专业以及认证组织共同负责为相关各方提供明确可信的反映学生学习内容的信息。另外，认证组织虽然有权建立认证标准，但一般无权限定证据，高校有权自主决定合适的证据。改进方面，以顶点课程、顶点项目和学习档案袋为代表的学习结果评估十分普遍，一项大型的调查结果显示，75%的高校开设了顶点课程。相关的问卷调查也很常见，大多数高校还建立了教学和学习促进中心，为教学和学习质量的改进提供服务和支持。

另外，在高等教育国际化和经济全球化趋势的影响下，学习结果评估正在成为国际问责、跨国学分转换以及学历互认的一种手段。以经合组织国家的"高等教育学习结果评估"为例，它于2007年启动，并计划率先在一般技能、工程学和经济学三个领域开展学习结果评估，经合组织提供资金，用来开发相应的测评工具，韩国、日本和欧美等国参与了试验。有理由相信，学习结果评估很可能成为经合组织国家高等教育市场问责的工具。再以欧洲高等教育区为例，《博洛尼亚宣言》为欧洲高等教育区设定了愿景，其一是"学生能够受益于通畅和公平的学历互认和随之提升的流动能力"。为了实现这一愿景，2005年，欧洲高等教育区制定了学术资格框架，明确了学士、硕士和博士三个层次学习结果与能力预期。这样，欧洲高等教育区内各国高校的学习结果就获得了类似欧元这一统一货币的功能，各国相同层次的学习结果就有了等值的特点，这为学分转换和学历互认奠定了基础，为学生跨国深造和就业拓展了机会。

事实上，我国第一轮本科教学工作水平评估也包含了问责和改进的双重目的。一方面，评估有优秀、良好、合格和不合格的结论鉴定，还有校外专家组进校考察，这显然含有问责目的。另一方面，"以评促建、以评促改、以评促管、评建结合、重在建设"的评估原则强调的是"重在建设"，建设或不断的改进显然是评估的主要目的，这样，校外评估实际上就在直接指导校内建设了，结果必然加剧"千校一面"的办学结果。有学者认为，"用同一指标体系评估所有的学校，缺乏分类指导"的特点是第一轮评估的一个不足，并据此提出了分类评估的方案。其实，这一观点既缺少理论和实证依据，也缺少国际同类经验的支持。试问如果一套指标不够，那么多少套指标才足以评估全国 2101 所普通高校呢？与其通过行政权力对高校强行分类，倒不如在第二轮评估中调适两点：其一，第二轮本科教学评估的主要目的应该是问责，而不再应该是"重在建设"，"建什么"、"怎么建"属于高校的自主权。其二，第二轮评估应该明确高校自主办学的权责边界，包括自主定位、公开承诺、建立并公布人才培养目标、明确并公布核心的学习结果等，这样，本科教学评估总体上就能逐渐消除"千校一面"的不足。

三、学习结果评估的测评方法

经合组织国家的实践显示，学习结果评估通常采用直接测量法和间接测量法来获取直接证据和间接证据（见表1），良好的证据应该与学习结果有关，应该能被第三方验证，并具有综合性、互证性、多面性和直接性等特点。

表1 直接测量法与间接测量法

	直接测量	间接测量
	・课程练习与课外练习 ・考试与测验 ・标准化考试 ・学期论文与报告 ・实地工作考察、见习表现、服务型学习或临床经验 ・研究项目 ・班级讨论的参与情况 ・案例研究的分析 ・根据评定量表而获得的写作、口头表达与表现的分数 ・艺术表现与艺术作品 ・根据明确和相关的学习标准而评定的成绩	・课程的评价 ・考试计划（考试涵盖的概念与技能大纲） ・用于主动学习的课堂时间的比例 ・学生用于服务型学习的时数 ・学生用于课外练习的时数 ・学生参与课程相关的知识和文化活动的时数 ・不是根据评定标准而评定的成绩
	・顶点项目、大四论文、展览品或成绩 ・资格考试、证书考试或专业学科考试的通过率或分数 ・学生的出版物或会议报告 ・雇主或见习老师对学生表现的评级	・对学生、教师或雇主的焦点访谈 ・注册或课程登记的情况 ・系或专业考察的数据 ・就业情况 ・雇主或校友问卷调查 ・了解学生感受的问卷调查 ・与其他院校的同类专业相比，高水平课程所占的比例 ・被研究生院录取的人数比例
	・写作考试的成绩、批判性思考考试或通识知识考试的成绩 ・根据评定量表而获得的通识教育课堂练习的分数、跨专业核心课程分数或全体学生必修的其他课程的分数 ・学生考试的成绩 学生对相关专业学习收获的自我反思，如对服务型学习的自我反思（如要求学生说出专业学习中的三个最大的收获）	・本校研制的、商业性的或全国性的了解学生感受的问卷调查或活动的自我报告（如全国大学生参与度问卷调查） ・以调查选课和评分模式为目的的学生成绩单的研究 ・包括院校标杆在内的年度报告，如毕业率、保持率、毕业生的平均绩点等

总的来说，在发达国家高校的学习结果评估中，高校发挥了核心作

用，具体表现在三个方面：其一，一些高校把学习结果评估纳入本校的战略，如牛津大学在其战略规划中强调，"要继续注重学习结果……确保牛津大学的课程可以在欧洲各地转换成适当的学分……"其二，一些高校不仅把学习结果评估纳入战略规划，而且还一一列举出核心能力，康奈尔大学的战略规划（2010-2015）就是一个例证。其三，很多高校努力打造校内协同机制（如学术事务部门与学生事务部门之间的协同关系），选用全国统一量表测评核心的学习结果，鼓励广大教师参与设计学习结果评估，保障评估主体的多元性，确保证据具有多面性和互证性的特点。

除高校外，政府和第三方组织也发挥了重要的支持作用。在澳大利亚、英国、加拿大等经合组织国家，政府往往是一些大型问卷调查的发起方和资助方。澳大利亚的毕业生技能测试（GSA）、课程经验问卷调查（CEQ）和毕业生目的地问卷调查（GDS），英国的高校毕业生目的地问卷调查（DLHE）和加拿大的全国毕业生问卷调查（NGS）就是具体的例证。在美国，非营利性组织发挥了独特作用。例如，美国教育援助委员会和美国兰德公司共同设计了大学学习评估（CLA），用来测评大学生的批判性思考能力；美国教育考试服务中心在数理化等十二个专业学科领域提供本科综合考试，直接测评考生的学习结果状况，并提供全国对比数据，这样，高校既可以了解本校学生在这些学科的学习结果状况，也可以了解自己在全国的相对位置。

诚然，学习结果评估也有一定的局限性。其一，并非所有的培养目标都能转换成具体的学习结果，并通过证据加以证明；其二，测评工具的开发和使用需要大量的时间和精力投入，而这类投入却往往不被计入工作绩效考核。此外，在我国开展学习结果评估还将遭遇到一些具体的困难和挑战，具体表现在：①高校内外质量保障系统还缺少很强的对应性和互补性；②输入、过程、输出和结果保障还没有形成合理的格局；③评估主体比较单一，强调专家的视角和以教学为中心的评估；④证据文化尚未形成；⑤高校内部缺乏协同的组织结构和广泛的共识基础。有理由相信，在引进或借鉴学习结果评估经验的过程中，上述因素都可能产生干扰甚至阻碍作用。

四、总结与建议

以《纲要》和"质量工程"为代表的一批国家规划和工程共同构成了我国本科教学质量保障系统的顶层设计,为本科教学质量的保障与改进提供了建设蓝图。但是,顶层设计能否发挥蓝图的功能,很大程度上取决于高校能否有效地识别、分解和优化顶层设计的主要组成部分。一方面,开展学习结果评估有如下积极意义:①促进我国本科教学质量保障的顶层设计与底层设计更好地进行对接;②优化顶层设计的建设目标;③增强本科教育质量保障系统的薄弱环节;④平衡高校自主办学的权责;⑤夯实教学领域理性决策的基础;⑥引导学习型组织的建设;⑦拓展学生在国际市场上的流动力和竞争力。另一方面,开展学习结果评估并不是简单地引进他国的做法,而是把学习结果评估的基本原理与我国本科教学和改革的现状特点结合起来,创建以学习为中心的强大的教学和学习环境。具体来说,我国的高校、政府和第三方组织应该以学习结果评估带动下列建设:

第一,自主办学。按照《高等教育法》的要求,申请设立高等学校的,应当向审批机关提交包括章程在内的申请材料。由于章程往往被视为高校内部的"基本法",它可以为校内重大决策的结构和过程划定边界,政府可以通过审批表明自己的立场,第三方机构可以通过评估和认证来检验学校的办学情况。然而,迄今为止,我国高校大多没有制定章程,法律和法规也没有界定不同高校的法律地位,本科教学评估也没有针对高校的定位采取相应的措施,从而导致了"千校一面"的结果。鉴于学习结果评估要求高校必须明确学习结果,参评的高校必定先要明确办学目标,这将有助于推动高校朝着自主办学的方向发展。另外,作为一种底层设计,学习结果评估将有利于带动以自评为基础的自我约束和自我发展的长效评估机制的建设,优化顶层设计,引导高校朝着自主办学的方向发展。

第二,公开承诺。未来十年,全面提高高等教育质量和人才培养质量,是我国高等教育的两项重大发展任务。如何完成这些任务,如何检验任务的完成情况,这些都是亟待解决的重大问题。鉴于学习结果评估要求高校及其专业必须明确并公布核心的学习结果,这必定会推动高校及其专业细化人才培养标准,从而为行政问责、专业问责和市场问责奠定基础。

考虑到我国现行的高等教育质量保障侧重的是行政问责和专家的视角，加大市场问责和专业问责的力度将有利于构建一个结构更加合理的高等教育质量保障的问责系统。以此而论，学习结果评估就是一种具有很强针对性的补充。另外，对高校来说，公开承诺核心的学习结果，意味着学校、专业和课堂三个层面的培养目标和学习结果必须层层对接，意味着顶层设计和底层设计必须无缝对接，意味着行政问责、专业问责和市场问责的基础是高校及其专业的承诺和证据。

第三，凝练共识。本科教育有很多目标，实现这些目标的方法也有很多，这就要求高校必须凝练共识，通过系统思考和团队学习的方式，不断地优化目标和方法。例如，本科教育应该设定哪些培养目标？哪些应该是核心的学习结果？哪些应该是实现培养目标和学习结果的最佳路线？教学质量保障应该注重输入、输出还是结果？为什么？所有这些问题恐怕难有标准答案，但毕竟有些答案更加接近教学和学习的基本规律，更加切合某一学习环境或学生群体的特点。因此，开展学习结果评估不仅要激励广大教师参与教学改革，还要通过教学研究来构建共识平台，包括定期开展学校层面的问卷调查，组织专业层面的教学研讨，通过"深度会谈"凝练共识、改进心智模式，激励教师不断超越自我，以学习结果评估带动学习型组织的建设。

第四，选择突破。学习结果评估是一个不断改进和完善的过程，很难一蹴而就。因此，高校的学习结果评估不妨选择通识教育作为突破口。究其原因，一是因为所有的本科教育都包含通识教育，都应该有相应的培养目标和学习结果；二是因为不同的高校和专业都可根据自己的定位来设计富有特色的通识教育模块，明确承诺学生在科学素养、信息素养、交流能力、分析问题和解决问题等方面的培养目标和学习结果；三是因为素质教育在我国已施行良久，它取得了哪些成绩，有哪些经验和教训，未来应该如何改进，这些都需要认真总结。当然，除了通识教育外，高校也可以在工程学和经济学两个专业先行开展学习结果评估，这样，国内高校可以与相关国家的高校和国际组织直接进行交流，借鉴相关经验。

第五，协同创新。作为一种底层设计，学习结果评估既能优化，也能与我国本科教学质量保障系统的顶层设计对接起来。以第二轮本科教学工作分类评估为例,其中的审核式评估和认证式评估都应该包含学习结果评估。这样,以问责为目的的校外评估和以改进为目的的校内评估就可以形成良性互动的关系,既可以避免"千校一面"的负面影响,也可以激发高校自主办学的积极性。与此同时,高校的领导者应该认识到,传统的高校内部组织结构与学习结果评估所要求的高校环境之间还存在较大的差距,目前校内组织的条块分割还比较普遍,部门之间的协作和同伴关系还比较匮乏。因此,高校不妨先行建立教学和学习促进中心或者院校研究中心,为教学和行政管理提供更好的决策支持,同时把教学改革与创新、教学评价与测量、院校研究与发展以及教师专业发展等相关的活动纳入系统建设,以此增强系统大于部分之和的优势。

美国大学生学习评估工具分析和比较

李湘萍　马　娜　梁显平[①]

前言

大学生学习评估是美国高等教育质量保障的重要手段之一，历经百余年的发展和积淀，目前已形成相当丰富和完备的评估工具体系。在众多的学习评估工具中，比较有影响也是相对主流的评估工具有：《CIRP新生调查》（CIRP Freshman Survey，CIRP－FS）、《CIRP大四学生调查》（CIRP College Senior Survey，CIRP－CSS）、《大学生就读经验调查》（The College Student Experiences Questionnaire，CSEQ）、《全美大学生参与度调查》（National Survey of Student Engagement，NSSE）、《加州大学本科生就读经验调查》（University of California Undergraduate Experience Survey，UCUES）以及《大学学习评估》（The Collegiate Learning Assessment，CLA）。其中，CLA属于标准测试型工具，用于直接评估，而其他工具则属于问卷调查型，用于间接评估。

从各工具的开发时间来看，《CIRP新生调查》最早产生，其网络版问卷早在1965年就已诞生，而《CIRP大四学生调查》则到1992年才开始实施。《大学生就读经验调查》最初由罗伯特·佩斯（C. Robert Pace）于1979年开发，但直到1994年才开始正式运行，并先后经过了1983年、

[①] 作者简介：李湘萍，北京师范大学教育学部高等教育研究所，讲师；马娜，北京师范大学教育学部高等教育研究所，硕士生；梁显平，北京师范大学教育学部高等教育研究所，硕士生。

1990年和1998年的三次改版;《全美大学生参与度调查》于1999年开始小规模试运行,2000年开始首次正式启用。《加州大学本科生就读经验调查》最先以网络形式展开调查,2002年春季开始正式实施;《大学学习评估》最初诞生于2000年,2004年由教育资助委员会（Council of Aid to Education,CAE）正式发布。

下文试图从评估的主客体、理论基础、评估内容以及信效度等方面对上述美国大学生学习评估工具进行深入分析和比较。

一、美国大学生学习评估工具的主体和客体

从评估主体来看,评估工具的编制、实施和结果分析都依托于强大的学术研究团队（见表1）。

从评估客体来看,《CIRP新生调查》和《CIRP大四学生调查》分别针对刚入学的新生和即将毕业的大四学生,NSSE和CLA则以大一和大四在读学生为客体,而CSEQ和UCUES面向全校在读大学生,范围更广。

表1 美国大学生学习评估的主要问卷调查工具

评估工具的类型	评估工具的名称	评估主体	理论基础	评估目的
输入阶段评估	CIRP新生调查（CIRP-FS）	加州大学洛杉矶分校高等教育研究所	"学生参与"理论;"输入—环境—输出"理论（IEO模型）	通过问卷调查了解新生高中时期的学习和生活情况以及学生的个人特征,为大学影响力的长时、后续研究做好准备

续表

评估工具的类型	评估工具的名称	评估主体	理论基础	评估目的
学习过程评估	大学生就读经验问卷调查（CSEQ）	印第安纳大学高等教育研究与规划中心	"环境—经验—发展"模型	评估大学生使用学校资源的程度和课堂内外的学习体验，提供学生自我评价和反思的信息，促进大学生学习环境质量的提高
	全美大学生参与度调查（NSSE）	印第安纳大学高等教育研究与规划中心	"学生参与"理论；有效教育实践五项原则（EEP）	测量和评估学生在学习和其他活动上的投入程度，以及学校资源配置的有效性，指导学校发展优秀的教育实践和改进不足之处，从而提高大学本科教育的质量
	加州大学本科生就读经验调查（UCUES）	加州大学伯克利分校高等教育研究中心	"学生参与"理论	检验研究型大学学生活动和学生服务的质量，汇报校园风气和了解多样化对学生教育经历的影响，改进学生的就读经验，为校园和院系提供认证
学习结果评估	CIRP大四学生调查（CIRP–CSS）	加州大学洛杉矶分校高等教育研究所	"学生参与"理论；"输入—环境—输出"理论（IEO模型）	全面了解大学生在四年大学生活和学习后，在认知和情感等方面产生的变化，从而研究不同的大学经历对学生发展的影响，引导学校的良性发展，属于CIRP项目的后测

续表

评估工具的类型	评估工具的名称	评估主体	理论基础	评估目的
学习结果评估	大学学习评估（CLA）	教育资助委员会	智力与道德发展理论	通过测量学生的高级技能水平（批判性思维、问题解决能力、写作技能、分析推理能力）来评估高校管理的成效，促进学生学习和高等教育教学质量的提高

注：本表部分参考了李奇在《国家教育行政学院学报》（2008年09期）发表的"高等教育大众化阶段质量保障的系统分析"一文的分类标准。

二、美国大学生学习评估工具的理论基础

科学的评估工具应以一定的理论框架为基础，上述这些学习评估工具也不例外，在其研发的过程中基本上都参考了学生发展理论。学生发展理论主要解释大学生如何发展成为具备复杂成熟的了解自我、他人及世界能力的个体的过程。美国高等教育领域对学生发展理论的研究已有近百年历史，主要包括社会心理与认同发展理论、认知结构理论、类型理论和个体与环境互动理论。其中，个体与环境类理论中的参与理论对学习评估工具的影响最为显著，其代表人物主要有拉尔夫·泰勒（Ralph Tyler）、罗伯特·佩斯（C. Robert Pace）、亚历山大·阿斯汀（Alexander W. Astin）、文特森·丁度（Vincent Tinto）、阿瑟·奇克林（Arthur W. Chickering）、塞尔达·加姆森（Zelda F. Gamson）、欧内斯特·帕斯卡瑞拉（Ernest Pascarella）和乔治·库（George D. Kuh）等人。

具体来说，CIRP两份问卷和UCUES主要借鉴了阿斯汀的"学生参与"理论（Student involvement Theory）和"输入—环境—输出"理论（Input–Environment–Output Model，IEO）。理论强调了学生个体与大学环境的相互作用，解释了大学如何影响学生的发展。

CSEQ的创始人佩斯对阿斯汀的IEO理论模型提出了质疑，他构思出一种新的情景式模型，即"环境—经验—发展"（Environment – Experie nce-Development）模型，并形成"努力质量"的观念，成为 CSEQ 的理论基础。"环境—经验—发展"模型不仅强调环境对学生发展的影响，还将这种影响与学生自身的努力和投入，即学生参与，结合起来。

最早的 NSSE 项目在很大程度上借鉴了库的"学生参与"（Student Engagement）理论、奇克林和加姆森的《本科教育良好实践》（Good Practices in Undergraduate Education）及其指标体系。后来，NSSE 重新提炼出《有效教育实践五项原则》（Effective Education Practices，EEP），即学术挑战水平、主动学习和协作学习、师生互动、丰富教育经历、校园环境支持，并以此为基准形成了现有的 NSSE。UCUES 的各项指标也在一定程度上依托于"学生参与"理论和建构主义学习观。

佩斯、阿斯汀和库三人陆续丰富了对"学生参与"的理解。早期，佩斯重视大学环境与学生自身的努力相互作用，他认为，当学生投入到各种有教育意义的活动中的时间和精力越多，他们从学习和大学经历中所得的收获就越多，并由此衍生出"努力质量"模型。阿斯汀进一步普及了"努力质量"的观点，他的"参与"理论强调学生在大学经历中投入时间和精力的质和量，突出了学生动机和主观行为对学生成就的重要作用；此后，库进一步拓展了"参与"的内容，他从两方面考察了学生的参与，一是学生投入到有效学习中的时间和精力，二是学校为学生的参与所提供的支持，学生的投入和学校的环境支持相辅相成。"参与"强化了学生各方面的技能，塑造了他们的秉性，为学生大学后的发展做好了充分准备。

从 CLA 的考查内容来看，CLA 通过情景式问题的设置，要求学生运用已有的知识和能力对近乎现实的问题予以分析和辨别，问卷的问题在一定程度上体现了认知结构理论中威廉·佩里的智力与道德发展理论，强调了不同阶段学生知识的发展和角色的转换。

学生发展理论是美国大学生学习评估问卷设计和指标构建的基石，是评估工具不断完善的理论保证。

三、美国大学生学习评估工具内容的异同

为了更深入地分析和比较上述评估工具的异同，表 2 从问卷维度和具体指标对各问卷工具的内容进行了梳理，"√"表示该评估工具包含此项指标。表 2 中问卷指标的划分只是为了清楚地反映问卷的特点，而不是绝

对地分割题目间的联系。

在选取问卷分析维度时，我们根据 NSSE 的五个有效教育实践基准、CSEQ 的五个指标和每份工具的侧重点，提炼出了四大维度：学生的背景信息，校园环境，学生参与，学生的生活和发展，并划分了较有代表性的次级指标。虽然这些维度并不尽善尽美，但还是比较全面地涉及了问卷的主要内容。由于 CLA 属于直接评估工具，与其他工具区别较大，所以单独分析其特点。

表2 美国大学生学习评估问卷调查工具主要指标

主要维度	主要指标	评估工具				
		CIRP 新生调查	CIRP 大四学生调查	CSEQ	NSSE	UCUES
学生背景信息	父母学历		√	√	√	√
	大学费用来源	√	√	√		
	家庭收入	√				√
	预期毕业日期		√			√
	转学情况		√	√	√	
	住宿情况	√	√	√	√	
	移民情况				√	√
	个人政治观、宗教信仰、性取向	√	√	√		
校园环境	多样化经历	√		√	√	√
	校园环境支持			√	√	√
学生参与	学术活动参与	√	√	√	√	√
	课外活动参与			√	√	√
	学术懈怠	√	√		√	
	公民参与（志愿工作，社区服务，环境保护，政治、宗教活动等）	√	√	√	√	√
	师生、生生、与行政人员互动	√	√	√	√	√
	时间分配	√	√	√	√	√
	满意度		√	√	√	√
	信息网络的使用	√	√	√	√	√

续表

主要维度	主要指标	评估工具				
		CIRP 新生调查	CIRP 大四学生调查	CSEQ	NSSE	UCUES
学生生活和发展	承受的压力和情绪问题	√	√			√
	不良行为的频率（抽烟、喝酒、嗑药等）	√	√			√
	学位追求	√	√	√	√	√
	职业选择		√			
	大学收获	√	√	√	√	√

（一）学习评估工具的主要指标高度相似

由表2可知，每份问卷都有较为重视的维度，每项指标的选取都具有独特的用意。

在学生背景信息上，关于父母学历的问题意在检验家庭成员的受教育程度是否会影响学生上大学的概率。大学期间是否住宿或住在何处可能导致学生拥有不同的校园参与和发展，而学校对学生个人政治观、宗教观、性取向或性别认同的调查，一方面可以了解个体的实际需求，提供必要的校园支持，另一方面也可以检验大学生活是否对学生的固有特征产生影响。有关大学费用的来源问题反映了学生的家庭收入状况，有助于学校统计助学金或助学贷款的需求情况，以制定相应的经济资助政策。

校园环境对学生的发展举足轻重。CSEQ、NSSE和UCUES分别强调了不同背景（不同经济或社会等级，性别，种族或民族，政治、宗教信仰，个人价值等）学生之间的相互交流和理解。UCUES尤为关注不同性取向或性别认同的学生，了解他们的校园认同度，以提醒学生事务管理者营造适合不同学生群体的校园环境。

学生参与是主流学习评估工具的核心，尤其是学术活动的参与，每份问卷都询问了学生的学术参与情况。与学术参与相对的是学术懈怠，

《CIRP 大四学生调查》和 UCUES 较多地询问了学生上课迟到、逃课、作业未交等方面的行为，这有助于学校了解学生的学习问题，提供必要的学术支持。学生的课外活动参与也是学生参与的重要一环。CSEQ 特别关注学生在艺术活动中的参与和学生对艺术、音乐和戏剧的欣赏能力和爱好，说明学生的全面发展已成为学习评估的重心。

本文分析的问卷十分重视对学生大学收获的调查，收获主要包括知识和能力储备。值得注意的是，虽然多数学者将 CSEQ、NSSE 和 UCUES 标识为过程性评估工具，但它们同样注重学生的大学收获。UCUES 还借助学生对入学前后特征变化的自我报告，清楚地反映了他们在大学期间的变化和发展。

另外，CIRP 两份问卷和 UCUES 还关注了学生的身心健康。UCUES 重点询问学生参加校园咨询或心理咨询服务的经历，从治疗的有效性、服务质量、建议和有需要但没有接受服务的原因等几个方面深入了解学生的需求和学校咨询的现状。可见，学生的心理健康已成为加州大学重点关心的领域，心理咨询中心的工作也成为了高校学生事务管理的重头工作。

总的来看，这些学习评估工具的相似之处十分显著。

（二）问卷指标的独特之处

虽然上述评估工具的主要指标高度相似，但有些指标却是独具特色的。

具体来看，除 CSEQ 外、CIRP 两份问卷，NSSE 和 UCUES 分别设置了一些独特的调查问题。《CIRP 新生调查》面向刚入学的新生，它需要了解学生选择所上大学的原因和他们对大学生活的期待，为后续研究做好准备。问卷还调查了新生是否存在听力、语言、视力、学习等方面的障碍，他们是否赞同大学录取时给予贫困学生一定的照顾，大学是否有权禁止校园极端言论等，为大学管理学生储备了信息。《CIRP 大四学生调查》不仅强调学生大学期间的公民参与度，还考查了学生对公民参与计划重要性的看法。在 EEP 的指导下，NSSE 突出了大学的学术挑战水平，着重了解课程和作业的设置是否能够挑战学生各方面的能力。与加州大学重视学生的大学归属感和大学生多元化背景相呼应的是，UCUES 要求学生清楚地了解自己的身份，即自己属于哪类学生（如体育生，保守的学生、兄弟会/姐妹会成员等），要求他们对这些身份在校园的辨识度逐一排序。另外，为了确保问卷的灵活性，NSSE 和 UCUES 建议学校根据自身的特点补充必要的问题。

总体来看，不论是哪种调查工具，它们都产生于高等教育质量保障的社会大背景下，都以"学生主体"和"学生学习"为中心思想，遵循学生发展的相关理论，深入探究大学与学生之间的化学作用。现在，CIRP 问卷、CSEQ、NSSE 在某些题目的设计上也会相互参考，UCUES 中学生的性取向、性别认同、个人的学习和情绪压力等问题也逐渐成为其他问卷关心和重视的问题。因此，这些评估工具的各项指标之间并非完全独立，它们承前启后，相互借鉴，共同发展。

（三）作为直接评估工具的《大学学习评估》（CLA）

CLA 是终结性评估，直接测量学生在批判性思维、分析推理、问题解决、写作沟通等能力上的增值发展。

CLA 全部采用主观题型，题目包括"分析型写作"（Analytic Writing Task）和"执行型任务"（Performance Task）两部分。前者又分为"讨论型任务"（The Make – an – Argument Task）和"评论型任务"（The Critique – an – Argument Task）。具体来说，"讨论型任务"要求学生陈述对某件事情的看法，如赞成还是反对"政府财政是否应该用在预防犯罪而不是事后惩罚罪犯上"，同时反驳相对的意见，并举证说明；"评论型任务"则是对某个观点的评价。"执行型任务"较为复杂，它要求学生选择性地运用问卷提供的相关资料分析现实问题，提出解决方案，并进行合理的论证。

CLA 将问题与现实紧密结合，弥补了早期测验未能考查学生某些核心能力的缺点。这些特点，使 CLA 在学习评估工具中独树一帜，正如里查德·沙沃森（Richard J. Shavelson）所言："作为 2004 年掀起的随机函数增值评估创举（RAND's Value – Added Assessment Initiative）的副产物，CLA 是直接增值评估的最佳范例。"

四、美国大学生学习评估工具的信效度

CIRP 项目组每年都会根据实际情况对问卷题目的表述、数量和出现的顺序做出一定的修改。经反复测试后,《CIRP 新生调查》的整体结果依然呈现较高的一致性。CSEQ 各维度的内部一致性信度系数大多高于 0.80,信度较好。分层回归分析法的结果也表明,"努力质量"维度可以解释相当大部分的变量,问卷的整体内容效度较高。NSSE 各子量表的内部一致性信度系数均达到了 0.80 以上,其总体及部分的信度非常好。UCUES 内部一致性信度系数的最高值为 0.92,最低值为 0.61,可见,UCUES 的信效度较好。相关学者对 CLA 做了评定者信度(inter-rater reliability)和同质性信度(inter-item consistency)的检验。结果表明,CLA 的评定者信度比较一般,而它的同质性信度很高。另外,当 CLA 以学校而非学生为分析单位时,具有较高的效度。

总之,各评估工具分别从不同方面详细测试了各自的信效度,检验结果表明,各评估工具具备较高的信效度,当然,也有不断完善和改进的空间。

五、启示

在上述学习评估工具中,目前 NSSE 和 CSEQ 已经出现汉化版本,清华大学和北京师范大学相关学者已分别运用汉化版的 NSSE 和 CSEQ 展开了一些调查,所以,相对其他工具而言,CSEQ 和 NSSE 在我国的适用性是比较好的。不过,CIRP 项目几十年研究的完整性、权威性和可靠性,同样值得中国学者深入挖掘和借用。UCUES 针对研究型大学,学生背景比较多元,中国学者不仅要考虑汉化问题,还要仔细斟酌相关题目的内容与中国学生的实际情况是否相符,以便有所取舍地择其可用之处。而 CLA 作为一种新型的问卷,在我国运用的难度较大,且不说其信效度有待检验,我国学生能否很好地适应这种费时较长的主观题型测试,也还不得而知。除了考虑评估工具内容在我国是否适用,如何推进学生发展理论的本土化、评估团队的专业化、评估技术的精良化,以及如何获取更多政策和经费的支持,也是我国同行在学习美国经验时面临的主要问题。

美国高校学生事务管理专业协会：
历史　结构　功能

——以 NASPA 和 ACPA 为例

李湘萍　洪成文

一、文献回顾与研究缘起

高校学生事务管理（Student Affairs Administration in Higher Education）一词源自美国，是指高校通过教育教学活动和教育教学服务促进学生学业成功和全面发展的组织活动，尤指高校通过课外活动和其他非学术性事务对学生施加教育影响，以促进学生发展的组织活动。高校学生事务管理涉及的实践领域众多，如招生录取与注册管理、高校新生入学指导、学习指导、住宿管理、学生资助管理、心理咨询、学生社团管理、就业指导等。百年来，美国高校的人才培养正是建立在两个既独立又合作的支持系统基础之上，即教师的课堂教学和学生事务管理者专业化的课外引导。

我国自20世纪90年代以来的高等教育规模扩张，在为越来越多的学生提供受高等教育机会的同时，也带来了一系列的问题，集中表现为人才培养质量的下滑，公众对大学的关注逐渐从"能不能上大学"变为"如何上大学"。在此背景下，具有中国特色的本科教学质量评估运动轰轰烈烈展开，围绕这一主题的研究可谓占据了国内高等教育研究领域的重要话语权。同样，基于对高校人才培养质量的关注，我国学者在这一时期对高校学生事务管理的研究热度也在不断攀升，文献检索结果表明，近十年来我国高校学生事务管理领域的研究数量逐年上升，且以译介百年来美国高校学生事务管理理论与实践为主，兼与中国作比较。已有的代表性研究主要涉及以下几个方面：美国高校学生事务管理的历史和趋势；美国高校学生事务管理的理论基础；美国高校学生事务管理的纲领性文件；美国高校学生事务管理模式与组织结构；美国高校学生事务管理专业化概况；美国高校学生事务管理专业人才培养；美国高校学生事务管理的专职人员制度等。这些研究有助于我们从不同视角，整体性和全局性地把握美国高校学生事务管理，但如何使这一领域今后的研究做到"见林又见木"，使我们在宏观上把握美国高校学生事务管理的同时，又能在微观层面深入了解美国高校学生事务管理的具体细节。这就需要将该领域的研究向纵深推进。

以美国高校学生事务管理专业化研究为例，众所周知，美国高校学生事务管理经历了百年的专业化进程，作为最成熟、最完善的系统，其所沉淀的系统理论和专业实践值得我国了解并借鉴，关于这一主题的研究意义不言自明。但通过国内目前的相关研究，我们还无法清晰、生动地了解美国高校学生事务管理专业化是如何实现的，专业化的每一种途径是如何展开的以及对学生事务管理者的专业发展和学生发展起到怎样的作用。在作者看来，美国高校学生事务管理百年来的专业化进程，最重要的途径就是专业协会组织的不断发展和人才培养模式的日趋成熟。关于人才培养，李赛强2008年的研究选取美国俄亥俄州的鲍灵格林州立大学（Bowling Green State University）为例，通过详细介绍该校学生事务专业硕士生项目（College Student Personnel Program），透视美国高校学生事务管理专业人才培养模式，该研究在研究方法和案例的选取上都作出了有益的尝试。但是，同样作为美国高校学生事务管理专业化的重要途径，目前国内还鲜有研究专门论及美国高校学生事务管理领域的专业协会，特别是缺乏对专业协会历史发展、组织结构与功能的深入个案研究，已有的相关研究只是在各自写作主题下，顺带提及美国高校学生事务管理专业协会。

为弥补这一研究不足，本文选取美国高校学生事务管理领域两个最大的综合性专业协会，"全美学生人事管理者协会"（National Association of Student Personnel Administrators，NASPA）和"美国大学人事协会"（American College Personnel Association，ACPA），作深入的个案研究。选取NASPA与ACPA作为个案，是因为在美国高校学生事务管理领域，这两大协会历史悠久、规模庞大、结构合理、运作有序、功能强大，代表了全美高校学生事务管理领域专业协会的最高水准，引领着美国甚至全球学生事务管理专业化的进程。本文在接下来的篇幅中将逐一回答以下问题：①两大协会是如何发展至今的？②两大协会内部的组织结构和管理方式是怎样的？③两大协会在美国高校学生事务管理中发挥怎样的功能？④两大协会对我国高校学生工作有何启示？

二、美国高校学生事务管理专业协会的历史回溯

根据埃文斯·南希（Evans, Nancy J.）等人的定义，专业协会（Professional Associations）是指由一群有着共同兴趣、目标，自愿聚集在一起的个人所构成的专业组织，从业人员拥有自己的专业协会组织是某一领域专业化的重要标志。美国高校学生事务管理专业协会最初产生于20世纪早期，这一时期美国高等教育规模不断扩张，学生事务与学术事务逐渐分离，专职的学生事务管理人员开始出现。早期比较有代表性的专业协会有女生院长（Deans of Women）协会和男生院长（Deans of Men）协会，在当时高校学生事务工作还不大为人所认知的情况下，这些专业协会为学生事务工作者提供了难得的交流学习机会和发表意见的平台，在一定程度上促进了学生事务工作者专业发展，为刚刚开始的美国高校学生事务管理专业化提供有力支持。随着美国高等教育规模的不断扩大和高校学生事务管理专业化程度的日益提高，学生事务管理的专业协会开始增多，其职能范围也不断拓展。据不完全统计，目前与美国高校学生事务管理相关的专业协会多达数十个，基本涵盖了美国高校学生事务的所有功能领域。根据划分标准的不同，美国高校学生事务管理领域的专业协会分为综合性和专门性、全国性和地方性的协会。下面就美国高校学生事务管理领域两个最大的综合性、全国性的专业协会，"全美学生人事管理者协会"（NASPA）和"美国大学人事协会"（ACPA）的发展历程作简要梳理。在某种程度上，这两大协会的发展变迁史可以折射出美国近百年来高校学生事务管理专业化的发展轨迹。

"全美学生人事管理者协会"（NASPA）的历史可以追溯至1919年，这一年，六名高校男生院长（Deans of Men）齐聚威斯康星大学，召开高校男生院长及男生顾问会议（Conference of Deans and Advisors of Men），商

讨大学男生在就读期间面临的各种问题。1929 年，作为一个相对非正式的组织，男生院长及男生顾问会议转型成为更加正式的协会组织，并取名"全美男生院长及男生顾问协会"（National Association of Deans and Advisors of Men，NADAM）。随着男生院长这一职务头衔在美国高校中的逐渐消失，高校学生事务管理的工作范围也在逐步扩大，相应地，协会成员数量不断增加，来源也更加多样，1951 年，"全美男生院长及男生顾问协会"正式更名为"全美学生人事管理者协会"（National Association of Student Personnel Administrators，NASPA），此名一直沿用至今。NASPA 未曾更名体现了美国学生事务从业人员对这一名称产生历史背景的尊重，但是过去半个世纪以来，美国高校学生事务管理的内涵和职能发生了深刻变化，作为历史的产物，NASPA 已经不能充分体现当今美国高校学生事务管理的基本状况和发展趋势，因此，NASPA 在其官网的显著位置标明"高校学生事务管理者"（Student Affairs Administrators in Higher Education），以凸显 NASPA 的现代所指是"高校学生事务管理者协会"。目前，NASPA 已发展成全美高校学生事务领域最大的综合性专业协会，会员达 12000 人，来自美国和全球约 1400 所高等教育组织、机构；会员中高校的中高层学生事务管理者和职员占相当大的比重，反映了 NASPA 以实践为导向的定位。NASPA 总部设在首都华盛顿，下设 7 个地区性分支机构、20 多个覆盖学生事务各功能领域的专业委员会（Knowledge Communities，直译为知识共同体），在州一级设有分支机构。

"美国大学人事协会"（ACPA）的前身是 1924 年成立的"全美学生就业管理人员协会"（National Association of Appointment Secretaries，NAAS），该协会旨在为高校中从事毕业生就业指导的工作人员提供专业帮助。1929 年，"全美学生就业管理人员协会"更名为"全美学生人事和就业管理人员协会"（National Association of Placement and Personnel Officers，NAPPO）。从 ACPA 的早期发展历史来看，美国高校学生事务管理专业协会最初以专门性而非综合性协会的形式诞生，且最早产生于高校学生就业指导领域。这与 20 世纪 20 年代美国掀起了一场轰轰烈烈的就业指导运动有关。为适应协会成员数量不断增加、来源更为多样，1931 年，"全美学生人事和就业管理人员协会"正式更名为"美国大学人事协会"（American College

Personnel Association，ACPA），此名一直沿用至今。ACPA 未曾更名体现了美国学生事务从业人员对这一名称产生历史背景的尊重，但是过去半个多世纪以来，美国高校学生事务管理的内涵和职能发生了深刻变化，作为历史的产物，ACPA 已经不能体现当今美国高校学生事务管理的基本状况和发展趋势，因此，ACPA 在其官网的显著位置标明"国际高校学生教育工作者"（College Student Educators International），"Educators"一词的含义十分宽泛，包括与高校学生事务管理相关的大学教师、研究人员、学生事务管理者、行政职员（Staff）等，这一新名称不仅表达了 ACPA "教育性"、"国际性"的追求和定位，同时体现了当前美国学生事务管理中尤为提倡的学生事务与学术事务的融合。目前，ACPA 已发展成为全美高校学生事务领域知名的、综合性专业协会，会员约 7500 人，来自美国和全球约 1200 所高等教育组织、机构。ACPA 总部设在首都华盛顿，下设 6 个常务委员会（Standing Committees）、20 个覆盖学生事务各功能领域的专业委员会（Commissions），在州一级设有分支机构。

NASPA 与 ACPA 均诞生于 20 世纪上半叶，这一时期，美国高校学生事务管理结束长期以来的"替代父母制"（In Loco Parentis）阶段，正式进入"学生人事"（Student Personnel）阶段，学生事务管理虽然在高校中仍处于辅助地位，但学生事务已逐渐与学术事务分离，并作为一个独立的领域出现，专职的学生事务管理人员开始出现，包括 NASPA 与 ACPA 在内的大量专业协会组织涌现，美国高校学生事务管理的专业化进程正式开启。时至今日，NASPA 与 ACPA 的全称中仍保留"Personnel"一词，直观地标识着两大协会产生的社会历史背景；但是自 20 世纪下半叶以来，美国高校学生事务管理的内涵和职能发生了深刻变化，分别经历了"学生服务"（Student Service）、"学生发展"（Student Development）和"学生学习"（Student Learning）阶段，高校学生事务管理逐渐拥有了科学理论基础和行业存在的合法性基础，学生事务管理者的角色也从人才培养的辅助者，演变成为与高校教师地位平等的促进学生全人发展的教育者。在此过程中，NASPA 与 ACPA 的使命、价值观、内部组织结构、管理方式和功能也在不断变化，两大协会或是通过制定纲领文件、行业标准，或是通过促进会员的专业发展等不同方式，实质上参与并深刻影响了 20 世纪下半叶美国乃至世界高校学生事务管理的专业化的进程。

三、美国高校学生事务管理专业协会的组织结构

一般而言，作为某一行业或领域的专业组织，专业协会大多是法律上予以承认的非营利组织，协会的最高权力机构是全体会员代表大会，在全体会员代表大会闭会期间，理事会执行全体会员代表大会决议，在理事会闭会期间，常务理事会主持协会工作，综合性、全国性的专业协会常下设若干专业性、地区性的分会。

NASPA 与 ACPA 都由全体会员代表大会、理事会和若干分会构成（见表1），实行以"志愿参与＋民主选举"为基础的管理方式。理事会由全体会员代表大会选举产生，成员包括协会会长、副会长、前任会长以及若干理事等；作为协会的领导机构，理事会负责监督协会的政策和程序、经费预算管理以及战略规划的制定。虽然两大协会的运行基本上依靠内部成员自觉、自愿、无偿的帮助完成，不过，协会同时也雇用带薪的全职工作人员，负责发展会员以及协会财务等方面的事务。会员费是专业协会的主要经费来源，此外，公司捐赠、会务费等也充实着协会的财力。NASPA 与 ACPA 的组织结构和管理方式体现了其作为非营利组织的基本特征：组织性、民间性、非营利性、自治性、志愿性和专业性。

表1 NASPA 与 ACPA 的组织结构

	全美学生人事管理者协会（NASPA）	美国大学人事协会（ACPA）
全体会员代表大会	NASPA 全体会员代表大会通常是年会（Annual Conference），它既是全体成员的年度盛会，也是整个协会的最高权利机构	ACPA 全体会员代表大会通常是年会（Annual Convention），它既是全体成员的年度盛会，也是整个协会的最高权利机构
理事会	NASPA 理事会（Board of Directors）是整个协会的最高管理层，理事会内部主要由以下几个层级构成：会长和副会长、执行理事和副执行理事、地区副会长	ACPA 理事会（Governing Board）是代表整个协会利益的最高领导团队，其职责在于通过制定协会的战略规划，实现协会的使命和愿景

续表

	全美学生人事管理者协会（NASPA）	美国大学人事协会（ACPA）
常务委员会	NASPA 未设常务委员会	ACPA 共设 6 个常务委员会（Standing Committees），① 每个常务委员会都有主席一名，常务委员会代表各自群体的利益
专业性分会	NASPA 下设 20 多个覆盖学生事务各功能领域的专业性分会（Knowledge Communities，直译为知识共同体）	ACPA 下设 20 个覆盖学生事务各功能领域的专业性分会（Commissions，直译为专业委员会），每个分会都有主席一名
地区性分会	NASPA 不仅在州一级设有分支机构，还设立了 7 个地区性分会，每个分会都有各自的分会副会长、咨询委员会以及年会	ACPA 在州一级设有分支机构，但并无地区性分会

资料来源：http://www.naspa.org/；http://www2.myacpa.org/.

四、美国高校学生事务管理专业协会的主要功能

美国高校学生事务管理百年来的专业化进程，最重要的途径之一就是专业协会组织的不断发展。而在众多的专业协会之中，NASPA 与 ACPA 因其历史悠久、规模庞大，代表了全美高校学生事务管理领域专业协会的最高水准。纵观 NASPA 与 ACPA 的发展历程，这两大协会在推动美国高校学生事务管理专业化进程中发挥如下三大功能：制定纲领文件和行业标准，推动专业研究与出版、促进会员的专业发展。

首先，制定纲领文件和行业标准。半个多世纪以来，NASPA 与 ACPA 各自制定了一系列美国高校学生事务管理领域的纲领文件，尤其是最近十多年来，两大协会更是频频联手，出台了诸如《良好的学生事务的实践原

---

① ACPA 的 6 个常务委员会分别是：高校残障人士及其工作者常务委员会、高校学生事务领域研究生及新入职者常务委员、高校同性恋和双性恋人士常务委员会、高校男性发展常务委员会、高校女性发展常务委员会、高校多元文化事务常务委员会。

则》（1998 年）、《有力的伙伴关系：分担学习责任》（1998 年）、《反思学习：在全校范围内关注学生的经验》（2004 年）等引领全美高校学生事务管理的纲领文件。这些纲领文件始终蕴涵了一个清晰的主题，即高校学生事务管理者应与教师通力合作，为学生创设各种支持性的条件，促进不同学生的全人发展，而这一主题其实就是美国高校学生事务管理领域的最高行业标准和道德标准。具体而言，在这一最高行业标准要求下，高校学生事务管理者应遵循如下职业准则：①学生事务管理者应持有正确的学生观，兼顾学生个体发展的整体性、差异性和自主性；②学生事务管理者应学会从外部环境中找到可以"借力"的教育资源，努力创设支持性的活动或环境，促进学生发展；③学生事务管理者应遵循"了解学生、及时干预、与教师合作、与机构合作"的科学工作方式；④学生事务管理者应承担公民教育和高等教育问责的社会责任。20 世纪 80 年代以来，NASPA 和 ACPA 联合美国高校学生事务管理领域的其他多个专业协会，组成美国高等教育标准促进委员会（Council for the Advancement of Standards in Higher Education，CAS），颁布了一系列高校学生事务管理人才培养标准以及从业人员必须遵守的职业标准。

其次，推动专业研究与出版。1937 年，美国教育委员会在总结此前十多年间高校学生人事工作方法及研究的基础上，发布了《学生人事观》（the Student Personnel Point of View），这是指导日后美国高校学生事务管理专业发展的奠基性文件。《学生人事观》倡导建立全国性的高校学生人事管理协会，并指明协会的重要功能之一是负责学生人事管理方面的研究与成果出版。以 NASPA 为例，目前该协会下设研究中心（Center for Research），专门负责对高校学生事务领域以及高等教育领域的问题进行调查研究，如针对会员高校大学生参与和就读经验的年度在线调查（The Profile of Today's College Student Survey）、针对会员高校学生事务管理者收入水平的调查（Student Affairs Professionals Salary Survey）等，这些调查研究为高校学生事务管理实践和政策制定提供了有力的实证依据。在专业研究之外，推动专业出版同样是 NASPA 和 ACPA 不可忽视的重要功能，而且是实现"生产并传播知识"（Generation and Dissemination of Knowledge）这一共同使命与价值观的重要途径。目前，NASPA 和 ACPA 旗下都拥有形式多样的专业出版物，例如，ACPA 的主要出版物就包括期刊、杂志、图书、年度报告等，其中《大学生发展》（The Journal of College Student Development）是 ACPA 的主要会刊，该刊创建于 1949 年，目前的文章录取率为 7%－9%，是 SSCI 来源期刊，它是美国大学生发展领域最权威的学术期刊、高等教育研究领域的顶尖期刊之一，对推动美国高校学生事务管理的专业研究和实践起到重要的引领作用。

再次，促进会员的专业发展。NASPA 和 ACPA 的个体会员（Individual Member）来源多样，包括高校学生事务管理领域的在校学生、研究人员以及实践中广大的从业人员，① NASPA 和 ACPA 强大的功能定位满足了不同会员多样化的专业发展需求。从人才培养到招聘遴选，② 从入职教育到在职专业发展，从监督管理到绩效评估，NASPA 和 ACPA 几乎参与了高校学生事务领域人力资源管理的全过程。无论是参与到人力资源管理的哪个环节，专业协会促进会员专业发展，首先必须是通过为会员提供沟通交流的平台而实现的。NASPA 和 ACPA 历来鼓励会员就共同关心的专业问题交换意见并相互学习。以 ACPA 为例，除了每年定期召开的年会，还会针对特定对象或特定议题，举办一些论坛或培训班，如学生事务网络化学习（Student Affairs E-Learning Series）、中层学生事务管理者培训班（Mid-Level Management Institute）、州一级或国际学生事务工作坊（State/International Divisions Workshops）等。诚如 ACPA 在其官网中声明的，成为专业协会成员表明个体对所从事的职业有使命感和乐于奉献投入的精神，参加全国性、地区性、州一级会议，参加专题性讨论、网上论坛，虽然会花费一定的时间、金钱，但也提供了积极学习和参与的机会，参与专业协会既是责任也是机遇，无论是不是深度参与，只要成为会员，就能获得专业发展机会。总之，会员在 NASPA 和 ACPA 这样的专业协会中，通过结识一大批志同道合的学生事务管理从业人员，使得他们的专业水准得以提高，专

---

① NASPA 与 ACPA 几乎不设入会标准，只要是高校学生事务管理领域的人员，无论是学习者、研究者还是实践者，只要热爱这一领域、拥有使命感和乐于奉献的精神，同时再缴纳一定的会费，均可加入成为会员。

② NASPA、ACPA 参与制定全美学生事务管理专业人才培养的标准和指南；美国高校学生事务管理领域的招聘或求职信息经常通过 NASPA、ACPA 这样的专业协会发布。

业归属感得到不断强化。

综上所述，尽管 NASPA 与 ACPA 在组织的使命、价值观①以及功能等方面有不少相似之处，但两者在组织文化、管理哲学、组织结构以及会员结构等方面的不同也是显而易见的，概而言之，NASPA 偏 "实践性" 和 "应用性"，而 ACPA 则偏 "理论性" 和 "研究性"。进入 20 世纪 90 年代以来，NASPA 与 ACPA 携手共同制定了美国高校学生事务管理领域的一系列纲领文件，两大协会组织的合作关系日趋紧密，在此过程中，关于两大协会合并的讨论也有十余年，②但试图将两大协会合并的种种努力却一直没有成功，2011 年 4 月，经过 NASPA 与 ACPA 所有会员最终投票表决，这两大协会的合并提议以失败告终，NASPA 与 ACPA 将继续保持各自组织的独立运行。未来，虽然 NASPA 与 ACPA 之间仍不可避免地存在一定的相互竞争，但它们之间不断深化的合作无疑将有助于学生事务管理领域理论研究与具体实践的结合，从而对美国高校学生事务领域的发展产生重要影响。

五、启示

《国家中长期教育改革和发展规划纲要（2010－2020 年）》提出我国高等教育发展的主要目标是提高质量，尤其是人才培养的质量，而提高人才培养质量，不仅需要加强课堂教学质量，还需要改进高校的学生事务管理质量。如何提升我国高校学生工作服务质量，如何促进未来我国高校学生事务管理的专业化，是我国同行当前面临的紧迫问题。

我国在高等教育大众化进程中，陆续建立了辅导员工作研究会、高校

---

① NASPA 和 ACPA 共享的核心价值观包括：提倡多样、协同合作、促进学习、增加可获得性、正直诚实、伙伴关系、精诚服务、探究精神、促进学生全面发展、提倡多元文化的理解能力、包容、自由开放地交流、生产并传播知识、促进学生事务管理者持续的专业发展与个人成长等。

② NASPA 和 ACPA 高层认为两大协会合并的理由如下：①合并有利于整合两大协会的力量，在高校学生事务领域发出强有力的共同声音；②提升专业发展项目的品质；③减少学生事务管理和服务领域的种种冗余；④提高学生事务领域的研究和学术水准；⑤合并有利于筹集各渠道资金；⑥会员数量大量增加，有助于增强协会财力和稳定发展；⑦增强与高等教育领域内其他协会的伙伴合作关系；⑧有助于学生事务领域理论与实践更紧密的联系；⑨减少两大协会之间的竞争和彼此消耗。

毕业生工作指导委员会等专业协会，但基本属于寄生性的专业组织，其研究、指导、交流和服务的功能尚未充分发挥出来。借鉴美国高校学生事务管理百年来的专业化历程，笔者建议我国应尽快建立独立的全国性、综合性高校学生事务管理协会，同时，可以在同层次（如"985"和"211"高校）、同类型（如综合性院校、师范院校、高职院校）、同地区（如长三角、珠三角地区）的高校之间设立分会，也可以按照学生事务管理的具体实践领域设立专业性分会，如招生注册管理人员协会、住宿管理人员协会、心理咨询工作人员协会、就业指导工作人员协会等。在我国高等教育的后大众化时代，高校学生群体更为复杂、多样，学生需求更加多元，当前高校学生工作正处于专业化的十字路口，亟须建立这些专业协会组织，通过优化其组织管理结构，充分发挥高校学生事务管理专业协会在制定行业标准、推动科学研究以及促进学生工作者专业发展等方面的作用，从而为促进学生学习和学生全面发展创设支持性的条件。

研究生学术能力：
一个基于政策文本分析的理论框架

朱志勇　崔雪娟[①]

一、研究背景

大学是一个专门化的学术组织，研究生教育的目标主要是培养学术型人才，即教学和科研人员。在我国学位制度建立之初，硕士研究生主要采用三年制的教学与科研相结合的专业培养模式。《中华人民共和国学位条例》对于学位的规定也侧重于学术标准，强调培养从事科学研究工作或专门技术工作的学生。

（一）研究生培养的制度环境

随着经济的发展与研究生教育的成熟和完善，近年来研究生数量急剧增加，社会对研究生培养的结构和类型提出了更多的要求，原有的单一的学术型培养目标已逐步发生变化，学术型人才和应用型人才都成为研究生的培养目标，这在2010年7月29日教育部颁布的《国家中长期教育改革和发展规划纲要（2010－2020）中也得以进一步的强调。与此同时，培养模式也发生了相应的调整，以多元化的培养模式来实现硕士研究生多样化的培养目标。

我国硕士研究生种类按照培养目标和培养方式的不同，可分为普通学

---

① 作者简介：朱志勇，江苏盐城人，博士，北京师范大学教育管理学院副教授、博士生导师，研究方向为教育社会学、学校教育与社区发展；崔雪娟，河北邯郸人，中国社会科学院人事教育局，研究方向为教育社会学。

术型研究生和职业型研究生。其中,普通学术型研究生占绝大部分,但据我国有关部门估计,社会对应用型硕士研究生的需求已经达到对整个研究生需求的70%。① 2009年开始,教育部开始积极推动研究生教育结构调整和培养模式改革,继续扩大全日制专业学位硕士研究生招生规模,努力培养更多高层次应用型人才。②

专业学位(Professional Degree)与学术性学位(Academic Degree)处于同一层次,培养规格各有侧重,在培养目标上也有明显差异。专业学位,目标是培养具有扎实理论基础,并适应特定行业或职业实际工作需要的应用型高层次专门人才。学术性学位按学科设立,其以学术研究为导向,偏重理论和研究,培养大学教师和科研机构的研究人员;而专业学位以专业实践为导向,重视实践和应用,培养在专业和专门技术上受到正规的高水平训练的高层次人才,授予学位的标准要反映该专业领域的特点和对高层次人才在专门技术工作能力和学术能力上的要求。③

(二) 学术组织中的声音

学术型和专业型硕士在培养上存在很大的差异,目前高校以及研究所等许多学术组织中,学术型人才仍占其人才培养的主要部分。相应的硕士研究生的培养方案、课程设置、培养模式都是以培养学术型人才为导向。本文亦主要针对此类硕士研究生。但就是这种学术型人才的培养,面临许多问题。我们在日常教学研究过程中发现,许多全日制学术型硕士研究生,在学术训练过程中,踏实不足,浮躁有余。主要表现在:观念上,并不以"学术为志业",而以文凭获得、助力就业为目标;学习过程中,踏实认真者寡,阳奉阴违者众,学术训练流于形式;态度上,苛责外因者众,反求诸己者寡,以"有用"、"无用"为判断标准,盲崇技术者众,潜

---

① 张亚丽. 21世纪我国研究生培养模式多元化的必要性探讨 [J]. 西南科技大学高教研究, 2008, (3): 64-68.
② 教育部. 教育部关于做好全日制硕士专业学位研究生培养工作的若干意见(教研 [2009] 1号)[EB/OL], http://www.moe.gov.cn/publicfiles/business/htmlfiles/moe/s3493/201002/xxgk82629.html, 2009-03-19/2012-07-20.
③ 杨玉良. 国务院学位委员会办公室主任杨玉良在就全日制硕士培养方面答记者问时的观点 [EB/OL], http://edu.people.com.cn/GB/8894689.html, 2009-03-03/2012-07-20.

心理论者寡。从而导致学生轻视基础学术训练，认为兼职与实习（如家教）的边际效益更优。这一方面浪费许多教育资源，另一方面，对这些研究生来说，其学习过程也是非常痛苦的，两年、三年的学习并没有帮助其实现个人的目标。

每年研究生毕业就业对于其个人、学校、政府、家庭来说都是一件"紧张"的事情。根据我们与教育专业毕业研究生的交流，他们认为就业过程中遇到的问题主要集中在以下两个方面：一是学科问题：许多学生反映，教育学专业几乎等于没专业。在就业市场上不占任何优势，甚至连教师职业也做不了。二是能力问题：这涉及求职者是否能够胜任工作。许多研究生都表示，几年的研究生学习并没有使他们的能力有什么进步，许多人表示研究生学习生涯没有对其职业发展起到任何作用，认为其就业能力主要来自个人校外的实习和兼职。

以上的观点虽是学生个人观点，但也能说明硕士研究生，尤其是教育研究领域的硕士研究生在培养目标、课程设置、日常教学与研究过程中存在的问题。而这些问题又无不与培养何种能力相联结。

关于人才培养目标的讨论，一直以来没有定论。那么学术组织的训练究竟应该培养研究生什么能力呢？根据个人的学术训练过程的反思、指导研究生的经验以及日常对大学组织的观察，笔者认为大学中的学术组织主要培养研究生的学术能力。那么学术能力究竟是什么呢？

二、文献综述

学术，简言之，是指系统的、较专门的学问（Systematic Learning; Science）。[1] 在中国历史变迁的语境中，其含义也在发生变化，如指"治国之术"、"犹教化"、"学问、学识"、"观点、主张、学术"、"犹学风"、"法术"、"法术、本领"、"有系统的较专门的学问"等。我们今日所谈的"学术"这一个概念，实际上是从西方引进的。在英语里，其对应的词是academic。李伯忠根据对西方词典简单的分析后，认为"学术"的解释有

---

[1] 中国社会科学院语言研究所词典编辑室. 现代汉语词典（汉英双语）[Z]. 北京：外语教学与研究出版社，2002：2178.

两个特点:"与学院有关"和"非实用性"。① 在对 20 世纪以来国内对学术的理解误区进行了分析与批判之后,他认为,"所谓学术工作,就是由受过正规教育并在大学中工作的学者所进行的非实用性的研究工作"。能力是能够胜任某项任务的主观条件,② 是指完成一定活动的本领。能力是在人的生理素质的基础上,经过教育和培养,并在实践活动中形成和发展起来的。

本文中,笔者无意考察"学术能力"在东西方历史语境中的变迁以及标准,而只是在宽泛层面上,倾向于指涉"高等教育组织中,个体(包括教师与学生)在进行学术研究过程中形成的各种显性和隐性知识及其运用能力",这个概念不仅强调学术能力显性的彰显方式,即学问,其包括学科视角、研究方法、分析与解释问题的能力等,而且也强调其隐性层面(其在研究生培养过程中常常被忽视的层面),即问题意识能力、表达能力、沟通能力、反思能力、选择能力、判断能力、思维方式转换能力等等。

通过对以往研究的梳理,我们发现,从高校培养人的角度来看,高校培养的学生应该具有怎样的素质或能力,即本文所指的学术能力,主要有以下几个方面的侧重点:学业成就、就业能力和研究能力。

1. 侧重学业成就:学术能力即智商(IQ)

在西方许多针对学生学业成就的实证研究中,普遍默认这样一种观念:学业成就高(High Academic Performance)的学生具有很高的学术能力(High Academic Ability),在学校中学业表现好的学生,在今后的职业生涯发展取得高成就的可能性也高于那些学业成就差的学生。③ 这些研究

---

① 李伯忠. 论学术与学术标准 [J]. 社会科学论坛, 2005 (3): 5-14.
② 中国社会科学院语言所. 新华字典 [Z]. 北京: 商务印书馆, 1997: 921.
③ James Soto Anthony. Exploring the Factors that Influence Men and Women to Form Medical Career Aspirations [J]. Journal of College Student Development 1998, 39 (5): 417-426; Martin Pinquart, Linda P. Juang, and Rainer K. Silbereisen. The Role of Self-efficacy, Academic Abilities, and Parental Education in the Change in Career Decisions of Adolescents Facing Gernman Unification [J]. Journal of Career Development 2004, 3 (2): 125-142; Anne N. Rinn and Lindy G. Cunningham. Using Self-concept Instruments with High-Ability College Students: Reliability and Validity Evidence [J]. Gifted Child Quarterly, 2008, 52 (3): 232-244.

认为高学业成就、高学术能力的学生在智力上优于一般学生。

2. 侧重就业能力：学术能力即就业力（Employablity）

就业能力的概念首先出现在20世纪初的英国，1909年自Beveridge将它引入到美国后，这一概念便发展开来，逐步从关注个体潜在的能够被雇用的能力，转向个体的知识（主要是职业知识）、技能及其在劳动力市场上的价格，并不断结合了诸多其他维度，如劳动力市场情景、劳动力市场的知识和公司的政策等等。① 也有学者认为就业能力指雇员在劳动力市场上保持吸引力的能力和意愿（供方因素）、对工作任务和环境变化的预料和反应（需求因素）以及对雇员而言人力资源发展工具的可获得性（制度因素）。②

大学生的就业能力，与高校教育关系密切，学生就业能力的高低是评价高校就业率和高等教育质量的标准之一。Harvey认为就业能力是大学生向雇主展示的，雇主期望的、员工在未来岗位中有效工作的行为特征。③ Robinson把就业能力界定为预备工作能力（Job Readiness Skill），指个体获得的，保持和做好某项工作所必备的能力。④ 郑晓明认为就业能力指大学毕业生在校期间通过知识的学习和综合素质开发而获得的能够实现就业理想满足社会需求在社会生活中实现自身价值的本领。⑤ 谢志远认为大学生的就业能力是指在校期间通过学习或实践而获得工作的能力，它既包括保持工作的能力，也包括晋升的能力。⑥ 总的来说，对大学毕业生而言，获得就业只是一种暂时的状态，而拥有就业能力才能使其获得持久的就业和职业生涯保障，⑦ 大学生的就业能力是否是在大学期间培养的，研究者们并没有达成共识，但就业能力具有灵活性和适应性，涉及求职以及今后的

---

① Malcolm Mansfield, "Flying to the Moon: Reconsidering the British Labor Exchange System in the Early Twentieth Century," Labor History Review 2001, 66 (1): 24–40.
② Andries de Grip, Jasper van Loo, and Jos Sanders, "The Industry Employability Index: Taking Account of Supply and demand Characteristics," International Labor Review 2002, 123 (3): 211–230.
③ Lee Harvey, "An Employability Performance Indicator?" Perspectives 2000, 4 (4): 105–109.
④ Jacquelyn P. Robinson, J. P., "What are Employability Skills?" The Workplace 2000, 15 (1): 1–3.
⑤ 郑小明. 就业能力论 [J]. 中国青年政治学院学报. 2002 (5): 91–92.
⑥ 谢志远. 关于培养大学生就业能力的思考 [J]. 教育发展研究, 2005 (1): 90–92.
⑦ 王培君. 大学生就业能力模型研究综述 [J]. 教育与职业, 2009 (11): 21–23.

工作本身，是一系列的技能、理解力和个体特质的组合，这种组合就构成了大学生就业能力模型。

关于就业能力维度的研究可根据维度的类别来分：二维度的如时勘等人提出的内在和外在能力两个方面，① 雷腾提出高师院校大学生的就业能力主要包括基本就业能力和特殊就业能力两个维度。② 三维度说包括：Nabi 和 Bagley 提出的迁移能力、个人能力以及沟通能力；③ 李颖、刘善仕等人提出内在素质、处理工作能力和社交领导能力三个维度；④ 谢志远根据经验总结出的基础性能力、专业性能力和差异性能力三个方面；⑤ 汪怿认为就业能力可分为基础技能、个体管理技能和团队工作技能三个部分；⑥ 四维度说包括：崔影慧、魏娟的人格品质、知识、技能、应聘能力四层次说；⑦ 王霆的认知能力、个体可靠性、沟通合作和自我意识等。⑧ 五维度说：张丽华、刘晟楠通过实证研究总结出大学生就业能力由思维能力、社会适应力、自主能力、社会实践能力和应聘能力五个维度，⑨ 赵颂平、赵莉概括的面向"后单位时代"的素质型就业能力、面向信息时代的持久性就业能力、面向市场经济的技能性就业能力、面向人才市场的竞争型求职能力以及适应学分制时代的职业规划能力。⑩ Stephenson 和 Challis 认为学生们需要在其课程中发展的关键技能包括：问题解决能力、沟通能力、分析

---

① 时勘，刘长江，张淑华，于文明. 大学生就业的影响因素及指导对策 [EB/OL]. http://www.cycs.org/Article.asp?ID=4258，2005-06-01/2012-07-20.

② 雷腾. 关于高师大学生就业能力及其培养缺陷的思考 [J]. 中国大学生就业，2005，(14)：63-64.

③ Ghulam R. Nabi and David Bagley, "Graduates' Perceptions of Tranferable Personal Skills and Future Career Preparation in the UK," Career Development International, 1998, 3 (1): 314-326.

④ 李颖、刘善仕等人. 大学生就业能力对就业质量的影响 [J]. 高教探索，2005 (2)：91-93.

⑤ 谢志远. 关于培养大学生就业能力的思考 [J]. 教育发展研究，2005 (1)：90-92.

⑥ 汪怿. 就业能力：促进高校毕业生就业的重要方面 [J]. 教育发展研究，2005 (4)：31-34.

⑦ 崔影慧，魏娟. 提高大学生就业能力对策研究 [J]. 时代经贸，2006 (3)：34-36.

⑧ 王霆. 我国职业技术学校学生就业能力技能要素研究调查研究 [J]. 教育与经济，2007 (4)：1-6.

⑨ 张丽华，刘展楠. 大学生就业能力结构及发展特点的实验研究 [J]. 航海教育研究，2005 (1)：52-55.

⑩ 赵颂平，赵莉. 论大学生就业能力的发展 [J]. 教育与职业，2004 (21)：65-66.

能力、数据分析能力、批判和评价能力、时间管理以及团队合作能力。[1]

3. 侧重研究能力：学术能力即研究能力（Ability to Do Research）

国内许多研究中，对学术能力的定义多接近于做学术研究的能力。孟万金通过对研究生科研能力结构要素的调查，认为文科所需基本科研能力依次为创新能力、言语表达能力、语言理解能力、逻辑推理能力、感悟力等。[2] 肖川年提出学术能力包括六个维度：提出问题、文献搜集和整理、概念生成与界定、假设、研究设计和对学术前沿的敏感。[3] 徐杰舜将学术能力概括为十种学术感悟力：实践能力、交流能力、参与能力、语言能力、观察能力、提炼能力、概括能力、应用能力和创新能力。[4] 还有学者认为，虽然科研能力是学术能力的主要内核，但两者之间是从属关系，并非等同关系。学术为知识能力方法的统一，从这一观点出发，学术能力包括对专业理论专业知识的认知建构能力，应用理论和方法分析问题、解决问题的科研能力，以及对学术规范的运用能力等。这几种论点在能力内容方面有所不同，但有一点为共性，即学术能力在一定意义上是独立的、系统的科研能力。

4. 关于研究方法

通过对文献的总结可以发现，研究者们主要采用以下三种研究方法进行研究：

思辨研究：国内的研究多以是思辨型的，采取经验总结的方法，如肖川、胡乐乐的学术研究六个维度的能力，[5] 谢志远根据经验总结出的基础性能力、专业性能力和差异性能力三个方面；[6] 雷腾从教师评价理论视角，

---

[1] John Stephenson, "The Concept of Capability and its lmportance in Higher Education," in Capability and Quality in Higher Education, ed. John Stephenson and Mantz Yorke (London: Kogan Page, 1998), 1–19.

[2] 孟万金. 研究生科研能力结构要素的调查研究及启示 [J]. 高等教育研究, 1991 (6): 34–36.

[3] 肖川. 何谓"学术能力" [J]. 当代教育论坛（校长教育研究）, 2007 (8): 1–2.

[4] 徐杰舜. 从素质上锻炼和培养研究生的学术能力 [J]. 广西民族学院学报, 2004 (7): 228–230.

[5] 肖川, 胡乐乐. 论研究生学术能力的培养 [J]. 学位与研究生教育, 2006 (9): 21–22.

[6] 谢志远. 关于培养大学生就业能力的思考 [J]. 教育发展研究, 2005 (1): 90–92.

对高等师范院校的大学生就业能力内涵进行了研究;① 汪怿将就业能力分为基础技能、个体管理技能和团队工作技能三个部分等研究,② 都是在研究者个人的经验基础上对学术能力的概念和维度进行的总结。

量化研究：调查统计法。很多学者采用量化研究方法，通过设计调查量表或问卷，调查收集对象人群的意见和看法，然后对调查结果进行各种分析判断，进而构建关于学术能力模型。如孟万金通过对研究生科研能力结构要素进行调查，认为文科所需基本科研能力依次为创新能力、言语表达能力、语言理解能力、逻辑推理能力、感悟力等。③

质性研究：扎根理论。王露艳、童辉杰（2008）采用扎根研究的方法，对人才市场招聘会上随机抽取的失业大学生和失业大学生个案进行研究。在研究过程中，他们共参加了十多场人才市场招聘会，历时三个月，在充分收集资料基础上，寻找本土概念，基于资料构建了大学生就业能力的能力模型。④

三、研究方法

方法论是一种规范和厘清研究中探询程序的思维方式，是对在实践中得到的检验手段的反思，是"用于研究主题的一般性的取向"，⑤ 本文根据研究者本人从学术组织中的个体感知和经验入手，提出研究问题：

● 大学学术组织可以培养硕士研究生什么学术能力？

本文从中国研究生培养的政策文本入手，分析官方文件中规定的需要培养的能力。对这些能力进行编码和分析。我们将对文本中涉及能力的关键词进行频次统计和整理，以提炼出政策文本中的模型。之后，结合研究

---

① 雷腾. 关于高师大学生就业能力及其培养缺陷的思考 [J]. 中国大学生就业, 2005 (14): 63 - 64.
② 汪怿. 就业能力：促进高校毕业生就业的重要方面 [J]. 教育发展研究, 2005 (4): 31 - 34.
③ 孟万金. 研究生科研能力结构要素的调查研究及启示 [J]. 高等教育研究, 1991 (6): 34 - 36.
④ 王露艳, 童辉杰. 扎根研究：大学生的优劣势说和就业能力模型 [J]. 中国培训, 2008 (3): 23 - 26.
⑤ Mason, J.. Qualitative Researching (London: Sage Publications, 1996), 5.

者个人的反思以及经验研究,我们将得出一个关于学术组织培养学生学术能力的假设性模型。

(一) 资料搜集的方法:实物搜集法

本文将使用实物搜集法,对官方正式发布的有关研究生培养的文件进行搜集整理。官方文件,是高校培养人才的合法性依据,文件中关于能力的描述及其频次可以显示出官方对培养研究生能力的要求。

(二) 文本资料的选择

本文选取国家政策文本以及高校官方的研究生培养方案作为文本分析的对象。其中国家教育部官方文件包括:《中华人民共和国高等教育法》(1999)、《中华人民共和国学位条例》(1981,2004 修订)、《中华人民共和国学位条例暂行办法》(1981)、《普通高等学校学生管理规定》(2005)、《关于加强和改进研究生培养工作的几点意见》(2000) 以及《研究生学籍管理规定》(1995)。

我国学术型学位按招生学科门类划分包括哲学、经济学、法学、教育学、文学、历史学、理学、工学、农学、医学、军事学、管理学等 12 大类。[①] 考虑到自然科学和人文社会科学在人才培养上的差异性,在此,我们将仅选取北京师范大学人文社会科学中的八个学科——哲学、社会学、经济学、法学、教育学、文学、历史学、管理学,每个学科下各选取三个研究方向的培养方案作为文本分析对象(见表1)。

表1 研究生培养方案

学科	研究方向
哲学和社会学	马克思主义哲学,社会医学与卫生事业管理,社会保障
经济学	政治经济学(社发所),政治经济学(经济学院),会计学
法学	法理学,国际法,管理法学
教育学	高等教育,计算机软件与理论,教育技术学
文学	文学与艺术理论,中国文学,语言学
历史学	历史理论,中国历史哲学,古代中国史
管理学	管理科学与工程,系统科学,土地资源管理

---

① 1981 年《中华人民共和国学位条例》上规定了 10 个学术型学科,1983 年增加了军事学,1997 年增加了管理学。

(三) 资料分析的方法

本文使用质性分析软件 Nvivo 7.0 对文本进行编码分析。Nvivio 软件可用于文字记录、录音资料或现场笔记的整理、资料的存储、资料的分类、排序等方面，但资料分析过程中的思考、回顾、推理、归纳过程还是由研究人员完成的。软件的应用可大大提高编码的效率，具体步骤如下：

第一步，新建项目，将 6 个国家文件和 12 个高校培养方案的文字材料导入软件；

第二步，对资料进行最小单元的自由编码，建立自由节点，尽量保持原始信息；

第三步，对原始信息中意义接近的信息进行合并；

第四步，分析原始信息中出现交叉重叠的项目，将频次较少的项目进行分解、重新合并；

第五步，按信息出现频次从高到低排序，频次较少、不具有代表性的变量列为"其他"；

第六步，通过对自由编码的整理，建立树节点，并将自由节点归入树节点中。考虑到研究者个人思维方式的局限性，在此过程中，我们还请教不同的研究者，不断对树节点进行调整。

四、研究结果

1. 对教育部官方文件的编码

通过对教育部的相关文件内，与能力有关的关键词的统计，可以得到关于能力的初步编码（见表 2）。

表2　教育部文件原始编码统计

Name	Sources	References
专业知识	5	6
理论基础	4	4
相关知识	4	4

续表

Name	Sources	References
专门技术	3	3
创新能力	2	3
实践能力	2	3
科研能力	2	2
外语能力	1	1
技能	1	1
方法	1	1
教学能力	1	1
人文素质	1	1
科学素质	1	1
综合素质	1	1
分析问题能力	1	1
解决问题能力	1	1
工作能力	1	1

对教育部文件内有关能力的词语的描述的初始统计，我们发现：

第一，排名最靠前的三个编码，分别是"专业知识"、"理论基础"和"相关知识"，无论是在引用度（Source，指在多少个文件里出现）和频率（Reference）都是最高的。可以看出人才培养过程中，国家对高校知识传授功能的重视和要求。

第二，创新能力出现了三次，这与近些年国家和高等教育系统内部不断强调的创新人才培养相一致。但创新能力与其他能力之间界限并不明显，还须进一步斟酌。

第三，实践能力也出现了两次，此外，解决问题的能力、教学能力以及工作能力，都与实践相关。

对以上编码进一步归类整理可以发现，这些关于能力的自由编码（Freecode）主要与三方面相关：学科、研究和实践。

表3 教育部文件原始编码简单整理

自由编码	频次	自由编码	频次	自由编码	频次
学科知识	6	学科理论	4	相关知识	4
研究能力	2	外语能力	1	方法	1
问题分析	1	问题解决	1		
实践能力	3	教学能力	1	技能	1
工作能力	1				
创新能力	3	人文素养	1	科学素养	1
综合素质	1				

2. 对北京师范大学研究生培养方案的编码结果

通过对研究生培养方案中对研究生能力的要求相关的关键词的统计，可以得到关于能力的初步编码（见表4）。

表4 北京师范大学文件原始编码统计

Name	Sources	References
实践能力	17	27
学科基本知识	20	25
学科基本理论	14	18
外语能力	18	18
电脑应用	13	13
研究能力	11	13
研究方法	11	11
掌握其他知识	9	10
应用的能力	7	10
掌握学科发展方向	10	10
教学能力	6	7
创新能力	6	6
分析问题的能力	6	6
解决问题的能力	6	6
专门技能	5	5

续表

Name	Sources	References
资料检索能力	4	4
逻辑能力	3	3
知识结构	3	3
写作能力	2	3
进取	2	2
概括能力	2	2
合作能力	1	1
卫生管理能力	1	1
协调能力	1	1
课题申请	1	1
参加学术活动	1	1
学习能力	1	1

在学校层级的研究生培养计划文本文件的频次统计中，可以发现：

（1）实践能力是高校人才培养最为关注的，这个词，在文本中出现了27次。

（2）学科 知识与学科基本理论，出现的频率也很高。由于人才的培养主要通过课程教学来实施，而课程的组织又以学科为基础，因此，学生对学科知识和理论的掌握，成为人才能力的重要指标。这一点，与文献中的研究结论也相匹配。

（3）外语和电脑应用能力出现的频率排在第三等级，这两种能力是生存于信息化社会的基本能力。

对以上编码进一步归类整理可以发现，高校关于能力的自由编码（freecode）主要与四方面相关：与学科相关、与研究相关、与实践相关和与人际交往相关。整理后如图1所示。

从图1中各个编码出现的频次可以看出，对与学科相关的能力要求依然是最高的，这其中包括学科知识、理论知识、其他相关知识以及专业技能。

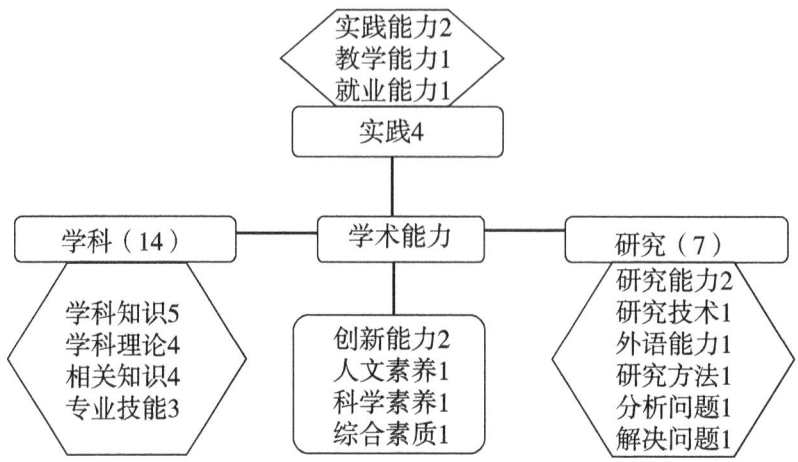

图1 基于研究生培养方案的学术能力编码维度

与做研究有关的能力是研究生所需具备的另一重要的能力要求。这与学术组织的组织特性和组织目标密切相关。

此外,与实践相关的一些能力出现了4次,此外,还有一些特殊的,比如创新能力、人文素养、科学素养、综合素养等能力,频次相对比较低。

从对国家和高校的官方文件总结出的框架都包含了与学科、研究以及实践相关的能力。这一点,有其内在的逻辑性——国家是国立高等教育的主管机构,掌握着高校的经济命脉和人事权,因此,高校在制定相关规章制度或培养目标的制定都会依照国家的理念和方针,努力落实国家的政策,跟随国家的导向。纵观新中国成立以来,我国高等教育的政策文本中关于高校的使命和目标的描述,也在不断发生变化,从新中国成立时期开始,政策文本中关于高等教育使命类的论述都会提到是为了"社会主义建设"。且学科教育教学和学术研究一直是高校的主要职能。直到最近这些年,由于受到市场经济发展影响和国际化的冲击,高等教育社会服务的职能受到了越来越多的关注,因此对于高校人才的实践能力也有了更多的关注。

学科、研究和实践这三个维度,反映出国家以及高校对人才培养的基本要求,这刚好与高校的教学、科研、社会服务的三大任务相匹配。

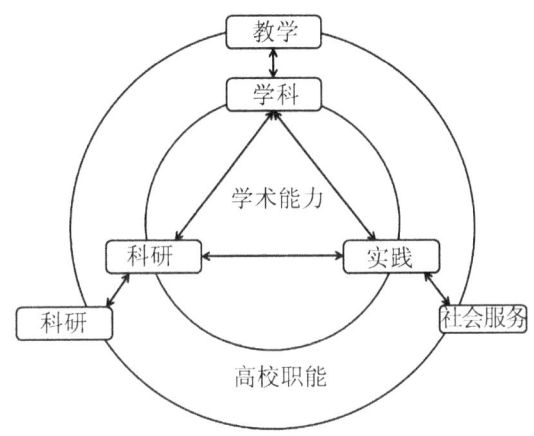

图 2　学术能力与高校职能

五、研究结论与反思

（一）研究结论

通过上述框架我们可以发现，从以往研究的文献中梳理出的关于学术机构培养学生的学术能力，与从政策文本梳理出的能力存在巨大的差异。

首先，学术能力的维度不同。政策文本中的维度更倾向于从高校基本职能的角度去解释，高校需要担负起教学、科研和社会服务三大职责，相应地，高校在履行这三大职责的过程中就培养的学生关于学科学习方面、科学研究方面，以及实践（适应社会、服务社会）方面的能力。这是一种自上而下的视角，具有一定的宏观性、指导性，是学术组织培养研究生这种职责和行为的合法性依据和基础。此外，在中国政治经济体制不断变革的今天，中国高等教育也面临从培养"单位人"向培养"社会人"的功能转变，这也从我国的政策变迁以及目前对于硕士、博士研究生培养背景的讨论中可以看出来。关于学术组织培养人才所应具有的学术能力的具体内涵，至今仍未达成统一，但很多研究结论都倾向于强调这个三角模型中的一个维度。比如，文献中有侧重学术能力即研究能力的倾向，强调学术组织的学术性，强调培养人才做研究的能力；侧重学术能力即就业能力的文献中，侧重于学术组织培养人才的实践性，这其中，有些人认为学科知识的储备是包含于其中的基本素质之一。

其次，学术能力的具体能力指标也不同。文献中的具体能力指标系统性高，这些指标内涵也比较清楚，界限比较清晰，是一个逻辑严谨的指标群体。而从官方文件中梳理、概括出的具体能力，相对比较分散，没有一定的体系，且多是模棱两可的用词，比如"创新能力"、"实践能力"，这些能力可以包括一切，又似乎不能说明任何事情。要建构学术组织中培养学生所具有的学术能力的模型，还需通过进一步的问卷调查和访谈来实现。

（二）反思

总的来说，官方文件中，对学术组织中学生学术能力的要求，体现了国家的意志，是一种全方位的，与高等教育机构密切相连的能力系统，更突出体现了国家对高校做好教学、科研、服务这三项本职工作的要求，是一种理想化的，应然层面的能力。然而，学术组织在实际教育教学和科研的工作中，如何培养学生能力，培养了学生的哪些能力，这些能力与应然层面的能力是否一致，即学术组织是否实现了国家以及自身设定的人才培养的目标呢？学生毕业时所具备的那些能力，一定是学术组织培养的吗？为什么那么多学生都认为在读研究生阶段"没有学到什么能力"，"只是吃老本"或者认为自己的能力是在"实习中获得的"？是不是学生这样的评价，或者学生的就业率、读博率才能决定学术组织的教育质量吗？哪些能力应该是学术组织去培养的，哪些不是？能力是培养出来的吗？学科、研究以及实践之间的关系是什么？隐性学术能力的具体指标是什么？学术组织的义务和职责是什么？等等问题，都是很好的研究方向。

（三）对研究问题的修正

基于上述研究结果及反思，我们有这样一种认识，即能力并不是专门靠谁去培养的，而是学术组织环境能够在某些方面对学生产生影响。因此，我们将原始问题："大学应该培养研究生什么能力"修正为"研究生在大学组织中形成了什么学术能力"，"学术能力的形成受到哪些因素的影响"。

（四）构建假设性的理论框架

在这个假设性的理论框架中，我们从学科、研究以及实践三个维度建构学术能力的核心，在学术组织的开放环境中，许多因素都可能对这三个维度的学术能力产生影响，比如，学术组织的学术文化，学术吸引力，学术理想、学术职业；又如，学术组织中的导师及同辈群体，学生在学术组织中可获得的资源以及外部就业市场等等。关于学术组织内外可能存在的影响因素，是研究者本人在日常教学、研究过程中的体验，但目前，这些外围因素分类不够清晰，互斥性略显不够，我们还将在进一步研究中不断去厘清。

此外，根据笔者在学术组织中的体验，我们认为学术研究其实可以通过一个三角模型来解释其内涵：问题、学科视角和方法。对于任何一位社会科学学者乃至研究生来说，做研究首先要有问题意识与能力，能从日常所体验的社会现象中提取成研究话题，进而转化成研究问题，之后，应用科学的方法搜集一手的数据资料（数字或文字）来回答研究问题，而要研究得深入，研究者则需要特定的学科思维方式或视角去分析与解释资料，方能更加深入地理解问题之所在。这三个方面互相影响，缺一不可。

因此，在这样的学术组织，学术研究的过程中培养的学术能力（高等教育组织中，个体（包括教师与学生）在进行学术研究过程中形成的各种显性和隐性知识及其运用能力），问题、方法、学科视角只是学术能力显性的表现方式，而其隐性的层

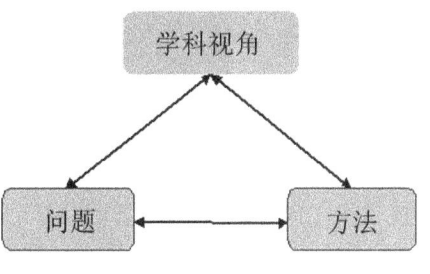

图3　学术研究框架

面——问题意识能力、表达能力、沟通能力、反思能力、选择能力、判断能力、思维方式转换能力等对于学生个体来说，具有更重要的意义。

综上，我们可以得到以下框架图（见图4）。

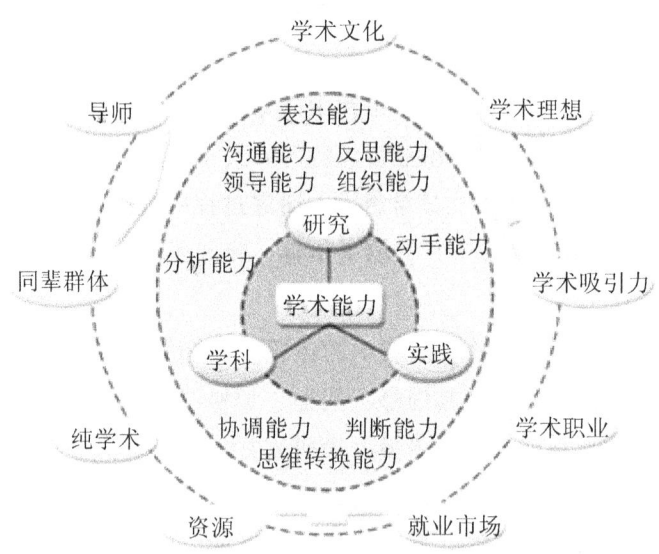

图 4 学术能力假设性的理论框架

从侧面看,图 4 其实是一个立体的模型(见图 5)。

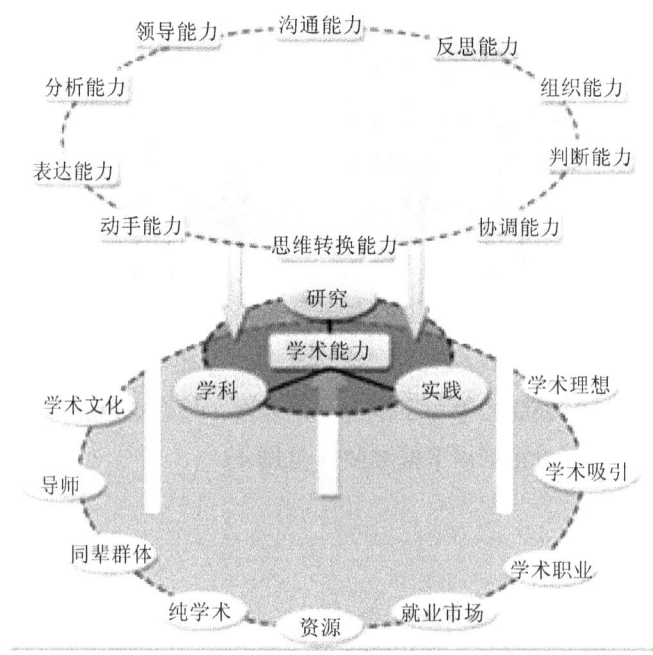

图 5 学术能力假设性的理论框架

图5中，最上层反映的是学术能力的具体指标，即研究生实然的学术能力，如领导能力、沟通能力、反思能力等等。将这些能力抽象化、概括化，都可以回归到学术能力的抽象模型——学科、研究和实践。中间层的三角模型，是基于政策文本得出的，反映了高校人才培养对学术能力应然的要求。而这些学术能力的形成与发展都与学术组织中的各种活动有着密切的关系，受到学术组织内部及其相关因素的影响。因此，从影响因素到中间层的政策文本模型，是一个抽象化的过程；从政策文本模型到具体的能力指标是一个具体化的过程，这两个过程，是一个动态的，不断交互的过程。整个模型的三个层次，都是开放的，在后续研究中，我们将根据搜集到的资料，不断对模型进行调整。

六、后续研究

在上述假设性的理论框架中，我们只松散地列出了部分影响因素，而具体的影响因素及其分类，还需后续研究加以补充和修正。后续研究中，我们还将在这些影响因素的基础上，分析提炼相应的影响因素可能对学生哪些学术能力产生影响。并通过对具体学术能力的整理、归纳，修正模型（见图5）中的学术能力抽象模型。

吉尔曼与美国研究生教育：
约翰·霍普金斯模式探析

刘春华[①]

约翰·霍普金斯大学在研究生教育上的成功是有目共睹的，哈佛大学校长埃利奥特（Charles Eliot）指出，吉尔曼（Daniel Gilman）在美国高等教育史上最突出的贡献之一就是创建研究生院，开始研究生的大规模制度化培养。这得益于大学一直备受称道的研究生培养模式：其中，博士学位的清晰界定和学位申请标准程序的设立是研究生教育得以制度化和规模化的重要步骤，本科学院为研究生院提供了源源不断的研究生来源，教师富于研究能力，客座讲授制为大学充实了最优秀的师资，研究生助学金吸引了优秀的学生，最重要的是所有这些都是在大学成立第一年确立并开展起来的。

一、创建研究生院

约翰·霍普金斯大学是一所以研究为核心和灵魂、以追求真理与知识为唯一使命的机构。基于对研究的高度重视，研究生的教育和培养是大学的重要组成部分。根据吉尔曼的设计，约翰·霍普金斯大学设立了研究生院，开始研究生的大规模培养。但是，仅仅有了研究生院，并不能保证约翰·霍普金斯计划的成功。研究生教育的开展还有一些问题需要解决，其中最重要的是研究生院与美国本科学院之间的关系问题。

在设置本科生院的问题上，虽然刚开始吉尔曼否认是公众的力量迫使

[①] 作者简介：刘春华，北京师范大学教育学部教师。

大学开展本科生教育，理由是本科生教育很早就纳入了大学的计划，但有确切史料证实是社区的压力阻挠了吉尔曼早期纯粹只开展研究生教育的大学理想。早期霍普金斯大学的入学手册《注册指南》明确表示，本科教育是特别为巴尔的摩及其邻近地区的年轻人而设计的，而研究生教育则更多着眼于国家目标因而备受大学重视。吉尔曼早期的设想是本科生教育应该由大学之外的本科学院来提供。然而在外界的压力下和出于大学全面发展的目标考虑，大学逐渐开始向外界明确表示对本科教育感兴趣。1882年6月，大学成立了一个特别的学院教师委员会研究本科教育问题，1883年4月得出的结论是霍普金斯大学开展本科教育是非常正确且合理的，这时吉尔曼也作出了公开认可和保证，同时这一时期有一整期的《通告》①都是关于本科学院课程的主题报告和讨论，当时大学的董事布朗也高度赞同大学设立本科生院。在本科生院成立纪念日上，大学邀请了当地杰出律师和文化界代表泽韦尔·蒂克尔·沃利斯（Severn Teackle Wallis），他也强调霍普金斯大学提供本科教育对城市发展极为有益。在课程设置上，美国的本科学院有着浓厚的英国偏好，只有那些理解德国大学的学生才真正明白学术的真正含义，才知道真正的研究型大学是什么。吉尔曼对"学院问题"的处理在当时是实际且有效的。他在大学推行分组制（Group—System），在对传统学院课程进行细微变化的基础上，允许并保证了学院课程的存在和继续发展，另一部分灵活变动的学院课程在研究生院中起补充而不是阻碍作用。根据他在耶鲁和加利福尼亚大学的经验，吉尔曼小心翼翼地避免本科课程与研究生课程之间的对立，在两者之间建立起稳固的相互依赖关系，并使得两者都得到发展与成长。霍普金斯大学的本科生院在吉尔曼年度报告中得到与研究生院相同的重视与关注，是因为吉尔曼后来认识到它对研究生教育的成功极为重要，因此弗朗切斯科指出，如果只强调"吉尔曼是美国研究生教育的守护神"，那么他在学院工作中的努力和成就很可能因为没有受到足够的认识和重视而被人们忽略"。

与研究生院的共存关系使得本科学院发生了巨大变化，两种教育兼容形成的一些新特征使得本科学院致力于为高深学习打下良好的基础。在研

---

① 霍普金斯大学早期的校内发行刊物。

究生院和本科学院关系问题上，吉尔曼观念上的转变在他的就职演说中已显端倪，演讲的内容还刊登在大学的一些期刊上。这一时期，那些能够被大学录取的学士学位申请者自然而然被认为已为享受大学的艺术和科学的学习自由做好了准备。虽然"自由"的定义在吉尔曼的头脑中有所变化和发展，但他依旧认为是大学使学院充满了活力和朝气。1883年一期《通告》以特刊的形式详细介绍了他的这一观点，他指出本科生在与来自不同地区和背景的研究生接触与联系中获益匪浅，看到优秀的学生离开霍普金斯大学去别的大学担任光荣且有意义的职位，这等于向在校学生表明努力学习的结果会是什么。知名教授和学者的到来，即使是那些不带学生的教授，也具有类似的激励作用。哈佛的一位院长表示，哈佛必须开展大学性质的工作，因为这是"确保学院生活充满活力的最有效方式"。

美国历史学家沃特·P.梅茨格（Walter P. Metzger）曾对大学包含本科教育的做法表示批评，他虽然承认美国大学这种折中主义会有一些优势，但却坚持认为这种做法损害了大学作为"独立思考的中心和智力进步的机构"的公众形象。但实际上，霍普金斯大学内部的学术影响正是得益于这项兼容并包的政策。在霍普金斯大学早期，吉尔曼一直力求给大学下一个更好的定义，在他的个人日记中，他将大学工作对学院工作的依赖看成大学的五大特质之一。更多时候，吉尔曼认为本科学院是为研究生院服务而设立的。早期的《注册指南》曾公布一项政策，学院鼓励那些已经取得艺术学本科学位的学生继续一年或一年以上更高层次的学习。1879 - 1899年206名获得艺术学士（A、B）学位的学生中，117名学生继续留在大学进行了至少一年的研究生学习，52人获得了哲学博士学位。本科生院对研究生院的这种贡献在后来大学失去其在研究生教育领域的独特性之后更为显著。本科阶段教育不仅准备和确保了研究生教育的质量，还为大学的研究生教育赢得了数量优势。通过学生的流动和其他大学的效仿，霍普金斯大学新的实践和标准得到了广泛传播，使其越来越具备全国范围内培养研究生的资格。一位刚到霍普金斯大学任职的教授表示，随着研究生阶段高深学习导致专业分科的细化和狭窄化，本科生院通过"'保持生活和知识全体持续可见'的方式，为大学做出了贡献，这是一个不小的贡献"。

二、设立博士学位

从历史发展看，研究生教育最早兴起于 19 世纪早期的欧洲（特别是德国）。19 世纪后半期，美国开始效仿德国大学模式开展研究生教育，其间经历了一个从缓慢到迅速发展的过程。1847 年，耶鲁大学设立哲学与艺术部，为本科生提供高级指导。1860 年，耶鲁最早授予哲学博士学位，申请条件是本科毕业继续学习两年，考试合格和提供一篇原创性的学位论文等。随后，宾夕法尼亚大学于 1870 年、康奈尔大学于 1872 年、哈佛大学于 1873 年、哥伦比亚大学于 1875 年、普林斯顿大学于 1879 年开始授予博士学位，但当时研究生教育发展相对缓慢，且水平低下。1876 年，霍普金斯大学成立，吉尔曼在学习德国大学研究生培养模式的同时，"结合美国的实用主义文化和社会现实需求，设立专门的研究生院和博士学位，开始研究生的大规模制度化培养，从而取得领先地位"。紧随其后的是康奈尔大学和芝加哥大学。到 1900 年，美国大学研究生招收人数超过 3600 人，授出 382 个哲学博士学位，1960 年，博士学位授予数达到 1 万个，1990 年达到 3.5 万个。

美国研究生教育从兴起到快速发展以及博士学位的设立和兴盛的整个过程，吉尔曼都作为重要角色参与其中。1860 年耶鲁谢菲尔德科学学院第一个设立博士学位，但是，"直到 19 世纪 80 年代末，耶鲁的研究生教育都不被重视"。其重要原因是时任耶鲁校长诺厄·波特（Noah Porter）采取保守政策，使得大力倡导研究生教育的吉尔曼非常失望；最后无奈辞去纽黑文的职务，接受了加州大学的校长职位。吉尔曼将他在耶鲁经历以及参与设立哲学博士学位和支持科学教育的经验带到了加州大学，然后又带到了霍普金斯大学。根据吉尔曼的设计，霍普金斯大学研究生教育中最重要的是博士学位（Ph. D.）的设立。博士学位申请条件也随之确定："①申请者须在知名大学获得第一学士学位两年或两年以上。②每位申请者须专注于一门主科和一门副科的学习。所学课程涵盖的广度必须能为学生日后艰苦的研究打下坚实的基础，并且副科课程须与申请者的论文主旨相关。③申请者须在大学居住一年以上。④学位考试包括三个方面。首先，申请学位者须提交一篇获得导师同意的精心准备的学位论文；其次，学位论文须用一年时间完成；最后，学位论文应体现申请者对所学学科的精通、独立的思考和仔细的研究及清晰、系统而富有逻辑的表达研究成果的语言能力。⑤所有学位论文都由院系交所在院系的一名老师，或其他有能力的考官，由其审核论文是否合格。审核通过后，申请者须进行论文答辩。答辩形式由考官根据具体科目要求而定。作为答辩的一部分，申请者须在全体或部分教授面前口头回答教授们所提的问题，另择时间对所提问题进行详细书面解答。⑥申请者须掌握拉丁语、法语和德语，至少能运用这些语言进行写作。⑦语言、历史、哲学等学科的博士学位申请者须至少在一门学科中熟练运用现代科学研究方法。⑧除本校的教授，还经常需要邀请外校和著名学者参与答辩，并评审申请者的学位论文。"

吉尔曼担任校长期间，这些申请条件除了细微的调整外并没有太大改变。邀请外校教师参与答辩是吉尔曼当时针对霍普金斯大学住校教授数量不足的一个灵活措施，在他任职期间一直采用，直到1901年第二任校长雷姆森上任才取消。1883年，大学成立了一个由校长、教授和副教授组成的考试委员会，总体负责研究生教育和博士学位申请考试的工作。1887年，学校要求申请者将提交的论文全文或部分打印150份交至图书馆，以备日后研究和交流之用。统计数据表明：1876年霍普金斯大学成立时，美国大学的全部研究生总数为389人；到1900年，研究数量升至5831人。1871年，只有44位研究生登记报到；1876年，全美共授予了44人博士学位；1900年，博士学位授予数量增至382人。美国历史学家S. 威利斯·鲁迪（S. Willis Rudy）指出，"研究生和博士学位数量的增长主要是受到霍普金斯大学的影响"。从1876年霍普金斯大学成立至1900年，霍普金斯大学的博士学位授予数量等于或超过美国其他任何大学。当时哈佛大学的埃利奥特校长也不得不承认是在霍普金斯大学的影响和带动下，才开始重视研究生教育，推动了研究生和博士学位授予数量的增长。通过对哈佛大学和霍普金斯大学1876－1902年研究生招生和博士学位授予数量进行对比，弗朗切斯科指出，在后期哈佛的研究生招生数量超过霍普金斯大学，但是霍普金斯大学的博士学位授予数量明显超过哈佛。这表明，在霍普金斯大学，得益于"习明纳"教学制、助学金制度和讲座制度，学位申请人能够更顺利地开展和完成自己的研究……这些数据同时表明"吉尔曼在研究生教育和博士学位授予上的成功不仅表现在数量上,而且体现在培养质量上"。弗朗切斯科在研究中指出,早在 1886 年,英国历史学家詹姆斯·布莱斯(James Bryce)看到美国高等教育的学位授予情况时指出,"美国一些进行大量学位授予的大学很少能体现现代大学的理念"。但是,在这种普遍性批评中,他却给予霍普金斯大学极高的评价。吉尔曼对哲学博士的清晰界定使得霍普金斯大学的博士学位标准成为当时美国大学中多变的哲学博士学位的模版,强调了学位申请中研究的高效性。用吉尔曼自己的话来说,"在霍普金斯大学中,观察成为各学科每一位教授的责任,他们需要不断引导和激励学生,虽然学生的研究不能署上他们的名字,但是学生们的研究成果确确实实是其引导和激发的结果"。

三、客座讲授制

所谓客座讲授制就是邀请校外学者定期或不定期来校讲学的制度。讲学的形式可以是正规的课堂授课、举办讲座或研究会,这样既可以弥补师资的不足,又可以增进大学间的学术交流。在引进师资问题上,吉尔曼认为一所大学必须拥有一支多样化的"教师兵团","大学工作需要汇集具有不同才能的教师,从科研到基础教学"。但是吉尔曼还是倾向于聘任科研型教师,"他们可能不太懂得培养青年人的技巧,但是在科研领域却有广阔的发展前景"。对于一所新大学而言,吉尔曼在聘任一流教师上付出了巨大努力,"正是优秀的研究型教师群体的声望和他们在研究生教育上的巨大投入,才使得霍普金斯大学成为研究型大学的象征"。为此,吉尔曼采取最为重要的策略就是引入客座讲授制。

客座讲授制是吉尔曼一个无意识的创造,这一创造性想法起源于何处已很难确定。瑞安(Ryan)通过研究认为吉尔曼是从本杰明·皮尔斯(Benjamin Peirce)1865 年的《大学创办工作计划》(Working Plan for the Foundation of a University)中得到启发的。吉尔曼自己从没有在他的年度报告中提及这一想法的来源,在《大学的启动》就职演说中也只是谈及非住校讲座教师。弗朗切斯科的研究认为,"吉尔曼这一想法极有可能来源于他对英国大学的观察和研究。客座教师在当时的英国非常普遍,吉尔曼曾邀请詹姆斯·布莱斯每年在霍普金斯大学开设一门由 20 个讲座组成的课程，这可看作吉尔曼在霍普金斯大学实行客座讲授制的开端"。

无论客座讲授制想法的起源究竟如何，从霍普金斯大学实施的效果来看，虽然这一制度无法保证使这些客座教授成为霍普金斯大学的终身教授，但是通过这些著名教授学者的讲座，可以为霍普金斯大学的学生提供完备的指导，有助于他们更顺利地完成学业。同时，通过这些著名教授学者的学术声望，不仅可提高学生们的学术能力，还可从整体上提升大学的影响力。1886年霍普金斯大学年度报告中，吉尔曼回忆过去10年的工作，他提醒大家关注并重视客座讲授制，弗朗切斯科发现，在霍普金斯大学"除了开设的系统性课程以外，许多外校的教授和学者接受邀请来霍普金斯大学的讲堂举办了很多讲座。很多学生被邀请到讲座中来，他们可以选择自愿参与，还有一些公共讲座也吸引了部分校外公众的参与"。吉尔曼1906年的一次讲话明显反映出他很早就认识到了客座讲授制的重要性，他指出"霍普金斯大学从一开始便与幸运同行，世界对这所大学充满期待，大学中的每个人都对知识充满渴望，敢于否定和质疑但不含敌意。效仿其他大学的做法，学校将一些重要而有吸引力的主题讲座向公众开放，邀请国内外著名大学的教授和学者来主持和讲授，以缓解师资的不足"。"一开始，吉尔曼认为霍普金斯这种新成立的大学必须依赖一批客座教授和他们的讲座弥补终身教授数量的不足，但不久就意识到他实际上无意间开创了高等教育领域的一种新理念，其影响力难以估量，不仅极大提高了大学的声望，而且推进了大学的飞速发展。"

事实证明，吉尔曼任职期间，每年都有一支强大的外校客座教授队伍来到巴尔的摩开设讲座、发表主题演讲和做各种报告。这些讲座和报告成为19世纪末霍普金斯大学成立25年间斐然学术声望的记录。据吉尔曼自己的估算，他任职期间共邀请了300多名客座教授到霍普金斯大学开设讲座。对学生而言，这些讲座的价值是无法估量的，高水平的讲座拓宽了他们的视野，更新了观念，使其受到极大的学术启迪和精神熏陶。对大学而言，这些著名学者开设的讲座不仅解决了师资问题，而且提高了教师和学生的学术水平，传播了霍普金斯大学的理念，扩大了该校的学术声望和影响力。

四、助学金制度

吉尔曼对霍普金斯大学的定位使得该校不仅需要一流的学者和教授，而且需要吸引优秀的学生。为吸引优秀学生，吉尔曼提出了研究生助学金制度。研究生助学金的想法究竟产自何人或哪所大学，现在已很难确认。吉尔曼承认自己在霍普金斯大学设立的这一制度是从英国的助学金制度获得的启发，吉尔曼保存的与马克·帕蒂森（Mark Pattison）和约翰·亨利·纽曼（John Henry Newman）关于这一问题的讨论证实了这一点。很显然吉尔曼在借鉴时对英国的助学金制度进行了调整和修改，因为牛津和剑桥大学助学金制度中的宗教和期限方面的规定和内容在美国大学完全行不通。哈佛大学校长埃利奥特谈到这种借鉴时指出，如果不作调整，"如果每一年不对研究成果提出要求，这样的助学金制度可能会变得毫无意义"。怀特校长当时给出的建议也是倾向于设立一年制的助学金，结合两位校长的建议，吉尔曼在加州大学的最后一年开始设立了类似的助学金制度。

霍普金斯大学这一制度最早出现在1875年5月的《程序计划》（Plan of Procedure）中，1876年的年度工作报告提供了这一制度的一些细节，如"为每位申请人提供每年500美元的助学金，以帮助在语言学、文学、历史、伦理学、形而上学、政治科学、数学、工程学、物理、化学和自然等专业领域中具备突出才能的年轻人完成其研究和学习……同时，还提供学生一些临时性服务工作岗位，如担任监考人员或本科生教师。但是，申请者不得在其他地方任教。同时，每年年终时还须汇报论文的准备情况和研究进展，通过作学术报告或其他方式证明自己的研究进展"。事实上，美国大学中为研究生设立助学金最早的并不是霍普金斯大学。1876年以前，美国一些学院和大学已设立了研究生助学金，只是他们的助学金仅仅提供给自己的研究生，也有一些大学如哈佛的"帕克—柯克兰奖学金"（Parker and Kirkland Fellowships）用于鼓励学生的海外学习。明显不同的是，霍普金斯大学为全国各地到该校就读的学生提供助学金帮助其完成研究生阶段的教育。相比之下，吉尔曼在霍普金斯大学实施的研究生助学金制度范围扩大了，而且在1876年前美国没有任何大学能像霍普金斯大学那样为如此多的学生提供数量如此巨大的助学金，因此霍金斯指出"霍普金斯大学称得上是美国第一所大规模设立助学金制度的大学"。

霍普金斯大学前30年的助学金制度吸引了全国各地的优秀学生,但现在大学的助学金观念已不同于吉尔曼早年的霍普金斯大学了。霍普金斯大学早年的助学金制度并没有严格的程序和规则,也不是博士和教授职位规范化的步骤,而是提供给渴望在学术和研究方面取得成就的年轻人的一种稀少而特别的机会。1885年大学对早期助学金制度作了修改,将期限限制为1年。1888年由于大学经费的原因研究生助学金数量进一步缩减,董事会还建议对获得助学金的研究生不再免除学费,结果助学金数量从原来的500美元降至400美元。这样的变化无疑使霍普金斯大学失去了一些优秀的研究生,特别是在当时研究生助学金制度已被美国其他大学竞相模仿的情况下。后来,当500美元的助学金不足以吸引优秀研究生时,董事会又设立了另一种形式的奖学金,其金额比助学金低得多。因为奖学金和助学金政策的调整,霍普金斯大学在19世纪80年代对研究生的开放程度比大学成立时有所提高,但对获得500美元助学金的研究生不再免除学费。对本科生提供的补助金与1880年董事会规定的仅仅免除学费相比要慷慨得多。早期补助金的目的是为了吸引优秀的学生到新成立的大学,到后来转变为激励学生勤奋学习并且将他们留在大学的手段。对贫困学生没有特殊的考虑,一切都依据价值和成绩。到后来,霍普金斯大学助学金政策的声誉逐渐消失,这部分是由于大学财政上的困难,部分是由于随着其他大学模仿和采取这一政策,助学金政策已经失去了它的独特性。

从实施助学金必要性的角度来分析,霍普金斯大学之前一些院校的实践已经证实,没有对研究生提供财政支持,就没有研究生院和研究生教育的兴盛。从实施效果来看,霍普金斯大学的研究生助学金制度在1876年为大学吸引了一大批优秀的学生,助学金制度从此成为大学研究生培养模式中重要的部分。到后来更被证实是促使霍普金斯大学早年快速成长为优秀研究型大学的重要因素,董事布朗甚至认为它是至关重要的一点,"以增进知识为目标的霍普金斯大学得以成功创建,其中研究生助学金制度比其他任何制度起的作用都要大"。亚瑟·瑟法斯·E.(Arthor Serfass E.)在《霍普金斯大学奖学金制度的历史分析1876—1889》中对吉尔曼在霍普金斯大学开展研究生教育期间首创的研究生奖学金制度进行研究时指出,

"十分明显，奖学金制度是霍普金斯大学建设一流研究型大学计划中的独立而完整的部分"。"在霍普金斯大学设立研究生助学金，吉尔曼并不是这一想法的原创。但在那个时代，他将助学金作为一种研究生学习辅助措施的做法被证实是充满创造性、想象力和富于成效的。"

五、约翰·霍普金斯效应

在霍普金斯大学长达25年的校长任期里，吉尔曼接触了美国高等教育的许多领军人物。尽管任何一个历史机构的直接影响总是容易招致质疑，但19世纪最后25年美国研究生教育的历史有两点是不容置疑的。第一，这一期间美国研究生教育突飞猛进地发展；第二，反复重申吉尔曼在推进美国研究生教育中的作用和影响。亚瑟·科恩（Arthur M Cohen）在《美国高等教育的形成》中指出，"霍普金斯大学从建立开始就致力于科研和研究生培养，成为研究型大学的先驱。之后的仿效者，包括一些旧式学院也开始设立研究生院和专业学院，致力于研究、高深学问和公共服务"。亚伯拉罕·弗莱克斯纳在评价吉尔曼的历史贡献时指出，"吉尔曼独自创造了美国研究生教育的模式，并且这种模式被美国其他大学广泛采用，这一模式使得科研成为美国大学最显著和重要的特征"。保罗·威斯特迈耶（Paul Westmeyer）也在《美国高等教育分析史》中肯定了吉尔曼在霍普金斯大学的研究生教育实践对美国其他大学产生的强烈示范效应，认为"霍普金斯大学是研究型大学的典范，成为其他'伟大'大学仿效的对象"。克拉克大学和芝加哥大学就是在霍普金斯大学的直接影响下建立起来的，而且这两所大学的第一任校长都承认是效仿吉尔曼的模式，克拉克大学校长霍尔评价吉尔曼是"这个国家迄今以来高等教育领域思想最富创造力的教育家……在整个美国学术界，每一个富于才能和创造力的心智都能从霍普金斯大学得到最温暖的回应"。随后的事实证明，19世纪末霍普金斯大学的研究生培养模式几乎被美国所有大学效仿，这时霍普金斯大学的领先地位不再那么显著，也是因为它的理念具有如此巨大的感染力使得它在其他大学迅速流行开来。安吉尔的密歇根大学，其研究生教育在亨利·塔潘（Henry Tappan）的努力下较早取得了发展，他在一封给吉尔曼的信中承认了吉尔曼对美国研究生教育的重要性，他非常明确地向吉尔曼表示，"在开创美国研究生教育的新纪元上,我们任何人都没有你做得多。我为自己当年劝说你们的董事会将你从加利福尼亚邀请到巴尔的摩这一正确的举动感到自豪"。怀特于1867年成为康奈尔大学校长,在研究生教育上,他同样从吉尔曼这位终身的朋友身上获得了很多启发和想法,而且霍普金斯大学的一些因素也被怀特应用于康奈尔大学,并取得了不同程度的成功。通过霍普金斯大学的助学金制度,他看到了一项他很早就一直想实施的制度,他指出"霍普金斯大学实施了一项我经常向康奈尔大学董事会推荐但由于经费短缺一直未能实施的政策,这就是为研究生阶段的学习提供一些助学金的政策"。怀特在评价吉尔曼的贡献时指出,吉尔曼在霍普金斯大学的工作是极富创造性和具有深远价值的,"他为全国其他大学的研究生教育做了大量工作,推动了美国其他从事高层次学习的大学成长和发展"。吉尔曼的影响不限于这些新创建的大学,还影响了一大批古老的大学和学院,这些大学的校长都公开表示和承认受到了霍普金斯大学的研究教育的启发和推动。哈佛大学校长埃利奥特曾经极为真诚地向吉尔曼表示,"毫无疑问一所大学的卓越成就会帮助和促进其他大学的成长。在这一点上,你帮助了我们"。总体来看,美国有20余所大学受到霍普金斯大学设立的一些标准的影响。每一所大学都通过自己的特点创建了适宜自己的有形的研究生教育机构,那些没有直接受到霍普金斯大学影响的大学,他们的研究生教育也从霍普金斯大学得到了启发。"这种发展可以从宾夕法尼亚大学、普林斯顿大学和弗吉尼亚大学身上清楚地看到。"在美国南部,研究生教育发展缓慢一些,但是他们的发展很大程度上得益于那些在大学研究生院中接受过高层次学习和训练的教师,其中又以霍普金斯大学最为著名。

吉尔曼在推动美国研究生教育发展中的贡献具有里程碑意义。分析霍普金斯大学研究生培养模式成功的原因,单从吉尔曼个人的角度分析,吉尔曼的学习经历与研究生教育的进步是和谐一致的,而这两点都触及美国文理学院发展的历史。或许,吉尔曼成功的原因要在这种历史的线索中寻找。吉尔曼成功的一大因素是其教育经历,可以说他担任霍普金斯大学校长是他20多年教育生涯的顶点和回报。吉尔曼自己也表示他在霍普金斯大学的成就很大程度上源于他在耶鲁学院和加利福尼亚大学的经历,更远一点来说,源于他对欧洲高等教育的研究和学习。吉尔曼的长期实践,再次证实了理查德·J. 斯托尔(Richard J. Storr)在《内战前的美国研究生教育》(the Pre – Civil American Graduate Education)中的结论。斯托尔通过研究发现,1865年前美国大学提供的研究生教育可以分为三种,第一种将大学想象成"所有知识的储藏库,一部活的百科全书",第二种认为大学包括本科学院和附属的独立的研究生院,第三种通过扩张文理学院的课程以及松散的机构教学赋予学院大学般的学术地位和自由,而"吉尔曼的大学属于第二种并不仅仅是意外"。

第四章
人力资源管理与开发

引　言

无论是高等教育系统整体，还是高等学校组织个体，成功的生存和高质量的产出，在很大程度上都要依靠优质的教师资源，这一认识已经成为高教界的共识。在此认识基础上，有关高校教师管理的理论研究和改革实践，也日益受到学者和管理者们的重视。关于高校教师人力资源管理的研究，也在多方的关注下不断地发展着，从最初简单地向教师要效率思维，到今天的高校人力资源管理理论的建构，高等教育人力资源管理理论和实践，都有了很大的进步。

资源管理理论将高校教师人力资源管理概括为四方面：教师岗位聘任、教师福利待遇、教师工作评价和教师专业发展。在改革开放前，教师的聘任和薪酬都是由国家统一规划的，基本不需要学术研究的审视和支持，相对固定的岗位和薪酬，当然也不需要对教师的工作进行动态评价。尽管政府看起来比较重视高校教师的在职发展，但多数情况下关注的是少数骨干教师的发展提高，而非注重整体教师队伍的专业发展。

所以，严格说来，高校人力资源管理的理论探索和工作实践，真正开始的时间应该由《国务院关于机关和事业单位工作人员工资制度改革问题的通知》（国发［1993］79号文件）的颁布和执行算起。正是这份79号文件，使得高等院校取得了对于本组织内教职工的工资有了部分决定权。因此，教师的岗位与薪酬、教师的工作绩效评价等教师人力资源管理问题开始受到关注。到今天，高校教师的岗位聘任制度、结构工资制度、绩效评估制度和在职发展制度等等，已经构成了各个高校组织日常管理不可或缺的基本工作机制。同时，对人力资源管理和开发方面的相关理论研究也积累了很多的研究成果，本章选择了部分相关研究成果，以飨读者。

其中,"大学教师任用制度研究"一文梳理了我国高校教师任用制度演变的历史,并在此基础上将我国的高校教师任用制度与国外高校教师任用制度进行了比较,对当代高校教师任用制度进行了理论分析并得出自己的看法。作者认为,高校教师任用制度的设计实施,受到高等教育管理体制和教师身份的社会定位这两种因素的影响。世界主要发达国家大学教师任用制度的改革,更趋向于采用市场化管理体制与合同制的聘用方式。这种国际趋势为我国高校教师聘任制度改革提供了借鉴,在我国对教学岗与研究岗的教师应该区分对待,前者以短期合同为主后者则应以长期合同为主;应该在完善社会保障制度的基础上,建设高校教师的退出机制,逐渐严格"非升即走"的聘任制度;将聘任程序与日常管理结合起来,无论评聘还是日常管理,都要注重量与质的平衡,以代表作衡量教师的学术水平。

"效率和生产率方法在高校科研评价中的应用"一文中,作者将经济学的效率和生产率概念及其评价方法引入高教科研评价过程,以求改进传统高校科研评价注重科研产出,却忽视科研投入和科研管理过程的问题。该文对高校现行科研评价方法中存在的问题及其影响进行了分析,对效率和生产率概念和评估方法自身的演变及在高校科研评价中的应用情况做出了介绍和评价。在这些比较和分析的基础上,作者提出了将效率和生产率方法应用于高校科研评价中应该注意的问题和建设性意见。

"高校教师绩效与晋升"一文以一所"985工程"高校的一个学院为个案,对该学院的199名专任教师三年的科研工作和一学年的教学工作绩效情况进行了统计分析。统计结果显示了教师的教学、科研成果数量与教师职称、教师年龄等因素之间的关系。统计数据还显示出在科研产出方面存在很大的岗位内部差异,只有18%的教授科研成果数量高于教授科研产出的中位数统计值,10%的副教授科研产出高于副教授科研产出的中位数。统计数据还揭示了在教授职称晋升的各种影响因素中,科研成果的数量,尤其是核心期刊发表论文的数量成为关键因素。论文进一步分析了统计数据所揭示问题的可能原因,并提出了改进教师晋升评价标准和组织工作的建议。

发达国家高校管理工作经验,一直是我国学者和实践工作者关注的重要问题。"高等学校专业评估制度的国际比较研究"一文对英国、法国、美国和日本四个国家的专业评估制度进行的比较分析。作者发现，政府主导、社会主导和政府与社会联合行动的高校专业评估模式，依次成为欧洲国家、美国和日本的高校专业评估的主要模式，但这些模式差异，并不影响评估的专业性。在对高校专业的办学条件、课程设置和科研水平等的考核过程中，上述的评估模式都会尊重教育的内在价值和评估机制的科学标准，作者认为，这些经验为我国高教专业评估制度的构建提供了启示。

"高等教育外部质量评估模式的发展趋势"一文以法国的高等教育外部评估制度为对象，对其评估制度的产生、发展历史以及发展中形成的制度特点进行了概括分析。法国高等教育质量外部评估制度的法制化、专业化和国际化特征，体现了外部评估的国际发展趋势，也为我国建设外部评估模式提供了有价值的参考。

"论当前我国教师教育存在的十大问题及解决途径"一文对我国教师教育目前存在的诸多问题进行了梳理，概括出了对教师教育发展有长远影响的十大关键性的问题，即教师资格认定制度与教师教育体制不匹配问题、教师教育系统内部的分化与发展机会不均等问题，以及教师教育机构管理效率低下等问题，并对解决这些既存问题的途径和措施提出了有实践价值的改进建议。

大学教师任用制度研究

乔锦忠[①]

大学一直处于不断的发展变化之中，在从古典走向现代的过程中，大学的功能定位、与政府和市场的关系、资金来源、机构设置、各项管理制度一直在不停地变化。然而，无论如何变化，大学履行使命实现目标离不开教师，教师依然是大学中最为重要的资源。一所大学的好坏在很大程度上还是取决于其师资，学生选择大学最看重的因素，依然是大学是否拥有优秀的教师能为他们实现梦想提供必要的帮助。因此，在一定程度上，大学之间的竞争最主要的是对优秀教师的争夺。哪所大学能拥有一流的师资，哪所大学就能在未来的竞争中立于不败之地。教师人事制度特别是教师任用制度是大学各项制度中最为重要的制度之一，对大学任用制度进行深入研究，有利于提升大学的竞争力，也有利于推动当前我国正在进行的大学改革。

一、我国大学教师任用制度改革的历史和现状

我国虽然历史悠久，但现代化的起步较晚。近代的教育体系和教育制度主要是学习西方的结果。讨论当前教育改革的具体问题，需要了解过去各个历史时期在学习西方发达国家基础上形成的制度。只有从历史的角度出发，才能更好地理解制度变迁的逻辑。

---

① 作者简介：乔锦忠（1972 - ），男，汉族，山西人，北京师范大学教育学部高等教育研究所副教授，管理学博士，主要研究方向为高等教育管理与学术职业。

1. 清政府时期的大学教师任用制度

近代最早的关于大学教师聘任的文献应始于清政府刑部左侍郎李端棻1896年6月12日上奏给光绪皇帝的《请推广学校折》，该奏折中已有关于学堂教习聘任的论述。[①] 后来随着戊戌变法的推进，清政府在1898年成立了中国第一所近代意义上的国立大学京师大学堂。在《总理衙门奏拟京师大学堂章程》中也有关于总教习、分教习和教习聘任方面的内容。1902年，清政府颁布《奏定学堂章程》，其中对大学堂各级教员的资格有详细规定。根据该章程，学堂教员分为正教员和副教员。当时，正教员的任职资格是取得研究生文凭（通儒院）或者取得国外大学研究生（大学院）文凭者。副教员的任职资格是本科毕业中的成绩优秀者或者取得国外大学本科（大学堂）文凭者。

2. 民国时期的大学教师任用制度

辛亥革命后，1912年京师大学堂改为北京大学，历任校长严复、章士钊、何燏时、胡仁源、蔡元培等在教师聘任方面也做过一些有益的探索，特别是蔡元培在1917年出任北大校长之后，改革力度相对较大。蔡元培受德国洪堡办学思想的影响比较深，他主张在聘任教师中，以学问和学识为重，要求教师一方面教授，另一方面与学生开展共同研究。

但作为政府颁布的具有法律效力的正式文件，始于1912年的《大学令》，其中规定大学设教授、助教授。1917年的修正《大学令》规定大学设正教授、教授和助教授。1924年的《国立大学校条例令》中取消助教授一职。1926年广州国民政府时期专门颁布了《国民政府对大学教师资格条例之规定》。1927年南京国民政府时期根据1926年广州政府时期的规定又重新颁布了《大学教员资格条例》规定大学教员分教授、副教授、讲师、助教四级，这一规定一直被沿用到今天。1929年，国民政府颁布《大学组织法》第十三条也规定，大学各学院教员分教授、副教授、讲师、助教四种，由院长商请校长聘任之。1940年，教育部成立学术审议委员会并颁布了《大学及独立学院教员资格审查暂行规程》。1941年，国民政府行政院

---

① 邓小林. 民国时期国立大学教师聘任之研究 [D]. 四川大学博士学位论文，2005：30.

通过了《教育部设置部聘教授办法》。1948年，国民政府通过《大学法》和《专科学校法》将大学教师聘任进一步制度化。

关于助教、讲师、副教授和教授的任职资格，在1927年《大学教员资格条例》中也有详细的规定。大体的情况是，助教、讲师、副教授分别需要本科、硕士研究生文凭和博士研究生的文凭，并对毕业成绩有一定的要求。由低一级职位升任高一级职位需有一定的工作经验。如教授一般要求有2年以上的副教授教务，并有特别成绩。此外，在国学上有研究或贡献的人也可以分别被聘为各类职位。对任职教员的资格审查主要包括履历、毕业文凭、著作品和服务证书等，最初对于教员资格的审查由各大学的评议会或校务会来行使，属于学校的自主权。1940年后，随着《大学及独立学院教员资格审查暂行规程》的颁布，审查教员资格的权力被收归政府。

3. 中华人民共和国时期的大学教师任用制度

（1）解放后至改革开放前的大学教师任用制度。解放后，大学被作为事业单位来管理。大学教师作为高级知识分子，被纳入国家干部体制进行管理，属于事业编制，职务由行政领导任命。1950年，中华人民共和国教育部颁布《高等学校暂行规程》规定，大学及专门学校教师分为助教、讲师、副教授和教授四级，均由校院长聘任，报请中央教育部备案。1956年，高等教育部颁布《高等学校任用教、职、工人的暂行规定》明确高校教师属于国家工作人员。1959年，《关于高等学校师资的补充、培养和调配问题的规定》中规定，教师的补充计划列入干部补充计划，报国家计委，同时抄送教育部。

1960年，国务院颁布《国务院关于高等学校教师职务名称及其确定与提升办法的暂行规定》规定，高校教师职务名称的确定和提升应以思想政治条件、学识水平和业务能力为主要依据，同时考虑资历和教龄。教师职务名称的确定和提升，应在党委领导下，贯彻群众路线，实现领导和群众相结合的原则。助教和讲师的聘任权限在校内，但讲师需要省级教育行政机关批准，并报中央教育行政机关和有关主管部门备案。副教授的聘任权限在省级教育行政机关，需报中央相关机关备案。教授的聘任权限在中央教育部，行业主管高校的教师晋升教授在报中央教育部之前，需征得行业主管部门的同意。

1961年，《高教六十条》中规定，教师的教学职别的确定，要依据教学任务、教学质量和学术水平。对其中特别优秀的，应不受资历和学历的限制。1963年，教育部下发《关于高校教师职务提升工作问题的通知》，提出要严格教师职务考核和评审的程序，要求各单位建立对教师的考核制度，对教师绩效进行定期考核，根据考核结果来决定职务晋升。建立业务评审制度，经评审成绩优秀的教师，才能确定和提升职务。由教研室或系对教师业务进行分析鉴定，学校建立教师业务评审委员会，负责对被确定和提升职务的教师的主要论文和著作通过同行专家的仔细审查，提出书面审查意见。

"文革"期间，大学教师聘任工作基本停顿。直到1978年，国务院批准了教育部《关于高等学校恢复和提升教师职务的请示报告》将教授职务名称的确定和提升权限改为省级教育行政部门批准，报教育部备案。其余的仍执行1960年的规定。

(2) 改革开放后的大学教师人事制度改革。改革开放以后，随着市场化变革的不断深入，我国高校在内部管理体制和人事制度方面也进行了相应的改革。1986年，中共中央和国务院转发了中央职称改革领导小组《关于改革职称评定、实行专业技术职务聘任制度的报告》，国务院发布了《关于专业技术职务聘任制度的规定》。后来，国家教委又发布了《高等学校教师职务试行条例》，正式开始进行高校教师聘任制度改革。根据条例规定，各级教师职务实行聘任或任命制。并且有明确的职责、任职条件和任期。

根据条例规定，副教授的职责如下：

(1) 担任一门主干基础课或者两门或两门以上课程的讲授工作（其中一门应为基础课，包括专业基础课或技术基础课），组织课堂讨论，指导实习、社会调查，指导毕业论文、毕业设计。

(2) 掌握本学科范围内的学术发展动态，参加学术活动并提出学术报告，参加科学研究、技术开发、社会服务及其他科学技术工作，根据需要，担任科学研究课题负责人，负责或参加审阅学术论文。

（3）主持或参加编写、审议新教材和教学参考书，主持或参加教学法研究。

（4）指导实验室的建设、设计，革新实验手段或充实新的实验内容。

（5）根据需要，指导硕士研究生，协助教授指导博士研究生，指导进修教师。

（6）担任学生的思想政治工作或教学、科学研究等方面的管理工作。

（7）根据工作需要，担任辅导、答疑、批改作业、辅导课、实验课、实习课和指导学生进行科学技术工作等教学工作。

教授的任职条件是：

符合本条例第八条要求（思想政治条件和身体条件），承担五年以上副教授职务工作，经考察，表明能胜任和履行教授职责，并具备下列条件：

（1）教学成绩卓著。

（2）发表、出版过有创见性的科学论文、著作或教科书，或有重大的创造发明。

（3）在教学管理或科学研究管理方面具有组织领导能力。

1991年，人事部和原国家教委下发《关于高等学校继续做好教师职务评聘工作的意见》强调高等学校党委和行政要加强对教师职务评聘工作的领导；教师职务评聘工作要严格掌握思想政治条件；做好考核工作，把实绩考核与评聘工作相结合；主管部门要通过控制教师职务比例结构等方式加强宏观管理；对优秀中青年拔尖人才高级职务评审可以报国家教委特批；在有条件的高校进行评聘分离的试点。

当前，具有教授和副教授资格评审权的高校和各省、市、自治区和直辖市制定的关于高校教师职务任职条件都是根据以上这两个文件精神制定的。但在实际操作中，出现了具体的数量指标要求。如《辽宁省高等学校教师职务任职条件》对教授科研成果有以下规定：

公开发表过具有国际水平或国内领先水平的学术论文，公开出版过有较高学术价值、有创新论著。社会科学学科教师要求发表上述水平论文两篇、公开出版上述水平论著一部（本人撰写部分不少于十万字）或主持编写过有独到学术见解通用教材一部（本人撰写部分不少于五万字）；自然科学学科教师发表上述水平论文三篇或公开出版上述水平专著一部。公共课、专科学校教师论文数量可减少一篇。

此外，外语和计算机的水平也成为硬性指标，需要通过相应的水平考试。总之，在高校教师职称评聘中，对学历、外语成绩、教学工作量、科研成果数量以及科研项目等级和经费等指标都有具体要求。在这种政策激励下，高校全面进入比拼论文数量的时代，如同地方政府比拼 GDP。

1993 年，国家教委、人事部下发《关于公布具有教授和副教授任职资格评审权的高等学校的通知》公布了自 1986 年职称改革以来，国家教委批准的具有教授和副教授任职资格评审权的学校名单。同年，国家还颁布《教师法》规定国家实行教师资格制度，颁发《关于高等学校内部管理体制改革的意见》对高校编制、机构设置改革和校内转岗等事宜进行规定。

1998 年，《高等教育法》出台。规定高等学校教师的聘任，应当遵循双方平等自愿原则，由高等学校校长与受聘教师签订聘任合同。高等学校的管理人员，实行教育职员制度。高等学校的教学辅助人员及其他专业技术人员，实行专业技术职务聘任制度。

1999 年，教育部颁发《教育部关于当前深化高等学校人事分配制度改革的若干意见》指出，高校实行聘用合同制的基本原则是按需设岗、公开招聘、平等竞争、择优聘任、严格考核、合约管理。

2000 年 6 月，中组部、人事部和教育部联合发出《关于深化高等学校人事制度改革的实施意见》，该文件指出，深化高校人事制度改革的目标是，逐步建立符合高等学校特点的学校自主用人、人员自主择业、政府依法监督、配套措施完善的人事管理新体制；按照"新人新办法"和"老人老办法"的原则进行改革。同年 9 月，教育部颁布《〈教师资格条例〉实施办法》。

2002 年 7 月，国务院办公厅 [2002] 35 号文件转发了国家人事部《关于在事业单位试行人员聘用制度的意见》。指出人员聘用制度主要包括公开招聘、签订聘用合同、定期考核、解聘辞聘等制度。通过实行人员聘用制度，转换事业单位用人机制，实现事业单位人事管理由身份管理到岗位管理转变，由行政任用关系向平等协商的聘用关系转变。

2007 年 9 月，人事部和教育部发布《关于高等学校岗位设置管理的指导意见》(国人部发〔2007〕59号，以下简称《指导意见》)。此外，教育部也颁发了《教育部直属高等学校岗位管理暂行办法》(教人〔2007〕4号)。按照文件规定，高等学校专业技术岗位分为高级、中级、初级3类13级。其中正高级为4级，其他副高级、中级和初级各为3级。此外，文件还对各级岗位之间的比例进行了规定。

从历史角度看，高校教师聘用制度受高等教育管理体制的影响比较大。民国政府和解放后前30年，适应不同的体制各自形成了相对完善的任用制度。尽管现在关于教师职位的名称，仍然延续了民国政府1927年的提法。但新中国成立后，高校教师的管理制度带有明显的计划和行政指令的色彩，大学教师的身份属于国家干部，任用方式为任命制。改革开放后，随着市场体制的建立，高校教师的任用制度改革重新转向聘任制，又走上了和民国时期类似的轨道。

从聘任标准看，学历和资历一直是最基本的条件。但民国时期的聘任更看重真才实学，特别是对国学有专长者，不拘于学历和资历，另外，有海外学习经历者在聘任中有很大优势。解放后至改革开放前，适应当时的政治气氛，思想政治条件被作为重要条件，其重要性甚至一度超过了学识水平和业务能力。改革开放后，思想政治条件的作用被淡化。在聘任中出现了过分注重数量化指标的倾向，出版物的数量和等级被作为重要指标，外语水平也成为一个重要指标，海外学习经历依然很受重视。

二、发达国家的大学教师聘用制度

借鉴其他国家的经验，有利于了解改革的趋势和方向。大学教师人事制度改革是世界各国都很关注的一个重要问题。特别是自20世纪90年代以来，大学教师人事制度越来越成为各国高等教育政策中一个非常重要的议题。美国、英国、日本和韩国等国家都在进行大学教师人事制度改革的尝试。

1. 美国的终身教职制度

美国大学教师的任用制度属于聘用制度，但在各个层次的大学中，终身教职（席）的设置十分普遍。美国大多数的大学在教授和副教授的层次上设置终身教职（席）。美国大学教师人事制度受美国大学教授联合会（AAUP）的影响很大。该协会有关学术自由、工作安全和大学教师待遇等问题的立场，对美国大学教师管理制度产生了重要影响，特别是它所提倡的终身教职（Tenure System）制度对美国乃至世界高等教育都产生了重要影响。

美国大学教师人事制度的改革主要体现在有关各方对终身教职制度存留和改革争论方面。谈到终身教职制度，不能不提 AAUP。该协会成立于 1915 年，在成立之初该协会就提出了著名的关于学术自由和大学教师工作一定时间后有权获得终身教职的《宣言》。1934 年，AAUP 和美国学院协会（AACU）举行联合会议，重申 1915 年《宣言》中所提到的学术自由和实行终身教职制度的原则。1940 年，两个协会联合又发表了《关于学术自由和终身教职原则的声明》。该《声明》的发表意味着两个协会所提倡的有关学术自由和终身教职制度得到了学术界和学院协会的认可。1972 年该协会所提倡的这一原则获得了美国最高法院的认可。从此，终身教职制度在美国合法化。

终身教职制度的核心是学术自由、工作安全和经济保障。但事实上，终身教职制度自推行以来一直受到来自社会不同方面的批评。特别是冷战结束后，随着各州在高等教育领域投资热情的下降，政府加强了对大学资金使用效率和教师人事制度等问题的关注。一些州的议员认为获得了终身教职资格的教师过着悠闲的生活，进取心下降，纷纷要求州政府改革公立大学的终身教职制度。而且设置终身教职制度需要很高的花费，大学管理者出于预算压力，也在寻求削减终身教职的办法。学术团体内部对终身教职制度的意见也很不统一，一些年轻的教师对终身教职制度多有微词。从 20 世纪 70 年代开始，就有人提出对获得终身教职的教师进行评估（Post-tenure Review）的建议。迫于社会各方面的压力，美国大学教授联合会在 1983 年接受了对获得终身教职的教师进行再评估的制度，并在 1999 年的年会上正式通过了对获得终身教职制度的教师进行再评估的指导原则。

进入 90 年代后，很多大学都在对终身教职制度进行调整。有的大学加强了对已取得终身教职资格的教师的监督和评估，有的大学干脆用签订较长的合同任期来代替终身教席的设置，还有的大学采取了一些措施使得解聘大学教师变得更加容易。1997年全美已经有28个州的州立大学在讨论和执行对已获得终身教职的教师进行审查的制度，1998年增加到30个州。

2. 其他一些发达国家的大学教师聘用制度

英国1988年公布了《教育改革法》，从法律上废止了终身教职制度。该法规定，1987年前取得终身教职制度的教师，可以工作到退休；但对于1987年以后取得教职的大学教师，学校可以以适当的理由加以解雇。该法律公布后，引起了大学教师的罢工。

德国只给予教授终身教职，事实上在德国教授属于公务员。在德国，教授的任命一般由学校提出建议，由政府最终任命。教授的任职条件很苛刻，不过一旦被任命就享有很大的权力，并且终身拥有职位。法国对教授和副教授实行终身教职，助教一般由系来聘任。

传统上，日本国立大学和公立大学的教师也拥有公务员身份。1996年，大学审议会提出了《关于大学教师任期制——以实现大学教育、研究的活性化为目的》的咨询报告，向美国学习。1997年日本政府制定并通过了《关于大学教师等的任期的法律》。该法律规定大学实行选择性的任期制。法律将大学实行任期制的权力赋予了大学。到2000年在全日本已经有38所国立大学和4所公立大学制定了大学教师任期制的规则。但大多数的大学并没有在所有的学科领域推行大学教师的任期制，而是选择部分学科的大学教师实行任期制。在实行任期制的大学中，大多数把任期规定在5年左右。①

韩国在1975年就开始教师聘任制的改革，当时的朴正熙政府颁布了《教师再聘审查委员会相关规定》，企图改革终身教职制度。结果推行不久即告失败。1987年韩国教育部又推出了教师聘任制度改革的措施，规定对讲师和助教实行聘任制，对副教授以上人员实行终身雇用。进入90年代以后，韩国政府继续推进大学教师聘任制的改革。2000年教育部推出了高等教育改革的BK21计划。同年韩国教育部大学行政支援课向教育部提交了《大学教师人事制度改革探索》的咨询报告。该报告提出了彻底地用合同

---

① 陈永明. 大学教师任期制的国际比较[J]. 比较教育研究，1999 (1)：48-54.

制代替终身制的改革建议。①

从上面的论述中可以发现,发达国家一般都采用任期制和终身教职制度相结合的教师任用制度。对教授和副教授(准教授)等高级职位一般采用终身教职制度,而对讲师等低等职位多采用任期制。从各国大学教师人事聘用制度改革的方向上看有两种思路,即修订终身教职制和鼓励使用任期制。日本、韩国和英国等在采用任期制方面表现得相对积极,而美国主要通过加强对获得终身教职后的教师进行评估来弥补终身教职制的不足。

三、聘用制度的理论基础

讨论任何一项制度设计或者改革,都需要了解其原理,否则就不能确立正确的目标,实施起来也不能一以贯之,经常会左右摇摆,甚至朝令夕改。在聘用制度中,合同期限的长短和晋升中采用严格还是相对宽松的筛选是两个重要问题。有关这两个重要的问题的理论基础在聘用中十分重要。

1. 短期合同与长期合同

根据 Edward P. Lazear(1996)的研究,试用期与聘期的长短取决于筛选过程中出现测评错误的可能性与候选人的能力分布。② 如果某项工作很容易被测评,出现测评错误的可能性较小,那么就可以给予应聘者相对较短的试用期。反之,如果某项工作出现测评错误的概率较大,那么候选人就应当有较长的试用期。如果多数候选人的能力都比较强,则可以采用较长的试用期。反之,如果候选人的能力普遍较差,就应该采用较短的试用期。

高校教师和其他职业相比有自身独特的特点,因此应根据其职业特点来确定其聘任期限。从教学技能和科研能力本身的特点来看,教学技能相对容易被观察,但科研能力往往不容易被识别。教学技能可以通过听课等方式进行观察,一般情况下,经过几轮听课对教师的教学技能做出相对公正的判断并不十分困难。但对教师的科研能力做出相对准确的判断并非易

---

① 姜英敏. 韩国大学教师聘任制改革分析 [J]. 比较教育研究, 2001 (7): 14-18.
② 爱德华·拉齐尔. 人事管理经济学 [M]. 北京: 北京大学出版社, 2000: 250.

事，科研工作需要很强的创造性，需要一定的前瞻性和预见性，这种预见性在成为现实（产出有价值的科研成果）之前通常不为人们所理解。换言之，教学能力评价出现错误的可能性相对较小，而科研能力评价出现错误的可能性相对较大。所以，对于科研型教师采用较长的试用期和聘期较为合理；而对教学型教师则可以采用相对较短的试用期和聘期。即对教学型大学的教师可以采用短期合同制；而对研究型大学中偏重科研或者教学科研并重的教师在经过观察，确认能够胜任工作之后，应采用较长聘期的合同或给予终身任期。[①]

对学术工作者设置较长的观察期不仅可以保证选拔出优秀的人才，还可以起到净化学术劳动力市场的作用。如果观察期短，那么学术能力弱的人便容易蒙混过关。为了防止这些人进入学术队伍获取额外收益，污染学术劳动力市场，需要设置较长的试用期。在有较长试用期的条件下，那些想获取额外收益的人，就会考虑冒险的机会成本。在美国大学中，大学教师的试用期一般为6年，执行2个为期3年的短期合同。长期合同制和终身雇用制的特点是雇主为雇员提供了工作安全方面的保障，这相当于为他们购买了一份补偿失业风险的保险。工作安全对于学者从事学术研究十分必要。学术工作具有很强的创造性，而创造需要自由宽松的环境。所以，对于已通过试用期的教师给予长期合同或终身教席有利于他们安心创造。长期合同制和终身雇用制的缺点是一旦试用考核失效，选拔错误将不能得到纠正。学术工作的风险很大，工作过程不易被监督，自然情况与个人努力程度在成果形成过程中的作用很难被区分。所以，为了避免事后的"道德风险"（Moral Hazard）需要对获得长期合同和终身教职的教师继续进行评估和观察，这种制度就是前文所述的职后评审制度（Post Tenure Review）。由此可见，职后评审制度是对终身教职制度的有益补充。

2. 非升即走与弹性筛选

对大学教师进行筛选，在筛选过程中，既可以选择严格的筛选制度，也可以选择相对较为宽松的筛选制度。国外的大学特别是研究型大学对给

---

① 乔锦忠. 高校教师聘用制度改革研究 [J]. 教育学报，2006 (4)：70-73.

予终身教职的教师一般采用"非升即走"（Up or Out）的筛选制度。所谓"非升即走"的制度，即给予候选人一定的时间，如果在规定的时间内不能获得升迁，就必须离开的制度，属于严格的筛选制度。而弹性筛选制度是指不对晋升时间进行严格限制的制度，属于较为宽松的筛选制度。为什么要对研究型大学教师采用"非升即走"的制度，是理论上必须解释清楚的一个问题。

同其他任何选拔一样，人员筛选中也不可避免地会出现错误。对于组织而言，选择宽松或严格的筛选制度取决于组织对筛选错误的容忍能力。根据统计学的研究，筛选错误包括两类即"拒真错误"和"存伪错误"。"拒真错误"在人才选拔中的含义是指排除产出大于成本（工资），但尚未达到终身雇用标准的人；而"存伪错误"指接纳产出低于成本的人。采用"非升即走"的筛选制度，不可避免地会把那些相对优秀的人排除在组织之外。所以，采用这种制度会使选拔或晋升的标准越来越高。在人事选拔中，采用"非升即走"的制度意味着增加"拒真错误"发生的概率；而采用弹性筛选制度则意味着增加"存伪错误"发生的概率。所以，组织选择"非升即走"的筛选制度还是选择弹性筛选制度，取决于它对于这两类错误的容忍能力，即两害相权取其轻。

高校特别是研究型大学是追求声誉最大化的组织，知名学者是其声誉的主要来源之一。所以，排除相对较好的学者未必会对大学的声誉产生不良影响，而接纳水平较低的学者意味着增加了带来不良声誉的风险。所以，对于科研型大学教师的选拔而言，提高选拔标准，保证拥有最优秀的学术人才至关重要。从这个角度讲，发生"拒真错误"比"存伪错误"对科研型大学教师的选择更为有利。因此，科研型大学教师的选拔，应采用"非升即走"的制度，但对于教学型教师则可以采用弹性筛选制度。

对准备长期聘用或给予终身教职的教师采用"非升即走"机制进行筛选，另一个重要原因是该制度可以在一定程度上避免人才选拔过程中的"逆向选择"（Adverse selection）。如果没有严格的筛选制度，学术能力低于平均水平的人就会从学术劳动力市场中获取额外收益，从而使有真才实学的人的利益受到损害。学术能力低下者在缺乏严格筛选的条件下之所以能获得额外收益，是因为在人才不能被有效甄别的情况下，用人单位只能给予应聘者行业平均工资，而对于学术能力低下者获得平均工资即获得了额外收益。他们获得额外收益，意味着学术能力卓越者的收益受到损失。所以，如果没有严格的筛选制度，学术劳动力市场中将会出现大量的低水平的学术工作者，最终会产生"劣币驱良币"效应，资质优秀者会选择离开学术领域。由此可见，"非升即走"的制度对于保障学术队伍质量十分重要。

采用"非升即走"的晋升制度有利于提高选拔标准，使真正优秀的人才脱颖而出。较长的试用期可以保证对大学教师进行学术水平评价的准确性。因此，较长的试用期和"非升即走"的晋升制度在国外研究型大学中被普遍采用。

四、我国公立大学教师聘用制度改革展望

1. 根据职位分类分别采用不同性质的聘用合同，逐步完善用人制度

人事聘用制度中最重要的内容是选择聘用合同。2002年人事部下发了《在事业单位试行人员聘用制度的意见》，按照该规定，聘用合同根据聘用期限可以分为短期合同、中长期合同和以完成一定工作为期限的合同等三类。短期合同指3年以下（包括3年）期限的合同；中长期合同指3年以上期限的合同，但最长合同期限不得超过受聘人员达到国家退休年龄的年限。根据前面所做的理论分析和对国外大学教师任用制度的比较可知，未来高校教师的任用应该采用混合制度。对于学术导向的教师在经过较长观察期后，确认能够胜任工作，（一般为2个短聘期之后）应给予长期合同。对于教学导向的教师可以一直使用短期聘用合同制。

2. 大力推进高校社会保障制度改革，为全面实施聘用制度奠定基础，在条件具备之后推行"非升即走"的严格聘用制度

从理论上讲，对于实施聘任制后新聘用的教师，在合同期满后学校拥有解聘的权力。但事实上，人事制度改革与管理体制、机构编制和社会保障制度等方面的改革关系密切。目前，高校社会保障制度尚不健全，所以落聘和待聘人员从高校流动到社会的客观条件尚不具备。这意味着高校教师与高等学校之间目前仍未摆脱依附关系，所谓"解聘只意味着在校内不

同岗位之间进行流动，而不是与单位脱离关系。只有当高校的"五险一金"等社会保障与社会接轨之后，才能真正破除职务终身制，解决能进能出问题。"非升即走"的严格筛选制度也才有可能真正推行。

3. 在评聘标准确定中，注重平衡成果数量和质量之间的关系，制定质量导向型的职务任职条件，采用代表作制度评价学术水平

比拼论文等科学成果数量的评聘在实践中带来很大的危害。因为基础研究特别是对其中核心问题的研究往往需要较长时间的投入，需要做持续研究。在过分注重成果数量的职务任职条件下，年轻学者为了尽快获得晋升，只能选择容易出成果的枝节问题和应用问题进行研究，这对学术发展十分不利。短、频、快的科研成果，不仅无助于学术发展，而且会浪费资源甚至造成学术污染，制造学术繁荣的假象。科学社会是靠声誉维持的社会（建议：学术市场的健康繁荣同样需要以学术声誉为根基），学术成果质量不过硬，最终也会影响学术声誉，对学者的发展产生不良影响。因此，在职务评聘时，不应该一味地看重成果数量，而应该通过代表作衡量学术水平，注重学术影响。

4. 增强招聘工作的主动性，制定科学合理的聘用程序，完善聘用组织管理

当前，在高校教师评聘工作的组织管理中，比较突出的问题是评聘工作的机构设置和程序安排不尽合理以及招聘工作的主动性不够等。实施评聘工作，应有专门的资格审查委员会和考核委员会负责对候选人的审查和考核，还应有人事委员会或教授委员会对候选人进行最后投票表决。只有经过严格的程序，才能保障遴选工作不出现重大失误。错误选材的代价对于任何一个单位都非常大，特别是在我国目前这样退出机制尚不健全的环境下，完善选拔程序，增强选拔过程中的科学性，在选拔过程中充分发扬民主，就显得更加重要。此外，在当前的招聘工作中，守株待兔的现象也比较突出。针对招聘工作应该成立专门委员会，由本专业内的人负责在专业领域进行主动搜寻，这样才能确保物色到出色的候选人。

总之，我国大学教师聘用制度尚在完善之中，还有很多问题需要认真讨论，尽管本文已尽力扩大观察视野，并就关键问题开展论述，但挂一漏万也在所难免。

效率和生产率方法在高校科研评价中的应用

胡咏梅　段鹏阳　梁文艳[①]

一、引言

作为科技第一生产力和人才第一资源的重要结合点,高校在国家科技发展和创新中具有越来越重要的地位并发挥着日益突出的作用。为提高高校科研水平,中国政府通过高校合并优化资源配置、增加高校科研经费投入[②]、实施"985"和"211"工程计划等各种手段和途径,推动高校科研能力实现跨越式发展。根据《中国科技统计数据(2011)》,占全国研发(R&D)人员总数11.3%的高校科研人员,利用8.5%的R&D经费,承担了62.6%的基础研究活动,产生了21.6%的发明专利申请,获得了28.8%的发明专利授权,生产了64.6%的科研论文。

尽管中国高校科研水平和创新能力已有了明显增强,但我们应该清楚地认识到,较之世界一流大学,中国高校的科研实力仍然存在较大的差距。为了切实提高高校科研实力,在稳步增加高校科研投入的同时,还必须制定与完善科研管理体制、保证科研投入的有效配置与使用。评价是决策的依据,因此,运用科学有效的评价方法,建立健全科研评价体系,是

---

① 作者简介:胡咏梅,女,北京师范大学教育经济研究所教授,博士;段鹏阳,男,北京师范大学教育经济研究所2010级博士生;梁文艳,女,北京师范大学教育经济研究所讲师,博士。

② 我国高校研发经费支出以年均20%的增长速度从2000年的76.7亿元上升到2009年的468.2亿元,占全国研发经费支出的8.1%,其中,基础性研究支出145.6亿元,占全国基础研究经费总量的53.4%。资料来源于中华人民共和国科学技术部网站:http://www.most.gov.cn/kjtj/2011-12-10。

完善高校科研管理体制的重要任务之一，同时也是增强中国高校科研实力的重要基础。从现有的高校科研评价来看，由于高校科研评价目标定位问题，现有评价方法和手段大都偏向于对产出的评价，没有对科研活动的效率和效益问题引起重视，一定程度造成了高校科研人员的急功近利和学术浮躁现象，学科重复设置、科研资源浪费、理论性基础性研究重视不足等现象也日渐严重。

增加高校科研投入对于促进中国高校科研水平的提高非常重要，但能否充分利用科研投入、优化配置资源，对于提高科研效率和生产率同样重要。要根本保证高校科研生产可持续发展，必须解决现有科研评价中单一强调科研产出这一维度的问题，引入科研投入维度，引导高校在开展科研活动的过程中走向内涵式发展道路。在科研评价中引入投入的维度，事实上是在科研评价中引入经济生产领域中投入—产出分析的概念，建立生产率和生产效率分析模型，围绕高校科研评价展开研究，促进高校加强科研生产成本核算、提高资金使用效率和投资效益，同时改善高校内部科研管理制度，为各级各类教育科研决策部门提供科学、有效的参考信息，最终提升高校科研生产率，促使高校科研生产持续稳定发展。

本文安排如下，第二部分梳理高校科研评价方法的现状和局限，第三部分介绍效率和生产率分析方法的思想和理论，第四部分综述效率和生产率方法在高校科研评价中的实际应用，第五部分探讨高校科研效率和生产率方法在科研评估上的局限性，以及值得进一步深入和扩展的空间，为后续研究提供方法论和研究设计方面的参考。

二、现有高校科研评价方法概述

正如前文所述，科研评价是基于科学、公正和可行的评价手段和方法，对机构或个人科研活动及其相关环境进行综合分析和判断，旨在提高科研管理和科研决策水平。有效的科研评价有助于推动科研活动持续健康发展，促进科研资源优化配置。从发达国家和地区的经验来看，美、英等国都非常重视高校科研评价，并将评价结果与科研拨款挂钩，在科研管理体制中引入激励和约束机制，促进高校科研水平和创新能力的提升。

从国内学术研究和科研管理实践经验来看，随着国家和社会对高校科研水平重视程度以及加强公共问责的呼声不断增强，国内围绕科研活动展开的评价日益增多。概括起来，目前国内高校科研评价的主体主要可分为三类，即行政管理部门（官方）、民间组织、学术科研机构/个人；评价方法同样可分为三类，即定性评价方法、定量评价方法、综合评价方法。本部分将就国内相关评价实践中的方法及其存在的局限进行概括和总结。

1. 定性评价方法

定性评价主要是一种以人的主观经验、价值观、思维方式等为依据的判断活动，将评价对象做概念、程度上的质的规定，然后进行分析评定以说明评价对象的性质或程度。在实际操作过程中，定性评价方法主要有同行评议法和德尔菲法。

同行评议法是指同一领域或与其邻近领域的专家采用同一种评价标准和程序对该领域的科学研究活动及其相关要素（如研究人员、研究机构、研究项目等）进行评价的一种反复。可以说，同行评议是某一或若干领域的专家采用统一评价标准，通过通信评议、会议评议、调查评议、组合评议等多种形式对相关领域的某一思想进行评价的活动，因此它是以专家定义判断为主的方法，其评价结果对有关部门的决策有重要的参考价值。

德尔菲法的提出是为了克服一般专家讨论中存在的屈从于权威或盲目服从多数的缺陷而提出的，采用匿名发表意见的方式，针对特定问题采用多轮专家调查，专家之间不得互相讨论，不发生横向联系，通过多轮次调查专家的看法，经过反复征询、反馈、修改和归纳，最后汇总作为专家调查的结果。

从目前来看，定性评价方法主要用于对科研项目、科学出版物、科研成果、学位与职称、科研机构的运作等的评价。定性评价方法的优点和缺点都非常明显，其优点在于：第一，起用了学术研究界那些可接受的、有专长的、受人尊敬的成员担任科研活动及其结果的鉴定人，这有利于质量控制和肩负科学责任；第二，允许本学科、专业的同事交流想法、意见、建议和反馈信息，这种交流促进了科学进步，并保持了科学交流渠道的畅通。其缺点主要在于：由于缺乏客观标准，对评价者要求非常高，由于熟人关系网、"马太效应"、崇尚权威等等，可能会制约评价的公平、公正、合理;而且,当研究成果是应用性而不是理论性,或当研究是交叉学科或者新兴学科时,定性评价的适用范围同样将受到限制。

2. 定量评价方法

定量评价方法是依据具体的、客观的数据展开评价,它将评价对象进行数量化的分析和计算,从而判断出其价值。由于定量评价方法能够消除主观因素在评价中的不利影响,使评价能够有可比、可信的数据依据。同时,定量评价可以使一些概念精确化,加强评价的区分度,降低评价的主观性和模糊性,增加评价的说服力。从目前国内外比较常用的定量评价方法来看,可以将定量评价方法进一步分为单指标评价方法和多指标综合评价方法。

单指标评价是指选择某一个维度展开评价。[1] 首先,以科研论文产出数量的评价维度为例,评价者可以利用 SCI、SSCI、EI、CSSCI 等论文数据库,评价特定时期科研论文发表数量;其次,以科研论文产出质量的评价维度为例,评价者同样可以利用 SCI、SSCI、EI、CSSCI 等论文数据库,从特定时期科研论文引用频次、论文半衰期等文献计量学手段获得数据;最后,利用统计学、计量经济学等方法进一步展开分析评价。

多指标综合评价方法是指根据综合评价的目标,运用统计学模型,或者将定性研究方法与定量研究方法相结合,对评价对象的多个维度进行整体评价。纯量化的综合评价方法主要通过因子分析、典型相关分析等多元统计分析方法将单指标评价的各个维度整合成一个综合指标,以此进行排序和评价;[2] 将定性方法与定量方法相结合的综合评价方法是根据综合评价的目标,对客观事物的影响因素进行分解,以构造不同层次的评价指标体系,根据专家同行评议结果对这些指标进行赋值并确定其权重系数,最后采用层次分析方法等综合评价模型进行综合得到最终评价值,以此进行排序和评价。

---

[1] 例如,教育部科技司对高校科研状况的评价就是采用的这种评价方法。http://www.cutech.edu.cn/cn/dxph/A0121index 1.htm.
[2] 例如,中央教科所高教研究中心 2009 年发布《中国 69 所重点大学绩效评价及排行榜》就是采用的这种评价手段。

3. 高校科研评价实践中的问题

我们在对相关评价手段及其应用进行分析后发现，在高校科研评价的实践中，评价的方法和手段日益演变和完善，在实践中根据具体情况得到了许多改进。不过，高校科研评价体系的改革与完善，还应努力适应不同类型、不同层次科学研究活动的内在发展规律。特别地，由于科研活动不同于纯粹的机械运动和自然现象，它是由具有博弈行为的人所参与的特殊复杂系统。因此有效的科研管理与科研评价，往往不是"数量化"、"一刀切"、"投票法"等简单做法所能完成的。[①] 例如，高校在科研成果评价方面不能"一刀切"，必须要进行区别对待。对于那些应用性研究，必须要将创造效益作为科研考评的重要指标，重在对科研成果创造经济效益以及对社会发展所做贡献进行评估；然而，对于基础性研究活动，要给予科研人员充分的研究时间，按照其项目周期来进行科研成果的考评，并且要将这些项目成果在整个科研成果评价体系中的权重突出，进而鼓励高校科研人员重视基础性理论性研究，不断提升自主创新能力。对于高校教师的科研考评不应全部定量化，往往重大攻关项目或创新团队项目都是一个科研群体共同完成的，如果用"记分"方式评估每个科研人员的成果，由于难以公正地剥离出每一项成果的个体贡献，不利于形成合作创新的良好学术氛围。利用高校内部学术委员会的"投票法"来进行科研奖励或学术职称的评选活动，投票人的"利己"动机和"中间偏好峰"[②]的存在将会导致最优者反而被淘汰。

此外我们发现，已有研究在讨论科研投入与产出的关系时，常将两者作为高校科研实力的并列指标，而忽略投入与产出的比例关系，即效率的问题；同时，对科研投入与产出的评价侧重不同，或仅侧重于对产出的关注，或虽两者皆有关注，但指标内容的选择随意性较大，缺乏理论依据，影响评价结果的解释，也难以获得共识性的结论。因此，需要从经济学投

---

① 郭雷．关于科研管理体制改革的思考与建议 [J]．科学与社会，2011：20．
② 这里的"利己"是指投票人通常会代表各自单位利益，谋求单位利益最大化而作出投票决策，因而投票者的偏好都是单峰的，多数规则下的投票结果就只有一个，即中间偏好峰，它反映中间投票者最偏好的结果获胜。

入产出的视角，引入效率与生产率的概念，对高校科研生产进行更加全面客观的评价。

三、效率和生产率评价：概念、方法及进展

1. 效率与生产率的概念

生产率是指生产单元所生产的产出与所需投入的比值，即"生产率 = 产出/投入"。生产率提高对于经济增长至关重要，这是经济学家所得到的共识。在实际生产过程中，由于存在多种投入要素和多种产出要素，生产率分为全要素生产率（Total Factor Productivity）和偏要素生产率（Partial Measure of Productivity）。全要素生产率是一种包括所有生产要素的生产率测量，定义为加总的生产产出与加总的投入要素之间的比率；部分要素生产率则是考察产出与所需某一类投入要素的比值，如劳动生产率等。在实际研究中，如没有特殊说明，生产率测算均指全要素生产率，而生产率提高主要来源于效率提高、规模变化和技术进步。[①]

效率是生产率提高的重要源泉。效率反映了生产单元在既定产出下使投入成本最小化的能力。1957年法雷尔（Farrell）将效率分解为技术效率（Technology Efficiency，TE）和配置效率（Allocation Efficiency，AE），效率则是技术效率与配置效率的乘积。技术效率指在既定投入集下获得最大产出的能力，衡量投入到物质生产过程中的资源能否得到充分有效的利用。配置效率指生产单元在给定要素价格和生产技术下以最优比例利用投入要素的能力，它涉及各种生产要素如何替代配置才符合经济原则。此后，随着经济生产研究领域中理论、方法和技术的不断更新，法尔（Faere. R.）等人在1998年提出了规模效率（Scale Efficiency，SE）的测量定义，用于测量生产率提高的另一重要源泉——规模变化，即生产单元的效率可以通过改变它们的运营规模而提高，即保持同样的投入组合但改变运作规模而获得改进。由此可见，分析生产单元的效率一般分解为技术效率、配置效率以及规模效率三个部分，它们共同构成了生产率提升的源泉。

---

① 蒂莫西·J. 科埃利等. 效率与生产率分析引论 [M]. 王忠玉译. 北京：中国人民大学出版社，2008：4-5.

2. 效率和生产率分析方法的进展

自从 1957 年英国经济学家法雷尔（Farrell）提出分段线性包络的生产前沿估计方法，为效率和生产率的测度和评估奠定了基础，发展至今，形成较为成熟的效率和生产率测度方法主要有四种：计量经济生产模型的最小二乘法（LS）、随机前沿分析方法（Stochastic Frontier Analysis，SFA）、数据包络分析方法（Data Envelopment Analysis，DEA）、全要素生产率指数方法（Total Factor Productivity Index，TFP）（见图1）。

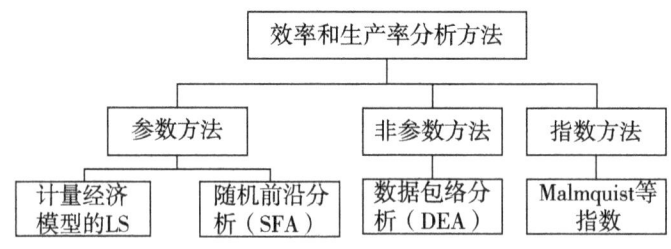

图 1　效率和生产率分析方法

计量经济生产模型方法是基于生产函数或成本函数来表述经济生产关系，它把产出表述为一些投入的函数（生产函数模型），或者将成本表述为投入价格与产出的函数（成本函数模型）。与随机前沿分析方法不同的是，计量经济生产模型方法只能获得平均生产函数，不能得到生产前沿；两者相同的地方是都需要设定函数形式。常见的函数形式有线性函数、柯布—道格拉斯生产函数、超越对数函数、二次函数等等。计量经济生产模型常用的参数估计方法有最小二乘法（LS）、最大似然估计（ML）以及贝叶斯估计（Bayes Estimation），其中 LS 和 ML 方法应用更为广泛。

指数是用于测算不同时期经济变量变化最常用的工具，其在生产率测量中最重要的作用就是对全要素生产率（TFP）变化的测量，最常用的即为 Malmquist TFP 指数。

数据包络分析（Data Envelopment Analysis，DEA）是一种非参数方法，是在 Farrell 已有研究的基础上，以单输入单输出的效率概念为基础发展起来的评估具有多输入多输出同类型决策单元（Decision Making Units，

DMU）相对有效性的效率评估方法，最早由查尔斯、库伯和罗兹（Charnes、Cooper and Rhodes）于1978年提出。随后，许多学者致力于DEA模型的研究，先后给出了规模收益不变的CRS模型、规模收益可变的VRS模型，以及规模收益非递增的NIRS模型和规模收益非递减的NDRS模型。数据包络分析方法目前已经发展成为较成熟的非参数效率的方法，并被广泛地应用于管理科学领域。

随机前沿分析方法（Stochastic Frontier Analysis，SFA，又称随机边界分析）使用包含随机误差的经济计量方法估计生产前沿函数，从而计算效率与生产率。艾格勒、洛佛尔和施密特（Aigner、Lovell and Schmidt）以及穆森、冯登·布劳克（Meeusen and van den Broeek）等学者分别独立地提出了相似的适合横截面数据的随机前沿生产函数模型，模型由生产函数和两个误差项组成，其中一个为零均值的随机误差项解释统计噪声，另一个为非负均值的随机误差项衡量技术无效性。随后，一些学者运用此模型进行了实证研究，并对该模型的无效率误差项分布假定做了修改，分别提出了截断正态分布（Truncated Normal Distribution）和伽玛分布（Gamma Distribution）模型。巴蒂斯和科埃利（Battese and Coelli）提出了适合面板数据的随机前沿生产函数模型，该模型允许技术效率水平随着时间推移而发生系统变化，被称为时变无效性模型。

随机前沿方法在测量技术效率方面日益得到学者们的认可，但随机扰动和技术效率的不可观测和严格的分布假设却成为应用障碍。随着皮特和李（Pitt M. M. and Lee，L. F.）将横截面数据的最大似然估计技术推广到面板数据，巴蒂斯和科埃利（Battese and Coelli）运用似然比检验能够对面板数据下的最大似然估计中的"随机前沿函数与传统生产函数的选取，随机误差和技术效率的分布假设是否稳健，技术效率是否受其他因素影响而变动"进行甄别和判断，从而使随机前沿方法具有更广泛的实证和应用空间。

DEA和SFA都属于前沿面分析方法，而且可以基于这两种方法来估计全要素生产率的变化，并将其测算结果分解为技术效率变化、规模效率变化以及技术变化。法尔、格罗斯克夫和张（Faere. R.、S. Grosskopf and Z. Zhang）运用相对于DEA前沿面的距离来测算Malmquist全要素生产率变化指数。弗恩泰斯、格里费尔—塔特杰和佩雷尔曼（Fuentess、Grifell-

Tatje and Perelman)、欧瑞尔（Orea）提出了基于超越对数形式的随机前沿生产函数来测算 Malmquist 全要素生产率变化指数。

相对于 DEA 方法而言，SFA 的优势主要体现在两点：其一，可以解释模型中的噪声项；其二，可以用来研究传统的假设检验。而其缺点则表现为：一方面，对于模型中的无效率项必须设定其分布形式；另一方面，对效率的测算要事先设定生产函数（或成本函数）的函数形式。此外，在结果的稳定性方面，SFA 计算结果较为稳定，不易受异常点的影响，更适合大样本计算；而 DEA 则对样本的同质性要求较高，易受异常值的影响。DEA 的一个优点是能直接处理多产出的情况，而 SFA 处理多产出则较为复杂，需将多产出合并成一个综合产出或者利用距离函数解决。

四、效率和生产率方法在高校科研评估中的应用

1. 国外高校科研效率和生产率测量的实证研究

近 30 年来，越来越多国外学者尝试利用 SFA、DEA 方法评估高校科研效率和生产率。国外关于高校科研效率和生产率测量的研究主要以美国、英国和澳大利亚为代表。不过至今专门对高校科研效率和生产率进行评估的研究仍然较少，采用 SFA 方法评估高校科研效率的研究更为少见。伊扎蒂等人（Izadi et al.）以及豪讷和胡（Horne and Hu）采用 SFA 方法分别估计了英国 99 所高校和澳大利亚 33 所大学的技术效率和成本效率。斯蒂文斯（Stevens）同样采用 SFA 方法评估了英国和威尔士 80 所高校 1995/1996 学年至 1998/1999 学年的效率，并分析了教师和学生特征对效率的影响。卡姆克斯和珀耳（Kempkes and Pohl）以及达巴史岩（Daghbashyan）采用 SFA 方法考察了德国和瑞典高校效率的变化，并分析了效率的影响因素。

采用 DEA 方法评估高校科研效率和生产率的研究日渐增多。琼斯（Johnes）采用不同指标体系，研究了英国大学经济学系的科研效率，结果表明 DEA 结果对投入或产出指标组合敏感程度较小。巴斯里（Beasly）分别对英国高校 52 所院系（物理系和化学系）的教学效率和科研效率进行了评估。吉奥范尼（Giovanni）等人采用 DEA 方法与文献计量学相结合的

方法测度了意大利不同学科高校的科研效率，结果表明不同学科高校之间的科研效率具有显著差异。琼斯与李雨（Johnes & Li Yu）采用 DEA 方法评估了中国 109 所高校 2003 年和 2004 年的科研生产效率，研究表明中国高校的平均科研效率超过 0.9，通过 DEA 模型得到的高校两年的科研效率排名之间高度显著相关；综合性大学的科研效率均值高于专业性大学，沿海地区的高校科研效率均值高于西部地区高校；综合性大学的科研效率高这一结果给中国近年来大规模的高校合并活动提供了有力的支撑。

相对于科研效率的静态评估而言，科研生产率的动态评估研究尚为少见。琼斯（Johnes）采用 DEA 方法和距离函数方法评估了英国 112 所高校在 1996/1997 学年到 2004/2005 学年之间的 Malmquist 生产率指数。结果表明英国高校效率平均每年增加 1 个百分点。进一步研究发现，高校每年有 6 个百分点的技术进步伴随着 5 个百分点技术效率的下降。高校部门的快速变革对高校的生产技术有着正向的影响，但却是以技术效率的降低为代价。

表1 国外采用 DEA 评估高校科研效率及生产率主要文献

作者	研究方法	研究对象	国家	投入变量	产出变量	备注
Johnes G., Johnes J.	DEA	36 所大学的经济学系	英国	教学与科研折合人员数；教学与科研以及纯粹科研人员折合人员数	学术论文数；经济学核心期刊论文数等	采用不同指标体系，DEA 结果对投入或产出指标组合敏感程度较小
Beasly	DEA	52 个院系（物理系和化学系）	英国	一般性经费支出中科研所占比例；物质设施设备支出中科研所占比例；科研收入	本科生数；教学型研究生数；研究型研究生数；科研排名前列/中上游/中游/下游的院系科研收入	分别评估了教学与科研方面的效率

续表

作者	研究方法	研究对象	国家	投入变量	产出变量	备注
Giovanni et al.	DEA & 文献计量学	不同学科高校的科研效率	意大利	正教授数量；副教授数量；科研人员数量；科研资助金额	出版物数量；对出版物的贡献量；科研实力	不同学科高校科研效率差异显著
Athanassopoulos, Shale	DEA	45所大学	英国	一般学术性支出；科研收入	毕业生数；高等学位授予数；加权后的科研产出	比较了两组不同投入产出指标的DEA结果
Madden et al.	DEA	24所大学的经济系	澳大利亚	教学与科研人员数	本科毕业生数；研究生毕业生数；核心期刊论文数；其他期刊论文数；专著数；其他著作数	比较了新财政资金投入前后的效率
Avkiran	DEA	36所大学	澳大利亚	折合全时教师数；折合全时非教师数	本科生在校生数；研究生在校生数；科研产出量	比较了三种不同指标组合的分析结果，提出了应用DEA方法的建议

2. 国内高校科研效率和生产率测量的实证研究

随着以 DEA 为代表的效率测评方法传入我国并迅速普及，国内许多学者开始采用该方法对高校科研效率和生产率进行评估。

陆根书等人在 2006 年前后发表了采用 DEA 方法评价高校科研效率的研究，比较了不同地区教育部直属高校的科研效率，结果表明东、中、西部地区高校科研效率依次递减，不同地区高校科研效率和规模效率都存在波动，变化趋势各不相同；扩大科研规模是高校改进科研效率的主要途径。田东平、苗玉凤采用 DEA 方法测度我国 510 所高校的科研效率，结果依旧表明高校平均技术效率呈东、中、西部地区依次递减的趋势。徐娟、李清彬和任子雄等学者以省为单位，采用 DEA 方法考察了我国高校科研效率，研究认为高校科研效率与经济发展水平有一定关系，但并不是强正相关，说明高校科研效率并非单纯受区域经济的影响。韩海彬、李全生以不同学科特点为分类依据，测度了我国 11 所高校人文社会科学科研效率，结果表明，11 所高校中有 5 所高校的人文社会科学科研的技术效率和规模效率运营情况相对较好，其余 6 所高校的人文社会科学科研效率为非 DEA 有效。研究首次从学科视角评估高校人文社会科学领域的科研效率，具有一定的启发意义。胡庆江等人采用 DEA 方法考察了"985 工程"高校的科研效率，结果表明，大部分"985 工程"院校科研效率偏低。

近些年来，一些学者开始采用基于 DEA 的 Malmquist 生产率指数方法考察高校科研效率的动态变化趋势。胡咏梅、梁文艳以 2000 年合并的 25 所高校为样本，考察了其 1999 – 2002 年间的科研生产率变化状况，结果发现技术进步是高校科研效率提高的主要来源，而合并高校的规模效应并不显著。骆卉慧从省级层面考察了我国 29 个省区高校科技系统的效率和生产率，研究发现，横向而言，中国各地区高校科技系统效率呈东、中、西部地区依次递减；纵向来看，各地区高校科技系统资源配置效率总体呈下降趋势。

表2 国内关于高校科研效率评估的研究

作者	主要内容	样本及数据	方法	投入变量	产出变量	主要结论
陆根书,刘蕾	不同地区教育部直属高校科研效率	54所教育部直属高校,2000-2002年	DEA	高校科研人员;高校科研辅助人员;财政性科研收入;其他科研收入	R&D课题数;R&D成果应用和科技服务课题数;专著;国外学术刊物发表论文数;国内学术刊物发表论文数;成果获奖数;鉴定成果数;专利授权数;技术转让当年实际收入	46.3%的高校科研效率有待进一步提高;东、中、西部地区高校科研效率、纯技术效率依次递减;不同地区高校科研效率和规模效率都存在波动,变化趋势不同。扩大科研规模是高校改进科研效率的主要途径
田东平,苗玉凤	高校科研效率	510所高校,2001-2003年	DEA	科技活动人员;当年科研支出经费	专著数;国外论文数;其他全国性刊物论文数;鉴定成果数;技术转让收入;专利出售收入	平均技术效率呈东、中、西部地区依次递减趋势;重点高校平均技术效率高于全国平均水平10%
徐娟	各省高校科研效率	31个省(市)的高校,2006年	DEA	教学与科研人员数;研究与发展人员数;当年科技经费内部支出;当年课题支出经费	专著数;论文数量;当年技术转让实际收入;国家级成果数	有12省市科研效率整体有效;这些省市大部分为中、西部地区经济不发达省份,说明高校科研效率并非单纯受区域经济影响

续表

作者	主要内容	样本及数据	方法	投入变量	产出变量	主要结论
李清彬，任子雄	2002—2006年，省际间高校科研效率	31个省（市）的高校，2002—2006年	DEA	教育经费；科研经费；高等学校科技人力（教学人员与科研人员总和）	专利授权数；高等学校技术转让成交额；出版专著（部）；发表论文数；专利出售合同金额；科技成果国家级奖项	DEA非有效率地区占一半以上；高校科研处于规模报酬递增的地区占很大比例；经济水平与科研效率有一定关系，但不是强正相关
胡庆江，何玮佳，柳锐	"985工程"院校科研效率	36所高校4个年份数据	DEA	科技活动人员数；拨入经费	专著；学术论文数；鉴定成果数；技术转让收入	大部分"985工程"院校科研效率偏低
骆卉慧	高校科技系统效率	29个省区高校科技系统，2000—2004年	DEA及Malm Quist指数	研究与发展全职人员；科学家和工程师人数；当年科技经费中的内部支出	直接成果（专著、论文、专利授权）；成果获奖数（国家级）；间接成果（科技成果转让当年实际收入）	横向来看，中国各地区大部分高校科技系统处于DEA非有效，呈东、中、西部地区依次递减趋势；纵向来看，各地区高校科技系统资源配置效率总体呈下降趋势
胡咏梅，梁文艳	科研生产率动态变化	2000年合并的25所高校，1999—2002年	Malm Quist指数	科研人员总数；科技人员中高级职称比例；科研人员人均科研经费投入；人均课题数；单个课题平均经费	科研人员人均出版专著数；人均发表国内外论文数；转让技术合同科研人员人均收入；人均获奖数；获得国家级奖励数	技术进步是整体科研效率提高的主要来源；合并高校的规模效应不显著

从上述实证研究可以发现，现有国内高校科研效率和生产率研究的对象可以归为三类：①对教育部属高校科研效率的评估；②对不同省区高校科研体系投入产出效率的评估；③对单个学术部门或大学院系科研效率的评估。就研究采用的投入产出指标体系而言，不同学者根据不同的研究偏好和数据可得性采用不同指标体系，结果也因指标体系不同而有较大差异。从评估结果来看，我国高校科研效率整体状况不容乐观，呈现东、中、西部地区效率依次递减的区域性差异；在规模效率层面，西部地区高校多处于规模递增阶段；而地区经济发展水平与高校科研效率并没有显著相关关系。

诚然采用DEA、SFA以及计量经济模型等量化方法评估高校科研生产效率和生产率已有颇多成果，在评估的精确性、评估范围的广泛性、评估的公正性等方面具有非量化评估不可替代的优势，但也要注意到这些量化评估方法的局限性。①尚不存在没有限定条件和缺点的评估效率和生产率的量化方法。正如前文所述，无论是参数方法还是非参数的测度效率和生产率的方法，均有各自的使用条件和局限性。比如，DEA方法虽然不需要考虑投入、产出指标的相对重要性，但该方法对样本的同质性要求较高，且其结果易受异常值的干扰；SFA相对于DEA，尽管在结果稳定性方面较好，但在处理多产出的生产效率问题上不具优势。②采用不同量化方法得到的效率排名并不总是一致的，而且没有成熟的方法或者标准在DEA和SFA两种方法之间进行选择。③DEA、SFA方法对投入、产出数据质量要求高。其相对效率值易受指标测量误差的影响。如果忽视了某些数据的误差，可能会导致某种异常或者反直觉的结果。而且，DEA方法不允许各指标存在缺失值。④DEA、SFA以及计量经济模型方法首先是在企业生产效率评估中的应用，效率反映的是生产单元在既定产出下使投入成本最小化的能力。高校科研生产组织并没有追求成本最小化的动力，多数科研组织追求的是产出质量，即产出高水平的科研成果，经济生产领域的效率评估方法是否适用于高校科研生产尚有待理论支持。

五、结论与启示

在科学研究成为第一生产力的今天，科研创新在推动社会进步、保持经济社会稳定健康发展方面发挥着越来越重要的作用。作为科研活动和创新的主战场，世界各国越来越重视增加高校科研经费投入，以提高高校科研实力。正如前文所述，随着高校科研经费保障水平不断增加，政府、社会和高校自身对高校科研质量、科研绩效的关注程度日益提高，甚至将评价结果与拨款紧密挂钩。在诸多的量化评价方法中，效率与生产率方法是经济学"投入—产出"研究在高校科研评估中的应用。从以上对效率与生产率方法、理论及其实践应用的总结，我们可以得到以下几点结论与启示，希望能为进一步完善科研管理体制提供一些有益的启发。

第一，需要丰富高校科研效率与生产率评估研究，科学对待和使用其研究结论。现有的研究聚焦于对高校科研生产技术效率、规模效率的考察，鲜有对科研生产成本效率、配置效率的考察。若能对同一研究对象进行多视角的分析，可以获得更多更有意义的结论。研究多数采用 DEA 方法考察高校科研效率和生产率状况，单一方法的使用，无法考量结论的效标关联效度，难以保证结论的有效性。与此同时，由于 DEA 方法属于非参数方法，对于结果的好坏并不能用通常的统计学指标加以检验，并需加以配套使用 Bootstrap、Jackknife 等手段的分析，保证结果的稳定性与有效性。此外，要正确看待效率评估结论，由于 DEA、SFA 等方法给出的均是相对效率值，对于样本的依赖性很大，而且指标数量对于效率结果也有直接影响，因而不能因为某个范围的样本效率评估情况良好，就将之推广至其他群体，应当谨慎对待和使用研究结论。

第二，需要综合使用文献计量方法、质性评估方法，并基于科研活动真实规律与生产理论构建科学的评估指标体系。从国内已有研究和实践来看，科研效率评价的投入、产出指标体系的建构通常缺乏理论基础，指标选择多限于可得性和借鉴同类研究，理论基础的欠缺使得研究结论难以获得共识，也不利于对评价结果的解释。更进一步，现有的研究在考虑高校科研产出时，评价指标体系中对于产出质量的考察大都利用文献计量法，即用发表在国外 SCI 或 SSCI 杂志上的文章数、发表期刊影响因子、文章引用率衡量被评对象科研质量。用这类指标衡量科研产出质量存在一定的局限，特别是高校整体评价中，由于学科之间在论文发表和期刊等方面的异质性存在，将这些指标纳入计量模型或者 DEA、SFA 模型会带来严重的估计偏误。因此，在未来的研究和实践中，需要基于科研活动的理论与实践，设计科学的评估指标体系；同时，必须同时强调量化指标与质性评价的综合使用，事实上，在国外教育研究中将量化与质性研究相结合的混合研究方法（Mixed Methods Research）已逐渐成为主流方法，被称为"第三种研究范式"。

第三，需要保证评估样本的可比性与同质性，更有利于评价结果用于科研管理。国内研究受数据获得限制，已有研究的样本大多选取教育部直属高校或重点高校，对其他类型高校科研效率的评估和考察较少，而且缺乏针对不同类型高校科研效率的分类评估，与DEA方法要求样本具有同质性相抵触，也不利于为高校的分类管理提供实质性的改善科研资源配置的建议。从国外的实践来看，效率与生产率的方法已经逐渐深入到以学院、科研团队、学科为单元，一方面，这解决了样本同质性的问题，保证了评价单元在科研生产活动内在逻辑和特征的可比性；另一方面，深入到学科、科研团队的评价，并将评价结果用于科研绩效管理中，这有助于激励科研团队内部合作、积极整合科研队伍、形成集群效应，有助于形成高水平的科研群体和产出重大科技成果。

第四，需要关注到科研效率变化的趋势，趋势的变化更具决策参考价值。关于高校科研效率和生产率的研究多以横截面数据分析为主，基于纵列数据（Longitudinal Bata）或面板数据（Panel Bata）考察高校科研效率和生产率的动态变化趋势的研究仍较为少见，然而，趋势性研究更具政策和实践价值。

第五，评价实践中没有重视对效率影响因素的分析，这不利于科研管理体制的改革与完善。现有研究多局限于对效率状况的评估，对影响效率和生产率的因素鲜有考察，因而在改进高校科研效率和生产率的政策性建议方面缺乏实证依据。以参数和非参数方法为基础的量化方法是高校科研效率和生产率研究的主要手段，但仍需要借助质性研究方法对技术有效、规模有效、配置有效以及技术无效、规模无效、配置无效的部分高校进行典型个案比较研究，深入访谈高校科研管理者、教师和科研辅助人员，对高校科研评估的内、外部政策进行文本分析，剖析高校科研资源配置过程的微观机制，探究高校人事管理制度，科研管理制度，人才培养制度，资产管理制度，经费预、决算制度等对高校科研生产过程的影响，寻求对高校科研生产效率和生产率的整体性、解释性的理解，并为高校管理者优化内部科研资源配置和提升科研生产率提供建设性意见。

综上所述，在高校科研管理中引入效率与生产率思想非常重要，但当前国内已有研究无论是在评估指标的选取、方法技术的选择，还是对时间趋势的分析上尚有许多值得进一步深入和扩展的空间，有待后续研究在这些方面有所突破和贡献。此外，需要关注高校科研生产资源配置过程的微观机制研究，比如科研人员人力资本结构（人力资源配置）、教师教学与科研工作时间配置（时间资源配置）、教学与科研经费配置（财力资源配置）、教师个体行为选择与科研激励制度（制度资源配置）等，通过对高校内部科研资源配置过程的细致考察，才可能揭示高校科研效率和生产率的生成机制。

高校教师绩效与晋升

乔锦忠　韩莉莉　石兴娣[①]

一、背景

在新公共管理运动的号召下，绩效管理和问责制度日益流行。甚至在高校这样高度专业化，历史上一直依赖于专业权力进行自主管理的机构也未能幸免。这些年，大学特别是国内大学对教师绩效的考核日益重视。人总是会对激励和约束做出反应，高校教师也不例外。在学校越来越精确的人事制度的约束之下，高校教师正在蜕变为学术工人。学术生产有自身的逻辑，在威胁和利诱之下，被驯服为学术工人的大学教师也能产出学术成果，甚至会出现如管理者偏好的学术成果疯狂增长的情形。学术成果像野草般的疯狂生长，迎合了管理者对产出和绩效的偏好，但同时也对学术和学者造成了一定程度的伤害，特别是对那些依然怀有学术理想，视学术为高尚事业，把时间和精力付诸长期研究和基础研究的人会造成很大的伤害。

高校教师的发展分为内在和外在两方面，内在发展是指专业知识和学术水平的提高，而外在发展表现为职务等级和学术地位的提升。一般而言，内在发展是真实的发展，外在发展是形式的发展。内在发展是外在发

[①] 作者简介：乔锦忠（1972－），男，汉族，山西人，北京师范大学教育学部高等教育研究所副教授、管理学博士，主要研究方向：高等教育管理与学术职业；韩莉莉（1984－）女，汉族，河北人，天津商业大学教务处，教育管理学硕士；石兴娣（1972－），女，汉族，山东人，北京师范大学教育学部人事办理学硕士。

展的基础，外在发展是内在发展的表现。在正常情况下，学者通过出版作品和参加各种学术活动来展现自己的学术水平，获得学术共同体的认同，大学借助于学术共同体对学者的评价决定给予学者外在报酬，学术机构对学者的评价和学术共同体对学者的评价相吻合。但在实际工作中，评聘工作是对人进行评价，很难脱离工作氛围和人事技巧的影响。在生存压力下，一些学者向迎合考核指标和发展人事技巧的方向去努力，并且通过这些努力获得了在大学中的职位，然后再利用大学品牌和先占职位的无形资产，在不规范的学术环境中产出更多的学术成果，并以此换取更大的个人利益。众所周知，这种状况对学术发展非常不利，学术要健康发展，必须彻底改变这种状况。而要改变这种状况，首先应对当前高校教师的绩效状况进行详细的描述和分析，然后以事实为根据去寻找适当的解决之道。

二、既有研究

Copeland、John D. and Murry、John W. Jr（1996）对大学教师绩效评估进行了概述，他们认为对大学教师的绩效进行评估主要有提供信息、帮助教师发展和进行人事决策等三个基本功能。大学教师绩效评估主要包括管理者评估、同行评估、教师自评和学生评价四种类型。对大学教师绩效的评价标准有两方面，一是个人成就，二是机构需求。对大学教师的评价主要包括教学、科研、社会服务和工作关系等四方面。一般情况下，教学评估主要依赖于同行评价和学生评价，科研评估依赖于研究成果、出版物和各种奖励，其中期刊论文尤为重要。在研究型大学中，十分看重对科研成果的评估。

David A. Katz（1973）发现，助理教授、副教授和正教授的教学工作量之间没有太大的差异。但从助理教授晋升到副教授后科研产出有下降的趋势，从副教授晋升为教授之后产出则有增长的趋势。岗位等级越高，用在公共服务和会议上的时间越多。教授每周用于教学的时间约为 15 小时，用在科研上的时间约为 19 小时。

Barbara H. Tuckman and Howard P. Tuckman（1976）发现，大学教师的收入存在学科差异。研究产出和参与管理对收入的影响要高于教学，论文对收入水平的影响比著作大，但不如资历。50 岁之后，年龄对收入有负面影响。Jeffrey Pfeffer and Nancy Langton（1993）发现，大学教师的收入差距主要与经验（资历）和学术产出有关。

刘慧珍（2006）认为，大学针对教师采用的绩效管理制度没有能很好地反映大学教师的工作特点，没有能够将教师的工作内容引导到实现学校组织目标上面。在绩效管理制度下，仍然存在相当比例的课程内容不能适应学生的需求，教师在教学过程中对学生不够关注，学生对教师的教学形式与方法感到不满等问题。

邢志杰、闵维方（2006）对影响高校内部岗位津贴的因素进行了研究发现，职称（岗位）和年龄（经历）对岗位津贴的影响最大，管理职务对岗位津贴的分配有重要影响。工作绩效（指导博士生的数量，SCI 和 EI 论文数量和主持国家级课题的数量）对教师岗位津贴分配有正的影响，而本科教学工作量对岗位津贴分配有负面影响。

蔡永红、林崇德（2005）对教师的绩效结构进行了研究，提出职业道德、职务奉献、助人合作、教学效能、教学价值与师生互动是构成教师职务绩效结构的 6 个维度。并指出在各种评价类型中，学生评教和同行评教和领导评价相对于自评而言更为有效，其中学生评价的效度最高。

向秋华、冀庆斌（2005）认为对教师进行绩效评估结果是教师改进绩效、确定奖酬、规划职业生涯与教育培训的客观依据，因此，要通过 SMART 原则设定关键绩效指标进行绩效管理，同时完善的绩效评估实施方案是实现高效绩效管理的保障。

于维英、孙锐（2006）认为目前的研究还是停留在绩效考核的层面，对教师的绩效管理不是很明显，因此应从绩效管理的角度来考虑高校教师的业绩管理。通过分析高校教师绩效考核存在的岗位职责不清、缺乏绩效反馈与沟通、绩效考核标准体系不科学等问题，指出要做好岗位分析、清晰职责范围，由系（部）做好绩效计划，在考核的过程中要按照计划和职务说明书进行，同时注重考核的反馈和沟通。

归纳以上综述文献，可以发现大学教师的晋升和收入主要与科研产出和工作经验有关，教学对于岗位晋升和收入的正面影响较小，甚至有负面影响。当前，国内大学对教师的绩效管理从制度设计上还不够规范，有很大的提升空间。

三、数据与方法

1. 数据

为了对当前高校教师的教学、科研等绩效状况进行研究，本文收集了某"985工程"大学某学院199位教师的个人背景资料和绩效数据。其中教师个人背景信息主要涵盖年龄、性别、职称、指导博士研究生资格和学缘等。绩效表现主要包括开设课程的数量、课时、论文和专著数量等。上课门数、教学工作量和课堂教学时数等教学情况的统计期间为2008-2009学年；论文和著作以2006-2009年3个自然年度为统计期间。论文级别分为重点论文 Core-paper（人文社科优秀学术期刊、CSSCI、中国人文社会科学引文数据库〈中国社科院〉）和其他论文 General-paper（其他正式发表的学术文章）两类，分类标准参照该校社科处的规定。科研得分参照该校人事处和社科处的标准，先分别计算出论文和著作的得分然后加总。表1为某学院教师构成的基本情况。

表1 教师结构

变量	变量属性	所占比例（%）
性别	男	61.8
	女	38.2
年龄	30岁以下	9.6
	31-35岁	20.2
	36-40岁	19.7
	41-45岁	24.2
	46-50岁	12.6
	51-55岁	5.6
	56-60岁	4.5
	61岁以上	3.5
博导	是	36.7
	否	67.3

续表

变量	变量属性	所占比例（%）
职称	教授	22.1
	副教授	44.7
	讲师	33.2
学缘	本校	71.2
	外校	16.2
	留学	12.6

2. 方法

对于教师的教学和科研产出主要利用平均数和中位数来观察，通过描述各类不同岗位的教师在教学和科研产出中的基本表现及其差异，了解高校教师绩效的总体分布状况。

为了对人事制度与教师绩效表现之间的关系进行讨论，对岗位和教学及科研绩效进行相关性分析，以此来检讨当前的人事制度是否合理。

四、结果

为了对该学院教师的教学和科研情况进行细致全面的了解，本文主要采用集中程度（平均数、中位数）对全体教师的教学及科研状况进行描述，分析教授、副教授、讲师三类岗位的绩效差异。

表2 学院教师教学科研基本状况

职称	工作	集中趋势
教授	教学	Mean 78.04 Median 66.6
	科研	Mean 1456.8 Median 1360
副教授	教学	Mean 128.04 Median 118
	科研	Mean 1023.28 Median 920

续表

职称	工作	集中趋势
讲师	教学	Mean 97.02 Median 90
	科研	Mean 628.82 Median 540

经过统计分析发现：

1. 讲师承担的课堂教学工作量基本符合学校规定的要求，副教授承担了主要的课堂教学任务，教授承担的课堂教学任务相对较少

讲师承担的课堂教学工作量，年度平均为97标准学时，接近学校对讲师岗位的基本要求（100标准学时）。副教授和讲师承担了主要的课堂教学任务，特别是副教授承担的课堂教学任务的均值为128标准学时，高于平均水平。教授的课堂教学工作量平均值是78标准学时，明显低于副教授128学时和讲师98学时。

2. 科研产出与岗位等级高低有关，教授、副教授和讲师的科研产出逐次减少

从表2的统计结果中可以发现，3年中教授的科研总得分均值为1456.8，在各类岗位间最高，副教授的科研总得分均值为1023.28，处于居中位置，讲师的科研得分均值628.82是三类岗位中最低的。另外，根据统计还发现，在科研产出中，47.4%成果属于教授，41%属于副教授，讲师仅占到11.5%。其中博士生导师占到48.7%。

3. 科研产出的内部差异较大，科研产出高的教授和副教授主要集中在少数人

通过观察该学院3年的科研产出数据发现，科研得分在中位数以上的只有8位教授，其余36位教授的科研得分均在中位数以下。9位副教授的得分在中位数以上，其余80位副教授的科研得分均在中位数以下。由此可见，教授和副教授中的少数人产出了大量科研成果。教授和副教授的科学产出的内部差异很大，特别是副教授内部的科研产出差异更大。

4. 除学位、外语等硬性约束条件之外,岗位晋升主要反映了科研情况和本人资历,对课堂教学工作不够重视,课堂教学工作量与岗位晋升之间呈负相关关系。进一步分析发现,岗位主要与科研成果数量相关,特别是核心期刊的论文数量相关。

通过相关分析(见图1),对影响岗位评定各项因素的绝对值进行比较可以看出,年龄和科研成果得分的贡献率相对较大,学科、课堂教学工作量、学缘和性别与职称的相关性逐次变小。其中课堂教学工作量、学缘和性别和岗位晋升之间的相关性很小,而且课堂教学工作量与岗位晋升之间总体上呈现负相关关系。另外,年龄和科研成果得分之间也表现出正相关关系,相关系数为0.2547。

表3 岗位与性别、年龄、学科、教学工作量、科研成果数量和学缘之间的相关关系

	position	sex	age	subject	teaching	publish	a-capital
position	1						
sex	-0.0057	1					
age	0.6048	-0.0346	1				
subject	-0.1130	-0.0199	-0.2154	1			
teaching	0.0844	-0.0253	-0.0787	0.1593	1		
publish	0.3424	-0.1485	0.2547	-0.0507	-0.0338	1	
a-capital	-0.0767	-0.1158	0.0382	-0.0485	-0.1074	0.1177	1

为了进一步探讨岗位(职称)与科研成果数量、质量以及成果类型之间的关系,分别对岗位与论文数量、核心期刊论文得分和著作数量进行相关分析,发现与岗位最相关的是论文数量,其次才是论文质量和著作。

表4 岗位与课堂教学工作量、科研成果数量、科研成果质量和著作之间的相关关系

	position	teaching	paper-number	core-number	book
position	1				
teaching	-0.1055	1			

续表

	position	teaching	paper-number	core-number	book
paper-number	0.3347	0.0033	1		
core-paper	0.3191	-0.0034	0.9843	1	
book	0.1486	-0.1376	0.2221	0.1895	1

该校为了鼓励教师产出更多的学术论文,把学术论文分为3个等级进行津贴,为了进一步探讨哪类论文和岗位之间的关系更为密切,用不同的种类的论文和岗位进行相关分析,发现核心期刊论文(CSSCI)中的一般论文,对岗位晋升的影响最大。

表5 岗位与论文等级和著作之间的相关关系

	position	paper-a	paper-b	paper-c	book	paper
position	1					
paper-a	0.2206	1				
paper-b	0.3247	0.2569	1			
paper-c	0.2438	0.1782	0.2677	1		
book	0.1575	0.1895	0.1187	0.2598	1	
paper	0.3620	0.7489	0.8093	0.4385	0.2249	1

此外,根据对该学校岗位聘任政策文件的分析发现,学位和外语等外在条件的约束是岗位晋升的硬性约束条件。现实中,也有一定数量的教师因为学位和外语达不到学校规定要求而不能晋升。总体而言,除了学位和外语等硬性约束之外,当前的岗位晋升主要是反映了科研成果的数量和资历对科研成果的质量和教学情况重视不够。

五、分析与讨论

1. 教授课堂教学工作量偏少的原因

在研究中发现,教授承担的课堂教学任务相对较少。但对年度考核记录进行分析发现,教授教学工作量不足的状况并不普遍。按学校规定教授和副教授应当承担的年度教学工作量应不少于200标准学时,这个标准并不低。教授的平均课堂教学工作量仅为78学时，中位数为66学时，但仍然能完成学校规定的200学时的教学工作量。经过了解，发现其中最主要的原因是在学校的教学工作量考核计算中除了课堂教学任务外，还包括指导研究生、指导论文等内容。通常情况下，教授指导的研究生数量相对较多，所以即使教授不承担太多的课堂教学任务仍然可以完成学校规定的教学工作量。另外，还有一些教授兼任行政职务，学校对他们有工作量的减免。因此，在现有制度规定的条件下，教授不需要提供更多的课堂教学就可以完成学校规定的教学工作任务。

从收益的角度看，教师也没有提供更多的课堂教学服务的积极性。对教师而言，为学校提供教学服务的收益远小于科研。教师在学术方面的发展所获得的收益是更快的晋升岗位，在学术领域获得更高的知名度和拿到更多的科研项目。但教师在教学方面投入所获得的收益在一般情况下只是在岗位晋升过程中，不因为达不到学校规定的标准而丧失机会。也就是说，在岗位晋升中对科研的要求是实在的，而对教学的要求是虚化的。而且，教学水平很高的教师，往往会选择到校外面向市场提供教学服务以获取更高的收入回报。正是以上各种因素的综合作用导致了教授的课堂教学工作量偏少。

2. 科研产出随岗位等级提高而提高的原因

影响论文和著作数量的因素有很多，科研能力、努力程度以及良好的社会关系等都会影响科研产出。一方面，随着岗位等级的提升，学者的学术经验、研究能力和社会关系都会改善。另外一个很重要的方面是学校现在执行的岗位晋升考核制度中，对更高级别的岗位的科研成果数量的要求更多。考核什么、奖励什么，最后就得到什么。久而久之，自然就会形成岗位层次越高的教师，产出更多科研成果的事实。还有一些重要原因可能是教授由于指导了更多的学生有更多的机会和学生开展合作研究，此外他们本身在课堂教学中投入的时间比较少，有更多的精力放在论文写作和著作出版等方面。

3. 教授和副教授科研产出内部差异大的原因

教授和副教授科研产出内部差异大有两种可能。一种可能是一些教授和副教授本身名不副实，相对于能力而言，职称更多地反映了资历。也就是说，在以往和现行的岗位晋升过程中，资历和人情等因素发挥着一定的作用，一些学术水平不高的人获得了同情，晋升高级岗位。另一种可能是学校的人事制度鼓励教授和副教授过于看重学术成果的数量，对学术成果的质量重视不够。结果短、频、快成果多，分析性论文多，经过调查研究和持续研究的论文少，客观上拉大了这些人和那些学术态度端正的人的科研产出。无论哪种情况是主要原因，都值得引起高度的关注。

无论是学校科研成果的质量重视不够，还是以往的晋升考核弹性过大，都需要及时得到纠正。随着高校人事制度改革的推进，高校的岗位设置越来越刚性化，教授和副教授岗位都有固定比例的约束。因此，容忍一个低水平的教授和副教授付出的代价将越来越大。另外，随着整个社会的发展模式由粗放变为集约，追求高质量必然会成为大学发展的方向。大学的高质量首先是教师的高质量，而高质量的教师必须能产出高质量的学术成果。

4. 岗位晋升主要反映科研成果数量，对科研成果质量和教学重视不够的原因

岗位晋升反映科研成果的数量有多方面的原因，一是学术论文质量评价体系的有效性不足。学术成果质量评价体系有效性不足与学术界的诚信状况有关，在人情和利益等因素的影响下，很多学者在成果评议中不能坚持标准，甚至还出现了相互结盟，共谋发展的状况。这种状况严重影响了同行评议的有效性。此外，由于学术刊物不能严格执行评审制度，关系稿和人情稿在各种不同级别的刊物中不断涌现，在一定程度上造成了利用学术期刊等级和论文被引用次数等来衡量论文质量的效果打折。因此，在考核实践中，把科研成果的数量作为硬性约束指标也是无奈之举。

把科研成果数量作为岗位晋升主要指标的另外一个重要原因在于政府对大学急功近利的管理方式。政府官员一届的任期很短，想在短期内取得看得见的成绩，最好是看数量。政府在设置重点学科、研究基地和设立科研项目的过程中，往往会对大学科研能力和科研产出提出要求，而衡量科研水平和产出的硬指标就是科研成果数量。因此大学为了从政府获得更多的资源，被迫鼓励教师产出数量更多的科研成果。过度强调数量，必然就

会牺牲质量。因此，在晋升考核中看重科研成果的数量也就顺理成章。

学校在岗位晋升中对教学工作不够重视，一方面是因为在约定俗成的观念中，大学教授一定是在学术方面有相当造诣，其成就得到学界公认的学者，一个仅仅在教学方面表现出色的教师如果被聘为教授无论如何都难以服众。所以，在岗位聘任中教学很难取得同科研同等的地位。一般情况下，只要教师能胜任教学工作，完成规定的教学工作量，在岗位晋升考核中就会被认为教学考核合格。另一方面是因为样本学校属于研究型大学，与教学型大学相比，对科研更加看重。

六、建议

1. 更加重视教学工作，增加对教学工作的奖励和津贴。把课堂教学工作量和课堂教学质量作为对教师教学工作考核的重点。提高对教授课堂教学工作量的要求

尽管该校对教学和科研都有相应的津贴，但是对于科研津贴的力度明显要高于教学，对于教师而言，获得教学津贴比获得科研津贴甚至更为困难。因此，为了增加教师对教学工作的重视程度，应当适度增加对教学的津贴。另外，在该学校过去执行的教学工作量考核制度中，允许将教师指导研究生的教学工作量代替课堂教学工作量，这无形中为教授脱离课堂开了后门，因为在通常情况下教授指导的研究生数量比副教授相对更多。为了增加教授的课堂教学服务时数，有必要在新的考核制度中，专门制定课堂教学工作量的标准。

学校对教师课堂教学质量的考核主要依赖于学生打分。学生作为一个受教育者和被考核者对教师打分有一定的局限性。这种局限性主要体现在两个方面，一方面是由于学生的知识掌握程度可能有时无法对教师的学术水平做出正确评价，另一方面是在双方都拥有评价对方权利的条件下，可能会在教师和学生之间形成某种默契，教师为了迎合学生，故意降低考核标准，学生为了获得较高的成绩，给予教师较高的分数。因此，为了增强对教师课堂教学质量考核的有效性，应当加强教师所在院系所对教师教学质量的评价，只有两者相结合才能对教师课堂教学质量进行更为科学的评价。强化对教师课堂教学质量的考核，必然会促使教师更加重视教学质量。

2. 改变以前过于重视科研成果数量的政策，在考核中首先注重科研成果的质量，其次注重科研成果的数量

为了保障科研成果的质量，鼓励教师产出更多的代表作，样本校已经出台了相应的文件，把科研考核定为聘期考核与续聘和晋升工作相结合，年度考核中不再考核科研。这项规定为鼓励教师产出更多的代表作提供了制度保障。学校对科研成果还有很多津贴，这些津贴在一定程度上也会诱使教师产出短、频、快的作品。所以，为了保障科研成果质量，应当淡化对学术性科研成果的奖励。除公认的重大成果之外，应取消对其他一般性科研成果的奖励措施。

当然为了保障教师产出更好的代表作，也需要积极营造有利于科研成果质量评价的外部环境。当前，可以由政府筹划着手建立统一的海外华人学者数据库。西方发达国家和地区学术界的诚信状况相对较好，这些年已经有数量可观的华人学者活跃在海外学术界，充分利用这些优质的外部资源，有利于提高同行评议的有效性。同时，政府应该加强对学术期刊出刊标准的监管，确保学术期刊的质量，增强利用学术期刊等级和被引用频次等指标来衡量科研成果质量的有效性。

3. 由系所等教学科研服务的基层单位，负责对教师的业务能力进行鉴定

在考核过程中，让最了解情况和最熟悉被评价者工作的人去进行评价是一个基本原则。院系所是教学和科研服务的基层单位，对本单位教师的教学、科研状况最为熟悉。因此，对教师的评价应当以院系所为主体。其他上级机构主要应负责对评价过程的监督和对评价结果的仲裁和矫正等例外工作。

早在1963年，教育部下发的《关于高校教师职务提升工作问题的通知》中，就提出要严格教师职务考核和评审的程序，建立业务评审制度，经评审成绩优秀的教师，才能确定和提升职务。由教研室或系对教师业务进行分析鉴定，学校建立教师业务评审委员会，负责对被确定和提升职务的教师的主要论文和著作通过同行专家的仔细审查，提出书面审查意见。现在各学院下面的系所是由20世纪60年代的教研室演化而来的，学院中的系所是最熟悉教师业务能力的单位，由系所对教师的业务进行鉴定，符

合评价的基本原理。

4. 增强教师对绩效目标和考核程序的认同感，加强绩效指导，逐步提高绩效管理的水平

当前，在管理实践领域，绩效考核已经被绩效管理所代替。绩效管理强调绩效目标制定、绩效指导和绩效考核的三位一体。国外很多大学在对教师的管理中已经做到了绩效目标制定、绩效指导和绩效考核的统一。绩效考核的最终目的是为了提高教师的绩效，而绩效指导是提高绩效的有效手段，因此在完整的绩效管理中，管理者的任务不仅仅是绩效考核，同时也应参与教师绩效目标的制定和为教师绩效改进提供必要的服务和指导。教师认同学校的绩效管理理念和管理方式是教师绩效能够改善的前提。管理者和教师应共同设定一个教师认同的目标，并对教师实现目标的过程进行指导，最后对教师行为的结果进行考核，这样一套绩效管理的流程对于提高教师的绩效和学校的绩效无疑是有益的。另外，持续改进也是绩效管理中的一个重要方面，发现不足后不断地努力才会有真正的提升。因此，在修订考核和津贴方案时，还应把被考核者对考核人意见的改进状况作为考核的重要指标。

总之，绩效管理是管理中非常重要的内容，而晋升是最为重要的激励工具，在高等学校管理中，两者有机结合才能更加有效地促进高校提高管理水平，促进高校教师发展。

高等学校专业评估制度的国际比较研究

——以法国、英国、美国和日本为例

孙 珂[①]

本文所说的专业评估是指政府、相关教育中介组织或其他高校外部组织依据一定的质量标准，利用合理的评估手段，对高校某个专业的办学条件、课程设置、科研状况等各方面进行系统考察，对该专业的质量进行价值判断，并提出相应建议的过程。专业评估对于改善高校各专业的质量，提高高校的管理水平意义重大。我国出台的《国家中长期教育改革和发展规划纲要（2010－2020年）》也明确提出，要通过推进专业评估来完善具有中国特色的现代大学制度。然而，专业评估制度的建立必然要考虑如何进行价值取向的定位，即是外部价值主导，强调迎合政府、雇主以及其他外部利益相关者的需要，还是内部价值主导，强调遵循教育自身发展的逻辑？这由此引发了由谁来评估，制定什么标准和采用什么程序等问题。法国、英国、美国和日本等发达国家在高等学校专业评估方面已经积累了一定的经验，对这些国家的专业评估制度进行比较研究，可为我们回答上述问题提供有益借鉴。

一、高等学校专业评估的主体

不同的价值取向代表了不同利益相关者的价值观，因此一个国家由谁担任专业评估的主体在一定程度上可以反映该国专业评估制度的价值取

[①] 作者简介：孙珂（1984－），女，黑龙江哈尔滨人，教育部人文社会科学重点研究基地北京师范大学比较教育研究中心、北京师范大学国际与比较教育研究院博士研究生。

向。法国、英国、美国和日本的专业评估制度在专业评估主体上可分为政府主导型、社会主导型和多元主体型三种。

（一）政府主导型

法国和英国由政府发起和主导对高校的专业评估，因此属于政府主导型。政府主导型国家在高等教育行政管理方面一定程度上都具有集权倾向，体现了政府对专业评估的外部价值控制。例如，法国自18世纪大革命时起就强调高等教育要为国家服务，因此对高等学校采取了中央集权的控制方式，并于1853年成立了帝国监督委员会进行专业评估。直到今天，虽然政府已赋予了大学较大的办学自主权，但在高校评估方面却依然发挥着主导作用，并通过高等教育教学与学位评估对高校进行专业评估。与法国的情况不同，英国政府主导型专业评估的形成是一个从分权到集权的过程。英国政府虽将大学看成是高等教育质量保证的主体，但在20世纪80年代政府加强了对高校的问责，并在1993年推出了"学科评审"（Subject review）专业评估活动，使高校在专业建设和发展过程中不得不更多地考虑政府的要求。

政府主导型国家的专业评估机构都是由政府建立的，但这类机构在性质上又不是政府的行政部门，而是依据相关的法律与政府保持一定距离的半官方机构。以英国为例，英国现在的专业评估机构是1997年成立的高等教育质量保证署（QAA）。高等教育质量保证署是一个具有独立性的半官方机构，根据1985 – 1989年的公司法制定的《社团备忘录》（Memorandum of Association）运行。高等教育质量保证署的决策机构是董事会，董事会由15名成员组成，其中有4名由高校校长的代表机构任命，4名由高等教育基金委员会任命，6名是董事会的独立董事，具有丰富的工商、金融或专业领域的实践经验，另外还有1名学生代表。可见，董事会人员由政府、市场和学术力量的代表三分天下。其中，政府部门联合市场领域的外部利益相关者群体占到了总人数的半壁江山，他们的价值观必然会影响专业评估的价值取向，使之更多地关注政府和市场的需求。

（二）社会主导型

社会主导型国家的典型代表是美国，其专业评估的主体不是政府，而是社会上的教育中介组织。美国专业评估的这种社会主导型模式根源于教育管理上的分权传统，即联邦政府无权管理教育，教育管理权归于各州政府。然而，各州政府在管理教育时，只是对教育机构发放许可证，各专业的教育质量究竟如何，则要通过社会上各种各样的专业认证机构来保证。

美国的专业认证机构通过董事会制度进行管理。以美国的工程技术认证理事会为例，该组织由30个专业和技术社团组成，由社团成员产生董事会、4个认证委员会和专业评价部门（program e-valuators，PEVs）等。董事会的主要责任在于制定工程技术理事会的政策，并批准认证标准等；各认证委员会负责制定各自领域的认证程序，并作出认证决定；专业评价部门的评价员与其他人员共同组成了工程技术理事会的认证小组，负责对高校的相关专业进行访问和评估。可见，美国的专业认证机构是学术力量的代表，它们能够更多地根据各自领域的专家意见来进行专业评估，体现出专业评估的内部价值取向。

（三）多元主体型

多元主体型的代表国家是日本，日本在对高校进行专业评估时既有政府建立的机构，又有社会上的教育中介机构。多元主体型是在日本高等教育行政管理方面从集权到分权的发展过程中产生的，反映了学术力量在专业评估活动中的增长。在过去，日本与法国一样有着中央集权的高等教育管理传统。然而进入21世纪以后，由高等教育管理体制僵化而导致的大学创新力不足的问题日益严重，为此，日本于2004年掀起了法人化改革，通过赋予大学独立的法人地位，提高其运行的自主性。为了在放权的同时保证大学的教育质量，日本建立了大学评价·学位授予机构对大学、初级学院、技术学院和跨大学研究所进行各种评估。同时，允许社会上的教育中介组织，如日本技术者教育认证机构对高等教育机构中的工程教育专业进行独立评价。这种多元评估主体的模式使学术力量有机会通过教育中介组织表达自己的价值诉求，与政府等外部利益相关者的价值观形成一种共存和博弈的关系。

就专业评估的主体来说，政府主导型、社会主导型和多元主体型虽然在价值取向方面各有侧重，但在实践中还是表现出了一些共同特征。第一，权力分配的均权化。即原来较为强调政府控制的国家，如法国和日本开始适度放权，通过建立具有独立性的专业评估组织来提高学术力量的地位；而原来强调地方分权和大学自治的国家，如英国开始加强政府的控制，通过增加政府的专业评估责任来表达政府的价值诉求。第二，评估机构的中介化。即无论是哪种类型的国家，其专业评估机构都表现出了一定的中介性，即使是政府组织建立的专业评估机构也不是完全的政府行政部门，而是具有独立法人地位的半官方机构，如法国的高等教育与研究评估署、英国的高等教育质量保证署等。第三，机构组织的董事会化。与评估机构的中介化倾向相适应，这些机构在内部一般都以董事会制度来管理，即建立一个由多方代表组成的董事会，由董事会来决定有关专业评估的大政方针、设计标准和程序等，由下面的具体部门管理和执行具体事务，以促进评估工作的有效开展。

二、高等学校专业评估的标准

无论一个国家在专业评估主体方面属于哪一类型，就具体的评估机构来说主要可以分为政府主导的评估机构和教育中介性评估机构。英国高等教育质量保证署的学科评审标准和美国工程技术认证理事会的应用科学专业认证标准，反映了两类标准的基本情况。（见表1、表2）

表1 英国高等教育质量保证署的学科评审标准

课程的设计、内容和组织	1. 课程的设计、组织和内容；2. 预期学习结果；3. 前沿性和创新性
教学和评估	1. 教学和评估战略；2. 教学；3. 学习；4. 评估
学生升级情况和学业成就	1. 生源；2. 升级和完成率；3. 学生成就
学生支持和指导	1. 一般要求；2. 入学指导安排；3. 学术指导和导师支持活动；4. 牧师和福利支持；5. 职业生涯信息和指导
学习资源	1. 学习资源战略；2. 图书馆服务；3. 教学设备和信息技术；4. 教学和社交场所；5. 技术和管理服务
质量管理和改进	1. 质量管理；2. 质量改进

资料来源：QAA. Subject Review Handbook – England and N. Ireland（September 2000 – December 2001）［EB/OL］. http://www.qaa.ac.uk/reviews/subjectReview/handbook/srhbook_ part2. asp - #41，2011 - 04 - 24.

表2 美国工程技术认证理事会的应用科学专业认证标准

一般专业认证标准	1. 学生；2. 专业教育目标；3. 专业学习结果（包括学士学位计划毕业生应具备的素质和专业学位计划毕业生应具备的素质）；4. 持续改进；5. 课程；6. 师资；7. 设施；8. 支持；9. 专业标准
具体专业认证标准	1. 环境、健康、安全以及其他相关方向的具体专业标准；2. 健康物理学及其他相关方向的具体专业标准；3. 工业卫生学及其他相关方向的具体专业标准；4. 工业管理或质量管理及其他相关方向的具体专业标准；5. 安全及其他相关方向的具体专业标准；6. 测量学、测绘学及其他相关方向的专业认证标准

资料来源：Abet Criteria for Accrediting Applied Science Programs [R/OL]. http://www. abet. org/Linked%20Documents - UPDATE/Criteria%20and%20PP/R001%2010 - 11%20AS - AC%20Criteria%2011 - 09 - 09. pdf，2009 - 10 - 31/ - 2011 - 04 - 24.

通过考察英国高等教育质量保证署的学科评审标准和美国工程技术认证理事会的应用科学专业认证标准，我们可以发现，英国的高等教育质量保证署由于是政府主导的机构，它所进行的学科评审具有全国性、统一性、涉及各类学科，因此其所设计的评估标准更加笼统。此外，学科评审更能反映政府对高等教育的要求，如其指标中包括学生的升级率和完成率的问题，就是想以此来监督高校各专业对资金的使用效率，减少因留级或退学而导致的资源浪费。美国工程技术认证理事会由于是社会上的教育中介组织，它所进行的应用科学专业认证只涉及应用科学这一个学科，因此其设计的评估标准更加具体，更能够反映这类学科的特殊性，较能够体现本专业教育的内在发展需要。

虽然两种标准在价值取向上有所不同，但它们也表现出了一些相似的特征。第一，强调教育的内在价值取向。虽然英国的学科评审更多地体现政府对高等教育的要求，但总的来说上述两套标准都以内在价值取向为主，旨在按照教育自身的发展规律来控制各个专业的运行效果。这说明，尽管高等教育要满足社会发展的需要，但其前提是要遵循教育自身发展的规律，这是保证其教育质量的生命线，也是任何评估主体在制定评估标准时都不能忽视的。第二，标准可划分为输入、过程和输出三个基本维度。

上述两套标准都涉及输入标准，如生源、师资和教学设施等；过程标准，如课程设计、教学、评估和学生支持服务等；输出标准，如学生学业成就等。这三个维度的划分是与其对内在价值取向的强调分不开的，即体现了对教育过程不同阶段的质量要求，通过控制构成教育的基本要素来维护专业的学术水平。

三、高等学校专业评估的运行机制

各国的专业评估由于价值取向的差异，其专业评估的运行过程反映外部利益相关者需要的程度也有所不同。如法国的高等教育与研究评估署、英国的高等教育质量保证署和日本的大学评价·学位授予机构由于是政府主导的机构，它们更多地注重满足社会对高等教育的问责需求，因此这些机构开展的专业评估是强制性的，其最终的评估报告也要向社会公布。美国的各个专业认证机构和日本的技术者教育认证机构由于是社会上的教育中介组织，更多地注重满足高校各专业发展的需要，因此其所开展的评估是自愿的，最终也只要求高校公布某个专业是否通过认证，而不准或不强制要求高校公布评估报告。

虽然各个国家的专业评估在价值取向上有所侧重，但它们都不可避免地承认教育的内在价值，因此运行机制便表现出以下一些共同特点。

（一）以同行评审为主要形式

同行评审是专业评估的内在价值取向在具体评估活动中的表现形式，即让各个专业领域的专家组成评审小组，由其负责收集证据，并对专业的发展情况进行价值判断。例如，法国高等教育与研究评估署（AERES）的高等教育教学与学位评估是一种专业评估，主要考察学士、硕士和博士层次的各个专业的教学或科研情况。这种评估采用同行评审的形式，每年都要招聘来自不同地域、文化背景和学科领域的专家，承担专业评估的主要工作。

英国的"学科评审"所采用的也是同行评审的形式，所评审的学科包括一门或多门课程或一个专业，涉及大专、本科和授课型硕士研究生等多个层次。评审小组至少由3名学科专家和1名评审主席组成，他们必须了解新评审的学科,并熟悉高等教育的教学过程。如果所评审的学科较大或较复杂,学科专家的数量还可以依据专业的规模而增加。

美国工程技术认证理事会也是一个同行评审机构,它所有的专业认证活动都是由来自下属委员会的专业人员进行的,而这些人员又必须是来自应用科学、计算机、工程学和技术领域的专家,从而能够促进被评审专业教育质量的提高。

日本技术者教育认证机构将同行评审作为认证的原则,并致力于保持评审的权威性和中立性。为了实现这个目的,机构要求评价者年龄要超过40岁;具有在相关学术领域适当的专业知识;具有在相关领域良好的工程师教育能力;长期热心于学术的发展;愿意通过参加日本技术者教育认证机构组织的论坛接受进一步培训。

(二) 以自我评价为基础

高等教育区别于其他类型教育的特点就是要实现专业自治,尊重高校中各单位在质量保证活动中的主体地位,因此各国的专业评估都以相关单位的自我评价为基础,要求其先提供自评报告,再由评审小组在自评报告的基础上考察专业的教育质量。如法国的高等教育教学与学位评估以被评单位的自评为基础,主要考察其科研质量、与外部社会的合作情况、招生情况、培养情况、论文发表情况、论文资助情况,以及未获得资助的论文数量等。

英国的"学科评审"要求高校的被评专业先准备自评报告,其中涉及的内容要与评估标准中涉及的内容保持一致,并要分析该专业的优势和弱点。对于所发现的薄弱环节,该专业还要提出改进薄弱环节的步骤。自评报告为评审小组入校考察提供了行动依据,评审小组在考察时会了解自评报告的准确性,判断自评报告是否真实描述了专业的质量状况。就英国"学科评审"的自评报告来说,其基本结构涉及以下几个方面:列出自我评价中涉及的所有专业;各个专业的培养目标;生源情况;师资情况;专业的学习资源以及专业的开设单位等。

美国的新闻和大众传媒教育认证委员会(Ac-crediting Council on Education in Journalism and Mass Communications, ACEJMC)是一个主要针对

新闻和大众传媒教育的专业认证机构。该机构在对高等院校中的相关专业进行认证时要求高校首先进行自我评价,主要是系统地考察高校教育环境、使命、教育活动、成就以及对未来的规划,这是质量评估、质量改进的基础和评估小组进行专业评估的依据。

日本技术者教育认证机构要求被评专业在参与专业评估时先要进行自我评价,准备自评报告,然后由评审小组确定自评报告中的内容是否真实准确,并考察被评专业是否符合相关的认证标准。

(三) 以评审访问为中心环节

评审小组衡量高校的某个专业具体如何主要通过评审访问的方式进行。评审访问的目的是搜集、考察和检验有关教育质量的证据,并根据这些证据对该专业的整体教育质量做出判断。如法国的高等教育教学与学位评估要进行实地访问,其主要活动是访谈,访谈对象是被评单位的管理者、教师和学生,主要考察被评单位的详细信息,以及自评报告中所提供的数据和信息是否真实。

英国的学科评审在评审访问中一般会考察高校的相关课程文件、评审和报告,包括其他外部评估者所做出的评价报告;对学生的学业材料进行抽样调查(包括试卷、课程作业、项目、手工作品和学位论文等);对在访问期间发生的各种教学活动进行观察(包括对课堂、研讨会、讲习班、导师指导活动、实践活动和评价活动等);与学术人员和管理人员会谈;与在校生、毕业生或雇主会谈;检查学习资源;评审小组内部开会以分析所收集到的证据,分享相关信息并作出评审结论。

美国工程技术认证理事会的评审小组在评审访问时从事的活动也大同小异,包括考察一个专业的课程材料、学生项目,对学生的作业进行抽样考察,与学生、教师和管理人员进行会面,以判断该专业是否达到了专业质量标准,处理专业自评时所产生的问题。

日本技术者教育认证机构在专业评估时要组织工程领域的专家组成评价小组,对高校的相关单位进行实地访问。实地访问的主要活动是对专业的代表、联系人、教师、学生和毕业生进行访谈,侧重于考察光靠自评报告难以证实的事项,如是否能够保证对学生的教学时数、专业的教育方法和环境如何、专业的教育结果如何等。此外,实地访问考察的重点还包括被评专业提交的补充材料所反映的情况。

(四) 以高校改进为评估目的

专业评估的目的不仅在于考察和评价专业的质量,还在于通过促使高校制定和实施一些行动计划促进教育质量的改进。如英国的高等教育质量保证署在对每个专业进行评审之后都要发布评估报告。如果评估报告中显示,被评单位在三个及以上方面只是达到及格水平,它就要制定一个行动计划,以显示如何克服这些在教育质量上的缺点。之后,高等教育质量保证署要派人再次访问被评单位,考察其执行行动计划的进展,其教育质量是否获得了改进。

美国的专业认证机构在对高校的某个专业进行认证之后,还可能根据具体情况对其提出改进建议,并在几年后对被评单位进行再次访问,考察其是否改正了以往的不足之处,是否能够继续满足专业认证标准。根据被评单位的改进情况,认证小组会撰写再评估报告提交给专业认证机构,以决定是否准许被评单位再次通过专业认证。

日本技术者教育认证机构在实地访问之后先要发布第一次考察报告。在第一次考察报告的基础上,高校中的被评单位可以针对报告中指出的缺点撰写一份改进报告。评价小组在改进报告的基础上要出台第二次考察报告,并最终做出对被评单位的认证决定。

四、启示

尽管各国的专业评估在价值取向上有所不同,并在专业评估的主体、标准和运行等方面表现出诸多差异,但由于人们只有遵循教育发展的规律才能促进各专业教育的提高,因此各国都重视教育的内在价值,并在以下三方面体现出了各国发展的共同特点,可为构建我国的专业评估制度提供有益启示:

第一,在专业评估主体方面,一个国家由谁进行专业评估以及隐藏在其背后的价值取向必然根植于其特定的历史文化传统。我国和法国相似,在高等教育管理方面长期实行集权体制,体制的惯性决定了政府难以在短时间内将评估权完全下放给社会，因此我们应该以政府主导的相关机构作为专业评估的主体，但同时也要借鉴各国在专业评估主体发展中表现出的共同特征，保证专业评估机构的独立性，完善机构的章程，通过建立由多方代表组成的董事会作为机构的决策者，避免政府的过多干涉影响评估的专业性。

第二，在专业评估标准方面，由于我国在评估中更倾向于政府主导，因此应该强调评估标准的普适性和原则性，为不同专业展现专业特色留出足够空间。此外，专业标准必须关注教育的内在发展过程，从输入、过程和输出三个维度出发建立评估标准，把握好人才培养和科学研究的每一个环节。

第三，在专业评估运行机制方面，我国的专业评估应该成为一种强制性的定期评估，并通过公布评估报告的方式加强社会对高等教育的问责。在具体运行过程中，我国的专业评估应以同行评审为主要形式，遵循高校自评——评审访问——提交评审报告三个基本步骤，保证内行对评估活动的控制，更好地维护和提高高校各个专业的质量。

高等教育外部质量评估模式的发展趋势

——来自法国的经验

胡 淼[①]

法国是世界现代高等教育的发源地之一，也是欧洲最早进行高等教育外部质量评估的国家之一。1984年，法国政府正式建立了以国家评估委员会为执行主体的外部评估模式，并在20余年的发展和变革中，逐渐形成了与法国高等教育管理体制相适应的、较完善的高等教育外部质量评估体系。我国与法国在高等教育管理体制方面存在许多相似之处，因此以历史演进的角度探讨法国高等教育外部质量评估模式的发展趋势，对构建有中国特色的高等教育外部质量评估模式具有极大的参考价值。

一、法国高等教育外部质量评估模式的历史进程

（一）法国高等教育外部质量评估模式的确立阶段：20世纪80年代

20世纪80年代，法国政治的变革、经济与科技的发展以及高等教育大众化的需求对法国高等教育提出了新的挑战，大学自主权缺失、高等教育经费和学生就业问题亟待解决，高等教育必须承担人才培养、科技研发、知识生产等多重使命，数量与质量、公平与效益成为法国高等教育的诉求。在此背景下，1983年12月20日，法国出台了《高等教育法》（亦

---

① 作者简介：胡淼（1986—），女，吉林省吉林人，教育部人文社会科学重点研究基地北京师范大学比较教育研究中心、北京师范大学国际与比较教育研究院博士研究生。

称《萨瓦里法案》)。该法案要求政府与大学签署合同,明确合同期间双方的权利和义务,从而建立政府与大学之间的平等对话关系,进一步赋予大学自主权。为了衡量政府教育投入的有效性,《高等教育法》提出成立国家评估委员会(Comité National d'Evaluation,CNE),负责外部评估大学履行合同的情况及教学、科研成果,以评促建,并为政府调控和监管高等教育提供依据。CNE 是一个独立的评估机构,直接向总统负责。1985 年,经总统和议会批准,CNE 正式成立。这标志着法国以政府为主导的高等教育外部质量评估模式正式确立。

(二) 法国高等教育外部质量评估模式的发展阶段:20 世纪 90 年代至 2006 年

20 世纪 90 年代,欧洲高等教育走向一体化进程,高等教育国际化与质量保障成为欧洲高等教育发展中的两大重点。在这种趋势下,法国时任高等教育改革委员会主席的雅克·阿达里(Jacques Attall)于 1998 年春发布了报告《建立欧洲高等教育模式》(简称《阿达里报告》)。该报告提出建立与欧洲接轨的高等教育体系,通过高等教育国际化的路径根除法国高等教育体制的弊端。该报告成为引领 21 世纪法国高等教育与研究发展的重要指南。

在此国际背景下,法国高等教育外部质量评估模式有了深入的发展,这体现在三个方面:第一,大学机构评估与大学合同制程序保持同步,在适应 4 年合同程序的日程内进行机构评估,这改变了 1998 年以前 CNE 的评估程序与合同制日程不一致的情况;第二,评估后持续跟进,考察大学教学与科研改进后的成果;第三,CNE 提出应该进行实地评估,以获得"整体印象",同时撰写并公布评估报告。这些新进展对改进合同制、改善评估效果具有重要意义。此外,在这一阶段,外部质量评估建立了新的标准——《高等教育机构质量保障指南》,该标准从教学、科研与管理三个方面建立了 10 大参考体系、302 条标准。该标准的制定和公布标志着法国高等教育外部质量评估模式的一大飞跃。

(三) 法国高等教育质量保证体系的完善阶段:2007 年至今

全球化的发展和博洛尼亚进程的演进要求法国建立公正、透明和易于比较的高等教育外部质量评估机制。这一时期，法国政府在高等教育与科研项目中投入了大量经费，扩大了法国大学的自主权，也需要相应的评估来调控与制衡。2006年11月，法国发布了第1334号法令，创建了法国高等教育与研究评估署（AERES）。AERES于2007年3月正式运行。该机构整合了法国原有的国家高等学校评估委员会、全国科学研究评估委员会等评估机构及其各项职能，负责评估法国的高等教育和研究机构、研究型组织、研究单位、高等教育专业和学位的质量，并协助各机构、组织进行内部评估，还参与评估外国的或国际的研究组织和高等教育机构。AERES的成立推动法国高等教育质量保障走向了一个新阶段。

二、法国高等教育外部质量评估模式的演变趋势

经过20余年的探索，法国高等教育外部评估模式在评估主体、评估人员、评估标准、评估内容上进行了变革与调整，呈现出不断发展的趋势（见表1）。

表1　法国高等教育外部评估模式的演变趋势一览

	确立阶段	发展阶段	完善阶段	趋势
标志	1984年《高等教育法》创建国家评估委员会（CNE）。《高等教育法》为法国高等教育外部质量评估模式的确立提供了法律基础和制度框架	改革合同制，建立新的评估标准与程序	2006年《法国科研规划法》创建高等教育与研究评估署同制，建立新的评估标准与程序	持续立法先行
评估主体	以国家评估委员会为主，国家工程师职称委员会、学位授予委员会等多方评估机构为辅	同前	统一为高等教育与研究评估署	主体单一化

续表

	确立阶段	发展阶段	完善阶段	趋势
评估人员	国家评估委员会由17名学术人员和24名行政人员组成。其中3名学术人员来自国外	同前	高等教育与研究评估署人员分为4个不同群体,分别是理事会成员、三大评估处的科研代表、专家和行政人员,其中理事会含9名国际成员	国际化,分工精细化
评估标准	1987年,国家评估委员会与大学校长委员会共同确定了评估范围,并将其分为12个定量和定性标准	《高等教育机构质量保障指南》	《欧洲高等教育区质量保障标准与指南》	与国际接轨
运行模式	国家评估委员会开展机构评估和学科教学评估,其他机构负责科研评估等	同前	高等教育与研究评估署统一开展机构评估、研究单位评估、教学与学位评估及综合性评估	分化与整合

(一) 外部质量评估坚持立法先行

纵观法国高等教育的发展历史,每一次重大变革都是通过立法揭开序幕,并按照法律规定的方向行进,外部质量评估也不例外。从1984年《高等教育法》规定成立国家评估委员会,到2006年第1334号法令提出创建高等教育与研究评估署,外部质量评估模式的变革都以法案的颁布为标志,评估机构的性质、职能与使命也有严格的法律依据,这使评估工作有法可依。立法先行,对于中央集权的法国高等教育管理体制来说有着特别的意义。只有依据法律,才能使得大学在法律规定的范围内自主办学,减少政府不必要的行政干预,保持评估工作的中立和公正,提高评估质量。

（二）评估主体由多主体转为单一主体

法国在建立高等教育外部质量评估模式初期，具有多个外部评估主体，除了最主要的国家评估委员会之外，还有负责工程研究类评估国家工程师职称委员会，在教育部高等教育理事会范围内审定研究生课程、授予相应学位的学位授予委员会等。这些机构往往承担科研或教学等单方面的评估工作，针对的评估对象、评估目的、评估内容各不相同，并各有侧重。这种多方评估的模式虽然在某种程度上使得单方面的评估更加专业化，但也使被评估机构接受多次评估，造成人力和资源的浪费，并难以统一评估结果。随着评估模式的不断演进，这种状况得到转变。高等教育与研究评估署的成立整合了法国原有的多个评估机构及其各项职能，简化了法国庞杂的评估机构设置和重复烦琐的评估程序，优化了评估机构，扩大了评估领域，标志着法国高等教育质量评估的重大改革。

（三）评估人员国际化、分工精细化

自法国高等教育外部评估模式确立以来，其成员构成就呈现国际化和多元化，而在AERES成立之后，这种特征更加明显，同时机构内人员的分工更加明确和精细。早期，CNE由17名委员和24名行政人员组成。其中，11名委员代表学术和研究团体，分别由大学国家理事会、中小学校长和企业家联盟、高校校长和教师联盟、经济和社会理事会、国会、国家审计办公室等组织提名，另外6人来自政府机关。这些委员中有3名来自外国。AERES成立后，拥有4个分工群体，分别是理事会成员、各评估处的科研代表、专家和行政人员。其中，理事会的25名成员中，外籍专家为9人，是CNE外籍人员的3倍。人员的国际化有利于使评估更加科学、中立、客观。另外，AERES的4个群体各司其职，理事会负责制定评估框架、评估目标、评估标准和工作安排；科研代表通常是研究员或教授，负责科研组织评估的前期准备、实地考察、参加评估报告编写委员会、组织评分会、起草综合评估总结以及改进评估方法等工作；AERES在每次大型评估中临时招聘来自不同地域、不同文化背景和学术背景的专家，对评估工作进行指导；另外，AERES每年还招聘70名行政人员协助评估工作。分工的精细化使评估工作更加专业、细致、高效。

（四）评估标准走向国际化

评估标准是评估工作展开的基础。1987年，CNE与大学校长委员会共同确定了评估范围，并将其分为12个定量和定性标准。1993年后，CNE与大学校长委员会试图减少操作性指标的数量，以鼓励大学根据可靠的信息和教学、科研以及管理领域内的关键性数字创建自己的程序。随着博洛尼亚进程的启动，法国开始考虑将评估标准与欧洲接轨。2003年，CNE与大学校长委员会合作制定了《高等教育机构质量保障指南》，该指南在很多指标上采纳了国际标准。2007年AERES成立后，以《欧洲高等教育区质量保障标准与指南》为评估标准。这种评估标准国际化的趋势体现了法国积极参与欧洲高等教育一体化的意愿，通过采纳国际标准，使法国大学能够参与欧洲大学排名，进一步扩大法国高等教育的影响力和知名度。

（五）评估运行模式呈现分化与整合

在法国高等教育外部评估模式确立初期，CNE主要负责机构评估，其他小型评估机构（如全国科学研究评估委员会）负责评估教学或科研。进入21世纪以来，高等教育的人才培养、科技研发、知识生产的职能愈来愈受到法国政府重视，外部评估也需要更加全面和整体化。因此AERES成立后，下设三个评估处：机构评估处、研究单位评估处和教学与学位评估处，三者分别就高等教育与研究机构的行政管理等整体情况、科研情况以及教学与学位进行评估。每个评估处权责明确，评估目的、评估方法各不相同。根据评估类型及其使命不同，各个评估处的评估程序亦有不同。每个部门相对独立地开展其工作范畴内的评估，但也会互相配合，开展综合性评估。

具体而言，机构评估处负责评估高校、研究型组织、科研合作基地以及法国国家研究局。对高等教育机构来说，评估重点放在机构的组织和监管措施、研究成果开发、学生生活、学校公共关系等战略层面上；对于研究型组织来说，评估则涵盖了组织的所有科研活动，尤其是研究成果开发和转让问题。研究单位评估处负责评估高等教育机构和研究型组织下设的研究单位，接受法国高等教育与研究部和其他部门（农业部、工业部等）

的监督。教学与学位评估处则是在建设欧洲高等教育和研究区域的背景下，负责评估法国高等教育的教学质量和学士、硕士、博士三级学位的颁发。评估范围涉及所有公立和私立高等教育机构所开设的本科、研究生专业。评估主要从知识获取和技能培养的角度，分析该专业与科学和职业的相关性，从资源利用的角度，评估博士生就业和终身学习的情况。自2007年11月，AERES从政策层面上加强了三个评估处的交流与合作，从而更好地实现了评估使命。综合性评估在2009—2010年度首先在波尔多—波城（Bordeaux - Pau）地区试点展开。

AERES通常按照同一批签署合同的学校和学区的顺序，在一定的期限内同时进行三方面的评估，整合这三部分的评估结论，最后递交一份机构的整体报告，在网站上公开发表。这种评估内容的分化与整合不仅有利于提高评估效益，而且有利于各个高等教育机构之间的排名与对比，促进了各个机构之间的竞争与合作，为当前法国进行的高等教育及研究自主与责任改革以及高等教育和研究集群建设提供了现实性框架。

三、结语

法国高等教育外部质量评估经过20余年的发展与改革，逐步完善，目前形成了较适合法国高等教育体制的一套评估模式，在演进过程中也呈现出具有参考价值的发展趋势。法国高等教育外部质量评估整体呈现出国际化的趋势，这体现在评估人员组成和评估标准上。这种与国际接轨的做法是欧洲高等教育一体化的要求，也是法国试图消除本国高等教育体制弊端的探索。从评估内容看，法国越来越重视高等教育的科技研发与知识创造的功能。这体现在与早期的CNE相比，AERES尤其注重评估机构的科研及其成果开发利用情况，并且更加注重被评机构的对比与交流。从评估的运行模式看，高等教育与研究评估署各个评估部门分工明确、各司其职，同时又相互配合、和谐统一，做到对被评机构进行整体性评估，从而提出科学、合理的质量提升建议。另外，法国质量评估一向立法先行，使评估工作具有法律依据和保障，促进高等教育朝着自治与卓越迈进。这些对我国构建高等教育外部质量评估模式都具有参考意义。

论当前我国教师教育存在的十大问题及其解决途径

朱旭东[①]

教师教育是国家能力建设的一部分,教师教育能力的高低将决定教师质量的高低,从而直接影响到教育质量的高低,甚至可以说,教师教育是一切教育之源,教师教育决定国家未来,教师教育是国家的希望,教师教育是教育公平的基石。因此,建立一个高质量、公平、开放、灵活的教师教育体系,建构中国特色、多样化的教师教育模式,制定教师教育体系和模式运转的教师教育保障制度和建立有效的教师教育机制是教师教育改革的重要选择。当然我们在讨论如何建立一个高质量、公平、开放和灵活的教师教育体系之前需要揭示当前我国教师教育存在的问题,因此我们需要提出的研究问题是,在当前教师教育领域存在哪些问题?解决这些问题的途径有哪些?本文将利用相关文献资料对这些问题进行回答。

一、教师资格制度与开放的教师教育体系脱节

教师资格制度的建立在我国很大程度上是因为开放的教师教育体系的建立,为那些没有受过师范教育专业训练的优秀人才从教提供制度条件,当然从客观上说,教师资格制度是教师培养的最重要的制度性条件,无论什么院校,教师培养首先要满足教师资格制度中对教师专业所做出的基本规定(requirements)。这些基本规定包括学历水平、修读课程、实践(见

[①] 作者简介:朱旭东,教育部普通高校人文社会科学重点研究基地北京师范大学教师教育研究中心教授。

习、实习等）经验、参加国家统一教师资格考试等。在国家没有规定教师资格证书制度之前，大学培养的教师只要获得学术文凭就可以被中小学录用，但教师资格证书制度建立起来后，大学培养的学生就必须获得教师资格证书方可被录用，问题是，教师资格证书制度具有一系列的条件，首先规定了学术文凭的级别，其次需要有实践经历，最重要的是，要参加考试，于是教师培养必须要满足教师资格证书制度，甚至可以说，教师资格证书制度成为教师培养的先决条件，对于教师培养机构来说，通过教师资格考试的比率就显得特别重要了，为此，大学在设置课程、设计实践环节方面都以教师资格证书制度为依据，显然教师培养被政府质量控制化了。

我国教师资格制度建立的时间与发达国家相比晚了将近两个世纪，但至少已经拥有了资格制度，尽管目前教师资格制度还存在着一些问题，其中一个重要问题是与教师培养存在着脱节问题，换句话说，教师培养并没有以教师资格制度为依据，它们之间是脱节的，具体表现在：①没有为开放性教师培养体系准备好资格制度。教师资格制度的功能在于保障教师质量，使开放教师教育体系能够有效运行，同时教师资格制度存在的一个重要理由在于吸引优秀学生和社会人才从教，而这些优秀学生和人才没有得到师范专业的训练，因此需要通过资格考试，以及进行相关的能力测试合格后才能获得资格证书，但事实上，一个合格的教师必须接受较长时间的教育教学能力的培养，而教师培养体系却没有为这些人才的教育教学能力培养提供制度性保障，比如资格制度规定凡非师范类学生必须到教师教育机构进行为期一定时间的教育教学能力的实践训练，并且要修习专业课程获得学分，而不是自己看书参加考试这种简单规定。②教师培养机构在教师教育专业课程设计和设置的时候并没有以教师资格制度为依据。从关系上说，教师培养的专业课程设置和实施必须以教师资格规定为依据，但现实是，只要能够通过教师资格考试就可以获得证书，于是课程的设计和实施仅满足于学生的考试需要，而不是关注学生的能力形成。当然教师培养机构在受到教师资格的制度性条件制约下并不是没有自主性，因为教师培养机构（尤其是大学）作为高等教育一个部分具有自主办学的特点，为此需要建立制度性和自主性之间的关系。教师培养机构既要有设置和实施教师培养课程的自主性，但同时还需要依据教师资格制度所规定的要求从而使教师培养与教师资格制度建立紧密联系。这里需要说明的是，在所有的高等教育人才培养中，作为专业人才的教师培养严重依赖于政府的教师资格制度所规定的要求，这充分体现了教师作为承担教育责任的社会性和国家性，换句话说，教师培养具有强烈的国家属性和政府管理限制。

为了解决教师资格制度与教师培养的脱节问题，在教师资格制度的条件中必须有"凡要获得教师资格证书的必须在资质认定的教师教育机构接受一定时间的教师教育课程修习和实践基地的教育教学能力训练并达到合格水平"，于是需要进行制度性安排，即教师培养机构的资质认定和实习基地的资质认定的制度。为了从整体到局部获得教师质量的保障，既要对教师培养的高等教育机构进行教学水平的评估，又要对教师培养的专业学院进行质量评估，更重要的是规定实践环节，甚至延长实践时间。①

二、教师教育体系内部机构的不公平

教师资格制度与教师培养之间的关系是一个制度设计的问题，尽管它是一个宏观政策问题，但它也取决于教师教育体系的公平性问题。教师教育体系是由教师教育机构组成的一个系统，它应当具有专业性、开放性、灵活性、公平性和质量性。所谓专业性是指教师教育是一种专业教育，它应当由专业机构来承担；开放性是指进入教师专业的渠道具有多样性，在国家统一教师资格考试的前提下，不同机构都可以承担考试前的课程修习任务；灵活性是指教师教育机构在培养教师中课程设置、教学模式、实践条件等方面所表现出来的自主性；公平性是指培养教师的院校的基准起点平等性；质量性是指在基准起点平等性的条件下保障教师培养的学历、学位等的同质性。当前我国的教师教育体系在内部机构上从诸多性质来看存在着不公平性问题。我们首先来看当前我国教师教育体系的机构类型。

---

① 值得关注的是，美国 MSU 的教师教育项目（program）是一种五年制度的本科项目，简称为"4+1"项目，第五年完全在中小学实习，学生并没有因为延长了学习时间而认为不合算，相反因为既有四年的学术、专业训练，又有一年的完全实践经验，因此非常受全美中小学欢迎，从而使 MSU 的教师教育专业排名在美国连续 17 年保持全国第一，这是一个现象，很值得研究。

表1 当前我国教师教育体系的机构类型

师范	普通教育	师范大学
		师范学院
		师范高等专科学校
		幼儿师范高等专科学校
		中等师范学校
		幼儿师范学校
	成人教育	教育学院
		教师进修学校
非师范	普通教育	综合大学
		综合学院
		高等专科学校
		独立学院
	职业教育	高等职业学校
		普通中专和技工学校
		职业高中
	成人教育	广播电视大学
		成人中等专业学校
		管理干部学院
分校	高等教育	综合学院
		师范学院
		高等师范专科学校
		高等专科学校
		高等职业学校
	中等教育	中等师范教育
		幼儿师范教育
		中职教育

从表1可以看出，当前我国教师教育体系存在着不同的机构类别，它是根据学校所培养人才的服务对象和科学研究对象进行分类的。这些学校

类别又存在着级别，十多年来国家对承担发展知识创新和人才培养等责任的高等院校的资源投入是不同的，它通过把高等院校分为以实施"985工程"为标志的国家一流大学，实施"211工程"为标志的国家重点大学，省属重点大学和地方院校，构成了一个由博士、硕士、本科、专科、中专不同学历层次构成的体系，这个体系同时决定了教师培养的不同层次，我们认为，这个体系天生就是不公平的，因此可以作出一个整体判断，教师教育体系是一个不公平的体系，因为这个体系的机构之间体现了教师培养的招生起点的不公平性、教师培养的环节和过程的不公平性以及教师培养的结果的不公平性，从而延伸到中小幼学校的教师质量的不公平性，决定了在学校之间的教师资源配置的不公平性。

教师教育是开展对教师进行职前培养、教师入职和专业发展培训的教育，履行这种教育的体系是教师教育体系，它又受到多种教师教育制度的制约，如教师教育学位制度、教师教育的资格证书制度、教师教育质量评估制度、教师教育的管理制度等，这些制度中，与教师质量相关的重要制度就是教师教育学位制度，也就是学生接受教师教育专业（在英语世界称为"项目"（program））后获得的学位，包括本科、硕士、博士，在学生没有入职和专业发展阶段衡量其水平的标志就是"学位"了，但我们具有悠久的师范教育历史，这种历史形成的师范教育体系是明显地体现出学位由低到高的金字塔型结构，这种结构直接造成的结果就是师范教育体系的不公平性，因为幼儿教育和小学教育的学位要求是最低的，这就表明了教师资格制度的不公平性决定了教师教育体系的不公平性，这种不公平性的一个思想根源在于人们头脑中存在着一种观念，即学科知识的多少和水平高低是衡量教师质量的唯一标准，这种观念导致的结果是培养中学教师一定是大学，而培养幼儿园教师和小学教师只是中师或幼儿师范学校，这种观念完全缺失了教育专业性的重要性，从而也表明了我国教育整体上对专业性缺乏基本的认识，因此为了能够使教师专业性得到重视，尤其在幼儿教育和小学教育，必须调整小学教师和幼儿教师培养体系，确立我国教师教育体系的基本公平，也就是教师质量的起点公平，这个起点应该是所有教师都获得大学本科毕业文凭，接受专业的教师培养。为此需要修改教师法，把教师的学历水平提高到学士学位。同时需要重建教师教育体系。

最近教育部表示，幼儿园（含学前班）要遵循幼儿的年龄特点和身心发展规律，科学制定保教工作计划，合理安排和组织幼儿一日生活。要以游戏为基本活动，灵活运用集体、小组和个别活动等多种形式，促进幼儿身心全面和谐发展。严禁幼儿园提前教授小学教育内容。幼儿园不得以举办兴趣班、特长班和实验班为名进行各种提前学习和强化训练活动，不得给幼儿布置家庭作业。幼儿园不得要求家长统一购买各种幼儿教材、读物和教辅材料。教育部的这种认识是对的，关键的问题是幼儿园教师为什么要这么做？如何做到遵循幼儿的年龄特点和身心发展规律？如何制定科学保教工作计划？如何合理安排和组织幼儿一日生活？如何要以游戏为基本活动，灵活运用集体、小组和个别活动等多种形式？其真正的原因在于这些问题都涉及幼儿教育的专业性，这种专业性没有接受过专业教育是无法认识和在幼儿教育实践中体现的，如何没有接受过教育，那么把小学教育内容教给幼儿，就教师而言相对简单，因为只要有点知识就可以教，因为有教材，因为有参考书、有教辅材料，可是遵循幼儿的年龄特点和身心发展规律的办法没有教，没有权威机构制定的科学保教工作计划，合理安排和组织幼儿一日生活活动没有参考书，所有这些专业工作都需要幼儿教师自己去摸索，没有接受过专业教育，幼儿教育专业性又很强，不用小学教材、教辅还能用什么？为此，为了国家的前途，为了国家的未来，为了国家发展，要不惜一切力量保障幼儿教师教育体系的公平性，使所有的幼儿园教师得到严格的专业教育。

为了解决教师教育体系的不公平性问题，必须重建教师教育体系，首先要建立大学化教师教育体系，通过分阶段、分步骤、分批、分类地把教师培养机构重建成为一个本科基准的教师教育体系，这是国家能力水平的标志之一，在所有国家专业人才培养体系中，教师培养体系达到本科水平是一个国家强大的标志。发达国家早在20世纪中期就开始陆续地实现本科化教师培养目标，而今天一些国家已经走在硕士层次的教师培养道路上，相比较而言，这个不公平的教师教育体系相对于发达国家已经落后了将近半个世纪，与传统的师范教育体系相比在质量上是下降了，而不是提升了，没有一个发达国家会让职业院校来培养教师的，而且专业性很强的学前教育的教师竟然会由中职来培养，这是在教师培养专业性上的严重倒退。

三、教师教育机构①组织分散、效率低下

教师教育体系存在不公平问题，在一定意义上体现在体系内教师教育机构的不确定性，这种不确定性表现在由什么机构和组织来培养教师的边界模糊了，这可能与我国当前教师教育机构的不确定性有关，也就是说，很难说清楚谁是主要的教师培养机构。就教师教育体系内部机构来看，我国的教师教育机构的分散性已经到了世界上任何一个国家绝无仅有的地步。教师培养机构在历史上确实存着不同的类型，这些类型有师范类院校、综合院校、教育大学等，至今在世界上还存着不同类型的院校，当然我们需要辨别清楚的是，这些院校是如何组织教师培养的，就师范院校而言，应该是专一培养教师的，它不应该涉及其他领域的人才培养，体现出专注性，否则就不是师范院校；综合院校培养教师是由教育学院（SCD）②等来承担的，与所有其他的专业学院一样开展专业教育，它在综合大学中体现出唯一性，也就是一所大学除了教育学院以外再也没有任务一个机构培养教师；当然还有一些国家举办教育大学，主要或者唯一任务就是培养教师。

关键的问题是，我们国家在教师教育机构上既有师范院校，又有综合院校，同时师范院校又表现出综合化的强烈特征，它已经失去了早期师范院校的性质，③严重的问题还在于，在同一个师范院校内与教师培养有关的组织机构不止一个，体现出教师教育机构的分散性特征。一所师范大学

---

① 与单一封闭时代的教师教育机构理解不同的是，今天教师教育机构已经不能以师范大学、师范学院等来指称了，因为教师培养体系及其机构从原来的平面金字塔型向立体的金字塔型转变，除了机构名称仍然还有师范的机构外，综合大学和学院、多科性大学和学院以及单科性大学和学院也承担教师培养任务，甚至高职和中职院校也培养小学和幼儿园教师，为此我们用"高等院校名称"来指称教师教育机构已经变得很复杂了，需要指出的是，即便是师范院校，由于其本身性质在实质上走向综合化，"师范"院校名称概念已经无法涵盖办学性质和规模，因此我们需要用院校内部的学术治理机构来构建新型教师教育机构及其体系。

② SCD 主要在美国存在的类型，即 school、college and department of education。

③ 某一所"师范学院"在中国教育报上刊登广告要招聘"医学院院长"，这里要提出的问题是，这哪里是"师范学院"呢？从学校名称上来说怎么也无法想象，"师范学院"为何会招聘"医学院院长"，这是当前我国高等院校名称混乱的现象之一，学院套学院，它不是院校机构名称的合理逻辑，这在世界教育史上也是绝无仅有的现象。可见，我国高等学校办学的非专业性已经到了令人啼笑皆非的地步。

可以同时存在教育科学学院或教育学院、初等教育学院、学前教育学院，彼此在师范大学内是独立设置的机构，同时中学教师培养还分散在各文理学院，机构的分散性在全国大多数大学都存在。

或许我们可以用一个借口，即当前中国处于社会转型期，一切都在变革之中，于是大学中有关教育学科的机构的多样性就没有办法解释，没有哪一个国家会像中国这样在同一所大学内会有如此多的教育学科的机构，我们可以考察世界上所有那些有教育学院的大学，无一例外地只有一个教育学院，而不会重复设置，所不同的是，教育学院在办学规模上大小不同而异。"教育科学学院"让国外同行简直没有办法理解，它为什么存在？如果它不培养教师，那么它有存在的必要吗？更何况"教育科学"已经被学科内外多有质疑。有一点是不可否认的，大学里的教育学科机构不为培养教师服务无论如何是说不过去的，尽管服务教育的对象可以有很多，正如美国的大学教育学院普遍建立"教育领导和政策系"，可以为教育政策服务，但主体部分，规模最大的系在于教师教育系或培养教师的课程或教学系，关键的问题在于所有的教师培养，即使是中等教育专业的教师培养的专业部分无一例外地都在教育学院承担，因此这里涉及专业工作由谁来负责的问题，可以肯定地说，教师培养的专业教育一定是由教育学院来承担的。

教师教育机构分散还表现在因为专业设置的不连贯而导致教师教育者重复聘任，资源浪费，甚至竞争资源。

解决教师教育机构组织分散的问题的路径显然只有一条，那就是成立一个专业学院，当然可以是教育学院（部），也可以是教师教育学院，这里涉及一所大学，哪怕是师范大学的合理的学术治理结构的问题。到底什么才是合理的教师教育学术治理结构呢？我们以 MSU 为例，在教育学院（college of education）有四个系，其中有一个系是"教师教育系"（department of teacher education），在这个系有三个学位项目，即本科、硕士和博士项目，在本科学位项目上有两个培养教师的专业，一个是小学教育，另一个是中学教育，硕士和博士学位项目主要是学术研究项目，因此从这个例子中我们可以梳理出"大学—学院—系—项目—专业"（university – college – department – program – major）的治理逻辑，这给我们重构我国大学学术治理结构提供了参考。

由此可见，要解决教师教育体系的不公平问题，首先要解决教师教育机构的归属和性质问题，解决教师教育机构的重建问题。这里需要指出的一点是，师范大学在综合化道路上已经不可逆转，既然如此，就教师教育而言，我们需要考虑的是综合性的师范大学内如何重建教师教育机构的问题，而不是如何办好师范大学的问题，尽管师范大学整体办学水平也必然会影响教师教育的质量。一个可以讨论的重建方向是，在本科基准水平条件下建构一个以专业本科、专业硕士和专业博士的教师教育学位制度和层级化的机构体系也许是一种教师教育体系重建的选择，它应该超越以院校为机构构成的体系，而以专业学院为机构构成的教师教育体系。

四、"师范专业"的名称名目繁多

与教师教育体系不公平问题相联系的是构成体系的师范院校的"师范专业"名称名目繁多（见下表），也存在诸多问题。这些问题主要表现在：①师范专业和非师范专业名不副实，只是师范院校招生类别，没有实质上的专业区别，在培养中只是学科课程与专业课程的简单相加；②专业名称的逻辑不一致，与教育体系保持一致的教师教育专业应该是幼儿教育或学前教育、小学教育和中学教育，因此在教师教育专业设置上应该是幼儿教师教育专业、小学教师教育专业和中学教师教育专业，然而当前我国在专业设置上只有前两者，而没有中学教育，因此在逻辑上存在矛盾；③学科教育的专业和专业教育的专业概念不分，导致在理解教师培养的时候把专业误以为学科专业，而不是专业教育的专业，教师专业是教学，因此在学理上，教学等于专业，而不是学科等于专业，英文中具有明显的区别，学科是 major 或 minor，而专业是 program，如 teacher education program，尽管中学教师培养需要修习一个或多个 major 或 minor。

我国有关师范专业在历史上几经变化，从学科教育专业到师范类专业，再到大类招生，又到师范类专业，师范类专业仍然以学科教育为主要依据，同时幼儿教育专业、小学教育专业同时属于师范类专业，在概念上重复，而到了中学教师培养，却没有中学教育专业，只是以学科教育为专业类别，而学科教育只表明学生学习的某门学科，而不是完整的中等教育，总之，当前我国教师教育专业制度在名称上五花八门，在逻辑上没有连贯性，因而导致师范大学在转型过程中建立现代大学制度的步伐停滞不前。因此这里提出一个必须要解决的"师范专业"概念如何重建问题？

我国师范大学素来有"师范专业"和"非师范专业"之分，但何谓"师范专业"和"非师范专业"？这要从"专业"这个概念来开始讨论，什么是"专业"？在我国大学中，"专业"这个概念是从苏联俄语翻译过来的，相当于英语中的"Major"，它是指文理学科，如数学、物理、化学、文学、历史、地理……由于在中小学，学生学习秩序是以"科目"来划分的功课表为依据的，这些科目成为教师培养机构培养教师的前提条件，于是专业和科目等同起来，从大学的学科制度来看，专业和学科是一体的，也就是，大学生修的专业是某个学科，即 discipline，从这个意义来说，"师范专业"这个概念是有问题的，学科只不过是教师教会学生学习的一个基础，尽管必不可少，但它不是"师范"，"师范"应该是学会教学，它是教学生学习，而不是教学科，或者狭义地说，教师教会学生学习学科，看来"教会学生学习"才是最重要的，因此在师范大学里，既要使师范生拥有学科知识，又要掌握如何教中小学生学习的能力，为此需要重构"师范专业"这个概念。

表2 2009年面向基础教育师范专业

层次	专业名称	不同层次学校中相同专业
本科（33个）	教育学类 教育学 教育技术学 人文教育 言语听觉科学 民族传统体育 汉语言文学 汉语言 中国少数民族 语言文学 英语 俄语 日语 朝鲜语 泰语 音乐学 美术学 历史学 数学与应用数学 物理学 化学 生物科学 地理科学 心理学 计算机科学与技术	思想政治教育 学前教育 初等教育 小学教育 艺术教育 特殊教育 科学教育 体育教育 应用心理学

续表

层次	专业名称	不同层次学校中相同专业
高职高专（25个）	心理咨询 汉语 教育类 语文教育 数学教育 英语教育 物理教育 化学教育 生物教育 历史教育 地理教育 音乐教育 美术教育 初等教育 现代教育技术 儿童康复 人群康复 综合文科教育 综合理科教育 计算机教育 中国少数民族语言文化 书法教育 俄语教育 舞蹈教育 实验管理与教学	思想政治教育 学前教育 初等教育 艺术教育 特殊教育 科学教育 体育教育 应用心理学
中专（2）	师范 幼儿教育	学前教育 小学教育 特殊教育

重构师范教育这个概念主要是重建教师教育专业制度，它已经成为当前我国教师教育制度建设的一项紧迫任务。关键是如何重建？我们认为，专业制度分为两个维度：一维是专业设置，把教师教育专业分为初等教师教育专业（或初等教育专业）、中等教师教育专业（或中等教育专业）、学前教师教育专业（或学前教育专业）、特殊教师教育专业（或特殊教育专业）；另一维是学位，学位可以分为两个体系，一是学术学位，二是专业学位，这样可以建立起本科、硕士、博士的专业学位，而学术学位主要是硕士学位和博士学位。因此，从国家层面需要重新建立教师教育专业制度，使大学能够全面服务于基础教育，否则现在有些师范大学，尤其是高水平的师范大学因为没有初等教育专业从而无法使初等教育机构，如小学能够得到高水平大学的专业化服务。从这个角度来说，文章开头讨论的，重建教师教育专业是我国教师教育体系重建的一项紧迫任务。

五、教师教育机构没有资质认定和质量评估标准

如果以院校内部的学术治理机构来构建新型的教师教育机构，那么建立教师教育机构的资质认定和质量评估标准就会有具体对象了。我们的观点是，在相同基准上建立教师教育专业学院是解决当前我国教师教育机构分散问题的路径，这也是教师教育机构资质认定和质量评估标准制定的前

提条件。对于我国教师教育来说，一方面教师教育机构存在分散等问题，另一方面尚无针对教师教育机构的资质认定和质量评估标准。

教师教育机构资质认定和质量评估标准是整个教师质量保障体系的一个部分。一般来说，教师质量保障体系需要有教师资格证书或执照证书条件（requirements）、教师专业标准（standards）、教学标准、教师教育机构资质认定标准、教师教育专业（program）质量评估标准等。教师资格证书条件是最早的教师质量保障制度，并且一直起着"守门人"（gatekeeping）的作用，现代国家都设定了教师资格证书条件，是政府管理教师的第一项制度，而其他的标准从世界范围来看是20世纪50年代以后的事，通常制定这些标准需要若干因素，这些因素包括：①教师质量保障的需要；②教师培养机构多样化对于教师质量保障带来的不利影响；[①] ③教师教育大学化趋势；④教师教育在综合大学中的地位保持；⑤多种质量评估并存的局面，如大学的全国性、区域性的资格认定、专业评估的确立等；⑥教师（教学）专业化标准对教师教育标准化提出的需求等。所有这些因素中，制定教师教育机构资质认定和质量评估标准的因素应该是教师教育大学化带来的专业学院的建设及其综合大学中的地位保持，因而我们可以得出这样一个结论，只有在教师教育机构出现同类化的前提下才使机构认定和质量评估成为可能。我们可以从国际比较中来证明这个结论的有效性。

表3 美国、英国、澳大利亚三国的教师教育大学化和教师教育标准化比较[②]

年份	美国	英国	澳大利亚
1950	大学创办SCD[③] 师范学院大学化加快		

[①] 美国全美国教师教育认可委员会（NCATE）成立的时候，教师教育机构同时存在着师范学校、州立教师学院、州立综合学院或大学、文理学院、综合大学教育系或教育学院以及综合大学教育研究生院等。（周钧. 美国教师教育认可标准的变革与发展 [M]. 北京：北京师范大学出版社，2009：25 – 29.）

[②] 周钧. 美国教师教育认可标准的变革与发展 [M]. 北京：北京师范大学出版社，2009. 洪明. 美国教师质量保障体系历史演进研究 [M]. 北京：北京师范大学出版社，2010. 汪霞，钱小龙. 英国教师教育课程标准的改革 [J]. 比较教育研究，2011（11）：21 – 26. 袁丽. 澳大利亚职前教师教育及其项目实践发展研究 [D]. 北京师范大学博士学位论文，2012.

[③] SCD是指英文的school、college and department of education。美国大学创办SCD的历史可以追溯到19世纪30年代。1932年纽约大学率先开设了大学的教育讲座。

续表

年份	美国	英国	澳大利亚
1952	全美教师教育认可委员会（NCATE）成立		
1977		独立教育学院等并入大学完成教师教育大学化	
1984		教师教育认证委员会（CATE）成立	
1987	全美专业教学标准委员会（NBPTS）成立		
1988			57所高等教育学院与19所大学合并完成了教师教育大学化
1991	新教师评估与支持州际委员会（INTASC）成立	注：欧洲教师教育联合会在以"大学在教师教育与培训中发挥的基础作用"为题的会议上提出教师教育大学化概念	
1992			澳大利亚教学委员会（ATC）成立，颁布"初任教师能力标准"
1994	美国教学与未来全国委员会（NCTAF）成立	教师培训局（TTA）成立，下辖教育标准局（Ofsted）	
1996	"国家初任教师教学能力标准：国家教学与学习质量计划"颁布		

续表

年份	美国	英国	澳大利亚
1997	教师教育认证委员会（TEAC）成立		
1998	《教学：高地位、高标准——教师职前培养课程要求》颁布	"职前教师教育课程国家认证系统报告"（NSGITE）	
2001	美国教师优异证书委员会（ABCTE）成立		
2002		《胜任教学：合格教师专业标准与职前教师培养要求》颁布	
2003		颁布"国家教学专业标准"（PSFT）	

第五章
高教政策与管理改革

引　言

高教管理体制改革，是我国高等教育改革的破冰之旅。经历了30年的渐进改革后，国家关于高等教育管理体制改革的政策，已经从初期的条块整合与简政放权，发展到了今天的深化"高校内部管理体制改革"的新阶段。高校内部管理体制改革的全面启动，始于1993年2月原国家教委发布了《关于普通高等学校内部管理体制改革的意见》。其后高校内部管理改革，由后勤管理改革、教师工作制度和人事制度改革等一个个专项改革，发展到今天对高校内外关系进行全面审视和建构现代大学制度的改革进程，2012年1月1日起实施的《高等学校章程制定暂行办法》，推动高校内部管理改革进入了系统制度建设阶段。

高教管理制度在很大的程度上决定着我国高等教育是否能够更快和更好地发展。然而，就高教管理的体制和机制改革，还有很多问题值得探讨。本章选择了13篇探讨高校改革的研究论文，这些文章对美国高校管理经验和国内高教管理改革相关问题进行了认真的分析，提出了自己的见解。本章收入的论文主要围绕三个主题：国外高等教育管理经验介绍、我国高教管理改革研究和对我国民办高等教育管理的探索。

主题一：国外高等教育管理经验介绍。"论共同治理——加州大学（伯克利）创建一流大学之路"，以案例分析的方式，对伯克利大学教师通过"学术评议会"制度参与学校的管理工作的历史和成就做出了解析。研究得出的结论是，学校共同治理制度不仅形成了该大学独特的学校管理传统，也是将该校提升为世界一流高校的制度基础。"对世界一流大学校长"的遴选机制、治理组织架构和权力制衡机制三篇系列研究论文，对世界一流大学校长的聘任机制、遴选标准、大学校长权力在不同治理组织结构中的作用特点以及不同国家校长权力制衡机制的模式进行了细致的概括分析，并结合研究发现，对我国建设一流大学如何遴选校长、建构校长在高校管理中的权威和校长权力制衡等问题，提出了富有启发的建设性意见。"加州高等教育总体规划50年回顾与展望"，对20世纪60年代以来美国加州高等教育系统的建设与分类管理利弊进行了梳理，并对总体规划下形成的三级系统的利弊、不同类型院校之间的利益冲突做出了深入的分析。

此外，"智库如何才能对高等教育实践产生影响——以卡内基教学促进基金会为例"一文，从个案分析的角度，总结了智库对高等教育实践影响的路径和机制。卡内基基金会对美国高等教育实践影响的路径主要有三个：通过利用大众媒介宣传其研究发现，影响大众的民意倾向实现社会压力；通过将自己的研究报告送达高校管理者，来影响教育精英；通过研究报告影响立法者的判断，从而使自己的高教主张成为国家政策。走高层路线影响决策者，是卡内基基金会影响美国高校实践最主要的路径。该文还对基金会影响高教实践的机制，以及基金会影响对我国的启示做出了明确的阐述。"美国一流大学捐赠基金管理的特征"一文，就捐赠基金对美国一流大学发展的作用机制进行了概括分析。文章认为，美国一流大学捐赠基金的规模优势、募捐策略、专业化管理、支持和风险管理政策，对我国高校通过募捐基金促进学校发展有很好的借鉴意义，并对我国高校如何科学管理捐赠基金提出了切实可行的策略建议。

主题二：我国高等教育管理改革的研究。作者们就高教管理改革提出了各自的研究问题和研究结论。"高等教育强国视野下的高校教学质量管理"对我国高校教学质量管理中的问题进行了梳理和分析，对提升高校教学质量管理需要解决的体制障碍和改进措施提出了自己的看法。"我国研究生教育制度的历史沿革、现存问题与改革方向"一文，将我国的研究生教育发展分为四个具有不同特点的历史阶段。文章进一步就我国研究生教育发展过程中产生的主要制度问题进行了概括分析，并就完善研究生教育制度，提出了方向性的改革建议。"教育资源怎样配置"一文对这一问题的回答，在很大程度上影响着高等教育的发展速度和发展水平。该文认为，高教资源配置问题，是高等教育发展方式的重要内容。高等教育实现内涵式发展，"必须根据新的发展目标，选择更加符合教育规律、更加适合国情"的资源配置方式。文章进一步对旧有的资源配置问题进行了反思，对完善的资源配置制度建设提出了原则性的建议。

主题三：民办高等教育实践问题探索。民办高等教育的兴起是我国高等教育制度改革重要成果之一。"我国公共财政支持民办高等教育研究"一文，分析民办高等教育的准公共性服务特征，及民办高校对我国高等教育系统的意义，并借鉴了发达国家政府对民办高教财政支持的经验，提出了我国政府应该以国家财政支持民办高等教育的结论，并对政府在财政支持策略方面提出了自己的建议。"我国民办高等教育发展若干重要问题探析"认为，我国民办高等教育具有公益性特征，在高等教育大众化过程中是高等教育系统的重要力量，更具国际民办高等教育发展的经验，我国民办高等教育具有很大的发展空间。基于这些研究结论，文章提出政府应该对民办高校实行分类管理，对于公益性民办学校，应该对其发展给予财政支持。同时提出，民办高校自身的管理也应该有所改进，并对民办高校管理提出了具体的改革建议。"我国民办高等教育的区域差异及影响因素分析"在对我国民办高等教育的地区差异研究回顾的基础上，对我国民办高等教育区域差异现状和成因进行了量化分析。研究发现，以东部、中部和西部大的区域为基础，民办高等教育规模随经济发展水平递减，但西部规模提升在加速；2008年后，民办高等教育的省际差异呈下降趋势。量化分析发现，民办高等教育区域间规模变化的主要原因是供给和政策拉动的，而非差异化需求推动的。在量化结论的基础上，作者对民办高等教育区域规模调控问题给出了三项政策建议。

本章所选文章涉及的内容只是作者个人研究兴趣所及，并不能囊括高校管理改革所涉问题的全部。但也正是高教管理改革十分广泛问题的领域，为更多研究成果产生奠定了基础，我们期盼更多更好的研究成果持续不断。

论共同治理——加州大学（伯克利）创建一流大学之路

王英杰

美国加州大学（伯克利）成立于 1868 年。19 世纪中叶加州处在淘金狂潮中，暴力横行，罪恶泛滥，但是有智之士却逆潮流而动于 1849 年制定了加州第一部宪法，授权议会建立一所州立大学——一座"学习之城"，让"光明永驻"（加州大学校训 Fiat Lux），其"贡献对于后代的荣誉与愉悦要远大于加州的金子"。遂于 1868 年建立了加州大学，加州大学（伯克利）（以下简称伯克利）在 100 多年的发展历程中，从一所地方性的小小公立院校，成长为世界一流大学。不管是在美国的各种大学排名中，还是在指标体系极不相同的世界名目繁多的大学排行榜中，伯克利无不名列前茅。其优秀的毕业生、重大的科研成果和治理制度都如灯塔一样永放光明。

伯克利成立时仅有 10 名教师、40 名学生，第一届毕业生仅有 12 名（史称 12 使徒）。今天（2009 年）拥有 35843 名学生（25530 名本科生，10313 名研究生），约有 350 个学位计划，开设 7000 门以上课程，每年颁发的博士学位数在美国名列第一。作为一所州立大学，伯克利录取率为 26%，录取的学生中 75% 来自加州公立中学，25% 为家中第一代大学生，66% 父母至少一人出生在国外，学生所说母语有 70 多种。与哈佛等私立名校相比，可以说，其学生并非那么"精英"。但是伯克利教师对卓越的不懈追求，造就了一代又一代的优异学生，在过去 10 年中，学生所获国家科学基金会研究生科研奖学金人数最多。在其校友中，有 25 名诺贝尔奖获得者，有国家科学基金会的主席，有"苹果"公司的创建者，以及谷歌的总经理等。

伯克利有 21 名教师获得诺贝尔奖，其中 8 名为现职教师。在美国大学中被评为"优异"的科研项目数量排名第一,名列前十名的研究生专业的数量排名第一。伯克利教师们的创造发明不胜枚举,仅从 2008 年 6 月至今就有 2086 项发明,获得 562 项美国专利、394 项国外专利。伯克利的教师们以自己的科研创新推进了人类文明的进步,他们创建了回旋加速器,开创了研究物质结构的新时代;在"二战"期间研制出流感疫苗,拯救了无数生命;排列了果蝇染色体组,为后来成功地排列人类染色体组开发了技术;在计算机革命和硅谷的生成和发展中起到了关键作用。

伯克利之所以取得令世界瞩目的成就,固然与最初丰富的金矿、肥沃的农田,以及后来高技术产业所提供的大量经费支持密切相关。但是仅有金钱还不能造就一所伟大的大学。成就伯克利的最重要的因素有二。其一是加州宪法赋予的宪法自治地位使得加州大学具有了相当于州政府第四翼的法律地位(全国仅有五所公立大学有这样的地位),尽管自治不意味着大学免受外来的影响,但是在关键时刻,它能抵御政治风暴,使大学始终致力于学术卓越;其二是共同治理制度,加州大学学术评议会在美国高校中是最强大的,它在大学治理中的中心作用确保了学术质量和学术价值的至高无上。这两个因素在伯克利得到公认,成为伯克利的特色。加州大学的一位前任校长理查德·R. 阿金森(Richard C. Atkinson)认为,使加州大学成为著名大学的一个重要传统是共同治理,"大学的责任在于教师、行政和董事的伙伴关系,加州大学迈向辉煌的第一步始于 75 年前引入共同治理制度"。"我们的经验是,教师们不仅在建立大学学术优异的标准方面,而且在保证大学被明智地治理方面也起关键的作用。"伯克利前评议会主席哈里·N. 赛博(Harry N. Scheiber)指出,"现代评议会是一种迷人的制度,它在过去 75 年创造性张力中发展……评议会唯一的责任是保持学术卓越的火焰永不熄灭……不理解这种精神,就不能理解伯克利为什么和怎样在几十年中始终处于世界一流。"

一、伯克利共同治理制度的创建与发展

1868 年加州大学的特许状规定设立由校外人士构成的董事会,这是美国的发明,目的是使大学摆脱教派的影响,把大学与其服务的社区联系起来。特许状也要求建立"学术评议会",由所有教师和院长构成,校长任

主席。1868年加州大学组织法规定，评议会"建立的目的是对大学的一般管理"，由董事会决定评议会的组成以及与校长和董事会的关系。这种制度设计没有在董事、校长和教师之间做出明确合理的权力分割，董事们参与了大学的微观管理，由他们而非教师对学生录取和课程等学术事务做出决策，随着专业学术人员的兴起，这就不可避免地导致了大学内部关系的紧张，而内部关系的紧张又影响了大学与州议会的关系，阻碍了大学的发展。这使得伯克利直到19世纪90年代仍是"一所薄弱学校，虽然拥有大量土地，但是建筑破旧，经费可怜"，"虽然农业相关专业有所发展，但是大学的经费、声誉和研究能力无法与美国新生的研究型大学，如康奈尔大学、约翰斯·霍普金斯大学、密执安大学或威斯康辛大学等比肩。

在这种情况下，董事会决定聘任一位强势校长，领导伯克利走出困境。董事会决定聘请在德国海德堡大学受过教育的著名学者本杰明·艾德·维勒（Benjamin Ide Wheeler）出任校长，董事会为他的办学理念所折服，他深受德国研究型大学的影响，坚信真正的、完全的大学必须是综合性、研究型的大学。维勒在接受聘任之前提出了四个先决条件：校长应该是在教师与董事会之间进行沟通的不二之人；校长应该是在任免教授和其他教师并且确定他们工资水平问题上唯一有权向董事会提出建议的人；在校长处理与教师相关的事务上，不管董事会内部有什么分歧，董事会都要作为一个整体给予校长一致的支持；应该赋予校长在董事会下领导大学所有教师和雇员的职责。事实上他所要求的就是在董事会下对大学负有全面彻底的领导之责。董事会鉴于以往陷于大学微观管理的不成功经验，同意了他的条件，维勒遂于1899年出任校长。

维勒上任后加紧了对议会的游说，说服议会改变了拨款方式，从按不动产税增长的比例拨款转为按学生数拨款，使大学发展有了可靠的财政保障，进入了发展的"黄金时代"，在他上任10年后就使伯克利成为美国规模最大的大学。公共资金的增加，使他有可能实现其办学理念，聘用全国一流的教师，迈出了向一流大学目标前进的坚实步伐。学校规模的扩大，质量的提高，使大学获得州立法机构的支持，为大学内部组织机构的变革提供了条件。维勒说服董事们，教师不仅仅是州的雇员，更是学术共同体的成员，他们应该在制定教育政策方面负有责任。他提升了研究在教师聘用、晋升和解聘决策中的权重，采用了教师聘用和晋升的同行评议制度，他还建立了一个教师委员会分配研究经费，一个教师编委会监督大学出版社提升出版质量。但是，维勒扩大教师在管理中作用的尝试并没有固化为大学的法规或政策，只是他作为校长对部分权力的让与，在很大程度上，他是独自管理这所大学。他不是一个"协商型"的领导，其领导风格被指为"慈善而专断"，对学生慈善，对教师专断。在维勒任职的最后几年，他与教师的冲突增加，有关伯克利校史的著作或文章都不约而同地提到一件逸事来说明他的粗暴与专断，他仅仅因为一位教师在校园没有戴礼帽而当众予以斥责。最后还由于他身体健康的退化，以及在第一次世界大战中公开的亲德立场，在1919年被迫辞职。在维勒任期内，伯克利实现了从董事会直接管理向校长管理的转变，校长成为大学真正的主管，在这个过程中，教师参与管理的自主意识也开始萌发。

在维勒任职的最后几年，伯克利的管理陷入最困难的局面，其有效但专断的管理不再适应教师队伍的不断壮大（在维勒时代教师数量从202人上升到693人），以及大学管理日趋复杂的状况。教师们对于他们在大学事务中相对无权的状况开始焦虑起来，最终酿成所谓"伯克利革命"（又称"教师革命"）。

在维勒任职的最后一年，董事会将大学的实际管理权交给了由三名院长组成的"管理理事会"，结果是一场灾难。在第一次世界大战后大学发展的关键时期，理事会三人意见分歧，导致了校内外对大学未来的混乱看法。为此评议会召开特别会议，以132票对13票通过了向董事会提交的备忘录，要求给教师以直接的权力组织评议会和选举其主席，给评议会在教育政策制定方面更正式的权力，在选聘校长时要与评议会协商。最终董事会与评议会达成一个协议，并且于1920年6月写入了董事会规章。规章规定了校长的职责，董事、校长和教师之间的关系，同时赋予了学术评议会在共同治理中的直接和间接权力。评议会在得到董事会批准的前提下，决定学生录取条件以及证书和学位的颁发。此外还赋予了评议会以下四项权力：就"教师的聘任、晋升、降级和解聘，以及院长的任命"向校长提出咨询意见；就"大学教育政策的变化"向校长提出咨询意见；就预算问题向校长提出咨询意见；以评议会认为必要的形式选择成立自己的委员会。

其中第四项权力是"评议会权力的基石",它确立了评议会的独立地位。此后评议会的各种委员会应运而生,教师开始积极介入大学的治理。

1919 年到 1920 年的这次"教师革命"是走向建立教师、行政和董事会共同治理制度的具有历史意义的第一步,这一制度对于大学发展起了至关重要的作用。所达成的"协议也是美国高等教育发展的一个转折点,创造了一种大学共同治理的组织结构,伯克利成为第一个建立这种结构的大学,"共同治理作为一种指导大学治理的基本理念开始形成,教师开始走上从被管理者转变为共同治理的主体之一的漫长道路。

1919 年戴维·P. 巴劳斯(David P. Barrows)在"教师革命"中出任校长。他对董事会新规章赋予教师越过校长直接与董事会对话的权力持有保留意见,认为这是对校长的不信任,因此他任职仅四年就离任了。天文学家威廉·W. 坎贝尔(William W. Campbell)同意继任校长,但是提出了先决条件:其一是修订或废除 1920 年规章赋予教师直接与董事会沟通的条款,使校长重新成为与董事会沟通的唯一管道;其二是修订 1920 年规章中有关条款,使校长不仅成为大学的学术代表,而且成为负责大学运行的行政首脑。在坎贝尔任职的 7 年中,他聘用了知名教授,在提高了大学声誉(从美国教育理事会大学排行榜中名列第十,上升为仅步哈佛之后的第二名)的同时,也不能不提高教师在学校治理中的作用。他在不削弱其领导并且由他负责做出最终决定的前提下,广泛咨询教师的意见,任命教师委员会协助其工作。从这两位校长对其权力的捍卫来看,共同治理制度的建立与发展涉及相关权力人之间的博弈,充满斗争与曲折。

1930 年罗伯特·G. 斯普罗尔出任大学校长。他任职期间充满冲突与危机,他积极与教师配合,支持教师共同治理。他首先面对的是美国全国大萧条的爆发,州拨款急剧降低 26%,作为一项重要对策,他号召建立了评议会教育政策委员会,以支持他提高学费,帮助他减支增收,共同渡过财政危机,最终使得增加教师的工资和科研设备均可与东部最优大学相媲美。在"二战"行将结束时他首创召开了"全大学教授会议",讨论如何应对战后大学急剧发展的挑战,讨论战后联邦科研经费的可能增长和增长的方向,以及自由教育的未来、大学自治的价值和大学共同治理制度在未来大学发展中的作用。此后"全大学教授会议"成为教师参与大学治理的一项制度，每年召开一次，由加州大学各校区的教师代表参加。

在第二次世界大战以后所谓"红色威胁"时期，斯普罗尔犯了以后为之追悔莫及的错误。在他的建议下，董事会于1950年不顾评议会的坚决反对强制所有教师进行"忠诚宣誓"，以实现禁止聘用共产党员，限制左翼在大学活动的目的。这理所当然地遭到一部分教师的反对，当年就有31位教师因拒签"忠诚誓言"而被开除。两年后，法庭宣判大学举行的"忠诚宣誓"无效，于是大学向这31位教师提供了复职的机会。"忠诚宣誓"不仅是一个时代的政治错误，也是如何治理大学争论中的一个重大问题。"忠诚宣誓"对大学的学术自由和共同治理制度造成了伤害，教师在大学中地位削弱了，教师参与评议会工作的意愿下降了。

斯普罗尔痛定思痛，重新检讨了共同治理制度对有效的大学治理所起的关键性作用。他在1953年著文写道，"大学校长（或分校校长）最重要的职能莫过于与教师保持密切的关系"，没有教师的信息、意见和建议，"组织名义上的首脑时常会患上缺氧症，其典型的症状是视力丧失，步履蹒跚迟缓，左右摇摆，止步不前"。在斯普罗尔的领导下，共同治理再次成为大学治理的主旋律，伯克利终又步上迅速发展的轨道，到50年代末加州大学教师入选国家科学院院士的人数在全美大学中名列第一。斯普罗尔在1958年光荣引退。在他任内，大学历经危机，共同治理虽遭遇挑战，但最终成为大学的核心治理制度。

克拉克·克尔（Clark Kerr）1952年出任新设立的加州大学伯克利分校校长一职（当时这一职务并没有实权，各分校区仍是由加州大学中央行政管理），1958年出任加州大学校长。克尔是一位具有远见卓识的教育家，对现代大学的本质特征有深刻的理解，他还是一位劳工关系教授，对人性有清晰的洞察。他在"忠诚宣誓"事件中虽然签署了誓言，但是却坚定地捍卫教师表达的自由，坚定地支持评议会，坚决反对开除那些拒绝签署誓言的教师，从而赢得了教师的广泛尊重。他上任后就推动加州高等教育总体规划的制定，从而被公认为加州现代高等教育制度之父。他促使董事会给各分校园更多的直接决策权，各分校园校长可以决定经费的使用，各分校园对自己的研究生教育负全责。克尔还建立了分校校长委员会并与其定期会晤协调全校的行动。分校自治制度建立后不到两年，总校校长办公室人员减少了26%。

克尔还推动了评议会的组织变革，1963年在每个分校园建立了学术评议会分部，分部自主设立委员会，每个分部由分校全体教师选举产生主席，分部拥有相对整个大学系统及分校园行政的自主权。自此，学术评议会的主席（总校校长兼任）成为荣誉性的，不再具有执行权。与此同时，他还推动建立了全新的加州大学系统学术评议会代表大会，由学术评议会各分部派代表（按教师比例选出）参加，其权力是通过评议会法规章程的修订，向校长提交决议和备忘录。代表大会主要关注以下问题：终身教职的界定；大学本科生的录取、转学和开除政策；学术评议会的成员资格和选举权政策；分校园间冲突的调解。学术委员会作为总校学术评议会的执行机构工作，负责研究关系到整个大学系统的全局性的问题，并向总校长提供咨询意见，其成员包括学术评议会各分部的主席，他们都是代表大会的当然代表。克尔奠定了加州大学现代共同治理制度的基本框架，这一框架反映出大学共同治理的基本结构：在董事会下两个既并列又有必要重叠的决策体系，即学术评议会和以校长为代表的总校及分校行政（见图1）。

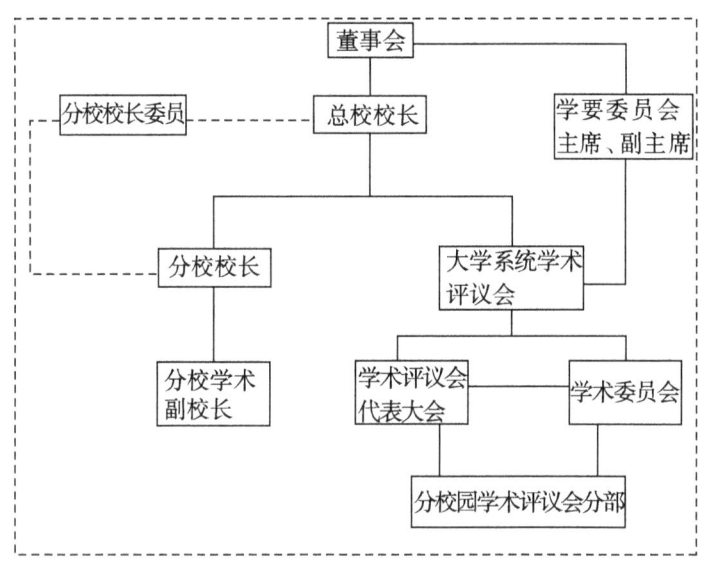

图1 加州大学共同治理组织结构

资料来源：John A. Douglas, Shared Governance at the University of California: An Historical Review, March, 1988, www.escholarship.org/uc/item/07q345d0。

克尔对于伯克利加州大学系统乃至整个加州高等教育的发展功勋卓著，他所推动建立的大学新的治理结构框架为共同治理提供了重要的组织保障。但是，当他面对政治风暴的时候，却处于十分无奈的状态。里根1966年当选加州州长，他上任伊始就强力实施其竞选时提出的口号，"净化伯克利"。他要求克尔对参加自由演讲运动和举行校园抗议活动反对越南战争的学生采取强硬措施，他还建议削减大学预算10%和提高学费。克尔坚决反对里根的要求和建议，结果董事会不顾众多教师的反对解聘了克尔。尽管如此，克尔的遗产——新的共同治理结构却在加州大学生根和成长。

二、加州大学共同治理中教师的职权

加州大学教师参与大学治理是通过加州大学董事会授予学术评议会的权力来实现的。董事会章程105.2款规定学术评议会具有以下权力：

- 决定大学新生录取的条件和除荣誉学位外的证书和学位授予的条件；
- 批准设置和监督所有课程；
- 审定教师的资格，以及相关委员会的成员资格；
- 设置委员会就预算问题向分校校长和总校校长提出咨询意见；
- 通过校长向董事会就任何有关大学的工作和福祉问题提出自己的意见；
- 向总校校长和分校校长就图书馆管理提出咨询意见；
- 设置委员会批准加州大学出版社的书籍的刊印。

董事会章程103.9款还规定，大学如果要提前解除一名教师的聘用合同时，必须有合理的原因，并且要在学术评议会的一个适当委员会中举行一次听证会。

学术评议会的最终政策权力在学术评议会代表大会，代表大会每年至少召开一次会议。学术委员会一般来说可以被看成是学术评议会的执行机构，主席和副主席由代表大会主席和副主席兼任，成员由学术评议会下设的最重要的委员会的主席和各学术评议会分部主席组成，委员会召开月度会议，每年召开11次会议。

学术评议会几乎在大学的所有方面与行政一道实施领导，学术评议会与校行政在大学所有重要决策和咨询机构中相互交叉、相互影响和相互制约。学术委员会的主席和（或）副主席作为没有表决权的教师代表参加董事会会议；学术委员会主席和副主席每月一次会见校长、教务长和其他高级行政人员，讨论共同关注的问题，制定共同的工作日程表。学术委员会主席和（或）副主席还参加以下一些大学重要的委员会，例如大学预算执行委员会、大学学术规划委员会、大学国家实验室委员会、大学科研委员会，与大学高级行政人员共同讨论相关问题。可能最重要的是他们还参加大学所有高级管理人员的选聘委员会，学术委员会主席或副主席任大学校长遴选"教师咨询委员会"主席，向董事会校长选聘委员会提供咨询意见。

伯克利教师除享有以上教师特权外，在学术人事问题上比加州大学其他分校享有更多的决策权，这主要是由于伯克利具有更强和更长的共同治理的传统。1920年伯克利教师革命以后，伯克利成立了学术评议会预算委员会，"与校长就大学预算问题进行讨论，并且就教师晋升和工资以及设备和其他相关问题提出建议"。后来正式名称改为"预算和系级关系委员会"，工作也只限于学术人事问题，但是教师们仍然习惯将其称为"预算委员会"。在加州大学其他一些分校，一些有关教师的决定由院长或其他行政人员做出，无须征求学术评议会分部的意见，而在伯克利则要由预算委员会就教师聘任、晋升和奖励向学校行政提出建议。预算委员会建立的基本出发点是，"教师应该由其同行来评价"，预算委员会以学术评议会两项一般授权为指导开展工作，即"维系伯克利教师的卓越；促进全校教师的公平待遇"。

预算委员会的成员由学术评议会分部的组织委员会任命，由九名成员组成，每位委员的任期为三年。预算委员会全年工作，通常一周开一两次会。预算委员会的大量工作是具体分析有关学术人事工作的案例，近些年来，平均每年处理900多个案例。有关教师聘任、晋升和奖励升级等个案由各系提出，院长首先评议，写出分析和建议，报送学术人事办公室，然后转送预算委员会做出最后的书面评议，报送校行政，校行政再逐层转达给院系和被评议的教师个人。校行政、院、系乃至个人均可向预算委员会提出复议要求。在经过重审程序后，校行政有可能最终做出与预算委员会不同的决议，每年都会发生几次校行政与预算委员会意见不同的案例。这样一种行政与学术组织反复讨论的决策过程是一种真诚的、直接的、学术共同体式的讨论。

预算委员会每年都要就各系的编制数向行政提出建议。首先由系就编制数提出申请，然后院长做出分析评价报送预算委员会，委员会根据系的卓越程度和发展轨迹、系的发展目标和规模，以及学校的编制总额，来对比分析各系的报告，做出自己的评价。大学在出现学术职位空缺时，由预算委员会在系间进行分配。

近些年来，预算委员会非常关注与教师工资相关的问题，与行政密切合作，努力保持伯克利在教师聘任方面的竞争力。可以说，正是预算委员会这种独特的共同治理组织安排使得伯克利教师始终不渝追求卓越。前任校长克尔对预算委员会做出高度评价，认为"预算委员会的工作决定了伯克利所拥有的今天"。

三、共同治理制度面临的挑战

今天大学的共同治理制度正面临大学商业化和官僚化的双重夹击，"教师被看成是新的大学官僚化——商业化模式的最大障碍，一位保守的大学校长指出，他希望21世纪成为'管理的世纪'，而20世纪这一'教师的世纪'已经过去，这是值得庆幸的"。

一个典型的案例是加州大学董事会1995年以微弱多数通过在大学新生录取、教职工聘任和合同签订中不再执行肯定行动政策（反对歧视促进公平的政策）。董事会在决策过程中绕过通常的咨询程序，对九位分校校长、几十位教授和学术评议会的报告和证词置之不理。其中一位董事沃德·康纳利（Ward Connerly）表示，教师不是合作伙伴而是敌手，在一位记者就共同治理向其提问时，他竟然大发雷霆，"我们与他们（教师）分享治理太他妈多了……"他还许诺，他的下一个目标是取消终身聘用制。显然，他是把教育机构当作企业，把营利机构中的管理策略用于非营利的提供教育服务的机构，他所要推行的是大学管理的企业模式。加州大学董事会的这一恶劣先例具有一定的传染性，其后许多大学董事会都侵蚀教师长期以来所拥有的特权。明尼苏达大学董事会试图在不与教师协商的情况下修订终身聘用规章，引发教师的集体抗议；依阿华大学董事会甚至在没有教师参与的情况下试图重构课程。

在董事会的公开支持或默许下，一些大学校长也自比企业的 CEO。一个最严重的案例发生在南卡罗来纳州的佛朗西斯·马里昂大学，该校校长的选聘未征询教师意见，他上任以后就系统全面地控制课程，修改学术人事政策，特别是教师绩效评价标准，自作主张重构学术机构，制定未来优先发展事项，终于导致教师抗议，并且引发司法调查，结果发现了严重的腐败。

一些大学的董事会和校长联手不断贬低教师的价值，攻击教师效率低下，浪费时间；丑化教师决策，把教师通过讨论达成一致描绘成教师个人为讲而讲的个人表演，吹毛求疵，阻止必要的改革；解散教师评议会；不断攻击终身聘任制，甚至取消终身聘任制，开展后终身聘任评价，以摆脱"朽木"；大量聘用兼职教师，逐渐取代终身聘用教师，以达到减少教师在管理中的声音的目的。

近些年来，大学重构运动在美国愈演愈烈，出现了以下趋势：越来越强调公司管理模式；注重校长所具有的管理而非教育经验，由猎头公司遴选校长，尽量排除教师在遴选中的主体作用；强调对教师的量化评价；教育被定义为商品，学生被看做消费者，要给他们以他们满意的教育，而非教师认为对他们有益的教育；大学在适应市场需求和应对政府问责的双重压力下，专业行政人员不断增多，行政权力不断膨胀，决策层级不断上移，共同治理制度受到伤害。

加州大学教师就共同治理所面对的挑战迅速做出了回应，学术评议会代表大会暨学术委员会主席鲍威尔（Henry C. Powell）和副主席西蒙斯（Daniel Simmons）于 2010 年 3 月 2 日致信校长俞道夫（Mark Yudof），明确提出，"对于影响核心学术使命或大学未来的主张，在成为政策之前，应由学术评议会做全面的审查……评议会应有机会在建议出现在董事会议事日程之前提出自己的意见"。现在的"关键是教师和行政人员一道工作，规划我们共同的未来和大学的未来。在经济严重困难的时代，在大学雇员士气引起严重关注的时代，不要把共同治理看做一种障碍，而应看做一种建设的过程,看做我们骄傲地为之服务的大学目前仍然富有和卓越的原因"。

四、结论

伯克利的核心理念是不断追求卓越,而保证理念实现的基本制度是共同治理。我们从伯克利的发展经验中可以得出以下结论:

- 从形式上看大学存在两个决策系统,一个是以教师评议会为代表的教师,另一个是以校长为代表的行政,前者负责教学与科研,后者负责财政与组织。但是,实际上这两方面的工作是不可分割的,它们相互重叠、相互依存,在现实中所谓"教授治学,校长治校"是不可行的。教师和行政人员之间相互信任,相互尊重,共同协商,共同决策,构建一种平等对话的学术共同体文化是大学成功发展的基本保障。
- 学术评议会是大学共同治理中各方应该予以支持和尊重的核心机构,是代表全校教师参与大学治理的实体机构。正如伯克利历史学讲座教授布鲁克(Gene Brucker)所说,"……学术评议会创建了一种大学行政和教师共同治理理念的制度模式。这种责任分担在其他院校尚未广泛实施,因为这要求行政有分权的意愿,教师有投入时间和精力使这一制度运转的意愿。在我看来,这是保持伯克利世界一流大学地位的一个重要因素"。
- 共同治理有利于减缓校园行政与学术间的文化矛盾,构建和谐大学文化。伯克利的一位华裔校长田长霖认为:"我相信伯克利的优势和活力在于与教师一道共同决策,回眸过去75年,给我们以深刻印象的是学术评议会在减缓那些撕裂大学的爆炸性冲突中的关键作用。我们要感谢共同治理,感谢我们的教师不懈地致力于大学使命,我们才从每一次冲突中走向更强。"
- 共同治理是对不断膨胀的行政权力的制约。在当前大学官僚化和商业化的势不可当的潮流中,共同治理有特殊重要的现实意义,是解决校园腐败的一剂良方,因为它搭建了限制绝对权力的制度框架,绝对的权力绝对导致腐败。
- 共同治理制度成功的关键是在制度保障下的交流与沟通。共同治理在教师之间,在教师与行政人员之间搭建了重要的交流平台,大学文化与企业和政府文化显著的不同就在于大学的决策形成于教师和行政广泛的、永无止境的交流与沟通。这样的决策方式可能会慢一些，在共同治理中也可能做错事，但是很少会有未经过深思熟虑的政策出台，因为大学教师做得最好的一件事情就是思考、质疑和批评。

共同治理促进一所大学人才辈出，共同治理保证一所大学不断产生原创性研究成果。回顾伯克利发展的历史，我们不难发现，在其成立最初的50年，只不过是一所不起眼的地方性大学。但是，通过"教师革命"，伯克利建立了现代大学制度的基础——共同治理制度——之后，才走上了世界一流大学建设之路。在这一制度的建设过程中，教师成为有勇气、有士气、有追求、正直的大学的主人，只有这样的教师才会焕发创造的潜能，才会投身于教育这一崇高的事业。同样，在这一制度的建设过程中，行政人员在与教师碰撞的张力中，理解了大学的本质特征，学会了尊重大学教师这一特殊的群体，读懂了他们的特殊气质和思维特点，认识到教师是大学的心脏，将其弃之不用，贬值和羞辱终会使大学乃至他们自身付出重大代价。教师与行政人员之间相互理解、相互尊重，营建和谐的大学文化，通过制度保证相互间的不停顿的沟通，共同做出学校重大决策，是现代大学制度的根本。我国已经制定了中长期教育发展规划纲要，明确提出了建立现代大学制度的要求，我们有必要认真研究伯克利等大学的发展史，学习现代大学制度的精髓。

世界一流大学的校长选聘机制及其启示
——世界一流大学校长管理比较研究（一）

钟秉林　周海涛[①]

胡锦涛总书记在清华大学百年校庆大会上的重要讲话中指出，建设若干所世界一流大学和一批高水平大学，是我们建设人才强国和创新型国家的重大战略举措。毋庸置疑，校长在世界一流大学的建设过程中发挥着至关重要的作用，科学的校长选聘机制是选拔任用合格校长的制度性保证。本文在中组部有关司局委托课题研究的基础上撰写而成，旨在研究分析世界一流大学校长的遴选标准、遴选机制和聘用机制，并从中得到启示和借鉴。

一、世界一流大学校长的遴选标准

世界一流大学的校长遴选标准因时代变迁、学校特点和遴选主体不同而有所差异，但总体而言，对校长候选人素质能力的要求可以归纳为如下六个方面。

1. 卓越的学术领导能力

世界一流大学作为学术组织，不同于政府机关和其他行业组织，有其内在的逻辑特性和独特的运行规律。作为大学校长，必须把握和遵循这种逻辑和规律。校长自身也应具有一定的学术造诣，达到一定的学术水准。

[①] 作者简介：周海涛（1972 –），陕西汉中人，北京师范大学教育学部高等教育研究所教授、博士，主要从事高等教育管理研究。参加本课题研究的还有北京师范大学薛二勇、王晓辉、孙进、方芳、姜朝晖、洪煜、刘敏等。

法国2007年颁布新的"大学自治法",对校长的遴选资格做出规定,即不一定具有法国国籍,也不限于本校人员,但必须是教授、研究人员、讲师,或身份相当的人。澳大利亚国立大学明文规定,校长应是一名杰出、超凡的学术领导。香港的大学规定应聘校长在学术上要有成就或地位。牛津大学现任校长汉密尔顿是化学家,曾担任耶鲁大学教务长。

2. 敏锐的统筹规划能力

世界一流大学的校长应具有战略家的素养,具备宏观统筹规划的能力。能够敏锐把握高等教育发展趋势和时代使命,明晰大学的历史方位,提出大学的教育理念与办学思想,并具体付诸大学战略规划的实施和教育教学的实践。

美国康涅狄格州立大学董事会对大学校长的任职条件做出明确规定,新任校长在任职前讲述学校的需求、成就和内在的发展潜力时应具有很强的说服力。英国华威大学是1961年经政府批准、于1965年才获得皇家特许状的一所新大学,首任校长巴特沃斯敏锐把握大学的本质追求和所处地域优势,确定了具有华威特色的战略理念——创办一所既满足时代需求、又以学术为中心的大学。这是当时英国第一个提出以满足时代需求为己任的大学,目前,该大学已经成为学术和创业相结合的典范。

3. 全面的校情洞察能力

世界一流大学的校长应该对学校的人事、财务、教学、学术以及教师和学生发展等方面工作的现状、规律和特点有着深刻的了解和把握,能够有效地实施领导和管理。

耶鲁大学在校长遴选标准中规定,校长必须对学校的所有院系、机构、图书馆、博物馆以及特别项目了如指掌,而且熟知如何有效而又节俭地管理它们;分配权力,又能充分了解和掌握最新的信息并能参与一切事务;同时应该了解教职工的相关情况。麻省理工学院在1990年遴选大学校长时,就提出大学校长需要具备对麻省理工学院现存问题及未来机遇的把握能力。

4. 杰出的行政管理能力

世界一流大学的功能多样,组织结构复杂,因此也更加难以驾驭。校长必须具有杰出的行政能力和丰富的管理技巧，能够统筹协调，驾驭全局，实现学校的发展目标。

哈佛大学要求校长候选人掌握科学的决策知识，多谋善断，遇事当机立断，透过复杂现象抓住问题的本质，做出正确的决策。慕尼黑大学要求校长候选人在科学、经济、行政管理或法律维护等职业领域有多年的管理经验，让人相信他能够胜任大学校长的工作任务要求。香港大学规定校长人选需要在国际知名大学担任过校长、副校长或院长；如果在研究机构工作，则必须主持过国际知名的研究中心或实验室。

5. 开放的国际视野

世界一流大学的校长必须具有宽广的国际视野，坚持开放和创新，重视国际交流与合作，积极推进大学的国际化进程。包括引进国际教育、科技和文化资源，吸引国际学生，并将本校优秀人才和学术、科技成果推向世界。

2001年10月，牛津大学咨询委员会宣称，校长不一定要从教职工中产生；2004年，胡德博士被任命为牛津大学校长，是牛津大学历史上第一任来自校外的校长。帝国理工大学校长人选来源更为多样，校长候选人既可以是国内人员，也可以是国际人士。阿姆斯特丹大学现任校长布恩是发展心理学教授，曾先后在美国一些大学以及荷兰莱顿大学任教。

6. 适应学校阶段性使命的个性特质

世界一流大学发展每个阶段都具有不同的使命和目标，为了带领师生员工实现特定的使命，大学校长需具备相应的人格特质，如形成愿景的能力、推动前进的勇气、坚忍不拔的追求、克服阻力的技能以及在整个过程中承担误解和敢于担当的意愿等。

哈佛大学第21任校长艾略特上任伊始，当一位教授质问"为什么要进行变革"时，艾略特坚定地说"因为你们有了一位新校长"。在他任职期间哈佛大学推行课程选修制改革，实现了从传统宗教学院向现代研究型大学的转变。剑桥大学为了庆祝建校800周年，改善财政困境，从2005年开始进行筹款活动，目前已提前两年完成了10亿英镑的目标，这和原校长理查德极强的筹资能力和艰辛的努力是分不开的。

二、世界一流大学校长的遴选机制

按照遴选主体的不同,世界一流大学校长的遴选机制大体上可分为三种模式:董事会领导遴选,国家或州政府授权主持遴选,学校教职工、学生、校友负责遴选。

1. 董事会领导下的大学校长遴选

(1) 遴选主体。该遴选模式常见于英美国家及英联邦国家的大学。这些大学大多实行董事会领导下的校长负责制,相关的教育法规和大学宪章中均明确规定,大学校长受董事会委任后行使权力,并对董事会负责。因而大学校长的遴选都由董事会出面组织领导,并成立专门的校长遴选委员会来具体实施。如哈佛大学章程中规定,遴选校长是董事会最重要的职责和权力之一;帝国理工大学由校董会成立一个5-7人的"校长遴选委员会",负责具体的招聘工作;澳大利亚国立大学的校长遴选和任命权都归属于大学理事会。

大学校长遴选委员会有单层结构与双层结构之分,通常实行的都是单层结构的委员会,其成员由校董会主席、校董会校外成员、学校管理层代表、教师代表组成,学生会负责人以观察者身份列席遴选委员会会议。但有些大学也实行双层结构的委员会,如麻省理工学院在1989年校长遴选时即设置了双层委员会:上层为校长遴选委员会,成员约10人,皆为校董,有投票权;下层为咨询委员会,成员约10人,皆为教师,有权咨询,无权投票。

(2) 遴选程序。美国大学董事会领导下的校长遴选过程一般分为五个步骤:①由董事会成立校长遴选委员会;②发布校长招聘广告、征寻候选人;③遴选委员会筛选、确定候选人名单;④广泛征求意见,并将候选人提名送交董事会;⑤董事会决定新任校长人选,新校长就职。

在具体实施中,不同的世界一流大学往往各具特点。如哈佛大学董事会还负有帮助新任校长适应新的岗位,顺利实现角色转换的职责。香港的大学在校长遴选时在国际各大媒体发布招聘广告,同时向主要猎头公司发布招聘信息;新校长确定到就职之间有一个候任期。

2. 国家或州政府授权主持遴选政府授权主持下的大学校长遴选

(1) 遴选主体。国家或州政府授权主持下的大学校长遴选,在德法等欧洲大陆国家比较普遍。德国巴伐利亚州的《高等学校法》对校长遴选做出了统一的规定。慕尼黑大学的《基本章程》对此进行了更加详细的规定:大学校长由学校理事会选举产生,并由学校理事会向州政府主管科学、研究和艺术的部长提出建议。法国巴黎高师遴选大学校长,需要政府组建专门的遴选委员会。根据相关法令,委员会由负责高等教育的部长任命20名成员构成。

(2) 遴选程序。一般先由政府组织建立遴选委员会或者由学校组织建立学术评议会,再由这些委员会负责大学校长的遴选,最后通过政府委任予以产生。

法国巴黎高师的校长遴选大致包括如下步骤:①组建专门的遴选委员会;②遴选委员会根据相关法令要求,从大学教授或相当地位的人员中选出3名校长候选人;③呈报给负责高等教育的部长,由其从3名候选人中确定1位人选;④由共和国总统正式任命校长。德国柏林大学校长的遴选程序是:①学术评议会提出获得三分之一成员支持的校长人选建议;②监察委员会有权驳回学术评议会建议一次;③学术评议会表决通过校长人选;④该校长人选需要获得大学师生员工代表会的多数票通过;⑤最终校长人选须得到柏林州政府评议会的委任。

3. 教职工、学生、校友负责下的大学校长遴选

(1) 遴选主体。由教职工、学生、校友联合选举校长的模式,类似于普选的性质,主要见于日本的东京大学和早稻田大学。

东京大学遴选校长(又称为"总长")时,首先组织教职工代表大会,其代表皆选自东京大学在职的教职员工,包括从学部、研究科、所和中心的全职教授、副教授或参与教授会的讲师中各选出4名代表(总人数不满10人的机构选出2名代表);此外在附属医院、附属图书馆、本部事务组和本地区事务组中各选举1名代表。早稻田大学的校长是由教职工、校友、学生参加选举产生的。

(2) 遴选程序。东京大学的校长遴选程序包括以下步骤:①发表遴选

公告；②组织教职工代表大会；③推荐校长候选人；④选定校长候选人，公布校长候选人名单、个人经历和主要成就；⑤具有选举资格者，在指定日期、指定场所对第二批校长候选人进行无记名投票。获有效票过半数者当选为校长。

综上所述，世界一流大学校长的遴选主体不同，遴选程序各异，反映出大学校长权力来源上的差异性，这与世界一流大学组织架构和治理模式的多样性密切关联。三种遴选模式也具有共同之处，即由各利益群体的代表组成大学校长遴选委员会，通过合法程序遴选校长，最后由相应的权力机构进行任命。

三、世界一流大学校长的聘用机制

世界一流大学校长聘用机制主要包括聘用主体、聘用方式、聘期以及退出机制等几个方面的内容。

1. 聘用主体：董事会或政府部门

世界一流大学校长选定后，聘用大学校长的主体可分为董事会和政府部门两类。

由董事会任命校长的情况各不相同。如英国大学的荣誉校长（Chancellor）通常由全校教职员大会选举产生，而校长（Vice Chancellor）则多由大学董事会任命；阿姆斯特丹大学的校长由大学监事会任命；澳大利亚国立大学的校长遴选和任命权都归属大学理事会。

由政府部门任命校长的情况多为欧陆国家和日本，校长的遴选与任命在传统上是分离的，大学一般自己遴选校长或直接由教授会选举，但最终须由政府任命。法国巴黎高师组建专门的遴选委员会，根据相关法令选举之后，由共和国总统正式任命校长。慕尼黑大学校长由大学理事会选举产生，并向州政府主管科学、研究和艺术的部长提出建议，获得任命。日本大学的校长由大学评议会选举产生，由文部科学大臣任命。

2. 聘用方式：通过委任或聘约明确职权义务

世界一流大学的校长在接受聘用时，董事会或政府部门会通过委任或聘约对校长在任期间的职权与义务进行规定。校长通常担负五项重要职能：明确大学的使命和发展目标，根据部门目标分配组织资源，选聘和评价关键人物，对外界代表大学行使职权，对大学内部进行战略管理和组织改造等。校长的权力主要包括人事任免权、财务审核权、职位和学位审定权等。

如哈佛大学校长对学校的教务长、副校长和学院院长有直接任命权，审核各学院每年的年度预算，审定各学院的终身教授职位。剑桥大学校长主持大学理事会、教师董事会以及财务委员会，掌管学校学术及行政工作、寻找财务上的捐赠、出席一些重要的仪式并具有一定的社会责任等。

此外，香港的大学校长聘用多实行"候任制"。新的校长候选人（通常称为"候任校长"）确定之后，即将离任的校长在继续履职的同时，协助"候任校长"在正式任职前了解和熟悉校情，直至新校长就职典礼举行（"候任"时间一般为半年左右）。这种聘用机制有利于实现新老校长之间的平稳交接，保持学校工作的稳定性和治校方针及政策的延续性。

3. 校长聘期：固定聘期或弹性聘期

世界一流大学校长的任期一般由各国的《高等教育法》或大学宪章规定，分为固定聘期和弹性聘期两类。

就固定聘期来看，剑桥大学校长从 16 世纪早期开始一般都是由某一学院院长担任，1992 年后改为全职，任期为 5 年。法国 1987 年的法令规定巴黎高师的领导由校长和两个分别负责理科和文科的副校长构成，任期 5 年，可连任一次。柏林大学校长的任期为 4 年，可以连任。但也有例外情况，如东京大学校长的任期为 6 年，原则上不得连任；但在前任校长职位空缺期间上任的总长，可连任一次。

就弹性聘期来看，1966 年牛津大学弗兰克委员会规定副校长任期为 4 年。2001 年，牛津大学咨询委员会宣布将校长任期延长到 7 年，对于合适胜任的校长的任期可一直延续到其退休为止。帝国理工大学校长的任期不固定，由遴选委员会向董事会建议。

一般来说，具有卓越成就的校长通常都是任期较长的校长。哈佛大学的艾略特担任校长职务达 40 年之久，麻省理工学院历史上治校成就最突出的校长罗杰斯、康普顿、吉里安分别执掌校政 30 年、20 年、11 年（该校校长的平均任期为 10 年）。当然，美国大学校长的任期一般较长，这既与当时的背景有关，也与当时没有固定的任期制有关。

4. 退出机制：转岗、解聘、自然退出等多种方式并存

世界一流大学的校长离职之后，有的到其他岗位从事学术或行政管理，有的则被聘任到其他大学任校长，总体上看前者比后者的可能性更大。也有部分校长离任后在政府、商业部门、非营利组织或者其他类似组织机构中工作，这在学校规模较大的大学校长中比例更高。如科尔因加州大学学生骚动被解除校长职务，随之先后被聘任为卡内基高等教育委员会以及卡内基高等教育政策研究审议会主席。

如果校长职位空缺是因正常退休，学校有足够时间遴选继任校长；如果是突发性事件导致校长辞职或被解职，美国大学校董会可能面临三种抉择：或仓促选定一位新的正式校长，或任命一位代理校长，或任命一位过渡校长。正式校长是经过严格筛选后所聘任的长期校长，代理校长或临时校长大多是"守家式"过渡性的校长，聘期一般为 1-2 年，他们可以来自校内，也可以来自校外，但大多不会成为新校长的候选人。

除了自行离任之外，校长也会被董事会解聘。校长每年向校董会述职，报告大学年度发展情况以及校长个人的工作情况。校董会根据学校新的排名情况、财务状况等考核校长的工作。如果董事会认为校长未能较好地履行其职责，将做出解聘的决定。根据《皇家宪章》的规定，帝国理工大学解聘校长以及学校其他工作人员的主要依据包括：监审委员会认定其有错而不再适合所担任的工作或职务；发生不道德、可耻的或不名誉的行为，与所担任的工作或职务不相符；工作失误、疏忽，长久不工作或没有能力履行职责；因健康原因不能行使职责。如果校董事会有三名及以上董事对校长提出投诉，经学校仲裁委员会审查并确认属实，校董事会主席有权决定解聘校长。德国柏林州《高等学校法》规定出现以下情况时则终止校长的任期：原定的任期终止，且没有获得连任；校长年满 65 岁；校长向州评议会负责的成员提交了辞职信；由于其他原因而终止了公务员的身份。慕尼黑大学理事会可以基于重大的原因以三分之二的多数票撤销校长的职务。

四、启示与建议

尽管世界一流大学由于所属国家不同、建校时间不一、社会文化迥异,其办学理念、发展路径也千差万别,但这些大学的校长作为"掌舵人",在各校发展的不同阶段都起着至关重要的作用,既是教育思想的革新者,也是大学灵魂的塑造者,还是学校发展蓝图的总设计师,更是执行战略规划的总负责人。在大学管理日益复杂的今天,一位好校长能够引领大学走上适宜的发展道路,不断突破瓶颈,实现可持续发展。从上述世界一流大学校长选聘机制的分析中,可以得到如下启示和建议:

1. 健全高效有序的校长选聘机制,推进大学可持续发展

世界一流大学校长的遴选主体各有不同,但其共性特点是保证了大学校长遴选的民主性和有效性。绝大多数大学都通过政府立法或大学章程对校长遴选工作做出严格规定,尽管遴选模式各异,但做到尽可能的公开、公平和公正。建议干部管理部门建立健全高效有序的选聘机制,确保契合要求的大学领导人才脱颖而出,促使能职匹配的优秀校长在卓有成效的教育管理实践中,有力推进大学平稳快速发展。

2. 完善大学校长任职标准,提高选人、用人质量和效率

建议干部管理部门进一步完善校长遴选标准,保证真正懂教育的优秀人才担任大学校长。一是从先进的教育理念、丰富的学术经验、超前的战略思维、优秀的管理才能、协调内外利益群体的技巧、筹集发展资金的能力等方面,提出通用性的基本要求;二是结合校长基本素质要求和不同类型高校实际情况,建立多类型的"半结构化"校长任职标准。

3. 改进大学校长遴选组织程序,扩大过程的参与性和对象的广泛性

建议进一步健全我国大学校长的遴选组织,规范遴选程序,提高大学校长遴选的有效性和公正性。一是由上级党委组织部门和教育行政管理部门协同成立"选聘委员会",广泛吸纳学校行政领导、教职员工、学生、校友代表参加,共同遴选校长,扩大遴选过程的参与性;二是探索建立面向全球选聘主管教学、科研副校长的遴选制度,扩大遴选对象的广泛性;三是科学设计并严格执行校长遴选程序,保证校长遴选的严肃性。

4. 健全大学校长聘任办法，增强聘用的科学性和规范性

建议干部管理部门进一步健全校长聘任机制，保证人尽其才、才尽其用。一是通过委任或者契约方式明确校长的权力、义务，并通过约束性规定保证大学校长集中精力从事管理；二是探索实行"校长候任制"，拓宽考察深度和广度，保证学校管理工作平稳交接过渡和候任校长扩充能力储备；三是探索大学校长聘任方式、任期年限及届数、退出机制等方面的改革；四是制定和完善校长转岗、解聘、自然退出等多元退出机制；五是积极探索我国大学校长专业化的路径。

5. 加强交流沟通，总结分享优秀校长的成功经验

要深刻认识校长在世界一流大学崛起中的关键作用，不断总结分享典型案例，并借鉴吸收境外大学校长同行的有益经验。一是探索建立大学校长交流机制，如举办国内、国际校长沙龙、校长论坛等；二是尝试与世界一流大学建立大学领导联合培育机制，选送国内高水平大学领导到这些大学中挂职工作，学习国外大学先进的管理理念和经验，提高我国大学校长的管理水平；三是建立优秀大学校长奖励机制，并传播、分享他们的先进经验和成功做法。

世界一流大学的校长治理组织架构透视

——世界一流大学校长管理比较研究（二）

周海涛 钟秉林

大学校长治理组织架构是指为了实现大学组织使命和校长治理目标，经过系统设计形成的大学内部各个部门、各个层次之间固定的排列方式，即大学内部的构成方式。科学的大学校长治理组织架构，是确保大学内部各项工作专门化、程序化、正规化的基本前提。依据不同的标准，可以对世界一流大学的校长治理组织架构作多种类型划分。例如，依据组织特性的不同，可分为"直线型"、"事业部型"、"矩阵型"和"扁平型"等类型；依据校长管理职能性质的不同，可分为"学术型"、"管理型"、"政治型"和"领袖型"等类型。本文在对世界一流大学的校长治理组织架构进行分类的基础上，分析归纳了不同治理组织架构的基本特点，以期与同行分享经验。

综合借鉴已有的分类标准，笔者将世界一流大学的校长治理组织架构分为两大类型六种模式（见表1）。第一种类型是政府领导下的校长治理组织架构，依据政府管理体制的不同，分为中央政府领导和州政府领导两种模式。这种治理组织架构类型下的大学受政府管控较多。第二种类型是董事会主导下的校长治理组织架构，依据组织结构特性的不同，分为科层型、直线型、二分型和扁平型四种模式。这四种模式的共同点是董事会掌握着学校最高决策权，校长在董事会领导下及在副校长（教务长）等辅助下管理学校，并对董事会负责。尽管一些学校的最高权力机构采用其他名称，如巴黎十一大的"行政委员会"、澳大利亚国立大学的"理事会"等，事实上这些机构的权力及其在学校管理中的作用与董事会相似。

表 1 世界一流大学校长治理架构的分类

类　型	模　式
政府领导下的校长治理组织架构	中央政府领导下的校长治理组织架构
	地方政府领导下的校长治理组织架构
董事会主导下的校长治理组织架构	科层型校长治理组织架构
	直线型校长治理组织架构
	二分型校长治理组织架构
	扁平型校长治理组织架构

一、中央政府领导下的校长治理组织架构模式

具有集权制传统的国家，为体现国家意志，保证国家对高等教育的宏观管理，通常采用中央政府领导下的校长治理组织架构模式。日本的大学是这种治理组织架构模式的代表，其基本特点是：

1. 等级制传统

国家依据社会声誉、预算经费和学生数等因素将大学分为不同等级，最高等级的大学是其他学校的榜样。等级制传统使优秀大学更容易掌握优质教育资源，但也更多受到中央政府的管理和干预。

日本东京大学自建校以来就是日本最高等级的大学，拥有较多的学科，通常能获得最多的政府拨款。同时，中央政府对东京大学的控制较强，在大学法人化改革之前，日本文部省名义上不干涉东京大学的具体事务，但大学校长和其他关键部门的管理者都由文部省任命。法人化改革之后，东京大学在校级层面设置了总揽学校重要事务的董事会、与学校经营有关的经营协议会以及审议与教育研究有关的教育研究评议会，实现自律运营，但仍然受到文部省在政策、经费方面的控制。

2. 集权式管理

国家规划与控制淡化了大学各委员会的职能，使得校长的决策者身份突出；通常使用较为紧凑的行政组织架构设计，使得校长集各方管理权于一身，不仅是董事会的代表，更是董事会的最高管理者。

日本东京大学的组织架构与日本大多数公立高校类似，由校级部门、学部（相当于我国大学的学院、系）和讲座（相当于我国大学的教研室、学科组）三个主要层次构成，各学部相对独立。法人化改革后，学校增设了四个校级管理机构：董事会、经营协议会、教育研究评议会和校长选考委员会，分别就校长人选、发展规划、学校经营、教育研究等事项进行审议，大学校长是这些机构的最高负责人，掌管学校大小事务。

日本早稻田大学在1907年废除了"校长——学监制"，开始实行"总长——校长制"，管理层由学校法人和学术机构构成，两个机构的负责人都由校长担任，即校长担任理事会主席并领导学术机构，掌握着学校最高决策权和管理权。

二、州政府领导下的校长治理组织架构模式

该组织架构模式下的大学通常是为了服务本州而建立和发展起来的，政治化程度高，国家对大学的控制是通过州政府间接进行的。德国的大学是这种治理组织架构模式的典型，其基本特点是：

1. 法制化传统

在此类组织架构模式下，大学的传统是将国家视为学术事业唯一合法的赞助人，受国家法律制约，大学也遵循法令行事。

德国州政府在大学的外部治理方面，通过《高等教育法》为高校发展提供宏观办学框架；同时，通过目标协定和高校协议，特别是针对各个高校的单独约定，与高校一起确定其发展目标，具体实施则由高校来完成。在大学的内部治理方面，如德国慕尼黑大学各个层面的决策管理机构都按照明确的规章办事，相互之间形成有效的制衡和监督。

2. 民主式管理

州政府领导下的大学内部民主是又一特点。州政府在办学经费管理和人事决策权方面拥有最后决定权；同时，教授在财政上不依附于高校管理者（校长或院长），他们各级决策委员会都占有多数席位，处于中间管理层面的校长和院长只起代表和协调作用。

德国柏林大学的决策层由学术评议会、大学师生员工代表会、监察委

员会和校长委员会构成。其中教授作为学术评议会和大学师生员工代表会的主要力量，对决策有重要影响。德国海德堡大学的董事会由 11 名成员组成，对校长任命、大学预算、学校规划等事务行使最高决策权；学术评议会是负责决策和咨询的委员会。学校规定，大学教授必须在委员会中占有多数席位。校长是委员会的主席，总务长和副校长辅助校长开展工作。

三、董事会主导下的科层型校长治理组织架构模式

董事会主导下的科层型校长治理组织架构模式在世界一流大学中较为普遍。该组织架构模式采用科层制对大学事务进行全面管理，其组织规模较大，权力分布呈倒金字塔型，且董事会成员中不包括校长。此类组织架构模式的基本特点是：

1. 清晰的权力层次

此类组织架构模式有着清晰而严格的自上而下的层次，采用"董事会——校长——副校长/校办——学术和行政主管部门——学院"式结构，权力自上而下递减。

法国巴黎十一大的校长是由行政委员会选举产生的，学校的最高管理权和决策权掌握在行政委员会手中，校长、校长办公室和副校长共同协作进行各类事务的管理。

美国加州大学董事会成员由州长遴选代表担任，其中包括教授及学生代表。校长由董事会遴选，并授权管理校务。董事会还任命各分校教务长、学院院长和主要实验室的主任。加州大学伯克利分校实行的是分校校长和副校长分级负责制。分校校长由加州大学评议会任命，总揽一切行政和教学科研管理工作，下设校长助理 2 名，分别负责人事和法律事务。副校长经过多次严格考核、评选产生，由分校校长任命。副校长分工负责有关事务，实施横向管理。

2. 明确的部门职责

大学内部各部门职能区分度较高，在每一层级中，除核心部门外还存在一些辅助部门，为全面管理提供便捷服务。因此，许多规模较大的世界一流大学常采用董事会主导下的科层型校长治理组织架构模式。

澳大利亚国立大学最高权力机关为大学理事会，有权依法处理涉及大学利益的所有重大事宜。校长是大学最高行政官员，由理事会任命，负责全面管理工作。大学设常务副校长1名、副校长4名及1名行政总监，其中分管改革与发展的副校长直接领导商业发展处和募捐办公室，分管学生事务的副校长直接领导学生管理处和宿舍管理处，行政总监负责日常行政和规划。此外，还设有校长办公室和服务部，前者主要包括交流与外联处、法务处、风险管理和审计处、大学理事会秘书处与咨询委员会秘书处，后者包括学生注册与服务处、科研保障处、人力资源处、教师服务处、金融与商业服务处、信息服务处和统计服务处等。

香港大学沿袭了英国高等院校的管理体制，实行的是董事会领导下的校长负责制。目前，香港大学设有董事会（主管监督和立法）、校务委员会（主管行政事务）和教务委员会（主管学术、学生事务）。董事会由校内外有关人士组成，负责学校内部重大决策和校长聘任。校长须对董事会负责，按照所制订的条例和规程管理学校，否则董事会有权解聘校长。

四、董事会主导下的直线型校长治理组织架构模式

该治理组织架构模式采用自上而下的层级划分，但与科层型校长治理架构模式不同：大学组织架构的层级较少，学科特色明显或整体规模较小，管理权力较为集中，最高层级（董事会）对学校事务的管理更为直接，且校长是董事会的成员。这种治理组织架构模式的基本特点是：

1. **垂直的组织架构**

该模式是一种垂直型组织架构，采用"董事会（校长、副校长）——教务长或总务长——学院"的组织结构，层次简洁，且每一层级中的辅助部门较少。

荷兰阿姆斯特丹大学的校长治理组织架构主要由大学理事会、大学监事会、七大学院和大学行政及服务保障部门组成。大学理事会是最高行政机构，负责大学全面管理，校长在大学理事会内任职。各学院是大学教学科研的主要实施单位，下设系、研究所、本科学院、研究生院、学院行政及服务保障部门等机构。

2. 集中的管理权力

由于管理层次简化，大学层面的管理权和决策权较为集中。董事会（包括校长在内）作为最高决策机构，掌握了大部分管理权力，教务长（或总务长）通常负责更为具体的管理任务，起协助作用。

美国哥伦比亚大学的最高权力机构是学校董事会，由24名董事组成，其中包括校长。校长是学校的首席执行官，拥有处理一切事务的权力，同时也受董事会的约束。教务长、执行副校长、学校法律顾问、学校秘书和院长等协助校长进行大学行政事务管理工作，他们经校长提名，由董事会任命。

五、董事会主导下的二分型校长治理组织架构模式

该治理组织架构模式是指在董事会的领导下，学校设有行政、学术两个主管部门，由校长主管其中一个部门，而不直接领导和干预另一部门的事务。此模式采取"董事会——学术校长/学术主管及行政校长/行政主管——学术及行政主管部门——学院"的组织结构。其基本特点是：

1. 有效的权力分割

该治理组织架构模式在董事会主导下，分设行政、学术两个主管部门，有效分割了学校管理中的行政权力和学术权力，使二者相对独立。

美国哈佛大学的权力结构清晰明了，校友会制约监事会，监事会制约董事会，董事会制约校长和教务长，校长和教务长领导副校长及院系负责人。董事会作为最高决策机构统领全校，校长负责学校的一切行政事务，教务长则掌控学术事务。

法国巴黎高师的校长和副校长由国家高等教育部直接选举、任命，学校设行政委员会和学术委员会，校长和副校长在学术委员会内任职。同时，校长与各系主任另组建了科研董事会，目的是各系人员与校长交流与分享信息，加强校内科研项目的协调。科研董事会每月召开一次会议，通报有关科研政策的信息。特别是各系科研预算的分配，其决议须提交学术委员会审议，并经学校行政委员会批准。

2. 明确的职能边界

在此组织架构模式中，校长担任学术部门主管时，其学术事务管理职能加强；校长担任行政部门主管时，其行政管理职能加强。

美国芝加哥大学董事会作为大学的法定代表和最高决策机构，采用集体决策方式管理学校事务，在董事会下设立理事会。校长作为芝加哥大学的行政首脑，主要负责指引学校的发展方向；理事会负责管理学校的一切学术事务。教务长的职责主要是协调校内学术领导（理事会）与行政领导之间的关系，听取各方意见以便协助校长处理各项事务；在校长与教务长之下，芝加哥大学设有13名副校长。

香港科技大学的校董会、顾问委员会及教务委员会，分别承担大学最高决策、咨询和学术管理方面的工作，校长担任教务委员会主席。

六、董事会主导下的扁平型校长治理组织架构模式

该组织架构模式是指在董事会主导和校长管理下，各学院都具备相对独立的治理结构。此类模式采取"董事会——校长、辅助管理部门——学院"的组织结构，学院具有较强的自主性是其最大特点。

1. 精练的组织结构

实施扁平型校长治理组织架构模式的大学管理层次少，管理跨度大，被管理者拥有较大的自由度。在信息沟通方面，平行信息多，垂直信息少，且沟通耗时少、流程短，属于较为精练的组织结构。

英国华威大学由社会知名人士（如王室成员）担任名誉校长（chancellor），监督和保证大学良好的秩序，向理事会和评议会负责。学校的管理事务由校长（vice chancellor）和副校长承担。理事会是学校的最高决策机构，对大学发展目标和重大举措拥有最高决策权，对大学利益负责。从组织结构上看，各个院系呈现典型的扁平结构。

英国帝国理工大学根据皇家宪章规定，设有校董会、大学监审委员会和校务委员会3个机构，权责分明地管理学校事务。理事会任命校长并支持其工作。校长是学校学术工作和行政工作的管理者，对董事会负责。值得一提的是，帝国理工大学按学科群，划分为工程、医学、自然科学和商

科四个学部,学部和学院负责人的主要责任是该学科群的战略管理以及在广泛征求教职工意见的基础上任命下属院系和中心的主任。

2. 高度的学院自主

此类组织架构模式中,校长权力明显弱化,学院自主性较强。当学院由教授会进行管理时,学校便会明显呈现出"教授治校"的格局。

剑桥大学的办学体制在英国是独一无二的,因为它既有直属学院(school),又有具有独立法人资格的学院(college)。大学与学院之间职责分明。大学的主要职责是设置课程,提供授课,安排考试,授予学位;学院的主要职责是招收本科生,给学生提供住宿,照顾学生,提供小组学习督导。评议会是大学最高立法与权力机关,由各学院教职人员组成,有大约4600名成员。剑桥大学的名誉校长是象征性的,很少介入大学事务,一般只负责颁发荣誉学位和出席学校的各种庆典等,真正负责大学日常事务的是校长,以下还有各学院的院长。

董事会是美国耶鲁大学的最高权力机构,下设10个专门委员会,其中重大事务由董事会的执行委员会处理,由校长和6-11名董事会成员组成。耶鲁大学在内部管理中注重教授治校。经耶鲁大学董事会的认可,每个学院都有各自的院长、教授会和"永久性工作人员委员会"或其他治理机构。每个学院的教授都会有权制定学院的教育政策,通过采取建立若干个委员会并按照相应的程序开展工作。

七、几点启示

校长治理组织架构是大学存在和运行的载体,是大学改革、建设和发展的组织保障。从上述世界一流大学校长治理组织架构的六种模式分析中,可以得出如下几点启示,值得我国高等学校在建设现代大学制度的进程中加以科学借鉴。

1. 适应国情校情的校长治理组织架构是世界一流大学崛起的组织保障

尊重办学规律,依法管理大学,有效配置权力,明晰管理职责,是世界一流大学管理架构和组织设计的共同特征。在政府领导的大学校长组织架构模式中,充分尊重和保障大学办学自主权,避免对大学进行直接的行政干预，是国外高等教育管理和大学治理的基本共识和通行做法。在董事会领导的大学治理组织架构模式中，大学较少受到外部控制或干预，能够坚守自己的传统和理念，自律性组织特征明显。我国高等学校，尤其是政府重点建设的高水平大学，应该遵循办学规律，结合学校自身特点和现实需要，积极探索构建各具特色的内部治理组织架构，为不断提高办学质量提供制度和组织保障。

2. 积极推进我国高等教育管理体制改革，依法落实高校办学自主权

借鉴世界一流大学组织架构的设置和做法，系统推进我国高等教育管理体制改革，落实和进一步扩大高校办学自主权。一方面，要加快建立和完善中国特色现代大学制度，转变政府的教育管理职能，减少对大学的直接行政干预，更多地通过政策法规导向、经费投入和信息服务、检查监督等方式，将大学自主开展教学活动、科学研究、技术开发和社会服务的权利真正落到实处。另一方面，要引导大学主动适应经济社会发展需要，改变政府包办或学校内部自我决策的传统方式，探索形成利益相关方共同讨论和决定大学发展战略和重大举措的新模式。

3. 加强政策研究和理论研究，为我国高校现代大学制度建设提供支撑

目前，我国高等学校正在认真贯彻落实《国家中长期教育改革和发展规划纲要（2010－2020年)》的战略部署，积极推进现代大学制度建设，不断优化大学内部治理结构，努力提高办学质量和效益。同时，在改革实践过程中也不可避免地遇到了不少矛盾和问题。建议政府有关部门加强相关政策研究，通过立项研究或启动改革试点等方式，开展调查研究，梳理存在问题，从政策上进行反思和调整，为高校的改革探索提供强有力的政策扶持。教育学界亦应强化问题意识，结合高等教育改革和发展中的重大理论和实践问题开展研究，注重从理论上进行归纳和升华，为高校的改革探索提供科学的理论支撑。

世界一流大学的校长权力制衡机制探析

——世界一流大学校长管理比较研究（三）

钟秉林　周海涛

健全校长权力制衡机制，统筹协调大学内外部与校长相关的各种权力之间的关系，是世界一流大学管理的制度基础和建设现代大学制度的重要内容。不同国家大学的发展历史、现实环境和发展战略各不相同，校长在整个管理系统中所处的位置、权力和影响也有差异，因此世界一流大学的校长权力制衡机制各有特点。本文对世界一流大学校长权力制衡机制四种主要模式略作分析，以飨同行。

一、欧陆模式：大学行政管理与国家官僚控制的博弈

欧洲大陆多数国家高等教育系统的权力配置模式，传统上倾向于政府权力，大学层面的权力相对较弱；而后大学行政管理力量逐步强化，在与政府官员控制的博弈中共治大学。

1. 德国大学的权力制衡

德国早期大学以政府官僚为权力中心，大学受到政府的全面控制，大学校长的职责范围也因此受到较大限制。20世纪下半叶后，欧陆型的权力结构发生变化，德国政府有意识地削弱上下两层权力，以增强大学行政和校长的权力。此后，校长的行政管理权力逐渐扩大，他可以听取学校最高管理机构——评议会的意见，但评议会对校长没有约束力；而学术事务管理方面，校长虽然对评议会负责，但仍享有较大的自主权，主持讨论和执行学术委员会的议题和决议。

如柏林大学的校长负责大学的有序运转，通过做出必要决策来维持大学秩序。除了监察委员会的决定之外，校长有义务权衡、裁定校内其他机构所做出的违法决定和措施。柏林大学的校长任命牵涉到三个主要的内部决策和管理机构，即学术评议会，大学师生员工代表会和监察委员会。它们与由校长和副校长组成的校长委员会（Präsidium）一起构成了柏林大学内部管理的权力制衡机制。德国这种民主决策和相互制衡的局面使得大学各个团体都能通过自己的代表在校长选举中产生影响，没有一个决策机构可以单独做出重大的决定，这就保证了所有的决策都能建立在广泛共识的基础上。[①] 此外，尽管各个团体都能参与决策，但是在各个学术自主管理委员会中占大多数比例的大学教授才是实质上的决策者。虽然柏林州和巴伐利亚州的高等学校法并没有明确规定大学校长一定要是大学教授，但是大学教授担任校长显然更容易得到各委员会的支持。

2. 法国大学的权力制衡

法国是传统意义上的中央集权国家，大学长期受制于行政和学术双重集权。20世纪80年代，在新管理主义的影响下，法国政府逐渐改变过去过于集中的管理体制，倡导地方分权，加强对大学的宏观管理。2007年8月，法国通过了《大学自由与责任法》（简称"大学自治法"），重新定义了大学校长及校委会的权限和选举方式，在大学自治的道路上又迈进了一步。

如巴黎十一大是在已有学院和研究中心基础上组建而成的，学院之间具有很强的联盟性质，体现了法国大学政治和学术双重集权的体制。按照"大学自治法"的规定，巴黎十一大设有学校行政委员会、科研委员会和大学学习及生活委员会。学校行政委员会类似于美国大学的校董会，具有决策和执行功能，主要负责制定学校发展的政策，特别是审议与学校相关的各项合同，批准学校的预算决算，审批校长签署的合同和政策等；科研委员会主要负责制定大学科研发展及科研预算分配计划；大学学习及生活委员会主要行使咨询功能，就大学生学习和生活相关的事务（如制定学分

---

① Humboldt – Universität zu Berlin. http：//www.hu – berlin.de ［EB/OL］. 2010 – 12 – 21.

制度、开展教学评定等）向校行政委员会提供信息和建议，同时该委员会还有一个重要职责，即保障大学生联合会的独立性。① 2007 年后，按照新的"大学自治法"规定，校长领导大学，代表学校处理对外事务，签署具有法律效力的合同和文件，审核大学收入和支出；主持三个委员会的工作；听取其意见和建议，准备并执行其决议；对本校全体工作人员具有权威，分配大学各服务部门工作人员的工作；任命各种考试委员会的成员；负责维护校园秩序，并按照相关法规要求警力的介入。明显地，校长的人事权和财政权得到了扩充，校长在教师和研究人员的职业生涯中也开始扮演重要的角色。校长有权决定教师与研究人员的聘用（并选择与教师签订长期工作合同或短期工作合同）、调动、晋升等，可以调整每个人的教学、研究和行政的最低工作量，决定教师的奖金发放，校长代表大学自行支配其预算经费，包括员工工资的发放，而此前的大学只能自主支配 25% 左右的预算，大学教师和研究员的工资全部由中央政府统一发放和管理。自 2009 年起，巴黎十一大的校长选举与三个校委员会的换届选举时间重合，这样更有利于校长与校委员会之间的协调，更好地发挥校领导团队的作用。②

二、英国模式：大学行政管理与大学董事会的角力

英国高等教育的权力分配，强调大学董事与行政人员的适度结合。在以学院为主体的牛津大学、剑桥大学等大学里，校长拥有一定的权力，但其协调性、象征性大于实质性，其权力及其重要程度均比美国大学校长低。20 世纪 60 年代以后，英国大学校长的权力渐大，校长的领导角色和作用增强；他们是制定资产分配方案和处理资产分配的首席执行官，同时作为评议会的主席，又是教授会的召集人。

如沃里克大学实行的是理事会领导下的校长负责制。校长及其领导下的高级管理团队在整个治理结构中起着关键作用，校长及其助理形成了一

---

① http：//www.u-psud.fr/fr/l_universite/organisation_generale.html［EB/OL］.2010-12-11.

② http：//www.pleinsud.u-psud.fr/2009/04/3-questions-a-guy-ceouarraze-president-de-paris-sud-11/［EB/OL］.2010-12-12.

种共享的领导力；副校长与其他高级管理人员或相关团体组成了内阁式的领导小组，以合作型领导方式运作。沃里克大学校长的作用很大，扮演着行政长官、首席会计官和大学战略规划的"总设计师"等多重角色。通过提升校长助理、系主任和学部负责人等一系列职员，领导核心力量得以加强。

又如帝国理工大学权力制衡机制的特点是，以董事会为核心的治理模式与以校长为中心的行政管理模式有分有合；校长由董事会任命，是学校学术工作和行政工作的管理者，对董事会负全部责任。校董会是学院的管理和执行机构，负责学校各项事务的有效管理，下设委员会协助管理。校长主管学校的发展方向和对外事务，直接管理人事和财务部门，其他事务交由副校长管理。大学监事委员会不隶属于任何校内组织或机构，独立行使职权，审查由校长和校董会递交的《大学年度报告》，接收审计委员会的《年度财务报表》，讨论与大学有关事务，并将其意见传达给校董会，确保大学能最大限度地满足利益相关者的要求。董事会支持校长的工作，负责学校的日常工作、新计划的操办和关键性决定的沟通。

承袭英国模式的澳大利亚国立大学也有相似特点。根据《2002年校长章程》，澳大利亚国立大学校长是大学首席行政官员，负责大学整体谋划和日常管理，有权从大学利益出发处置大学财产。有权履行下列职责：和理事会一起制定大学发展规划和战略方向，根据理事会授权负责大学发展规划和战略的执行，协调各部门解决对学校具有战略意义的具体问题，实现并监控大学风险管理和内部治理框架，向理事会及时报告大学面临的潜在诉讼、重大风险、财政状况、预算开支等，保证理事会准确地掌握相关信息以促进有效决策。校长还有权在某一行政岗位出现空缺时任命其他人代为行使职权，除非相关法规条款另有规定。[①]

三、美国模式：教授群体与大学董事、行政人员的协同

美国高等教育系统的权力结构，在以教授治校为特征的学术权力和以

---

① A Plan for the Management of Education at ANU. http://www.anu.edu.au [EB/OL]. 2010-12-11.

董事会、大学行政管理为特征的行政权力结合上做得最为有效。从垂直维度看，美国高等教育结构形成了一个强大的大学行政层面。教授对大学的控制主要是通过教授会发挥作用，限于学术事务，教授个人权威的作用比欧陆模式的大学要小很多。董事会和大学行政人员的影响很大。由于董事会成员多是由校外非教育、非学术人员担任，因此董事会不得不把处理学校日常事务和大部分管理权力交给校长。校长既作为董事会的重要成员，又作为大学最高行政首脑，在制定和执行学校的大政方针和学校管理方面实际发挥着最重要的作用。在美国模式中，由于院校官僚化和董事会制度在整个院校的控制中经常是决定性的，权力集中在大学层面，校长被赋予了较大权力，并且一般没有任期限制，因此校长的作用显得格外重要，对学校发展的影响也更为直接。

1. 美国公立大学的权力制衡

美国公立大学的管理机构常由评议会、董事会、校行政部门和教授会等构成，实行校长和副校长分级负责制。州大学评议会任命校长（及分校校长），校长（及分校校长）任命副校长，教授会由学院教授会和各类常务委员会两部分组成，教授会的各项工作都是由这些委员会来处理的。

如威斯康星大学系统的董事会负责为本系统运行和管理制定政策和规则，包括筹划未来本州大学教育的需求计划，设定招生标准和政策，审查和批准大学预算，以及建立各单位学术自治的管理框架。校长按照威斯康星州的法律规定履行职责，对于大学系统的运营管理拥有完全的执行权力。校长要合理配置大学系统的行政机构，管理和协调这些行政部门之间的关系，并根据需要履行相关职责；校长有权任命副校长和校长助理，并确定他们的任期。威斯康星大学系统中各分校的校长是他们各自学校的行政长官，直接协助威斯康星大学系统校长的工作，有责任对校长和董事会进行学校运营和管理方面的汇报。分校校长需要跟教职员工协商课程设置和学位授予、学术标准的制定和评价系统的建立、教师聘用晋升和终身教授授予、学校资金的分配和使用等事务；分校校长有权任命教务长，教务长在分校校长缺席时担任首席执行官。①

2. 美国私立大学的权力制衡

美国私立大学的管理结构常由董事会、校行政部门和教授会等构成，实行校长负责制。董事会任命校长，校长任命副校长。一些学校设有监事会或理事会。

如哈佛大学校长的职权包括人事任命权、财务审核权、终身教授职位审定权。哈佛大学采取分权制的管理模式，每所学院都是一个相对独立的单位，有各自的捐赠基金，各院的管理机构也不尽相同。在校一级有两个管理机构：一个是大学董事会，负责大学的重大决策，制定大学的政策和长远规划；另一个是大学监事会，负责审批大学的重要政策和决定，检查各院系的工作。显然，这在很大程度上限制了校长的职权，校长要推行改革不仅要说服半自治的院系，还要得到两个管理机构的支持，否则寸步难行。②

又如芝加哥大学的董事会虽不插手大学具体的学术、行政事务，但对大学校长具有遴选、聘任、监督、解聘的权力。学校许多重大事务也并非仅由校长一人决定，最终必须由董事会投票决定，例如年度最终预算须由全部董事投票，并获得大多数董事通过。大学理事会作为管理学校学术事务的机构，具有一定的决策独立性。芝加哥大学宪章规定校长有权否定理事会决议，理事会需重审被校长否定的决议；如果理事会维持原议，则由董事会做最后裁决。

四、日本模式：教授、大学行政、政府的多元制衡

日本高等教育的权力结构兼有类似欧洲大陆和英国模式的特点，但更接近于欧陆模式。讲座教授在学部和大学内形成强大的学院式控制，这一特征如同德国；上层的权力集中在文部科学省，这一情形又如同法国。根据文部科学省的相关法律，国立大学的管理机关是文部科学大臣和地方教

---

① http：//www.wisc.edu/about/leadership/leadership-and-governance.php#admin［EB/oL］.2010-12-10.

② http：//www.provost.harvard.edu/institutional_research/factbook.php［EB/OL］.2010-12-20.

育委员会；私立大学的管理机关是学校法人的理事会。

1. 日本国立大学的权力制衡

日本国立大学在法人化之前，内部管理组织分为学术和行政事务系统，相应地划分为学部与大学两个层次。校级最高决策机构是以校长为议长的评议会，评议会的审议和决策是在各学部教授会决议的基础上进行的，遵循由教授会到评议会、由学部长到校长的"自下而上"的决策路径。法人化之后，大学内部的管理权限划分发生重大变化，校长作为大学法人的最高责任者和法人代表，拥有最终决策权。国立大学监事由文部科学大臣任命，目的是在政府减少对大学直接干预并逐步放权的同时，通过任命监事来加强对国立大学的监督。监事由校外人士担任，主要对学校法人的财产状况以及理事会成员的业务执行情况进行监察，并定期向文部科学大臣提供学校法人的运营情况。法人化之前的教授会是学部级权力机构，是典型的"教授会自治"，实行以"教授会"为核心的教育、研究和管理运营一体化的管理体制；法人化之后，虽然《学校教育法》要求必须设置教授会，但教授会的实际权力大大削弱，只在学术事务管理上维持原来的权威和影响。

东京大学的权力制衡机制主要涉及文部省、校长和学校各级评议会。校长为大学法人，代表东京大学直接向政府负责，兼任教育研究评议会议长和经营协议会议长，是大学经营和教育、研究的最高负责人，所有教职员都由校长任命。国立大学法人每年要向政府提出一个中期报告，计划下一年办学的各项目标。日本政府依据大学中期目标的实现程度给国立大学分发预算。教授会是学部层面的最高决策机构。在法人化改革前，东京大学内部实行教授会和评议会合议制与学部长、校长负责制相结合的管理体制，决策过程遵循由教授会到评议会的自下而上的程序。学部教授会的地位甚至超越校长，在学校的教育研究和运营管理方面都有很大的话语权。法人化改革后，东京大学内部自治系统发生了较大的改变，引入董事会制度，建立和完善最高决策机构，实行自上而下的管理。大学校长是决策机构的最高负责人，即董事会的董事长、经营协议会和教育研究评议会的会长等。而原来由各学部长以及教授代表所组成的评议会现在则降格为仅负责审议有关教学研究事项的教育研究评议会,已无权审议和决策与学校经营有关的事项;原来由各科研机构教授组成的学部教授会权力削弱,不再是大学治理的核心机构,只负责审议学部长人选、学部教师聘用、课程设置和学生学位授予等学部一级的事务,学部教师皆由校长聘任。各学部、研究所、附属研究所等作为自律运营的基本组织,平等拥有参与大学运营的机会。"法人化"强化了校长的权力,校长有权决定学校的年度计划、中期计划、财务预算、重要机构的设置及废止等重要事项。

2. 日本私立大学的权力制衡

日本私立大学内部事务由学校法人及其决策层管辖,具有较大的自主性,同时,为协调私立大学之间的关系,成立了以私立大学为主要参与者的协调性组织,在规范各类私立大学办学行为方面起到了很好的作用。日本私立大学的决策层通常由学校法人,以理事会为核心的管理层和校长三方构成,这是私立大学与国立大学的主要区别所在,也是私立大学在内部管理上依法实行自主管理的核心所在。

早稻田大学由日本文部科学省间接管理,文部科学省对大学的设置、变更和关闭等进行审批管理。另外,政府根据咨询机构的意见,以资助方式来规划早稻田大学教育和科研的发展方向。校长是早稻田大学内部治理核心权力的掌握者,统一管理学术组织,担任学校法人代表和学校最高领导,掌握着学术与行政事务的决策权和管理权,向学校法人负责,接受来自监事会的监督。早稻田大学实行理事会、评议会和监事会三权分立的横向负责体制,由校长执掌的理事会虽统揽学校事务,但主要是提出学校发展设计,而由评议会审议和做出决定,监事会则对学校财产及理事工作进行监察,三方彼此牵制,是日本立法、执法和司法三权分立制在学校权力构成上的反映,也使得早稻田大学能基于独立的办学精神开展大学的运营管理。①

五、几点启示

校长权力制衡机制是大学应对外部各种挑战、回应内部多方诉求的重

---

① http://www.waseda.jp/gb/president/successive.html[EB/OL].2010-12-10.

要制度保证。从上述世界一流大学校长权力制衡机制的四种模式分析中可以得到几点启示,值得我国高校借鉴。

1. 协同有力的校长权力制衡机制是世界一流大学崛起的制度基础

透析世界一流大学的校长权力制衡机制,许多大学的最高决策和权力机构是董事会,大部分成员由校外人士组成,决定学校的重大事务。校长作为董事会的成员,可以在董事会授权的总体决策框架内独立行使职权。一方面,董事会的权责边界分明,能有效驾驭全局;另一方面,校长的权力范围明晰,能最大程度地发挥主动性和创造性。校内的学术事务主要由评议会负责,其成员多由教授、副教授等学术人员组成,此外还包括一些行政管理人员和学生。这种管理机制不但保证了学术权力的独立性,而且充分调动了其他利益相关者参与学校工作的积极性,已成为现代大学内部管理的范例。

2. 完善权力制衡机制,理顺大学和政府的关系

参照世界一流大学的校长权力制衡机制模式,进一步理顺各种权力关系,构建政府宏观管理、社会参与、学校自主办学的管理机制,是我国建设高水平大学的理性选择。一是坚持依法治教,合理配置政府和大学的权力和责任,尊重学校办学自主权;二是注重转变职能,综合应用政策法规、经济杠杆、监督评估、信息服务等手段实施宏观指导和分类管理,减少不必要的行政干预;三是高校坚持面向社会依法办学,自主发展、自我约束,努力提高整体质量。

3. 协调大学内部关系,提高大学管理水平

借鉴世界一流大学的治理经验,依法制定章程,协调好大学内部的各种关系,不断提高我国大学管理的制度化、民主化水平,是探索建设中国特色现代大学制度的重要内容。一是坚持和完善党委领导下的校长负责制,健全议事规则和决策程序,党政协同保证学校发展目标的实现;二是协调大学内部学术权力和行政权力的关系,克服"行政化"倾向,彰显大学的本质特征;三是提升决策和执行过程的透明度,实行校务公开,促使大学管理更加民主化。

加州高等教育总体规划 50 年回顾与展望

刘宝存　庄腾腾[①]

从 1960 年美国加州高等教育总体规划（以下简称"总体规划"）出台到现在，50 年已经过去了。在总体规划 50 周年之际，特别是在我国把"分类管理，办出特色"作为高等教育改革的重要政策之后，作为高等教育区域规划主要模式之一的总体规划成为我国高等教育研究的一个热点问题。本文拟回顾总体规划 50 年的发展历程，分析其成败得失，并对其未来前景进行展望。

一、"加州高等教育总体规划"的产生与发展

在美国分权制的教育管理体制下，加州有着规划本州高等教育发展的传统。早在 19 世纪末，加州就非常关注高等教育系统的结构优化。1899年，加州成立加州教育委员会（The California Educational Commission），提议将加州的师范学校置于州教育理事会（The State Board of Education）的管辖之下。在 20 世纪 20 年代末和 30 年代初，州政府委托卡内基教学促进基金会对公立高等教育的组织管理进行调查研究，该基金会对改进加州高等教育管理提出了四点建议。1933 年，加州成立了加州教育规划和协调理事会（The State Council for Educational Planning and Coordination），负责研究影响加州公立学校体系和加州大学之间的关系问题，并向加州教育理事会和加州大学董事会提出相关建议。1946 年，加州教育理事会和加州大学

[①] 作者简介：庄腾腾（1988 - ），男，陕西西安人，北京师范大学国际与比较教育研究院 2010 级硕士研究生。

成立联络委员会，开展对加州高等教育需求的考察，并于 1948 年发表了《加州高等教育需求调研报告》，对州立学院的扩充、州立学院与加州大学的分工、设立州政府助学金计划等提出了建议，较全面地规划了加州的高等教育发展。1953 年，加州对 1948 年研究报告提出的政策进行评估，并提出了《加州高等教育需求再研究报告》，对加州高等教育提出了一百多条建议。1957 年，加州教育理事会和加州大学董事会联络委员会又提出了《加州对公立高等教育中心的需求》的研究报告，对加州大学和州立学院新校区的建设制定了准则。这些研究报告和政策建议为 1960 年加州高等教育总体规划奠定了基础。

1959 年，加州众议院通过第 88 号决议，要求加州教育理事会和加州大学董事会联络委员会，就初级学院、州立学院、加州大学和其他高等教育机构的发展、扩充、整合以及高等教育设施、课程和标准的协调等事宜，起草一个高等教育总体规划，以满足本州未来 10 年及以后的发展需要。为了做好总体规划的制定工作，联络委员会成立了总体规划调研小组（The Master Plan Survey Team），而后又在调研小组之下成立了几个技术委员会（Technical Committee），分别负责在校生数预测、学生的录取和保有、加州高等教育财政支付能力、高等教育成本、院校容纳能力和区域需求、成人教育等事宜。加州之所以要在这时制定一个高等教育总体规划，主要出于以下几个原因：①"二战"后的"婴儿潮"时期出生的人相继到了高中毕业即将走进大学的年龄，再加上加州当时每年的移民高达 50 万人之多，高等教育需求激增，使得加州高等教育面临巨大压力，扩大招生人数迫在眉睫。②在 20 世纪中期加州公立高等教育已分为加州大学、加州州立学院和加州社区学院三大系统，各系统在发展过程中长期定位不清，竞争无序，不但导致各系统之间关系极为紧张，而且造成资源浪费。③加州立法机关试图限制高等教育系统的自主决策权，而加州高等教育界则意识到"由他们自己来协商制定一份高等教育系统的总体规划可能是影响改革的最后一次机会"，因而极力捍卫高等学校的自主权。在经过一年多的论证之后，"高等教育总体规划"于 1960 年 4 月 27 日以《多纳霍高等教育法案》颁布。

总体规划内容涉及许多方面，包括加州高等教育系统的结构、功能与协调，学生的录取与保有，院校容纳能力与区域需求，教研人员需求和供应，成人教育，高等教育成本，加州对公立高等教育的财政支付能力等，其中核心内容主要包括：①明确三大系统各自的职责。加州大学担负着培养本科生、硕士研究生、博士研究生和从事科研的重任，专享授予各学术领域博士学位的权利；州立学院主要从事本科生和硕士研究生教育，科学研究必须与其人才培养任务相关；社区学院主要开展职业技术教育，同时提供相当于大学1–2年级的通识教育课程。②确立分层级招生的原则。加州大学应从加州高中毕业生的前1/8（12.5%）中招生，同时接收社区学院平均绩点高于2.4并有意愿转入加州大学继续学习的学生。州立学院应从高中毕业生的前1/3（33.3%）中招生，同时接收社区学院平均绩点高于2.0并有意愿转入州立学院继续学习的学生。社区学院则担负起招收其余加州高中毕业生的历史责任。③确立免学费的原则。总体规划确立了加州高等教育免学费的原则，要求高等教育系统只能收取学生的杂费，以期保证高等教育能够面向加州所有的适龄人员。

在此后的50年间，加州不断对总体规划进行评估、讨论与修改。正如加州大学伯克利分校高级研究员道格拉斯所说，"就像州宪法一样，'总体规划'是一份'活'的文件，随着时间的推移，它会有一些修改和改变"。1966年高等教育协调理事会（Coordinating Council for Higher Education）首次对总体规划进行评审，并发表了题为《总体规划实施五年》的报告。1972年高等教育协调理事会中的特别委员会（Selected Committee）对总体规划再次评审，发表了题为《70年代及以后的加州高等教育总体规划》的报告，提出了60项新的建议以应对新的挑战。1973年总体规划联合立法委员会发表报告，要求立法机关为全州高等教育订立一个包括入学率的目标、学校责任和不同部门间的合作等在内的广泛目标。1986年和1987年总体规划评审委员会分别发表题为《变革的挑战：再评加州社区学院》和《总体规划修订：团结、平等、优质、高效的加州高等教育》两份报告，就社区学院和转生制提出了100多项建议。1989年联合委员会发表题为《加州的未来：为多文化民主社会培养公民》的报告，为加州高等教育提出了57项建议。2002年，一项涉及从学前教育到高等教育的《加州教育总体规划》（以下简称"新总体规划"）出台，更加关注从学前教育到高等教育整个教育系统的连贯性。

二、"加州高等教育总体规划"取得的成效与存在的问题

总体规划出台以来,虽历经多次修订,但基本原则和总框架并没有发生太大的变化。50年来,总体规划有效地推动了加州高等教育的发展,使加州高等教育赢得了世界的瞩目和赞誉,但同时也存在着一些争议和问题。

1. "加州高等教育总体规划"取得的成效

首先,总体规划结束了公立高等教育各系统间无序竞争的混乱状态,维护了加州高等教育发展中的秩序。虽然并非总体规划创造了加州著名的三级高等教育系统,但却是总体规划从根本上规定了加州高等教育系统分类发展的原则,明确了加州大学、州立学院和社区学院这三级系统各自的职责与使命,从而结束了各系统间无序竞争的混乱状态,维护了加州高等教育发展中的秩序。总体规划使得这几个部门再也无法试图改变自身的类别而去与其他类别相争。例如,社区学院由于无法开设超过14年级程度的课程而不可能改制为州立学院;州立学院因为在开设博士学位和专业领域的课程以及研究方面的限制,无法成为加州大学的一员;加州大学也必须担负起特定任务,不能合并州立学院或社区学院。

其次,总体规划鼓励高等院校在各系统范围内追求优异,促进了高等教育整体质量的提升。总体规划确立的公立高等教育三级系统,限制了不同类型高等学校之间的无序竞争,却激励同一类型高等学校内部有序竞争,在各自系统范围内追求优异,这对于高等教育整体质量的提升发挥了积极的作用。若是没有总体规划,加州州立学院则很有可能会争得授予专业学位和博士学位,并且承担更多的研究任务;加州大学将继续和州立大学进行竞争,也将不可能安安心心地提高其研究质量。倘若没有总体规划,州立学院本身作为偏教学型的高等教育机构,也将在与加州大学对研究任务的竞争中逐渐丧失自己原先的优势,各方的质量也将难免大打折扣。

最后,总体规划确立的公立高等教育三级体系和免学费原则,使得加州高等教育迅速发展。在1960-1980年短短的20年间,加州公立高等教育的招生增长了大约510%,远远超过89%的人口增长率。特别是总体规

划在不同层次高等院校之间建立了转学制度，使两年制学院和四年制学院和大学之间可以开放互通，使社区学院得以大力发展。

2. "加州高等教育总体规划"存在的争议与问题

50年来，公众对于总体规划也并非一致支持，相反，自总体规划产生之日起，就存在着争议，争议的焦点主要集中在总体规划近乎计划体制的强制性措施是否公平的问题上。总体规划规定：加州大学是公立高等学校中唯一有权授予各学术领域博士学位的机构，唯一的例外是它可同意与州立学院在某些领域联合授予博士学位；加州大学是以州政府财政支持从事科研的首要学术机构；而州立学院可与加州大学联合授予博士学位，可以为更好地实施本科生教育和硕士生教育而开展相关的研究活动。50年来，加州大学与州立学院（现已改名州立大学）的分工依然维持着原来的分工，唯一的变化是，修改后的总体规划允许州立大学授予教育博士学位，并为校长和学校管理人员提供博士学位。同时，"州立大学也正在向萨克拉门托的州立法机关提出要求授予更多的专业学位，比如听觉学，州立大学校长和一些分校校长还可能提出要求增加非专业学位点"。现在州立大学提出反对总体规划设定的限制，他们认为，近年来有些州立大学发展得很快，已有相当的实力，并已招收外国留学生，在国际上也有了一些知名度，如果不开展科学研究，不招收博士研究生，则学校的发展势必会受到极大的局限，甚至最终只能停留在二流学校的地位，无法提高；同时开展科学研究，招收博士研究生，可以使学校争取到更多的科研经费和私人捐助，从而使学校的经费状况大大改善。但加州大学各校则群起而反对，认为若这样做，势必分散科研力量和经费，这对于确保美国在全世界的科研领先地位来说是不能允许的，等等。对总体规划公平性的质疑还体现在不同族裔青年受教育机会的不均等方面。总体规划要求通过免收学费和生源分配保证每一个加州学生接受高等教育的机会，但是并没有保证不同族裔青年均等的受教育机会。1989年的总体规划评审报告书指出："就白人、黑人、亚裔及墨西哥裔四大族裔来看，黑人和墨西哥裔学生约占每年高中毕业生人数的30%，但是只占高等教育一年级新生的23%，而且其中四分之三集中在社区学院。"虽然总体规划规定的转生制度为高等教育各系统间提供了流动的机会，但是实际上每年能成功转入加州大学和州立学院的黑人和墨西哥裔的学生比例偏低。

在总体规划实施过程中，社区学院的发展遇到一些障碍。总体规划规定加州大学招收全加州高中毕业生中的前1/8（12.5%），州立学院招收高中毕业生的前1/3（33.3%），也就是说社区学院要招收其余的近55%的中学毕业生，然后再根据其学业成绩和意愿将一些学生转入加州大学或州立大学深造。但是越来越多的学生愿意直接进四年制大学学习，而不愿意先进社区学院学习，主要原因是加州大学、州立大学和社区学院的教育资源不同，学生毕业后的出路也有很大的差异。因此，有些人指出，总体规划虽然希望压缩加州大学和州立大学的本科低年级课程规模，使更多的中学毕业生首先进入社区学院学习，但并没有不准加州大学和州立大学直接招收中学毕业生，因而建议，既然要扶植和促进社区学院发展，就应不允许加州大学或州立大学开设低年级课程，以免和社区学院争夺学生，同时应增加对社区学院的财政资助，使之可聘请到比较好的教师。

经费不足也是总体规划实施过程中面临的一个重要问题。20世纪70年代经济危机后，加州议会于1978年通过了第13号提案，要求政府减少征收大约60%的财产税。随着财政紧缩，政府对高等教育的投入也大为减少，征收并逐步提高学费成为了各高校自然的共同选择。于是，当年总体规划中所做的只收取学生杂费的承诺遭到了侵蚀。

另外，还有人认为总体规划只关注"确保每一层次内部的卓越"，而忽视各个系统之间的合作。

三、"加州高等教育整体规划"未来展望

自1960年总体规划颁布迄今已过去了50年，今天的加州高等教育界面临着前所未有的新形势和新挑战，我们也无法完全预期未来的形势和挑战以及总体规划的前途命运。但是，从有关政策文本、研究报告和专家讨论，我们仍然可以展望总体规划的未来前景。

1. 定期评价和修订总体规划

加州教育联合委员会2002年制定的新总体规划明确提出："此报告是

基于联合委员会对当前加州、美国以及整个世界的实际环境的把握和对未来环境的预期而制定的，鉴于今后几年世界和加州都将会发生很大的变化，因此这份规划宜动不宜静，在新变化出现时应及时修订，以更好地满足新的需要。"联合委员会还进一步给出建议;"对此规划的全面评价和审定应以10年为一周期，但3-5年就应当根据实际出现的新情况适当进行局部的调整。同时，高等教育委员会和教育委员会应当每年对总体规划的实施效果进行评定。"

2. 全社会共同推动"新总体规划"的实施

总体规划及其后续发展对于高等教育的规划是多方面的，对于社会各方都提出了一定的期望，因此它的运行也需要社会各界共同的支持。加州教育联合委员会明确指出:"没有全加州的整体参与和各个组成部分的鼎力支持，这份规划是不可能很好地实施的。家长、学生、教育家、政策制定者、社区组织以及企业雇主都有责任来促进教学和学习质量的提升，都有责任促进这份规划的顺利实施。"21世纪的加州在之前的基础上制定"新总体规划"，除了希望能够系统地解决加州自学前教育至高等教育各方面的诸多问题，更是希望借此来重新夺回加州公立教育尤其是高等教育的领先地位。因此，加州教育委员会雄心勃勃，号召所有市民共同努力，将"新总体规划"落到实处。

3. 总体规划的核心内容将继续保持

总体规划的核心内容是将加州公立高等教育明确划分为职责与使命各不相同的加州大学、州立学院和社区学院三级系统，这是总体规划的根本，也是总体规划其他措施的基础。虽然50年来各种委员会不断评估、修改总体规划，但正如道格拉斯所说:"自1960年以来,'总体规划'没有发生太大的变化"，三级系统得以保留下来。因此，在未来的年岁中，虽然加州州立大学可能会获得更多专业的开设权和博士学位的授予权，但为了保证加州高等教育的整体效率和质量，总体规划的这个核心仍将不会出现太大的变化，正所谓本立而道生，没有了三级系统这样的"本"，总体规划将会不复存在了。

高等教育强国视野下的高校教学质量管理

钱 伟[①] 薛二勇

《国家中长期教育改革和发展规划纲要（2010－2020年）》明确指出，提高质量是高等教育发展的核心任务，是建设高等教育强国的基本要求。培养人才、科学研究、社会服务是高等教育的三大基本任务，其中首要的便是培养人才。而教学是培养人才的基本途径，是提高教育质量的重要抓手，也是建设高等教育强国的关键环节。2010－2020年是高等教育的改革发展期，通过10年的努力，使我国高等教育实现跨越式发展，在重要指标方面缩短与高等教育强国的差距，战略重点包括全面提高高等教育质量等。从某种程度上讲，高校教学质量管理水平的高低，直接决定了高等教育强国建设的历史进程与步伐。由此可见，在建设高等教育强国的视野下审视高校教学质量管理的问题、挑战，提出对策，显得尤为必要而迫切。

一、新时期高校教学质量管理的问题

根据教育规划纲要的要求，到2020年，我国高等教育的人才培养水平全面提升，建成一批国际知名、有特色、高水平的高等学校，若干所大学达到或接近世界一流大学水平，高等教育国际竞争力显著增强。为此，应该明确新时期下我国高校教学质量管理中的基本问题，经过分析发现，我国高校教学质量管理的主要问题为：行政化倾向明显、标准性评价模糊、工具性方式僵化等，从而影响了教学质量的提升。

---

① 作者简介：钱伟，浙江外国语学院教师

（一）教学质量管理中的行政化倾向明显

我国高校现行的教学质量管理方式，基本上仍然以行政为主导，教学质量管理决策和制度的制订和执行，强调的是权威与服从，教师和学生被动参与，教学管理自主权少。部分高校在行政主导下，忽视学校的客观条件，盲目地强调数量的增长、规模的扩大，造成教学资源的相对紧缺，致使教学质量下降，最终影响人才培养的质量。

高校教学质量主要由上级部门组织专家对高校进行行政检查与评价，教学评估周期长，评估之后缺少有效的监管机制，难以及时准确地发现教学质量问题并做出反馈，导致高校教学质量管理意识的淡漠及政策的松懈，容易造成教学质量的下降。而且，教学质量管理基本采用自上而下的方式，缺乏教师和学生参与的途径与机制，导致教学质量管理的内生力量不足，主要靠外部力量进行控制，势必导致教学管理的无力。除此之外，我国缺乏参与教学质量管理的专业性中介组织，难以发现教学质量管理内部的专业性问题，使得教学质量管理不得不依附于行政，对于高校的学术自由造成较大的冲击。

（二）教学质量管理中的标准性评价模糊

我国虽然存在教学工作水平评估的基本指标以及相关的主要观测点，为高校教学质量评估的可比性、统一性提供了基本标准框架。不论高校的办学类型、地理位置、历史传统等，均适用于同样的指标，而且其中更多的是静态指标，柔性指标偏少。但实际上，由于指标内涵的模糊不清、专家把握标准的尺度不一、教育教学理念的理解差异，使得看似统一的标准在评价过程中变得模糊，难以准确地诊断教学质量问题。

此外，教育管理中长期存在的分数管理倾向扭曲了高校教学质量管理的价值取向，使得教学质量管理表现出强烈的功利性色彩，过分看重规章制度以及教学质量评价排名的高低，而忽视了教学的主体——教师与学生的工作与学习情况，教学质量管理成为教学质量检查，教师和学生疲于应付，导致有关的教学质量评价难以有效地发挥作用，提高教学质量。更重要的是，致使人才培养目标单一、教学方式机械、教学内容陈旧等，没有充分重视学生创新意识和创新能力的培养，无法实行多样化、民主化的教学方式，也无法满足高等教育多元化发展的要求。教学质量的高低主要取决于学生学业成绩与教学要求之间的符合性程度，教学质量管理中重静态性指标、轻发展性指标，重显性指标、轻隐性指标，重硬性指标、轻软性指标等。

（三）教学质量管理中的工具性方式僵化

我国多数高校的教学质量管理主要依赖规制措施，激励手段在整个管理系统中处于次要与从属地位，约束手段处于教学质量管理的首要位置，未真正地关注教学质量的"内适性"，即教学过程与教育目标之间的契合程度。许多高校教学质量管理仅限于组织人员对任课老师进行听课以及学生对任课老师进行测评，缺乏对学生知识结构形成、学术探究能力、实践操作能力等方面的评价，而"听课"与"测评"又往往成为学校教学、人事管理部门对教师个人年度考核的手段，难以对提高教学质量与人才培养质量产生实质性的促进作用。

在我国，高校教学质量的管理主要有政府管理、学校自我管理两种层次，社会组织、专业学会、中介部门很少参与教学管理工作。教学质量管理仅涉及教学，没有包括与教学密切相关的科研、教辅与后勤等部门，而未有效地关注到教学的内部流程及日常性的质量监测，使得管理的可操作性大打折扣；管理目标主要是强调甄别、排名等，而忽视了管理的诊断、发展方面的目标，致使教学质量管理缺乏正确的导向；管理手段以终极性评估居多，形成性评估较少，使得学校难以在教学质量管理中不断地发现问题并予以改进。教学质量管理是教育管理的核心，影响教学质量的因素多种多样，需要用系统、综合的视角分析解决有关教学质量的问题，而高校现有的各类教学规章制度，主要强调单一部门的职责及单项教学工作的操作规范，没有突出教学质量管理在所有管理工作中的首要和核心地位与作用，导致对教学质量问题的处理往往"头痛医头、脚痛医脚"，难以从根本上解决问题。

二、新时期高校教学质量管理的挑战

虽然我国教学质量管理存在着某些问题，对教学质量提升造成了影响，但总体上，我国高校通过教学，为国家经济、社会发展培养了大批高素养的专门人才，为个人的全面发展奠定了扎实基础，满足了不同历史阶段国家与个人发展的需要。在建设高等教育强国的历史进程中，我国正在实施两大战略，即创新型国家建设战略与人力资源强国战略，教学质量的全面提升面临新的挑战，主要表现为高校学术权力弱化、质量管理条块分割、过程监测体系缺失等。

（一）高校学术权力弱化

学术管理的质量监控工作本应由学术人员负责，但现状往往却是行政组织或以行政人员为主的组织行使着这一重要的学术管理权力，这是质量监控难以取得预期效果的重要原因之一。首先，高校的教学往往不是根据知识特性进行，而是根据行政管理者的判断进行，未能建立以知识传承与创新为目的的教学质量管理体系。而且，部分高校的教学质量督导委员会、学术委员会、教学质量评估机构等，都处于"非常规性"的工作状态，没有形成制度化的运行规程，缺少专设、固定的办公机构，组织成员多属兼职性的行政管理人员，影响了质量管理工作的正常开展。其次，行政管理部门与学术人员的教学质量观、质量目标不一致，教学工作中很难形成合力，在高等教育的外部环境变化激烈、竞争加剧之时，无法及时分解和改变管理战略，亦无法灵活调整管理策略、通过改变局部来改进高校教学的整个运行过程。再加上信息交流不畅，使得不同部门对质量工作缺乏总体把握，易于形成片面看法，采取不当措施，对教学质量产生更加消极的影响。最后，高校学术人员缺少必要的教育教学资源支持，导致教学达不到质量标准。教育教学设施、场所、实验设备等是保证教学质量的重要条件，但由于我国高等教育大众化进程中高等教育规模的迅速扩张，并没有带来教育教学资源成比例的配套增加，导致教学中出现了资源紧张问题，对提高教学质量带来重大挑战。

（二）质量管理条块分割

高校教学质量管理的组织体系不够系统、不够协调。高校的外部评估及相应的内部评估由不同的组织、部门独立开展，没有建立科学合理的协调机制，没有单一组织对质量管理的整个过程负责，缺乏教学质量管理的顶层设计，导致质量生成的环节比较零散，无法有效应对高校教育强国建设对教学质量提高的迫切要求。教学质量管理的不同组织、部门、教师等从自身角度出发对学生的教学需求、知识发展规律等虽然有着一定的了解，但往往由于信息交流的不全面、不准确，得出的结论常常存在偏差，以此为依据制定教学管理政策、实施教学活动，不利于教学质量的提高。高校教学人员与教学管理人员之间有关质量标准的信息不对称，也会导致教学质量差异，例如教学质量管理人员未能准确地将质量要求传递给教学人员，导致标准规定与现实操作之间出现误差，现实中的教学质量并未达到规定的要求。实际上，质量是基本原则的体系，如果没有达成某种原则，那么整个系统的质量将会受到影响，质量体系中的基本原则互相关联、互相依赖，具有因果关系。教学质量管理的模块分割，使得高校内部成员的质量行为模式，以及由此体现出来的质量价值观念、规范等表现各异，无法形成提高教学质量的合力。

（三）过程监测体系缺失

高等教育机构的教学质量是在动态过程中形成的，体现在教育活动的整个过程，表现出动态性、发展性、过程性等特征，由此决定了教学质量的管理活动必然涉及整个教学过程，及时根据知识创新规律、学生身心变化、社会经济形势、国家发展需要做出调整，注重动态管理、过程管理。实践中，部分高校简单套用ISO标准体系全面质量管理的方法管理教学质量，虽然取得了一定的效果，但仍然存在较多不足之处。ISO标准体系主要针对企业，而企业生产的是单一产品，偏重社会属性和效益属性；但高等教育机构应该培养的是高素养的创新型人才，而人才则具有双重属性，即社会属性与个人属性，高校教学最主要的任务是激发学生的主观能动性，促使学生自觉成才，显然与一般的产品存在较大区别。目前，高校建立的教学质量管理体系中的监控标准、监控目标、监控对象、监控内容、监控方法等，往往一经确定，便极少做出及时调整，无法有效评价根据实践需要做出的教学调整，无法有效地对教学过程进行质量监控；已有的监测标准与现实需求存在差异甚至冲突，对提高教学质量、加强教学质量管理带来了不利影响。

三、新时期高校教学质量管理的对策

从高等教育大国迈向高等教育强国，国家战略的逐步实施，都有赖于高素养的各类专业人才，而提高教学质量是培养高素养专门人才的基本途径，为此必须提高教学质量管理的水平。针对新时期我国高校教学质量管理的基本问题，根据教学质量管理面临的挑战，结合实际情况，应该制定系统化的高校教学质量标准、把教师和学生放在工作的中心位置、有机地结合学术权力与行政管理、建立常规性的教学质量评价机制等，以提高高校教学质量管理水平，进而全面提高高校教学质量。

（一）制定系统化的高校教学质量标准

教学质量标准是国家、地区、高校根据教育目的和教学目标，确定的具体明晰的衡量教学效果的标准，具体包括三个层次的标准：其一，国家与地区对高校提出的、适应或者引领社会经济发展的人才培养的基本标准；其二，不同层次、类别、行业类高校人才培养的差异化、个性化、特色化的具体标准；其三，学生及其家长对不同高校培养人才的期望性标准。高校教学质量的国家与地区标准，是国家和地区对高校进行管理、评价、检测、督促的基本要求，是高校培养人才的基本标准，也是高校制定教学计划、选择教学内容、实施教学活动、进行教学评价的基本依据。高校教学质量的学校标准，是不同层次、类型高校人才培养多样性的现实、客观反映，是国家发展战略与地区发展需要的客观要求，也是高校制定教学计划、选择教学内容、实施教学活动、进行教学评价的具体依据。高校教学质量的个人标准，是学生及其家长对高等教育服务多样性、差异性的基本要求，是学生选择适合自身发展的不同高校的主要标准，也是高校制定教学计划、选择教学内容、实施教学活动、进行教学评价的参照依据。可见，高校教学质量标准具体可以分为三个层次，即区域层次（国家与地区）、学校层次、个人层次，三个层次标准构成完整的高校教学质量标准体系。由此，应该构建区域层次、学校层次、个人层次三层一体的高校教学质量标准体系，科学地进行学校定位、组织教学活动、进行教学评价。

（二）把教师和学生放在工作中心位置

百年大计、教育为本，教育大计、教师为本，高校应把教师发展作为学校的核心工作之一，不仅应该重视教师的生活需求和工作条件，还要关注教师发展的高层次需求，例如成就感、满足感等。日常教学管理中，高校应充分发挥教师的主观能动性，人性化地关怀教师的成长和发展，做到用事业留住人、用感情留住人；重视教师对教学管理工作的意见和建议，客观公正、实事求是地评价教师的教学业绩和工作质量，营造良好的工作环境。高校教学工作的基本目标是为社会培养合格的专门人才、促进学生的自我发展。教学质量管理应该重视学生的发展情况和成才需求，根据学生自身的发展水平和社会对高素养人才的需求，安排教学顺序、优化课程体系、设计教学环节；在实施教学活动的过程中，依据学生的认知水平、知识准备、接受程度，确定学生的最近发展区，调整、改进教学工作。教学质量管理者应该树立服务意识、竞争意识、顾客意识，教学是基础、管理是服务，在教学质量管理中，以教师和学生的需要和要求为标准，以教师和学生的满意度为衡量教学管理工作的主要指标。加强管理部门、管理人员、教师、学生的交流、沟通、研讨、反馈，建立良好的协作关系，实现教学管理为教师和学生服务、为教学服务，体现教学质量管理的动态特征。

（三）有机地结合学术权力与行政管理

高校的教学质量管理涉及学校工作的方方面面，既包括教师、学生、管理者、后勤人员等教学主体，也包括教学内容、管理办法、质量评价、监测机制、奖惩措施等管理内容。教学质量管理的程序，往往体现出一定的标准性、规范性、有序性，反映出教学质量管理的行政属性。此外，对于高校的教学，显然存在外在的要求，可以称之为社会标准，主要表现为政治、经济、文化等领域对培养人才的社会需求，社会标准作为高校办学的重要方向之一，需要协同发挥行政管理与学术权力，以保证方向的正确，对学科专业结构、课程内容、教材教法进行不断调整，培养社会发展需要的高水平人才。教学质量管理的内容，往往体现出知识本身的自在特性，具体变现为一定的自由性、发展性、探索性，反映出教学质量管理的学术属性。而且，教学的主要内容突出体现了学科知识发展内在的要求，可以称之为学术标准，主要表现为知识发展的内在逻辑、排序，科学研究的最新发现及其知识价值，学生最近发展区的判别、知识接受能力的程度、知识结构的评价、知识掌握的评估等，需要充分发挥学术权力，利用学术管理的思想、理论和方法进行质量管理。但是，学术权力充分发挥的过程中，也需要一定的行政管理，例如大学学籍的管理、课程考试考核的组织、学生分班分组的安排等，需要协同发挥学术权力与行政管理职能，提高教学质量管理水平。

（四）建立常规性的教学质量评价机制

建立教学质量评价机制，首先，应加强教师、教学质量管理人员的培训，让教职工理解、明晰教学质量标准，减少教学质量管理中的信息丢失，以及对教学质量标准的个人化、主观性判断，形成教学活动中的工作标准和内在规范；同时，提高教职工的教学能力和服务水平，采用更好的教学设计传授学科专业知识，为教学质量的提高提供更好的服务支撑。其次，应采用系统视角评价教学涉及的各个环节和因素，综合评价教学效果。高校教学活动是复杂性的系统工程，是内容、主体、客体、环境等多种因素共同作用的结果，由此，应该统筹规划、系统设计教学评估的具体标准、程序等，以系统最优化的方式达成良好的教学效果。根据设定的目标进行系统的规划，有序的组织教学，依照规划标准和环境的变化，通过不断的过程性反馈及时改进、调整教学活动。最后，应实行开放式、全面性的教学质量管理方式。高校人才培养模式的多样性、灵活性、自主性，教师和学生的主体性、能动性等，都要求创设更加开放、高效的质量管理系统，形成教师、学生、管理者的工作与学习合力；将教学质量标准分解、细化，转变为教学活动的具体要求，综合利用有限的教学资源，对教学效果进行及时反馈等，进行全面的质量管理，推动教学质量管理的科学化、民主化进程。

我国研究生教育制度的历史沿革、现存问题与改革方向

洪 煜　钟秉林　赵应生　张筱茜[①]

自20世纪末实施高等教育大众化发展战略以来，我国研究生教育进入了快速发展轨道，在校生规模从1997年的17.6万人增长到2010年的153.8万人。其中博士生从4万人增长到25.9万人，[②] 规模可比肩美国。总体上看，研究生教育规模不足问题已基本解决。但值得注意的是，在研究生教育规模扩展的同时，质量不仅未同步提升，还遭受了更多指责，改革势在必行。《国家中长期教育改革和发展规划纲要（2010－2020年）》已明确提出要"大力推进研究生培养机制改革"。笔者认为，当前推进研究生教育改革，需对我国研究生教育制度的历史沿革进行梳理，对当前存在的问题进行深入分析，明确改革的方向和策略，以促进我国研究生培养质量的提高。

一、我国研究生培养制度的历史沿革

把握研究生教育的历史沿革，是改革研究生教育的逻辑起点。关于我国研究生教育的发展历史，已有许多学者进行了梳理．综合已有的研究成果，大致可以分为四个阶段：

[①] 作者简介：洪煜，北京师范大学教育学部高等教育研究所博士生；赵应生，北京师范大学教育学部高等教育研究所讲师；张筱茜，北京师范大学教育学部高等教育研究所硕士生。
[②] 资料引自相应年份的《中国统计年鉴》。

第一阶段：初创阶段（1935年至新中国成立前）

1935年4月，南京国民政府颁布《学位分级细则》和《硕士学位考试细则》，对学位授予的级别、学位候选人资格和学位评定的办法等做了规定，研究生教育随之产生。这一时期的研究生教育主要是借鉴美国的做法，招生制度多采用个人申请入学、院校自主招生的办法，学校享有较大自主权。应当说，民国时期我国研究生教育制度的框架已初步形成，但由于政局不稳、战乱频繁等原因，这些制度未能得以施行。从实际情况来看，民国高等教育仍以本专科教育为主，研究生教育规模极小。直至1949年新中国成立前，全国仅有232人获得硕士学位。

第二阶段：规范发展阶段（1949 – 1966年）

新中国成立后，百废俱兴。国民经济发展和国防建设对高层次人才的需求日益迫切。新政府高瞻远瞩，随即制定了大力发展研究生教育的方针。1951年，颁布了我国第一个研究生招生办法，1953年高等教育部发出《高等学校培养研究生暂行办法（草案）》，明确招收研究生的目的是培养高等学校师资和科学研究人才，将研究生通称为"师资研究生"，要求研究生毕业后能讲授本专业一二门课程和有一定的科学研究能力。1951 – 1954年间，研究生招生以个人申请、学校推荐为主，招生学校和专业十分有限。

1956 – 1962年间，国家先后出台了若干规范研究生教育发展的文件，如1957年高等教育部制定的《关于今年招收4年制研究生的几点意见》、1961年中共中央印发的《中华人民共和国教育部直属高等学校暂行工作条例（草案）》等。其中，1961年的草案对研究生培养目标、招生对象、录取方式、学习年限和培养方法等都做了具体规定，这是新中国的研究生教育走向规范化、制度化的有益尝试。从1962年起，我国开始正规培养3年制研究生。

1963 – 1965年，我国研究生教育改革在政策层面获得重大突破。1963年，教育部召开了新中国成立后的第一次全国性研究生教育工作会议，讨论通过了《高等学校培养研究生工作暂行条例（草案）》（以下简称"暂行条例"）以及5项配套文件。这些文件针对研究生招生、培养、领导与管理、待遇与分配等都做出了明确规定。"暂行条例"的颁布标志着我国研究生教育制度、特别是培养制度已经初步建立。

遗憾的是，1966年"文化大革命"在全国范围内开展，高等教育遭受严重破坏，刚刚建立起来的研究生教育制度也难免浩劫，研究生教育停滞长达10年。

第三阶段：恢复和稳步发展阶段（1978－1999年）

由于"文化大革命"的影响，从1966年开始，我国的研究生教育中断了12年之久。1978年，我国恢复招收研究生，当年全国报考研究生人数达6.3万人，经过严格考试，录取1万人。到1980年，全国在学研究生已达2.1万人。1980年，全国人大常委会审议通过了《中华人民共和国学位条例》，规定我国实行学士、硕士、博士三级学位制度。1981年，国务院批准了《中华人民共和国学位条例暂行实施办法》，进一步明确了学位授予的负责单位、学位申请的原则程序、学位的课程学分要求、论文答辩的流程规范等。该文件标志着我国学位制度正式确立，研究生教育在学位制度的支撑下获得进一步发展。

1982年，教育部颁布了《关于招收攻读博士学位研究生的暂行规定》，明确了博士研究生的培养目标、培养单位、招生计划拟定程序、报考博士生资格条件、招考工作程序原则等。在此文件的影响下，我国博士生招生渐成规模、培养工作步入正轨。1988年，原国家教委制定了《国家教委关于高等学校招收定向培养研究生暂行规定》，将定向培养在职研究生作为"研究生招生和就业制度改革的重要内容，扩大优秀在职生源，按照社会实际需要培养研究生的有力措施"，明确了在职研究生的招收范围、招生计划编制、在读期间工资福利待遇、人事关系、毕业去向等，该规定标志着在职研究生培养制度已初步形成。

1996年，原国家教育委员会发布了《国家教育委员会关于招收攻读硕士学位研究生管理规定》，将硕士生分为国家计划培养硕士生、国家计划定向培养硕士生、委托培养硕士生和自筹经费硕士生4类；招生选拔办法则分全国统一考试、单独考试、推荐免试3种。该规定进一步明确了中央、省市及招生单位在研究生管理工作上的权责，对招生计划拟定、考生报名、考试录取、作弊处罚等具体工作进行了详细的补充完善，它标志着我国硕士研究生管理体制走向成熟。

值得注意的是，在这个阶段，我国开始重视并试点推行专业学位研究生培养制度，初步形成了学术学位研究生和专业学位研究生共同发展的格局。1988年，国务院学位委员会第八次会议首次讨论了设立专业学位的问题。1990年，国务院学位委员会第九次会议听取了《关于设置专业学位调研工作的情况汇报》。1992年国务院学位委员会第十一次会议批准了黄达等学位委员提出的"关于按专业授予专业学位证书的建议"，自此，我国学位类型被分为两类，即学术学位和专业学位；授予方式也分为两种，即学术学位按学科门类授予，专业学位按专业学位类型授予，该文件标志着专业学位制度正式建立。1996年，国务院第十四次会议审议通过了《专业学位设置审批暂行办法》，对专业学位设置目的、特点、层次、审批、培养、管理等方面做出详细规定，为专业学位研究生教育的发展搭建了稳定的制度平台。1999年教育部和国务院学位委员会召开首次全国专业学位教育工作会议，下发了《关于加强和改进专业学位教育的若干意见》，进一步明确专业学位的地位和作用，有力地促进了专业学位研究生教育快速发展。

总体上看，这一阶段我国研究生教育发展平稳，研究生规模随着我国高等教育和经济社会的发展逐步扩大，研究生教育在我国高等教育体系中的重要性逐步凸显。全国在读研究生从1978年的1.1万人增加到1988年的11.3万人，到1998年进一步增加至19.9万人，[①] 在读研究生数占全国普通高校在读学生数的比例从1978年的1.26%递增至5.51%。

第四阶段：快速发展阶段（1999年至今）

为加快实施中国高等教育大众化发展战略，1999年国家科教领导小组决定，高等学校包括本专科和研究生层次在内要大幅度扩招，我国研究生教育规模出现大幅度增长（见表1）。根据《教育部、国家发展计划委员会、人事部关于下达1999年全国研究生招生计划的通知》，1999年研究生招生计划总额为8.5万名，博士生招生总规模为1.8万名，硕士研究生招生总规模为6.6万名，而当年实际招生人数超过9.2万人。到2000年，我国研究生总规模就超过了30万人。教育部在"十五"发展规划中提出，

---

① 资料引自《中国统计摘要2011》。

到2005年使在校研究生达到50万人左右。2002年，教育部又进一步提出3年内使研究生的招生规模翻一番的目标。实际上，2005年我国研究生规模已接近百万（97.9万），顺利完成了2002年所确定的目标。到2010年，全国在读研究生规模达153.8万人，占全国普通高校在校生数的比例超过6.45%。可以说，我国仅用10余年的时间就实现了研究生教育规模的跨越式发展。当前，我国研究生教育规模扩展的任务已基本完成，站在了新的历史起点上。

表1 1978年以来我国研究生教育规模变化情况　　　　单位：人

年份	招生数	在校生数	毕业生数
1978	10708	10934	9
1980	3616	21604	476
1988	35645	112776	40838
1990	29649	93018	35440
1996	59398	163322	39652
1998	72508	198885	47077
1999	92225	233513	54670
2000	128484	301239	58767
2001	165197	393256	67809
2002	202611	500980	80841
2003	268925	651260	111091
2004	326286	819896	150777
2005	364831	978610	189728
2006	397925	1104653	255902
2007	418612	1195047	311839
2008	446422	1283046	344825
2009	510953	1404942	371273
2010	538177	1538416	383600

注：资料来自于《中国统计摘要2011》，仅1988年的资料来自于《中国统计年鉴2002》

二、我国现行研究生教育制度存在的主要问题

（1）研究生教育发展与经济社会发展存在脱节。主要表现在三个方面：一是从培养规模来看，研究生数量的快速增长，直接推动力并非来自劳动力市场，而是行政干预的结果。研究生规模在短期内迅速膨胀，随之带来了过度教育、文凭贬值等诸多问题。研究生教育的经济社会效益不仅没有充分发挥，还带来了严重的人力、物力资源浪费。二是从类型结构来看，主要以学术型研究生为主，专业学位研究生发展滞后，被边缘化。无论规模还是专业，都无法满足产业结构升级对多层次、多种类高级技术型人才的需要。在专业学位研究生培养中，还存在培养目标与学术学位研究生同质化，培养过程存在培训化、商业化倾向，培养质量普遍不高。三是从学科和专业结构来看，许多经济社会发展急需的学科专业以及交叉学科、边缘学科不能及时设立，导致学科体系僵化老化等问题，脱离了经济社会发展的实际需求。研究生教育与经济社会发展的脱节问题，在就业环节突出表现出来。近年来，高学历人才供大于求，研究生就业难的问题日益凸显，挫伤了社会公众接受研究生教育的积极性，"读书无用论"等错误思潮有所抬头。

（2）入学选拔难以适应高层次人才培养需求。研究生入学考试是研究生教育质量保障的第一个环节。目前，我国研究生入学选拔制度存在诸多问题，主要表现在三个方面：一是行政权力过度干预研究生入学考试和招生，学术人员在确定选拔方式、制定考试标准等方面的作用得不到真正体现，不利于高校办学自主权的落实。二是研究生入学考试存在"重初试、轻复试"、"重笔试、轻面试"的倾向，导师在人才选拔中的作用有限。特别是近年来，教育、心理等学科实行全国统考，加剧了研究生入学考试的应试倾向，冲击了本科教学的正常开展。三是考试内容难以真正有效考核学术潜力、创造性等高层次人才必备的素质，特别是公共考试科目外语和政治理论占据了很大分量，加重了考生负担，挤占了专业学习的时间，不利于拔尖人才脱颖而出。当前，扩大高校和导师在研究生入学选拔环节的自主权，已经成为研究生考试制度改革的重要方向。但在扩大自主权的同时，如何建立有效监督和制约机制，确保研究生入学选拔的公平公正，至

今尚未找到行之有效的办法。

(3) 培养环节存在诸多问题。研究生培养是研究生教育质量保障最为关键的环节。该环节涉及培养目标、课程体系、教学方法、考核评价机制等诸多内容。目前，主要存在以下问题：一是培养目标单一，过分强调培养"坚实的理论基础、深厚的专业知识、从事科研的能力"，研究生的理论素养与实践能力发展极不均衡，存在重理论轻实践的倾向，未能真正掌握工作岗位所需要的知识和技能。专业学位研究生培养，往往简单移植或套用学术研究生培养的目标，特色不鲜明。二是课程体系建设滞后，有的教师至今还沿用多年前的教材，学科前沿的成果未能及时引入教学。对人才的素质结构缺乏深入研究，课程设计缺乏系统性，学生虽然学习了许多支离破碎的知识，但难以融会贯通。三是教学方法落后。许多高校没有充分考虑研究生学习的特点，课堂讲授仍是最主要的教学方法。受主客观条件的限制，探究式学习没有得到真正重视，教学效果不理想。四是考核评价方式单一、僵化，不少学校简单以论文发表数量为考核依据，不利于学生创造力的挖掘。五是人才培养和科研的关系没有很好协调，许多导师的主要精力放在科研上，人才培养的中心地位没有真正确立。

(4) 学位授权制度有待进一步完善。我国现行学位授权制度同时存在"放得过宽"和"管得过死"的问题。"放得过宽"主要表现为：《中华人民共和国学位条例》未规定高校学位授权的期限，这意味着高校一旦争取到学位授予权，将永久保有，缺乏对其学位授予权重新审核和监督的机制。尽管2005年进行了首次学位点的定期评估工作，但离形成学位点真正"能上能下"的动态监督与调控机制还有一段距离。

"管得过死"主要表现为：政府对学位授予权实行严格控制，高校难以根据办学规模扩展、层次结构调整的实际需求开展学科建设，办学自主权受到限制。这些问题产生了诸多负面影响。一方面，致使高校片面重视学位授权审核，忽视授权后办学质量的提升。特别要注意的是，在现行制度之下，高校能否获得学位授予权与其资源获取机会存在密切关系，这就诱使高校争先提高办学层次，盲目追求院校升格，内涵发展往往得不到真正重视。另外，根据学位条例，高校一旦成为博士、硕士学位授权单位，便可进一步开展所有学科门类的博士、硕士生教育，导致部分高校在学科建设上存在"广种薄收"、求多求全的现象，有限的教育资源被分散到多个学科领域，难以形成合力、办出特色。

（5）经费投入保障机制尚待完善。目前，我国研究生教育经费投入保障制度主要存在四个方面的问题：一是成本分担机制不合理。一般而言，在各级各类教育中，研究生教育的私人收益率最高，理应由个人分担部分培养成本。但目前，仍对绝大多数研究生实行免学费制度，明显有失公平。二是学生资助制度不合理。专业学位研究生没有资格享受补助，不利于专业学位研究生教育质量的提升和社会吸引力的增强。以入学成绩作为界定免费生和公费生的依据，明显有失公平。对研究生的奖励性经费偏少，不利于研究生创造力的挖掘和优秀研究生的脱颖而出。三是投入结构不合理。对研究生教育的投入，主要用于学生资助环节和教学环节，对研究生从事科学研究和社会实践的投入严重不足，多数研究生难以获得独立从事科学研究和深入参与社会实践的机会。四是研究生教育经费分散在多个部门，缺乏有效统筹，存在浪费和使用效益不高的现象。

（6）对研究生教育的社会评价机制缺失。建立一套持续、公开、客观的研究生教育的社会评价机制，有利于政府及时把握、引导研究生教育发展方向；有利于社会公众、学生家长对研究生教育施加有益影响；有利于大学自身对研究生教育的质量进行持续改进。纵观美国研究生教育的发展，国家、社会、院校三级联动的研究生教育评价机制在规范研究生办学、促进培养质量提升方面功不可没。目前，我国尚未建立公开、真实，以数据为支撑的持续社会评价机制。一是缺乏一套社会公认的可以科学评价研究生教育质量、效益的指标体系，研究生教育评价的理论建构薄弱；二是缺乏一套持续采集研究生教育投入、过程和产出等相关数据的机制，研究生教育评价的数据支撑不充分；三是缺乏大量中立的第三方评价机构，实施评价的主体仍以政府机构或所辖事业单位为主，研究生教育评价的客观性难保障。以上问题导致政府对研究生教育的指导存在滞后性，社会舆论对研究生教育的监督缺乏客观性，高校发展研究生教育存在盲目性。

三、研究生教育制度改革的方向

（1）落实高校招生自主权，提高人才选拔的多样性、有效性。招生权是高校办学自主权的重要内容。目前，我国研究生入学选拔基本还是行政主导，高校和导师自主选拔的空间十分有限。完善研究生教育制度，必须确立高校和导师在研究生入选选拔中的主体作用，尽可能避免行政权力的过度干预，为更多具有学术潜力和创新能力的人才开辟成长的空间。落实高校研究生招生自主权，必须要对现行研究生统一考试制度进行重新评估。一些学科实行专业课全国统考的做法，不宜简单推广。基于人才多样性的考虑，研究生入学选拔，不仅要考核一般性的知识和技能，还应设置一些相对个性化的考核评价方式。尤其要加大复试、面试成绩在研究生入学考试成绩中的权重，探索申请入学等多样化的选拔方式，给予研究生导师更多更大的自主权。在扩大高校和导师自主权的同时，需进一步完善研究生入学选拔的程序和标准，实行信息公开，主动接受广大师生和全社会的监督，形成外部监督和自我约束相结合的良性机制，既要保证高校和导师享受更多招生自主权，又要确保公平公正。

（2）加快学科设置与学位授权制度改革，引导各校研究生教育准确定位和特色发展。必须转变政府在学科设置与学位授权工作中的职能定位，实现由单方主导走向多方引导、由行政审批走向共同治理。一是尊重并落实高校学科设置自主权，全面下放二级学科设置权，逐步分批下放目录内一级学科设置权。二是因应时代发展和科学进步的需要，建立修订学科目录的长效动态机制。三是监督各培养单位尽快制定学科设置办法和规则，以教授为中心调整方向、优化结构、重组资源，在夯实传统优势学科基础的同时，兼顾学科交叉融合与特色创新。四是在放权的同时加强监督，确保高校学科设置工作的公开透明与责任落实，可将学科设置过程与方法在网络上公开，接受社会监督。在学位授予改革方面，一是要明确规定学位授权的有效限期，探索学位授权复审办法和汰选机制；二是要取消学位授权申请单位的办学年限限制，以增强学校办学灵活性；三是要加强学科建设对社会需要的适切性，通过间接政策扶持与直接财政资助，引导学校科学规划，优先发展与国家、社会、经济发展急需的学科。

（3）优化研究生教育结构，增强对经济社会发展的适应性。一是调整研究生教育的类型结构，学术学位研究生和专业学位研究生并重发展。学术学位研究生和专业学位研究生的培养目标各有侧重，前者主要培养学术型人才，后者主要培养应用型人才。这两类人才都是高层次人才，同等重要。当前大力发展专业学位研究生教育，必须进一步解放思想，充分认识专业学位研究生教育的重要性，在招生名额、经费投入等方面予以保障。同时，要强化专业学位研究生教育的质量控制，避免成为在职人员获取文凭的"便利通道"，助长"文凭主义"。二是调整学科和专业结构。在赋予高校更多学科和专业设置自主权的同时，要根据科学研究的规律和经济社会发展的实际需求，加强宏观指导，引导高校有计划地开设经济社会发展急需的学科专业以及交叉学科、边缘学科。

（4）加快以导师制为核心的培养模式改革，全面提升研究生教育质量。导师制在我国研究生教育中已被广泛推行，但作为研究生培养制度的重要内容，导师制亟待完善。一要在导师资格认定和选拔上严格把关，改善导师工作条件，建设高素质研究生导师队伍。二要进一步明确导师的权力和职责，既要扩大导师的自主权，使其真正成为育人活动的主体，又要建立健全导师考核评价和问责机制，敦促导师切实履行育人的职责。三要完善导师培训和学术休假制度，鼓励导师利用培训与休假，开展国际学术交流，提高自身水平。此外，还可探索实行双导师制或导师团体负责制。总之，要以完善和落实导师制为纽带，切实改善研究生培养这个薄弱环节，全面提高研究生培养质量。

（5）改革成本分担机制，建立稳定的经费保障机制。一是建立健全以政府投入为主、受教育者合理分担培养成本、培养单位多渠道筹集经费的研究生教育成本分担机制，进一步提高研究生教育的生均经费水平。可考虑逐步取消研究生收费双轨制，学术学位研究生和专业学位研究生一样收取学费，学术学位研究生不再区分自费和公费。对纳入招生计划的学术学位和专业学位研究生，都统一按综合定额拨款，并逐年提高生均拨款标准。二是进一步完善研究生资助制度。需特别指出的是，学费制度的推行必须以完善的研究生助学贷款制度为前提。要通过财政贴息等形式，保证所有的研究生都有机会申领多样化、低利率的助学贷款，以免研究生中部分弱势群体因学费制度失去进一步升学的机会。建立研究生助学金随物价同步增长的长效机制，所需经费按照隶属关系由中央和地方分担，中央财政对经济困难地区予以补贴。三是进一步完善研究生奖励制度。国家设立研究生国家奖学金，奖励学业成绩优秀、科研成果卓著、公益活动表现突出的研究生，推动研究生培养质量的提升。四是进一步完善企业参与研究生培养的机制，通过产学研合作、专利转让、订单式培养等方式，让社会分担一部分研究生培养成本。

（6）进一步完善研究生教育质量评价体系，建立客观公正的评价机制。建立健全研究生教育质量评价体系，是研究生教育质量保障体系建设的重要内容，是政府管理和调控研究生教育的重要手段，也是高校发展研究生教育的重要依据。一是加强研究生教育质量标准的理论与实践研究，建构科学合理的评价指标体系。特别是要引入多元评价，既要评价发表论文的数量、级别、参与课题数量等内部指标，也要评价研究生社会服务、就业质量、雇主评价等外部指标。评价指标既要反映研究生教育的共性，也应更好体现不同类型、不同学科专业研究生教育的个性差异。二是在构建科学合理研究生教育质量评价指标体系的基础上，开发和建设全国性的研究生教育质量动态监控数据库，充分发挥网络媒介的作用，向全社会公开研究生培养过程与质量的相关信息。三是以研究生培养过程与质量数据库为支撑，通过科研项目资助等方式，扶持多个第三方机构开展研究生教育质量评价，定期发布研究生教育质量报告，不仅为民众选择研究生教育提供依据，也对高校研究生教育质量控制形成有效监督和制约。

教育资源怎样配置

钟秉林

任何事物的发展都面临着发展方式的选择。发展方式直接影响甚至决定着发展的速度、质量、成本和效果。从辩证和历史的角度看,任何教育发展方式,都有其存在的合理性和必然性,随着客观形势的变化和发展,都可能会不适应新的发展需求而需要进行变革。

教育发展方式的内涵

当前我国教育领域的主要矛盾发生转化:一方面是社会公众和经济社会发展对于高质量教育需求迫切,另一方面是优质教育资源严重短缺。

教育发展方式,可以理解为实现教育发展目标的方法和途径。教育发展方式不仅仅是方法和技术层面的问题,还涉及教育属性、教育发展的主体客体、教育过程要素组合、教育发展目标设定、教育发展评价等诸多方面。从根本上讲,教育发展方式的选择,体现了对教育根本属性及功能的认识,体现了特定的教育价值取向。

教育发展要素主要指教育资源,包括人力资源、财力资源和物力资源。

人力资源中最重要的是教师,财力资源主要是经费,物力资源主要是实物化的办学条件。此外,还包括制度和管理因素等。

不同的教育发展方式,对教育资源的依赖程度有所不同,对教育资源配置和使用的要求也往往存在差异。

教育发展方式的差异,直接体现为教育发展要素的不同组合;教育发展方式的转变,必将体现为教育资源配置方式的转变,而教育资源配置方式反过来也会影响教育发展方式的实施。合适的教育发展方式，应当有利于教育资源的优化配置，有利于教育发展成本的控制，有利于教育资源使用效益的提高。转变教育发展方式，就是要按照科学发展的要求，通过调整教育发展过程要素的组合，改变不合理的教育资源配置方式，不断完善教育资源配置机制。

在我国教育改革和发展过程中，发展方式的选择是公共教育决策面临的重大课题。

经过新中国成立60多年、改革开放30多年，特别是进入21世纪以来不懈的努力，我国教育事业的发展取得了举世瞩目的成就。义务教育全面普及，学前教育、高中阶段教育和职业教育发展迅速，高等教育进入大众化阶段，教育供给总量不足的矛盾得到根本缓解。

随着经济社会的发展和教育改革的深化，当前我国教育领域的主要矛盾发生转化：一方面是社会公众和经济社会发展对于高质量教育需求迫切，另一方面是优质教育资源严重短缺。

主要矛盾的转化势必导致教育发展重心的调整，提高教育质量、促进教育公平、推进教育国际化已经成为今后一个时期教育发展的时代任务，我国教育正在从以规模扩张为主的外延发展，进入到以全面提高质量为核心的内涵发展的新阶段。显然，既往的教育发展方式和资源配置方式已不能适应我国经济发展方式转变和建设人力资源强国等重大战略的实施，不能适应教育发展重心调整的需要，必须根据新的发展目标，选择更加符合教育规律、更加适合国情的发展方式和资源配置方式。

既往教育资源配置方式的不足

在教育资源配置过程中，政府及有关部门处于绝对主导地位，社会力量的参与不足，中介机构在教育资源配置中的作用得不到有效发挥，学校、学生、家长缺乏话语权。教育发展方式转变和资源配置机制调整，与教育发展进程是密切相关，甚至是并行的。调整和完善资源配置机制和方式，必须对既往资源配置机制和方式的特点进行剖析。

资源配置过度强调行政本位。

主要表现为：在教育资源配置过程中，政府及有关部门处于绝对主导地位，社会力量的参与不足，中介机构在教育资源配置中的作用得不到有效发挥，学校、学生、家长缺乏话语权，人民代表大会对教育预算的审核权和监督权没有全面落实。这种行政本位型的资源配置方式有利于政府责任的落实，但其弊端也十分显著，容易导致资源配置过程中行政权力膨胀，教育资源配置缺乏公开透明，得不到有效监督和制约，教育决策和政策制定的科学性和民主性欠缺，轻则影响公平、抑制社会参与教育改革发展的积极性，重则滋生权力寻租和腐败现象。

资源配置主要依靠计划手段。

主要表现为：计划指标是教育资源配置的基础，计划的编制、审批和划拨是政府对教育宏观调控的主要手段，争取计划指标是地方和学校获取教育资源的重要途径。计划作为教育资源配置的重要方式，具有诸多优越性，如教育发展目标的可预测性、教育发展过程的可控性等。但在社会主义市场经济条件下，教育需求和教育资源的形态日益多样化，如果过度倚重计划，市场在资源配置中的基础性作用难以发挥，将导致政府宏观调控手段单一、缺乏弹性，难以适应复杂多变的教育发展环境。同时，还可能带来教育体制机制僵化、缺乏活力等诸多问题。

资源配置过度偏重外延发展。

主要表现为：资源投入重点支持硬件建设和规模扩展。新中国教育是在一穷二白的基础上发展起来的，长期以来面临的主要矛盾是规模不足、条件保障不力，人民群众的教育需求得不到有效满足。因此，政府配置教育资源时，往往偏重硬件建设，提高教育普及率，而在教师培养培训、课程建设、教学方法研究、学校管理等方面投入的资源则相对不足。在教育发展的初期阶段，偏重硬件和规模有其合理性。但随着基本办学条件明显改善，教育的主要矛盾发生了根本性变化，优质教育资源不足成为了主要矛盾。在全面提高质量成为教育发展核心任务的形势下，偏重外延发展的资源配置方式难以适应各级各类教育内涵发展的需求。

资源配置结果缺乏科学评价。

主要表现为：资源配置主体更多关心资源的投向和数量，对资源配置与教育公平、教育质量的内在联系关注不够，存在重过程、轻结果，重投入、轻产出的倾向。目前，不仅全国范围内尚未建立教育资源配置结果评价机制，省域内也很少对教育资源的使用效益进行全面评估，对决策和实施过失进行问责的机制亦不健全。评价机制的缺失，一方面导致决策部门难以及时有效地掌握资源配置的状况，相关政策的出台缺乏科学依据；另一方面导致教育资源配置信息匮乏，利益相关者无法深入了解资源配置结果，更无法对教育资源配置施加有效影响，民主监督、媒体监督也时常处于缺位或信息不对称状态。

公平与效率的矛盾突出。

公平和效率是教育资源配置追求的两大核心目标。一方面，教育具有准公共产品属性，特别是义务教育，本身就是纯公共产品，政府有责任本着公平原则提供惠及全民的公共教育服务。另一方面，教育资源具有稀缺性，教育资源配置必须考虑效率问题，尽可能最大限度地发挥教育资源的使用效益。从现实情况来看，在公平和效率这两个方面都面临诸多问题。比如，地区之间人均拥有教育资源的差距过大，农民工随迁子女、农村留守儿童等弱势群体平等受教育权还没有得到有效保障，教育资源浪费现象还较为普遍等。总体而言，公平与效率这两个目标如何协调兼顾还需要在理论和实践上进行深入探索。特别是，中央政府在强化公平目标的同时，如何调动地方政府和学校的积极性，尚待进一步研究。

事权财权不匹配问题凸显。

根据我国有关法律法规规定，教育事权主要在地方，地方政府承担了发展教育的重任。其中，发展高等教育的责任主要在省级政府，发展基础教育、职业教育的责任主要在市、县两级政府。除了高等教育之外，中央和省级政府主要通过转移支付的方式对地方教育发展提供财政支持。分税制改革以来，中央财政占全国财政收入的比例大幅增加，地方财政相对紧张。特别是在少数民族地区和贫困地区，几乎难以支撑教育事业发展的需求，只能依靠转移支付维持。而从资源配置的角度看，权力主要集中在中央和省级政府，导致教育事权与财权不匹配，产生了诸多负面影响。比如，地方政府和学校将过多精力用于争取上级转移支付，对教育结构优化和内涵发展重视不够；由于县乡财力差距巨大，在"以县为主"的管理格局下，区域之间义务教育发展不均衡日渐加剧；中央和省级教育转移支付大幅增加，拨款科学依据尚需加强；专项转移支付所占比重过高，易产生决策随意性较大等问题。

完善资源配置机制的原则

学生是教育活动的对象，学生学习效果是教育目的的直接体现，促进学生全面发展是办好社会主义教育事业的基本要求。当前，我国教育资源配置中存在的诸多问题，已成为转变教育发展方式的主要障碍，必须站在经济社会发展的全局，紧密围绕未来一段时期教育改革发展的目标，尽快完善教育资源配置机制和方式。围绕全面提高教育质量，完善促进内涵发展的资源配置机制。当前，提高质量、促进内涵发展已成为各级各类教育共同面临的迫切任务，也是各级党委政府的职责所在。必须通过教育资源配置方式的转变，把教育工作的重心从以规模扩张和空间拓展为特征的外延式发展，转移到以提高质量为核心的内涵式发展上来，今后，在加强硬件建设的同时，要将更多的资源投向教师、课程、教学和学校管理方面。要建立相应的奖励机制，在资源配置结果和教育教学质量之间建立正向联系，充分发挥资源配置的调控作用，引导和督促基层政府、教育行政部门和学校真正重视内涵发展，把主要精力放到提高办学质量和效益上来。围绕不断优化教育结构，完善促进协调发展的资源配置机制。

教育的结构会影响甚至决定教育功能的发挥。评价教育结构是否合理，有两个视角。从内部来看，主要依据是各级各类教育规模是否大致匹配、发展速度是否协调；从外部来看，主要依据是教育的类型和学科专业是否与经济社会发展需求基本适应。进入20世纪以来，我国教育发展迅速，但不平衡、不协调的问题亦较突出，集中体现在两个方面：一是学前教育、普通高中教育、职业教育发展滞后，成为我国教育的"短板"；二是职业教育、高等教育的学科专业结构与经济社会发展存在脱节，人才结构性失业问题比较严峻。解决这些问题，必须以资源配置为枢纽，大力发展学前教育和中等职业教育、加快普及高中阶段教育、适度发展高等教育，促进各级各类教育协调发展；同时要引导学校及时调整学科和专业结构，切实增强教育的外部适应性，使其与经济社会发展相协调。

围绕以人为本的教育理念，完善促进学生全面发展的资源配置机制。

学生是教育活动的对象，学生学习效果是教育目的的直接体现，促进学生全面发展是办好社会主义教育事业的基本要求。教育的规模、硬件条件等，仅是教育发展的外在评价指标，核心指标是学生的全面发展。如果仅仅关注提高入学率和升学率、降低辍学率等外在目标，学生的全面发展往往得不到真正重视。完善教育资源配置机制，要以促进学生全面发展为着力点，在学生发展的薄弱环节加大资源投入力度，不仅教学生知识技能，还要加强德育，重视培养学生动手动脑、生存生活的能力，提高学生的学习能力、实践能力和创新能力。要通过教育资源配置的导向，确立学生作为教育活动主体的地位，切实促进学生的全面发展。围绕教育基本制度建设，完善推进体制机制变革的资源配置机制。

教育发展的成效，不仅体现为教育规模的扩张、办学条件的改善，还体现为科学的教育制度的建立，这是教育可持续发展的根本保障。新中国教育事业发展取得的重要成就之一，是探索建立了中国特色的社会主义基本教育制度。但同时必须看到，由于长期以来偏重规模扩展和硬件建设，教育体制机制改革与建设滞后，已成为当前制约教育科学发展的"瓶颈"问题之一。转变教育发展方式，必须尽快完善与中国国情相适应的教育制度体系建设，这就需要发挥资源配置的导向作用，重点支持和推进教育体制机制改革方面的探索，不断完善教育基本制度。围绕公平和效率目标，完善公正和充满活力的资源配置机制。

完善资源配置机制，推进教育发展方式转变，必然涉及公平和效率问题。公平的缺失，可能导致教育被"异化"，偏离正确的发展方向；效率的缺失，将带来教育资源的浪费，影响教育发展的可持续性和教育改革发展的活力。教育资源配置，必须同时兼顾公平和效率目标。要在完善家庭经济困难学生资助体系、保障弱势群体的平等受教育权、缩小地区之间和学校之间教育发展差距、促进基本教育公共服务均等化等方面加大投入，切实保障教育公平；要在提高教育资源利用效益、推进学校不断提高办学水平和效益等方面有新的思路和举措，为教育改革发展不断增添新的活力。

完善教育资源配置机制的建议

对"教育是什么"、"教育有什么用"、"教育的功能如何发挥"等根本性问题的回答，直接影响了教育资源的投向。完善教育资源配置机制，涉及体制变革和利益格局的调整，是一项艰巨而复杂的系统工程，难免会遇到诸多困难和阻力，如陈旧教育观念的束缚、既得利益群体的反对、外部环境的复杂多变等。尽管困难大、压力大，但笔者认为，完善教育资源配置机制和方式已势在必行，必须着眼国家和民族未来、经济社会可持续发展和人的全面发展，抓紧推进。转变思想观念，树立科学的教育观。教育资源配置机制的完善，受诸多因素影响和制约，但决定性因素是思想观念。对"教育是什么"、"教育有什么用"、"教育的功能如何发挥"等根本性问题的回答，直接影响了教育资源的投向。过去我国教育资源配置中存在的问题，如偏重规模扩展和硬件建设、教育公平的缺失等，除了当时的内外部环境影响外，许多都与教育观直接相关。完善教育资源配置机制，必须对现实问题，进一步解放思想，树立符合社会主义本质要求、与我国国情相适应的科学教育观，并以此为先导，通过资源配置，将先进的理念转化为鲜活的教育实践。尤应指出的是，当前教育资源配置要紧扣人才培养这个中心，引导学校遵循教育规律和人才成长规律，将科学的教育观贯穿于人才培养的各个环节，促进受教育者的全面发展，促进社会文明的不断进步，从而使教育的功能得以全面发挥，使命得以全面实现。加快简政放权，切实转变政府职能。

  政府是公共教育服务的提供者，是公共教育资源的配置主体，其职能定位及履行对教育资源配置具有决定性作用。目前，我国教育资源配置中存在的过度强调行政本位、手段单一、公开透明性欠缺、权责不匹配等诸多问题，都与政府职能越位错位、权力过于集中等相关。完善教育资源配置机制，必须切实转变政府职能，加快简政放权的步伐。要以中央向地方放权、政府向学校放权为重点，约束政府在资源配置中过度膨胀的权力，增强地方政府统筹教育资源的能力，落实和进一步扩大学校办学自主权。要切实发挥资源配置的导向作用，改善政府对教育的宏观管理。要扩大教育资源配置的社会参与，充分发挥中介机构、学校在教育资源配置中的作用，促进教育资源配置公共决策的民主化和科学化。

  落实教育优先发展，扩大教育资源总量。

  实现教育科学发展，必须坚持教育优先发展，这是教育发展方式转变的基础,是完善教育资源配置机制的重要保障。随着经济社会的发展、人民群众生活水平的提高和消费结构的升级,对教育资源的需求不断扩大,教育资源总量供给也应相应增加,这样才能给完善教育资源配置机制留下足够的空间。换言之,只有在保证教育优先发展、教育资源总量供给不断扩大的基础之上,完善教育资源配置机制才有可能落到实处,落实教育优先发展,必须按照教育规划纲要的要求,即经济社会发展规划要优先规划教育发展,财政资金要优先保障教育投入,公共资源要优先满足教育和人力资源开发需要。即便在财政性教育经费占国民生产总值(GDP)的比例达到4%以后,仍需要继续增加教育财政投入。

建立利益协调机制,减小改革阻力。完善教育资源配置机制,需要对现有利益格局进行调整,否则难以取得实质性突破;另外,教育利益相关者合理合法的既得利益得不到尊重和保护,资源配置机制的完善缺乏群众基础,也将使调整和改革寸步难行。为此,有必要建立利益协调机制,平衡教育利益相关者各方面的利益和诉求。既要尊重既得利益群体的合法利益,又要敢于打破既有利益格局,进行改革探索。客观地说,二者之间难免存在矛盾,这就需要通过公共教育政策的引导,处理好存量资源和增量资源之间的关系,尽可能实行增量改革或以适当方式建立补偿机制,保障教育利益相关者合理合法的利益;而对于阻碍教育科学发展、有悖于教育公平和提升质量的不合理、不合法的利益,则应该坚决调整或取缔。

完善监督考评机制,确保责任落实。

完善教育资源配置机制、推进教育发展方式转变,是长期性和系统性的变革,涉及各级党委政府和相关部门、各级各类学校的职责。由于教育工作具有涉及面广、周期长、环节多等特点,只有建立和完善一整套监督机制,相关政策措施才能落到实处。为确保责任落实,需要将完善教育资源配置机制的任务层层分解,明确各级政府的工作职责,建立监督机制、考核评价机制和问责机制。尤其要充分发挥各级人民代表大会的职能,加强教育立法工作和对教育法律法规执行情况的监督和质询。

总之,完善教育资源配置机制,推进教育发展方式转变,是我国教育科学发展的必然选择,是关乎我国教育命运的深层次变革。变革的顺利推进,需要以科学的教育观念作为重要先导,以促进内涵发展作为主要目标，以充足的投入作为重要基础，以有效的制度体系作为根本保障。政府应切实转变职能，尽快建立和完善科学的教育资源配置机制，进一步激发教育的活力；各级各类学校要深化对教育教学规律的研究，集中精力抓好人才培养，切实提高学校管理水平效益和教育教学质量，使我国教育在科学发展的道路上走得更好更快。

美国一流大学捐赠基金管理的特征

燕 凌 佟 婧 洪成文[①]

大学捐赠基金是大学将所获捐赠积累起来而形成的基金,其设立目的是通过有效管理、投资运作实现捐赠基金保值增值,进而服务于大学的发展需要。规模庞大、管理成熟的捐赠基金对大学可持续发展具有非常重要的意义。第一,捐赠基金作为相对独立的收入来源,降低了大学对政府拨款、学费收入以及校友资助的依赖,增强了大学资金上的自主性。第二,捐赠基金为大学提供了稳定的收入来源,有利于大学实施长期规划,增强了大学实力。第三,捐赠基金有利于大学创建优越的教学、科研环境。

美国一流大学捐赠基金规模庞大,投资回报率高,为大学发展提供了重要的资金来源,以"财富积累"的途径成就并持续着大学的卓越。本文试图分析美国一流大学捐赠基金管理的典型特征,以期对发展我国大学的捐赠事业提供借鉴。

一、以捐赠基金的规模优势保证大学的可持续发展

美国一流大学捐赠基金规模庞大,其他国家均无法与之相比。以哈佛大学为例,2009 年该校捐赠基金达到 257 亿美元(见表 1),仅哈佛大学一家的捐赠基金就超过了澳洲高等教育的经费总额。同属世界一流大学的剑桥、牛津等英国大学在捐赠基金方面逊色许多。以剑桥大学为例,其

[①] 作者简介:燕凌,女,河南汤阴人,北京师范大学高等教育研究所博士研究生,首都体育学院讲师;佟婧,女,黑龙江哈尔滨人,北京师范大学高等教育研究所博士研究生。

2008年捐赠基金市值仅为79亿美元，仅相当于哈佛大学（366亿美元）的1/4。规模庞大的捐赠基金使美国一流大学在人才招聘、学生选拔、科研条件、校园设施、应对资金危机等方面具备了显著优势。以学生选拔为例，大规模的捐赠基金可以为学生提供高额奖学金，优秀的师资和优越的研究、住宿及运动条件，使学生有更多机会取得更好的学术成就，从而吸引了更多的优秀学生。以哈佛大学为例，借助庞大的捐赠基金优势，2008年其奖学金资助面已覆盖了1/4的学生。其中，法学院规定，3年级学生只要承诺毕业以后从事法律工作5年，就可免除学费；医学院规定家庭年收入低于12万美元的学生可以免除学费。2001－2008年间，哈佛为学生提供的奖学金总额翻了一番，从1.56亿美元升至3.21亿美元。

哈佛大学、普林斯顿大学、耶鲁大学的捐赠基金是美国一流大学的领头军，3所学校的捐赠及投资收入在学校总收入的比例已近1/3。庞大的捐赠基金为大学带来一流的师资、一流的学生、一流的设施，强有力地助推了大学的卓越发展。由此可见，美国一流大学捐赠基金对于实现可持续发展、确保大学未来招生优势具有重要意义。

表1 美国大学捐赠基金市值排名前十位的院校（2008年、2009年）

排名	院校	2009年（1000美元）	2008年（1000美元）
1	哈佛大学	25662005	36556284
2	耶鲁大学	16327000	22870000
3	斯坦福大学	12619094	17214373
4	普林斯顿大学	12614313	16349329
5	得克萨斯大学	12163049	16171184
6	麻省理工学院	7982021	10068787
7	密歇根大学	6000827	7571902
8	哥伦比亚大学	5892798	7345226
9	西北大学	5445260	7243948
10	宾夕法尼亚大学	5170538	6211622

二、以募捐战略助力捐赠基金规模的持续扩大

捐赠者持续的捐赠贡献是捐赠基金规模不断扩大的主要途径。美国一

流大学基于良好的外部环境和专业的内部管理,获得了社会大量的捐赠,不断扩大捐赠资产的累积。这样,即使投资市场不景气,大学也可以通过募捐来弥补捐赠基金对大学预算支持的不足。从外部环境上说,良好的文化传统和政府政策为大学捐赠事业发展奠定了基础,美国大学募捐历史悠久,早在1641年,马萨诸塞湾殖民地当局就派出3名牧师到英国为哈佛学院(哈佛大学前身)募捐。之后,许多大学纷纷效仿,前往英国募捐。很多宗教组织不仅创办大学,也努力向社会募捐来资助学校。由此形成了大学捐赠事业的良好传统。另外,美国联邦政府和州政府针对教育捐赠制定了系统的法律法规,为捐赠提供了完备的法律依据,同时通过一系列免税、减税、配套资金(配套资金是政府对个人捐赠提供一定比例的配套资金以刺激捐助者,此配套资金算在个人捐赠者名下)等优惠政策鼓励社会各界向大学捐赠。良好的政策因素为大学获得捐赠提供了外部条件。

但是,大学捐赠事业成功的关键在于大学能够认识到捐赠的战略意义。斯坦福大学退休校长卡斯帕尔(Gerhard Casper)曾说募捐时间几乎占了他全部工作时间的1/3。卡斯帕尔任校长期间,为学校筹得30多亿美元的捐赠,他几乎每天都在募捐,所获得的日均捐赠额竟超过百万美元。由此可见,美国一流大学已将募捐视为重要使命,并通过募捐战略规划、募捐项目设计、募捐活动实施为学校募捐,而高效、持续、可行的募捐项目保证了大学持续的捐赠资产流入。一流大学的募捐成就还要得益于丰富的校友资源。学校通过良好的教学条件、优秀的师资培养出优秀的学生。之后,这些学生又以更深的感恩之心和更好的财富创造能力回报母校,使学校得以持续地为一代又一代学生提供更好的服务。一流大学的募捐事业由此进入良性循环的轨道。

三、以专业化的管理队伍赢得捐赠基金投资的高收益

高度专业化的投资队伍是大学捐赠基金有效管理和成功运作的关键。有研究发现,美国捐赠基金排名前1-10的院校中,投资委员会成员平均人数是8.9人,其中平均有4人是投资专业人士,平均有2.5人有另类资产(alternative asset)投资的经验,顶级院校另类资产投资经验的平均人数高达5.5人。例如,哈佛管理公司董事会12名成员中,有6名成员是校

外专业人士。在美国,像哈佛、耶鲁大学这些捐赠基金规模大的院校另类资产的投资比例非常大。另类资产投资流动性差,风险高,这对投资经理人的专业素质要求非常高。所以,美国一流大学十分重视其投资经理人在这一领域内的成熟经验。有研究对一流大学投资经理人的特点做出如下总结:①良好的个人品质,例如麻省理工学院首席投资官巴弗尔德挑选投资经理人的标准就是智慧、幽默、正直,并且能够致力于成功;②具有创意、发现机遇、搜集信息等方面的优势;③能够与别人合作,交换投资创意;④具有成熟的投资能力;⑤拥有好的业绩;⑥其业绩与薪酬相匹配。除以上标准外,一流大学都有自己选人的秘诀。以耶鲁大学为例,其选择外部投资经理时坚持两点:一是不聘用近期业绩表现最好的基金经理;二是不解聘近期业绩达到低谷的基金经理。耶鲁一般会选择事业刚刚起步的基金经理,因为这样就可以将基金经理的激励机制与耶鲁基金的长远发展目标更好地结合起来,而且基金经理可以获得不断被赋予重任的满足感。高素质、专业化的管理队伍为耶鲁大学基金管理带来了出色的业绩。

四、以多元化投资策略降低捐赠基金的管理风险

美国一流大学的规模优势得益于其能够保持较高的投资回报率。如表2所示,捐赠基金市值排名前五位的大学投资回报率均在16%以上。高收益意味着高风险,为此美国一流大学以多元化投资为主要策略,来降低捐赠基金管理的风险。其中,主要体现在注重另类资产的投资,例如绝对收益、实物资产、私募基金等。这既是大规模捐赠基金投资的优势领域所在,也是为其带来丰厚收益的领域所在。因为另类资产的投资回报率高,而且可以摆脱对传统资产类别的依赖,实现投资组合的多元化。与捐赠基金规模小的院校相比,研究型大学更少选择传统资产类别。从投资比例上看,研究型大学投资于股票、债券、货币等传统资产类别的资产约为60%,但是小规模的院校这方面的投资比例则平均为93%。一流大学的投资重点是另类资产领域,哈佛大学2009年投资于另类资产的比例为87.7%,耶鲁为80.6%。这是由于另类资产投资可为这些大学带来两个方面的益处:一是可以通过投资组合多样化,充分分散大学投资风险;二是从长期来看,可以为大学投资带来高回报,例如耶鲁大学私募基金投资从

1978年到2007年30年的年平均回报率超过30%。通过投资另类资产来获得高收益、分散管理风险已经成为一流大学捐赠基金成功运作的公开秘密。

分散投资带来的丰厚收益为提高大学竞争力提供了强有力的资金支持，同时成为大学在捐赠市场上获得更多募捐的关键因素。因为大学能否妥善管理捐赠是捐赠者捐赠意向的关键考虑因素。一流大学能够使捐赠基金保值增值，进而服务于大学的发展，使得捐赠者更加信任其管理捐赠的能力。

表2　2005、2006年美国一流大学投资回报率

院校	捐赠基金市值（1亿美元）	2006年回报率（%）	2005年回报率（%）
哈佛大学	292	16.7	19.2
耶鲁大学	180	22.9	22.3
斯坦福大学	152	19.4	19.5
普林斯顿大学	130	19.5	17.0
麻省理工学院	84	23.0	17.0

五、以科学的支出政策保证捐赠基金使用的代际平等

与一般基金管理相比，大学捐赠基金的管理更为复杂。大学捐赠基金管理目标主要包括两点：第一是保持捐赠资产购买力的长期目标；第二是为大学提供稳定预算支持的中期目标。在管理过程中，这两个目标会发生冲突。如果保持捐赠资产的购买力，也就是使其能够持续向大学提供财力支持，这需要实现捐赠资产的长期保值，那么捐赠基金的投资必须保证较高的收益率。但是，高收益伴随着高风险，所以这可能会出现由于市场条件恶化而对捐赠基金造成巨大损失的局面，进而损害了未来受益人的利益。同时，因为大学不能轻易地缩减教学研究项目，所以捐赠基金必须为大学日常运营提供稳定的资金，故大学应当选择收益相对稳定的投资组合，降低捐赠基金投资的波动性，保证大学资金来源的稳定性。但是，投资市场的低风险通常也意味着低收益，在市场条件恶化的时候，可能会出

现"寅吃卯粮"的现象，同样会有损于未来收益人的利益。所以，捐赠基金必须同时兼顾上述两个目标，才能既满足大学财政的当前需求，又保证代际之间的平等。美国一流大学捐赠基金缓解这一矛盾的主要途径是采取科学的支出政策。合理的支出政策要求既不能完全依赖捐赠基金投资所获得的实际收益，又不能完全遵循上一年的支出比例，只有兼顾历史支出情况和当前收益情况，才能最好地兼顾学校当前需要和未来受益人的利益。以耶鲁大学为例，其支出政策包括两部分：第一部分等于上年支出额的80%，即历史支出情况；第二部分等于上一年末捐赠基金市值乘以长期支出比率所得金额的20%，即当前收益情况。两部分相加后根据通货膨胀率进行调整得出当年的目标支出水平。这一支出政策很好地兼顾了投资目标之间的矛盾。

六、启示

科学的管理捐赠基金为美国一流大学赢得了财富，这些财富为创建这些研究型大学的卓越提供了重要条件。目前，我国正在大力推进高水平大学的建设，而经费问题是高水平大学建设的关键。美国大学的经验为我们提供了一个新的思路，即通过发展大学捐赠事业，实现资金来源多元化，提高大学办学自主性，促进高水平大学的建设。基于我国大学捐赠的现状，需要从以下方面入手。

第一，协同政府、社会各界构建完善的社会捐赠体系，服务于大学的捐赠事业。我国大学捐赠事业面临两个困境：一是缺乏成熟的政策、法规支持，导致社会向大学捐赠热情受阻，大学基金会的合法性、组织治理等问题难以解决；二是缺乏相关金融服务体系为大学捐赠基金运作提供保障，致使大学的捐赠基金尚处于低水平运作。为此，大学协同政府、社会各界构建完善的社会捐赠体系是大学捐赠事业发展的重要基础。

第二，强化募捐战略，提高募捐实力，实现经费渠道的多元化。目前，我国大学主要经费来源是政府拨款和学生学费。虽然政府逐步加大了投入，但是经费问题仍是大学可持续发展的重要阻碍。募捐收入是我国大学最有潜力的资金来源渠道，但是很多大学尚未认识到捐赠的战略意义，甚至将募捐作为可有可无的点缀。美国一流大学的经验告诉我们将募捐作为大学的重要使命及战略重点,会使大学经费问题有新的突破。

第三,提高管理队伍的专业化素质,保证捐赠基金的高水平运作。目前,我国大学捐赠基金管理队伍的专业化水平较低,缺乏财务、金融、投资、法律、宣传策划、项目活动等方面的专业人才。提高我国大学捐赠基金管理人员的专业化素质,必须完善机构治理及相关激励约束机制,这样才能保证大学基金管理尽快进入高水平轨道。

第四,借鉴成熟投资经验,制定符合我国国情的捐赠基金运作策略,捐赠基金的保值增值是大学捐赠事业的关键部分,我国大学基金的投资运作水平较低,甚至是采用银行存款利息的简单投资策略,在股票、证券、债券、房地产等领域的投资十分有限,这大大影响了捐赠基金本身的效益。美国一流大学为我们提供了成熟、丰富的投资经验,我国大学应基于我国金融体系的特点,制定大胆、有效的投资策略,获得更好的回报,服务大学的发展。

我国公共财政支持民办高等教育研究

方　芳　王善迈[①]

改革开放以来，伴随着经济体制和教育体制改革、社会经济快速发展和居民收入水平的不断提高，在政府倡导和政策支持下，包括民办高等教育在内的我国各级各类的民办教育[②]获得了长足的发展，已经成为我国教育发展的重要组成部分。但是在民办教育发展过程中也面临着严峻的挑战和发展的瓶颈（中国民办教育研究院，2010），如民办学校法人性质不明确，民办学校权益难以保障；民办学校产权界定不明确，办学存在隐患；财政对民办教育支持缺乏制度保障；民办学校治理结构不规范，内部管理混乱。为此，《国家中长期教育改革和发展规划纲要（2010－2020年）》（以下简称教育规划纲要）提出要大力支持民办教育。依法管理民办教育的相关政策，其中健全公共财政对民办教育的扶持政策是支持发展民办教育的重要保障。本文拟就公共财政为什么应支持民办高等教育，以及应如何在制度安排上支持民办高等教育发展展开讨论。[③]

一、公共财政支持民办高等教育的依据

（一）民办高等教育服务的性质决定了公共财政应支持民办高等教育

讨论公共财政是否应该支持民办高等教育，首先应明确界定在市场经

[①] 作者简介：方芳，北京师范大学高等教育研究所，博士后；王善迈，北京师范大学首都教育经济研究院，教授。
[②] 根据2003年《中华人民共和国民办教育促进法》的规定，民办教育是指国家机关以外的社会组织和个人利用非国家财政性经费举办的各级各类学校。
[③] 本文所述的财政支持仅限于实施学历教育的民办本专科普通高校，不包括公立大学所举办的独立学院，也不包括民办高等教育非学历教育的各类培训机构。

济中哪些产品和服务应由市场提供,哪些产品和服务应由政府提供,哪些产品和服务应由政府和市场共同提供,进而确定教育服务、民办教育服务的性质和应由谁提供。

由美国经济学家保罗·萨缪尔森(Paul A. Samuelson)和马斯格雷夫(Richar d A. Musg rave)等人创立的公共产品理论,为在市场经济中界定政府和市场作用的边界提供了理论依据。公共产品理论以产品或服务在消费上是否具有竞争性和排他性、是否具有外部性为标准,将全部产品或服务分为公共产品、私人产品和准公共产品。在理性经济人的假定下,依产品或服务的成本与收益是否对称,界定公共产品应由政府提供,成本应由财政负担;私人产品应由市场提供,成本应由消费者私人负担;准公共产品应由政府和市场共同提供,成本由财政和消费者共担。

关于公立正规三级教育服务,其服务性质在我国学术界存在分歧。王善迈(1996)认为义务教育在法律规范(强制和免费)条件下属于公共产品,非义务教育属于准公共产品。袁连生(2003)从教育服务的间接消费出发,认为教育服务属于准公共产品。厉以宁(1999)从教育服务主体和教育经费负担者出发,认为凡政府提供的教育服务属于公共产品,由私人提供的教育服务属于私人产品。胡鞍钢(2003)认为教育服务为私人产品。

笔者认为包括高等教育在内的非义务教育是属于有正的外部性的准公共产品。一方面,此种教育服务在消费上有竞争性,在供给有限的条件下,一个人消费了这种教育服务,就会影响他人对这种教育服务的消费,或者说,增加一个人对此种教育服务的消费,其边际成本不为零而为正;另一方面,此种教育服务也具有排他性,从技术上这种教育服务可以分割,从而可以通过招生数量,考试筛选和收取学费将一部分人排除在此种消费之外。同时,教育服务具有正的外部性,如过度排除则社会成本太高,因一个人接受了教育,除了本人可以受益之外,其家庭及代际间均可受益,整个社会也受益。高等教育是一国科技进步、社会经济发展的推动力,是一国精神文明和物质文明建设的重要条件保障。

既然高等教育服务属于有正的外部性的准公共产品,理应由政府和市场共同提供,成本应由财政和受教育者共担。由此,政府有责任和义务提供高等教育服务，财政应予以支持，负担其部分成本。

关于民办高等教育的性质学术界研究相对稀缺，笔者认为民办高等教育服务与公办高等教育服务在性质上基本相同，属于有正的外部性的准公共产品或服务。区别在于其私人产品属性较强，因为此种教育服务具有较强的排他性，通过较高的学费可以将不付费者排除在这一教育服务之外。因此，民办高等教育与公办高等教育一样，应由市场和政府共同提供，教育服务的成本应由财政和受教育者共同负担。然而，与公立高等教育有所不同的是，民办高等教育在资源配置中市场的作用更大，因而受教育者在教育服务成本负担中所承担的比重应更大。

（二）民办高等教育已经成为我国高等教育的重要组成部分

公共财政是否应支持民办高等教育还取决于民办高等教育在高等教育中的地位和作用。我国民办高等教育经历了从无到有、从小到大的发展历程，现阶段已成为我国高等教育的重要组成部分。表1给出了我国民办高等教育1997－2009年中的绝对量和相对量。到2009年，民办普通高等教育学校数占全部普通高等学校总量的14.58%；在校生占全部普通高校学生总量的9.55%。

表1　1997－2009年全国民办高等教育基本情况

		1997年	2001年	2005年	2009年
学校数	总计（所）	20	89	252	336
	占全国普通高校的比例（%）	1.96	7.27	14.06	14.58
毕业生数	总计（人）	2625	9863	147503	483416
	占全国普通高校的比例（%）	0.32	0.95	4.81	9.10
招生数	总计（人）	6878	77796	436101	710246
	占全国普通高校的比例（%）	0.69	2.90	8.64	11.11
在校生数	总计（人）	16054	140359	1051663	2047688
	占全国普通高校的比例（%）	0.51	1.95	6.73	9.55
专任教师数	总计（人）	988	12172	62303	105790
	占全国普通高校的比例（%）	0.24	2.29	6.45	8.17

注：本表只包括民办普通本专科和高等职业院校，不包括独立学院和其他高等教

育培训机构。

资料来源:1997、2001 年资料来自《2002 年中国民办教育绿皮书》,2005、2009 年资料来自各年份《中国教育统计年鉴》。

我国民办高等教育的发展基于两种背景:

其一,限于政府财力有限,公办高等教育服务供给严重不足,与居民对高等教育的需求形成巨大反差,千军万马过独木桥成为高等教育供求矛盾的鲜明写照。民办高等教育的发展,为满足居民对高等教育需求,为使我国高等教育从精英教育阶段步入大众化阶段,为使我国成为高等教育大国做出了重要贡献,为我国社会主义建设各条战线输送了数以百万计的人才,对促进我国社会经济发展发挥了重要作用。

其二,我国正在进行经济体制和教育管理体制改革。在经济体制改革过程中,生产资料所有制从单一的公有制逐步转变为以公有制为主体的多种所有制并存的格局。与此相适应,包括教育、文化、科技等非经济的服务领域,也由单一的政府举办的公立机构转变为政府举办的公立机构和非政府机构举办的民办机构并存的局面。

伴随着经济体制改革,教育管理体制开始了相应的改革,旨在建立与社会主义市场经济相适应的符合教育服务性质和教育发展规律的教育管理体制。各级政府、各级各类公立学校逐步探索教育管理体制改革,而作为与公立教育性质不同的民办教育,成为探索教育体制改革的重要力量和阵地。

因此,民办高等教育无论从我国的高等教育发展,还是从高等教育体制改革来说,已不是可有可无,也不是高等教育的补充,而已成为我国高等教育发展和改革的重要组成部分。政府和财政不仅有必要支持民办高等教育,而且支持民办高等教育发展应成为政府的责任和义务。

(三) 财政支持是民办高等教育持续健康发展的重要条件

教育经费的充足投入是民办高等教育发展的重要条件。关于民办学校经费来源的渠道,国内学者有着大致相同的观点。魏曼华(1998)提出,我国民办学校的经费来源包括三部分:学费收入,社会捐赠、投资、集资,政府补贴等。杨明和余德龙(2005)提出我国民办高等学校的经费来源主要包括学费、捐赠、企业投资、社会团体和个人投入、国家的扶持和投入，以及从资本市场获得的资金。从这些学者的研究可以看出，我国民办高校经费的来源有四个主体：政府、受教育者个人、学校自身和社会群体，其对应的资金形式依次表现为，政府对民办高校的预算内拨款、教育费附加；学费收入；校办产业及服务等收入；社会捐赠及其他（如金融部门的融资等）。

目前，我国民办高等教育经费投入来源结构不尽合理，学费收入比重过大，而政府财政投入和社会捐赠的比重过低。表2给出了2007－2009年我国民办高等教育经费来源结构的情况说明。

表2 2007－2009年我国民办高等教育经费来源结构　　　单位:%

年份	总收入（万元）	预算内拨款	教育费附加	学费收入	社会捐赠	其他
2007	3410943	2.41	0.11	79.76	0.36	17.35
2008	4360425	3.79	0.09	83.12	0.22	12.78
2009	5107655	3.72	0.16	83.33	0.33	12.46

资料来源：2007－2009年教育部相关统计资料。

从表2可知民办高校的经费来源中，2007－2009年学费所占比重的平均值超过了80%，而财政拨款的平均值不足4%，社会捐赠的平均值则仅占0.30%左右。可见，民办高等教育的运行和发展绝大部分依靠学费收入，这一情形可能会导致两种结果：其一是生源下降，在校生减少。民办高校生源中，有一部分来自中低收入阶层，收费过高可能会使他们放弃入学，导致部分学校关闭，最终使得民办高等教育规模萎缩。其二，高等教育是成本递增的行业。伴随成本递增，学费不断上升，必将加重受教育者及其家庭的负担，从而有悖于教育公平。这两种结果终将影响民办高等教育的可持续健康发展。

国外私立高等教育发展的经验也表明，政府财政支持是其经费的重要来源，是其持续发展的条件之一。美国是一个典型的以私有制为基础的市场经济国家，其私立高等教育相对发达，且资金筹措已形成规范的制度。纵观历年美国私立高等教育的经费来源，政府拨款占有相当大的比重，远高于我国。根据美国教育部2008年的统计数据，可知，非营利私立高校占12.26%，营利性私立高校占5.69%。2007年，可颁发学位的不同类型高校的经费来源结构如表3所示。

表3 2007年美国可颁发学位的各类型高校经费来源结构　　单位:%

高校类型	学费收入	各级政府拨款				销售收入	教育活动	投资回报	私人捐赠	其他
		合计	联邦	州	地方					
公立	16.67	46.62	13.24	26.85	6.58	16.00	—	5.80	2.08	12.97
私立非营利	26.03	12.26	11.07	0.89	0.30	13.67	2.25	30.65	11.07	4.06
私立营利	88.21	5.69	5.19	0.50	—	2.23	1.76	0.35	0.03	1.73

同样,日本也是私立高等教育发达的国家,据日本文部科学省统计,截至2008年,日本私立高校占全部高校的78.5%,在校生占全部高校在校生的73.2%。2001年在日本私立高校经费来源结构中,学费占58.9%,财政支持占10.9%,政府对于私立高校的资助比例远高于我国。

其他私立高等教育较发达的国家,其政府财政投入都占其总收入相当的比重,均高于我国。同时,各国政府在财政投入支持私立高校发展方面均有相关的法律规定来保障。依据我国民办高等教育发展与经费投入结构现状与问题,借鉴国外财政支持私人高等教育的经验,为促进我国民办高等教育的可持续健康发展,政府应给予财政支持并加大对民办高校的投入力度。

二、民办高校的分类是财政支持民办高教的重要条件

民办高等教育是属于有正的外部性的公共产品,公共财政应予以支持。但由于不同类型民办高校的教育服务性质并不相同,所以财政支持的范围和力度也应有所区别。同时,民办高校的分类也是政府对民办高校管理和民办高校内部管理面临的重要问题。教育规划纲要提出了政府应对民办高校实行分类管理的明确规定,因此,有必要针对民办高校如何进行分类、如何实施分类进行探讨。

(一)分类标准

笔者认为应将民办高校区分为营利组织和非营利组织两类(王善迈,2011)。区分的标准有三:第一,办学节余或盈利是归于学校还是归于举办者。这里的办学节余或盈利是指在扣除办学成本,预留发展基金及其

必需的费用后所剩余的资金。第二，举办者的初始投入和追加投入所形成的学校固定资产是属于学校还是属于举办者。民办高等学校的投入包括举办者的投入、学费、政府各种形式的投入和社会捐赠投入等，其形成的固定资产应分类列入学校固定资产账户。此标准仅限于举办者投入所形成的固定资产。第三，学校办学终止时，在财产清算清偿债务后的剩余资产是归于社会公益还是归于举办者。

从制度规范来说，举办者对民办高等学校的投入应区分为投资和捐资（捐赠）两类。作为投资不是无偿的，目的是获取经济回报；作为捐资或捐赠则是无偿的，目的并非获取经济回报，而具有公益性。在此规范的基础上，民办高等学校的分类标准是办学节余和学校资产剩余的归属，或者说应是分辨举办者是否具有剩余利润和剩余资产的索取权。举办者具有剩余利润和剩余资产索取权的学校属于营利性民办高等学校，反之则属于非营利性民办高等学校。

（二）两类学校的服务性质

作为营利组织的教育服务机构，提供的服务基本上属于私人产品，从性质上来说，与作为营利组织的工商企业没有本质区别，其终极目的是盈利或利润的最大化，而提供教育服务是手段；资源配置的基本机制是市场供求和价格，服务的成本最终由消费者即受教育者负担，这类服务的供给与需求本质上是市场交换关系。作为营利组织的教育服务机构，实行照章纳税，自主经营、自负盈亏的经营管理制度。营利性的民办高校所获收益由投资者和举办者自由支配，可以用于学校教育支出，也可以归于投资者和举办者所有，不存在所谓合理回报和使用去向等问题。由于其提供的教育服务具有正的外部性，成本和收益不完全对称，公共财政应给予一定的支持，这种财政支持只是其服务成本的一种补充。

作为非营利组织的民办学校，从制度规范来说，应同公立学校一样，其功能是传承文明和知识技能以培养学生，收取学费和营利是手段。由于这类学校属于非公共服务机构，经费来源和服务成本的主要负担者是其服务的消费者，即受教育者及其家庭。学校收入大于支出的部分（即盈利部分），应用于学校教育支出，而不应归于举办者所有。由于其性质为非营利机构，公共财政应给予比营利学校更大的直接支持。

（三）分类的实施

那么，民办高校的分类应如何实施呢？我国《民办教育促进法》和相关法规并未对民办高校分类有明确的规定，民办高校分类和分类管理属于民办教育发展过程中有待探讨的重要问题之一。依据我国经济体制、教育体制改革成功的经验，应采取渐进方式，以降低改革的社会成本，提高改革的效益。因此，有关民办高校的分类问题，可先行试点，取得经验后逐步推广，并在此基础上修改和完善相关的法规和政策。

1. 分类的原则

民办高校的分类应遵从自愿和政府审核监管两大原则。对于已经举办的和将要举办的民办高校，应根据举办者和投入者的个人意愿，在两类学校中加以选择并进行注册。我国已经举办的民办学校，从举办者和投入者的角度可将其分为两类（王善迈，2000）：一类是以营利为目的，在我国公办高等教育供不应求的背景下，民办高校拥有发展的空间。举办者可根据自身条件和理性判断，在不同的产业和行业中进行选择，在经营管理有方的条件下具有获利空间。另一类是不以营利为目的，或者说是作为公办高等教育的补充以发展高等教育的一种教育组织形式。

2. 影响分类选择的因素

影响分类选择的重要因素之一是经济上可否获得回报，其实两类学校都可获得经济回报。具有营利性质的学校，其经济回报的形式是办学节余和投资形成的固定资产的剩余归于投资者和举办者所有；具有非营利性质的学校，按照国家对公益事业捐赠的优惠政策，其投入可在缴纳企业所得税和个人所得税前按一定比例扣除，享受税收优惠。此外，教育系统还有"冠名权"这一形式的激励机制。对于办学的企业来说，这种捐赠具有公关行为的特征，有助于扩大市场；从学校发展来说，此类学校可享受教育类的税收优惠待遇。

3. 注册和监管、评估

民办学校的注册和监管，政府应从以下三个方面展开工作：第一，审核注册单位是否具备办学入门条件。不具备办学条件者不予注册,已经举办的学校不完全具备办学条件者,应限定期限达到规定的办学条件。第二,进行财务监管,其主要内容应是办学节余的使用去向和学校资产所有权的归属,财务监管应每个会计年度进行,并由独立的会计事务所审计。第三,教育法规政策的监管,两类学校尽管性质不同,但都必须遵守国家教育的相关法规,执行国家的教育政策。根据后两项监管的结果,对民办高校实现分类归属,并进行调整变更。

对教育质量的评估应由独立的教育评估机构进行。将市场竞争引入到民办学校的质量监管中来,不仅可以在民办学校之间,还可以在公办和民办学校之间展开良性竞争,从而提高其教育质量,那些质量低劣的民办学校将在竞争中被淘汰出局。

三、对民办高等教育的财政支持政策

(一) 现行财政支持政策及存在的不足

对民办教育、民办高等教育的财政支持,中央和部分省市出台的相关法规政策已有原则性的规定。就中央或全国而言,最重要的当属《中华人民共和国民办教育促进法》及其实施条例和《教育规划纲要》。

《教育规划纲要》规定:健全公共财政对民办教育的财政资助政策。政府委托民办学校承担有关教育和培训任务,拨付相应教育经费。县级以上人民政府可以根据本行政区具体情况设立专项资金,用于资助民办教育。国家对发展民办教育做出突出贡献的组织、学校和个人给予奖励和表彰。

上述法规和政策表明,我国财政在支持和发展民办教育方面已迈出了重要一步。但是这些政策规定仍然存在着一些不足:第一,上述规定的内容过于原则化且缺乏可操作性和强制性,使得实际执行中缺乏有力的依据,对于不作为也没有惩罚规定;第二,对民办高校的资助力度和层级政府间的责任分工等都没有明确的规定,易导致在执行过程中各级政府之间的职责不明、权限不清;第三,政策中规定了政府提供一定的土地使用权转让优惠、事业收入等税费减免方面的间接支持,而直接提供的财政资助

则相对较少;第四,对营利性和非营利性民办学校缺乏明确的分类财政支持规定。

(二) 完善政府财政支持民办高校政策

完善对民办教育,尤其是民办高等教育的财政支持制度和政策,首先应明确规定财政支持的主体。财政支持的主体取决于高等教育的管理制度和财政制度。我国现行的公立高等教育管理制度是中央和地方政府两级管理,财政制度是中央和地方两级财政支持。简言之,"谁举办和管理谁负担"。事实上,公立高校是中央、省、地市三级办学,中央和省两级管理,中央、省、地市三级财政负担。民办高等学校举办者为非政府机构的社会组织和个人,在地方政府教育部门注册,在管理上实行省、地市两级管理。因此,民办高校财政支持主体应是省和地市两级财政。对民办高校财政支持的经费来源应是省、市财政收入,包括本级财政收入和上级一般性转移支付收入。由于我国区域间经济、财政、教育发展的严重不均衡,中央财政应对民办高等教育不发达的地区给予一定的支持,并且省、市地方和中央财政应将支持民办高等教育发展的资金列入同级财政教育预算。就财政支持方式而言,可采取直接支持和间接支持两类。

1. 直接支持

直接支持是指财政对民办学校的直接拨款,主要包括以下内容:

(1) 基本支出补助。《教育规划纲要》规定"政府委托民办学校承担教育服务任务的应拨付教育经费"。民办高等教育事实上承担了高等教育服务,因此,政府应给予必要的财政拨款,用于民办高校的正常运行,其中主要是公用经费,可视为基本支出补助。在省、市级财政预算教育支出类的高等教育支出中,可按一定的比例分配给民办高等教育,其补助上限可参照该地区民办高校生均公用经费低于公办高校生均公用经费的差额来确定。

(2) 专项支出补助。包括民办高等教育在内的我国高等教育发展已从数量扩张进入到质量提升和结构调整的新时期。提高高等教育质量的关键在于学科建设提升,结构调整包括层次结构和专业结构。鉴于此,根据国家高等教育发展政策和民办高等学校的需要和条件,应给予民办高校一定的财力支持。在我国现行财政预算管理中，该项支出属于专项教育支出。因此，在省、市财政预算高等教育支出中，可安排一定金额或比例作为专项经费给予民办高等学校，用于发展重点学科、建设重点实验室以及教师社保等。

（3）奖励性补助。在制定民办学校评估标准的基础上，政府可以委托专业性的社会中介组织对民办学校进行评估，对提供优质教育服务和特色教育服务的学校，或对民办高等教育有突出贡献的个人，给予一次性奖励支持。

（4）科研支持。此种经费支持应视为竞争性资助，可采取招投标和政府委托的方式鼓励民办高校的科学技术研究，对符合条件的民办高校中标者和被委托者给予一定的财政支持。通过科研合同的形式，这部分经费不仅可以在民办高校之间，还可以在民办高校与公立高校之间展开公平竞争，科研能力强的学校得到的机会和相应的科研经费会更多。

（5）学生资助。高校学生资助应该不区分公立或民办的学校性质，凡是有资金需求的学生或家庭均应得到政府的资金援助。因此，对在民办高等学校就学的家庭经济困难学生给予一定的补助，资助方式类同于公立高等学校。支持了学生从某种意义上来说也是支持了学校，使得学生增加了入读民办学校的机会，也可让民办学校从更多的受教育者手中获得学费收入。

2. 间接支持

间接支持指政策扶持与税收减免在内的资助，通过土地、税收优惠等方式对民办高校实施间接的经费支持。这部分资助能够减少学校支出，从而等于间接增加了对学校的投入，主要包括：

（1）学校教育用地优惠。民办高校用地应纳入学校所在地的土地利用规划中。在民办高校的用地优惠方面，对于非营利学校应视同公办学校，可采取无偿划拨或有偿转让制度；对营利学校，在转让土地使用权时给予低于商业用地市场价格的优惠。

（2）闲置国有固定资产（建筑物和大型设备）转让优惠。用于学校教学的，对非营利学校可无偿转让或低于市场价转让。

（3）税收优惠。对于学校各项税收包括营业税、增值税、所得税、房产税、城镇土地使用税、印花税、耕地占用税、契税等，我国应缩小公立高校与民办高校税收优惠政策上的差距。对于非营利学校，可按2004年《财政部、税务总局关于教育税收政策的通知》的规定给予税收减免优惠，视同公办学校；对于营利学校，财政部、国家税务总局尚未做出具体规定。笔者认为，对营利性学校各项税收优惠，应低于非营利性学校，而且税收优惠的项目应和非营利学校有所区别。

（4）社会捐赠。国外私立大学筹资中社会捐赠所占比例非常高，一方面与这些国家的经济发展水平和私立大学的地位有很大关系，另一方面也与这些国家对社会捐赠制定的所得税、财产税优惠制度有关。因此，我国对民办高校的社会捐赠，应遵从《中华人民共和国公益事业社会捐赠法》的规定来执行，在未来开征财产类税（包括财产税、财产赠与税、遗产税等）后，政府应制定出更多的税收激励机制鼓励社会对学校捐赠，以增加学校教育投入。

综上所述，在资助的方式上，政府对民办高校的发展可从直接支持和间接支持两方面来实施资助；在资助的主体上，由于民办高等教育主要由省、市地方政府管理，财政支持也应主要由地方财政负担，中央财政给予必要支持，且不同的地方可根据本地区的实际需要和财政能力做出不同的具体规定。

我国民办高等教育发展若干重要问题探析

钟秉林

近年来,我国民办高等教育发展迅速,成绩显著,贡献突出,同时在发展过程中也存在不少矛盾和问题。民办高等教育在我国高等教育体系中的地位和作用如何?对民办高等学校是否要实行分类管理,如何分类?政府应否从政策和财政上扶持民办高等教育,如何扶持?民办高等学校的改革和建设应如何加强?这些问题已经成为当前政府、社会和高等教育界广泛关注的热点问题。《国家中长期教育改革和发展规划纲要(2010-2020年)》(以下简称《教育规划纲要》)对高等教育的改革发展进行了精心规划和全面部署,并设立了若干重大项目和改革试点,这为我国民办高等教育的发展提供了难得的机遇。本文在教育部"民办高等教育改革和发展研究"课题研究取得初步成果的基础上,针对民办高等教育改革和发展的若干重要问题进行分析,并阐明笔者的观点。

一、我国民办高等教育的地位与作用

自清末现代大学制度在我国诞生以来,就产生了私立大学。新中国成立之初,全国共有私立高等学校69所。在1952年的院系调整中,所有私立大学都被转为了公办院校。此后近30年间,我国没有民办高等教育机构。改革开放以后,随着经济社会和教育事业的发展,民办高等教育机构应运而生。30年来,我国民办高等教育蓬勃发展,规模由小到大,实力由弱渐强。进入21世纪以来,我国民办高等教育呈快速发展态势,成就令人瞩目。首先,规模急剧扩张,有力推进了高等教育大众化的进程(见表1),自2003年至2009年,我国民办高校招生数从37.62万增加到140.15

万，增长2.73倍；累计招生684.65万人，占全国普通高校招生数的14.01%。毕业生数从5.27万增加到93.29万，增长16.70倍；累计毕业生309.18万人；占全国普通高校毕业生数的8.27%。民办高校数从175所增加到658所，增长2.78倍；专任教师数从5.03万增加到22.20万，增长3.41倍。据估算，民办高等教育对全国高等教育毛入学率的贡献为3.5%－4.5%。其次，广泛吸纳社会资本，缓解了政府财政投入不足的矛盾。民办高等教育机构2008年共筹集到经费436.25亿元，占当年全国高等教育总经费的10.04%。初步估算，1998－2008年，民办高等教育总共筹集经费达2000亿元以上。再次，满足了人民群众多样化的高等教育需求。民办高校专业设置灵活，在人才培养上偏重于专业技能，入学门槛相对较低，为很多高考成绩不太理想的高中毕业生提供了接受高等教育的机会；民办高校的毕业生就业期望值适中，适应能力较强。仅最近3年，全国已有数百万名民办高校毕业生走入社会，并逐步得到社会的认可。最后，为社会提供了一部分就业岗位。目前，全国各类民办高等教育机构从业人员（包括教职工、后勤保障人员等）达数十万人，在有的地区，民办高等教育机构已经成为当地解决就业的重要渠道之一。

由上述分析可见，经过改革开放以来30余年的发展，民办高等教育在我国高等教育体系中的地位和作用已经发生了根本性变化。从创建初期作为公办高等教育的补充，迅速发展成为我国高等教育事业的重要组成部分。民办高等教育在推进我国高等教育大众化进程、满足人民群众多样化的高等教育需求、缓解政府高等教育财政压力等方面作用显著、不可或缺。《教育规划纲要》明确提出，民办教育是教育事业发展的重要增长点和促进教育改革的重要力量，要求各级政府要把发展民办教育作为重要工作职责。因此，全面客观分析我国民办高等教育的发展历史及现状，确立民办高等教育在我国高等教育体系中的重要地位和作用，是贯彻落实《教育规划纲要》精神，推进我国民办高等教育发展的重要基础。

表 1 民办高等学校贡献率统计指标概览　　（单位：万人、%）

年份		招生数	毕业生数	在校生数	专任教师数	民办高校数
2003	数量	37.62	5.27	81.21	5.03	175
	所占比例	9.84	1.52	4.87	6.21	8.29
2004	数量	62.66	11.98	139.75	8.17	228
	所占比例	9.37	2.79	7.97	8.65	10.20
2005	数量	87.95	22.34	212.63	11.78	252
	所占比例	12.61	4.72	10.64	11.22	11.09
2006	数量	102.58	36.51	280.50	14.90	278
	所占比例	14.04	7.96	12.39	12.87	12.03
2007	数量	119.06	57.80	349.69	17.93	297
	所占比例	15.73	9.26	14.52	14.36	12.80
2008	招生数	134.63	81.99	401.25	20.26	640
	所占比例	16.62	12.04	15.62	15.69	24.03
2009	数量	140.15	93.29	446.14	22.20	658
	所占比例	16.66	12.86	16.61	16.50	24.47
累计	数量	684.65	309.18	—	—	—
	所占比例	14.01	8.27			

注：①资料源自相关年份《中国教育统计年鉴》。民办高校"招生数"是指民办普通高校、民办成人高校和独立学院的普通、成人本专科招生数之和。民办高校招生数"所占比例"是指民办高校普通、成人本专科生数占学历教育中普通、成人本专科生总数的比例，其余类同。②自 2008 年起，独立学院开始计入民办高校学校数。

二、国外及中国港澳台地区私立高等教育发展经验及启示

私立大学在西方源远流长。由于历史文化传统、政治制度、经济社会发展阶段、教育整体发展水平等存在差异，不同国家和地区的私立高等教育发展呈现出多样化特征。通过梳理和分析，可以发现其共性的经验和特点：①重视政策法规体系建设，从学校设置、法人地位、制度规范、财务会计、质量保证等方面保障私立高等教育的发展。②对私立大学进行分类管理，采取设立基金会、外部审计、内部政务财务公开等多样化的政策法

规手段监管私立大学，保障私立高等教育的公益性。③给予非营利性私立大学与公立大学同等的政策待遇，不仅保障其办学自主权，还通过税费减免、学生资助、科研基金等直接和间接的多种方式，对私立大学在政策和财政上进行实质性扶持。④建立了比较完善的私立大学内部治理结构，为其发展提供制度保证。如美国私立大学的显著特征是通过董事会制度实行自治管理，政府并不具有直接管理私立大学的权力。⑤无论是欧美的早期发达国家，还是韩国、新加坡等后发国家，在各自的高等教育大众化进程中都高度重视发挥私立大学的作用，将其作为大众化的重要推动力量，以满足迅速扩大的高等教育需求（见表2）。⑥重视建立和完善私立高等教育的质量保障机制和特色发展机制，通过政策引导、财政扶持、监督评估等手段，引导私立大学将办学目标集中到提高质量和特色发展上来。

表2　部分国家1999和2007年高等教育毛入学率和私立大学招生情况

国家	高等教育毛入学率（%）		公立高校招生（万人）		私立高校招生（万人）		私立高校招生所占比例（%）	
	1999年	2007年	1999年	2007年	1999年	2007年	1999年	2007年
日本	45.2	57.9	84.4	82.1	309.72	321.18	78.6	79.6
南韩	72.5	96.1	55.9	63.7	227.91	257.16	80.3	80.1
巴西	14.5	30.0	86.9	142.9	133.47	384.44	60.6	72.9
美国	71.5	81.6	976.9	1318.0	400.28	457.87	25.8	29.1
法国	52.6	54.7	173.6	180.7	27.58	37.23	13.7	17.1
俄罗斯	65.1	75.0	597.8	809.6	34.49	127.48	5.5	13.6
德国	—	46.5	197.1	206.9	11.63	20.93	5.6	9.2

资料来源：①UNESCO数据库．http：//stats.uis.unesco.org。②OECD教育统计数据库．http：//www.oecd.arg/education/dalahase。③联合国数据库．http：//data.un.org/Defaiilt.aspx。④NationMoster数据库．http：//www.nationmaster.com/cat/Eduucation-education。

国外及港澳台地区私立高等教育的发展经验，为我国民办高等教育的改革与发展提供了重要启示和借鉴：①明晰民办高等教育在国家和地区高等教育体系中的地位和作用，大力扶持和严格规范民办高等教育的发展，是政府义不容辞的责任；②健全政策法规体系，改革制约民办高等教育发展的体制机制，是推进民办高等教育发展的关键；③实施分类管理，切实保证民办高等教育的公益性，是民办高等教育健康可持续发展的重要基础；④理顺民办高校内部治理结构，优化决策机制，改革内部管理体制和运行机制，规范办学行为，是民办高校实现使命的制度保障；⑤注重内涵发展，加强内外部质量保障体系建设，提高民办高等教育质量，逐步形成办学特色，是民办高等教育发展和民办高等学校建设的核心。

三、我国民办高等教育的公益性以及分类管理

近年来，随着我国高等教育大众化进程的深入推进，高等教育入学机会供给不足的矛盾明显缓解，社会对优质高等教育资源的需求明显增加，优化结构、提高质量和促进公平成为高等教育发展的紧迫任务，这对民办高等教育和高等学校的改革和发展提出了更高的要求，也导致一些长期存在的深层次矛盾进一步凸显。主要体现在：民办高等教育的公益性与办学主体的营利性之间存在明显冲突，部分民办高校存在潜在的办学风险；政府与民办高校的关系尚未理顺，民办高校的法律地位未切实落实；教师队伍建设严重滞后，制约着民办高校办学质量的提升；生源减少导致民办高校生存压力骤增，急需从追求规模效应转为注重内涵发展。此外，作为一种独特的办学形态，"独立学院"的规范管理也面临着治理结构、办学用地、资产过户等突出问题。

上述诸多问题中，最关键的是公益性和营利性之间的矛盾冲突。公益性是民办高等教育的基本属性，是民办高等学校生存和发展的基础。无论举办者是否取得合理回报，民办高等教育都是公共教育事业的重要组成部分，都具有公益属性。民办高等教育的公益性体现在诸多方面，如弥补公共高等教育资源的不足、促进高等教育服务质量的改善、保护民办高校的师生权益等。从现实情况看，我国民办高等教育机构在资本构成和配置上主要有四种形式：一是捐资办学，捐资人不要求回报，不参与学校管理；二是出资办学，出资人不要求取得合理回报，以某种方式（如担任理事长或校长等）参与学校管理；三是出资办学，出资人要求取得合理回报，并参与学校管理；四是经营性高等教育培训机构。从理论上讲，前两种属于非营利性民办高校，后两种属于营利性民办高校。不同类型的民办高校，

公益性的程度及其实现形式是有区别的。一般可以认为，非营利性民办高校的公益性要高于营利性民办高校。从实际情况看，尽管《民办教育促进法》对民办教育的公益性做出了原则性规定，但由于缺乏具体保障措施，导致公益性常常受到损害。这突出地表现为，部分民办高校为了获得尽可能多的收益，往往将营利作为首要目标，导致盲目扩充生源、不合理地压缩办学成本，甚至违规办学等现象发生。解决这些问题，需要对民办高校实行分类管理，并加强对取得合理回报的民办高校的监管，确保其公益性的实现。

对私立高校实行分类管理，是国外及港澳台地区发展私立高等教育的重要经验，《教育规划纲要》也明确提出，积极探索营利性和非营利性民办学校分类管理。建议政府有关部门尽快制定相关标准，将我国民办高校区分为非营利性和营利性两种类型。非营利性民办高校应登记为事业单位法人，营利性民办高校应登记为企业法人；作为过渡，目前可以将取得合理回报的民办高校登记为民办非企业单位法人。在此基础上，要进一步完善分类管理的配套制度，如财产权制度、税收制度、会计制度等，对不同类型的民办高校采取不同的政策，严格实行分类管理，保证民办高校公益性的实现。总之，民办高等教育的分类管理是实现高等教育公益性、推进民办高校健康可持续发展的重要基础。

四、我国民办高等教育的政策支持与财政扶持

民办高等教育是重要的社会公益事业，是现代高等教育体系不可或缺的组成部分，是高等教育制度活力的充分体现；民办高校（尤其是非营利性民办高校）和公办高校的主要区别在于高等教育服务的供给主体和供给方式不同，本质上而言，都是社会公共事业的重要组成部分。因此，扶持民办高等教育发展是政府的职责所在。无论是从国际经验还是从现实选择来看，民办高等教育作为我国高等教育重要组成部分的地位已牢固确立，政府有关部门应站在构建更加充满活力、更加多样化的高等教育体系的高度，大力支持和进一步规范民办高等教育和高等学校的发展。要转变政府职能，发挥政府在监督评价等方面的作用，减少直接的行政干预，依法保障民办高校享有充分的办学自主权。同时，要允许和鼓励地方政府结合实

际，因地制宜制定和完善民办高等教育的各项政策。

当前，要按照《教育规划纲要》的要求，尽快清理对民办高等教育的歧视性政策，确保民办高校学生、教师享受与公办高校学生、教师同等的权利。在学生权益保障方面，政府的学生资助和相关奖励应平等覆盖所有民办高校学生；国家法律法规规定学生享受的所有待遇，如医疗保障、购票优惠等，民办高校学生都应同等享受。在教师权益保障方面，首先，要完善民办高校教师的社会保险制度，解除他们工作中和退休后的后顾之忧；其次，教师职称评定应对民办高校教师和公办高校教师一视同仁，政府组织的各类奖励和表彰、教学改革和科学研究项目申请等要向民办高校开放；最后，民办高校教师和教育管理人员的培养培训和考核评价，要与公办高校一起纳入统一规划。

作为公共教育事业的重要组成部分，政府有义务对民办高等教育和高等学校提供必要的财政扶持。公共财政扶持私立高等教育发展也是许多国家和地区的共同做法。《教育规划纲要》明确提出，健全公共财政对民办教育的扶持政策。建议政府有关部门充分履行职能，借鉴国外的成功经验和做法，通过直接资助和间接资助等多种方式，如设立民办高等教育发展专项资金、启动高水平民办高校建设项目、分类制定税收和用地优惠政策等，加大对民办高等教育和民办高校，尤其是非营利性民办高校的支持力度。

五、我国民办高等学校改革与建设的重点

人才培养是高等学校的根本任务，教学工作是高等学校经常性的中心工作，但由于种种原因，民办高校在人才培养方面的精力受到干扰，投入明显不足。主要体现在：一是经费投入不足。不少民办高校的办学条件急需改善，教学设施急需补充和更新，基础设施建设亦需加强。二是精力投入不足。部分民办高校的举办者、管理者和教师并没有把主要精力放到人才培养模式改革、教师职业发展、学生事务管理和完善内部治理结构上来，在更新教育观念、明晰发展定位、遵循教育规律办学、创新体制机制、深化教学改革等方面缺乏深入研究和大胆探索。三是政府有关部门重视程度不足。在民办高校的校长和管理人员培训、骨干教师培养培训、推

进人才培养模式改革和加强教学建设等方面，与公办高校相比缺乏系统规划和有效措施。这些问题如不引起充分重视，将进一步拉大民办高校和公办高校在办学水平上的差距，影响民办高等教育和高等学校的社会声誉和长远发展。

保证教育教学质量，形成办学特色和优势，是高等学校发展的生命线，也是政府对高等教育实施宏观管理和调控的目标所在。建议政府有关部门进一步加强民办高校外部和内部质量保证体系建设，完善办学标准和有关质量标准，强化对民办高校的质量认证、审核和评估；要加强对民办高校的宏观指导，引导民办高校更新教育观念，结合地方经济社会发展需求和自身实际确立学校目标定位和发展战略，避免盲目攀比、同质化发展；要通过财政扶持、监督评价等多种方式，引导和督促民办高校将主要精力放到人才培养和教学工作上，不断提高人才培养质量，逐步形成办学特色；要通过制定规划、启动项目等切实可行的措施，推动民办高校在深化人才培养模式改革、加强教学建设和师资队伍建设、完善学校内部治理结构、创新管理体制和运行机制等方面进行积极探索，逐步提高民办高校的整体办学质量和水平。

综上所述，笔者认为，今后我国民办高等教育和高等学校的改革和发展重点是：全面贯彻落实《教育规划纲要》精神，进一步明晰民办高等教育在我国高等教育体系中的重要地位和作用；结合国情认真借鉴国外及港澳台地区私立高等教育的发展经验和成功做法，对我国民办高校实行分类管理；清理针对民办高等教育的歧视性政策，对民办高校进行实质性的政策支持与财政扶持；理顺民办高校内部治理结构，充分尊重其办学自主权；引导民办高校科学定位，将精力和财力放到人才培养和教学工作之中。笔者坚信，只要政府重视，学校努力，措施到位，我国民办高等教育一定会得到更加长足的发展，我国民办高校一定会为国家建设做出新的更大的贡献。

我国民办高等教育的区域
差异及影响因素分析

方 芳 钟秉林

一、引言

民办教育是教育事业发展的重要增长点和促进教育改革的重要力量。2010年7月公布的《国家中长期教育改革和发展规划纲要（2010－2020年）》将"大力发展民办教育"作为民办教育发展的重要指导方针，同时提出，各级政府要把发展民办教育作为重要工作职责，鼓励出资、捐资办学，促进社会力量以独立举办、共同举办等多种形式兴办教育。近年来，在相关法规和政策的扶持下，我国民办教育已经获得了较好的发展空间。由于我国地域辽阔，各省区民办高等教育发展的水平不相同，即便是经济发展水平相似的省区，民办高等教育的发展也存在着较大的差异。因此，民办高等教育的地区差异程度及其影响因素，成为众多学者关注的焦点。

本文在回顾和综述相关研究的基础上，运用描述性统计方法揭示我国各地区民办高等教育的发展情况和区域差异，运用计量经济模型分析民办高等教育规模区域差异的影响因素，进而提出相应的政策建议。本文的主要特色是：在对民办高等教育规模的区域差异进行量化分析的基础上，综合考虑需求、供给和政策三个方面的因素，建立了一个更为全面的分析框架来研究民办高等教育规模区域差异的影响因素；并尝试利用非国有职工占全体职工的比例（以下简称非国有职工比例）、城镇居民人均可支配收入与农村居民人均纯收入的比值（以下简称城乡人均收入比）、少数民族人口比例、是否为少数民族自治区等变量，来衡量民办高等教育的差异化需求。

二、相关研究回顾

(一) 民办高等教育发展水平的衡量指标

目前,我国学者大多采用三类指标来衡量各地区民办教育的发展水平:一是民办学校在校生人数,或其占全部在校生人数的比例;二是民办学校规模(数量),或其占同级教育规模的比例;三是社会团体和公民个人办学经费占教育总经费的比重。换言之,现有文献主要是用发展的数量(规模)指标来衡量民办高等教育的发展水平,而较少从投入的角度来进行分析。

(二) 民办高等教育发展区域差异的现状

在民办高等教育区域差异的现状分析上,现有研究得出的主要结论如下。

第一,选取民办高校在校生占高校全体在校生比例为指标时,区域差异表现在以下两方面。首先,2003-2006年,民办本专科在校生所占比例的变异系数在逐年降低,表明省际差异程度在逐步缩小。其次,东部地区的省际差异大于中部地区,而中部地区的省际差异大于西部地区。

第二,选取民办高校数或民办高校数占全体高校数的比例为指标时,区域差异表现在以下三方面。首先,各省民办高校数占全体高校数比例的变异系数总体趋势在减小,表明省际差异程度降低。其次,民办高等学校在各省呈负偏态分布,即较多的省设置了较少的民办高校,而较少的省设置了较多的民办高校。最后,东部地区省份的民办高校平均数和中部地区差异不大,但西部地区省份的民办高校平均数远低于东部和中部地区。

第三,选取社会团体和公民个人办学经费占教育总经费的比例为指标时,区域差异表现为:2003-2006年,该项指标的变异系数逐年减小,表明省际差异程度下降。

(三) 民办高等教育区域差异的影响因素

家庭对私立教育[①]的选择对于私立教育的发展有着至关重要的作用。在分析家庭选择公立教育还是私立教育的问题时,在理论上主要存在着两种解

---

① 民办教育是我国社会力量办学的统称,世界上很多国家把这种教育形式称为"私立教育"(private education)。

释：能力差异和收入差异，即通过能力阈值和收入阈值来分割家庭对公立学校和私立学校的选择。美国学者 James 对私立教育的存在和家庭对私立教育的需求做了更完善的解释。他认为，从需求的角度看，私立教育的存在主要有两方面的原因。一是过度需求（excess demand），即在公共财政投入不足的情况下，公立学校不能满足全部家庭子女的入学需求，因此，必然会有一部分人选择接受私立教育。二是差异性需求（differentiated demand），即由于宗教、语言、文化、质量、国籍等方面的差异，家庭对教育有着不同的需求，并会有针对性地选择私立教育。

在私立教育区域差异影响因素的实证研究方面，最早且具有影响力的研究是 James 撰写的《为什么不同国家选择了不同的教育提供方式》。该研究使用了 12 个发达国家和 38 个发展中国家 1975 年的数据，分别以私立中、小学在校生数占全体中、小学生在校生数的比例作为被解释变量，衡量一个国家私立教育的规模；以宗教信仰和语言多样性衡量差异性需求，以公共教育支出占 GDP 的比例衡量过度需求和公共教育的供给能力，以政府资助占私立学校支出的比例衡量政策对私立教育的支持程度。结果发现，在控制了人均收入变量后，宗教信仰越多样、公共教育支出占 GDP 比例越低、政府对私立教育资助越多的国家，其私立教育规模越大。

我国学者宋光辉、陈勇遵循 James 的思路，利用 2003 – 2006 年我国各省份民办教育的面板数据，分别从超额需求和差异化需求理论出发，归纳出影响民办教育规模的变量：①反映影响教育总需求的变量，即人均 GDP（衡量经济发展程度）；②反映影响超额需求的变量，即生均预算内教育经费支出（衡量政府对公办教育的投入）；③反映影响差异化需求的变量，即收入差距（衡量社会人群异质性）、非农人口的比例（衡量城市化水平）和民办教育生师比（衡量办学质量）。研究结果表明：①如果以民办教育在校生人数占相应层次学校在校生人数的比例作为被解释变量，人均 GDP 越高、收入差距越小、生师比越高的省份，其民办高等教育的需求越大；②如果以民办学校数占相应层次全部学校数的比例作为被解释变量，人均 GDP 越高、生均预算内教育经费越低的省份，其民办高等教育的需求越大；③如果以社会团体和个人办学经费占全部教育经费的比例作为被解释变量，人均 GDP 越高、收入差距越小的省份，其民办高等教育的需求越大。

三、民办高等教育发展规模区域差异的现状分析

笔者选用两个指标衡量民办高等教育的发展规模：一是民办普通本专科学校在校生数，衡量民办高等教育的绝对规模；二是民办普通本专科学校在校生数占全体普通本专科学校在校生数的比例，衡量民办高等教育的相对规模。①

（一）民办高等教育绝对规模的区域差异

全国民办普通本专科学校在校生数从 2007 年的 344 万人增加到 2009 年的 436 万人，年均增长率约为 13%，发展非常迅速；从三大地区来看，东部、中部、西部地区民办高等教育的绝对规模依次递减。但是，西部地区民办高等教育绝对规模的增长速度很快，年均增长率约为 19%，远高于东部地区（12%）和中部地区（11%）（见图 1）。

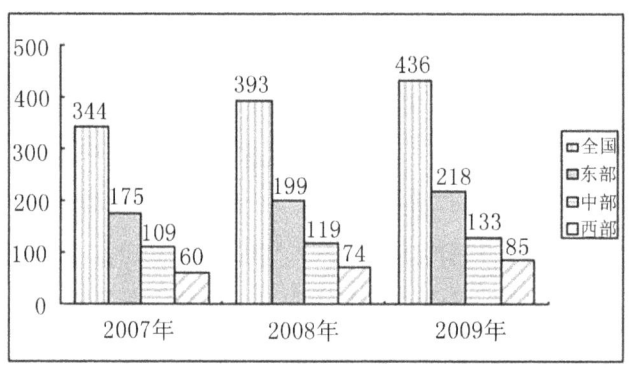

图 1　民办普通本专科学校在校生数（万人）

如图 2 所示，2007 - 2009 年各省、市、自治区民办普通本专科学校在校生数的年平均值。图中柱形颜色由深到浅分为四种类型，分别表示在校生数的年平均值为 30 万人以上、20 万 - 30 万人、10 万 - 20 万人以及 10 万人以下。可以看出，一半以上省份年均在校生数不足 10 万人，而且各省份之间的差异非常大。年均在校生数最多的江苏、湖北、广东等省超过了

---

① 资料来源于 2007 - 2009 年《全国教育事业发展简明统计分析》，由于数据缺失，故相关分析不包括西藏。

30万人,而宁夏、内蒙古等省区仅1万多人,年均在校生数最少的青海省还不到2000人。

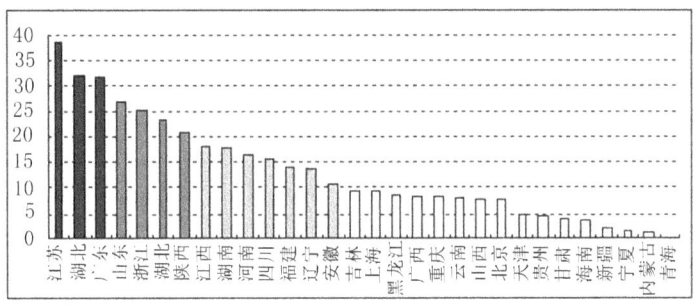

图2 2007-2009年民办普通本专科学校在校生数的年平均值(万人)

笔者用极差率、变异系数、泰尔指数、基尼系数等指标衡量2007-2009年民办普通本专科学校在校生数的省际差异,结果发现,我国民办高等教育绝对规模的省际差异有下降的趋势,特别是2008年下降幅度明显(见表1)。

表1 民办高等教育绝对规模的省际差异

年份	2007	2008	2009
极差率	221.87	186.74	179.87
变异系数	0.7879	0.7586	0.7556
泰尔指数	0.3110	0.2895	0.2865
基尼系数	0.4324	0.4180	0.4162

(二)民办高等教育相对规模的区域差异

2007-2009年我国民办普通本专科学校在校生数占全体普通本专科学校在校生数的比例如图3所示。可以看出,全国民办高等教育的相对规模从2007年的18.25%增加到2009年的20.33%,年均增长率接近6%,发展速度高于公办高等教育。从三大地区来看,仍然是东部地区民办高等教育的相对规模最大,中部和西部地区次之。同样地,西部地区民办高等教育相对规模的增长速度最快,年均增长率约为9%,远高于东部地区(5.5%)和中部地区(4%)。

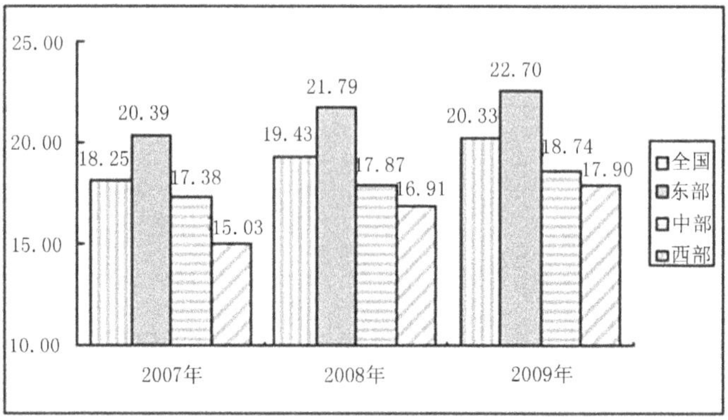

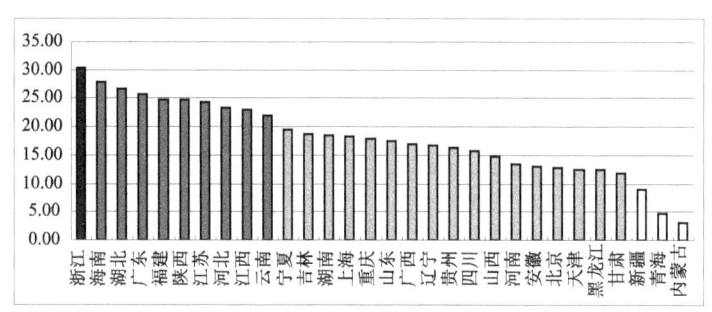

图3 2007-2009年民办普通本专科学校在校生占全体
普通本专科学校在校生的比例（%）

图4 2007-2009年民办普通本专科学校在校生占全体普通本
专科学校在校生的比例的年平均值（%）

如图4所示，2007-2009年各省、市、自治区民办普通本专科学校在校生占全体普通本专科学校在校生比例的年平均值。同样地，柱形颜色由深到浅分为四种类型，分别表示在校生比例的年平均值为30%以上、20%-30%、10%-20%以及10%以下。可以看出，多数省份的年均比例在10%-20%，而且各省份之间的差异亦非常明显。年均在校生比例最高的浙江省超过了30%，而青海省和内蒙古自治区还不到5%。

仍用极差率、变异系数、泰尔指数、基尼系数等指标衡量2007-2009年民办普通本专科学校在校生占全体普通本专科学校在校生比例的省际差异，笔者同样发现，这几年间，我国民办高等教育相对规模的省际差异有下降的趋势，特别是 2008 年下降幅度明显（见表 2）。

表 2　民办高等教育相对规模的省际差异

年份	2007	2008	2009
极差率	15.22	7.99	6.13
变异系数	0.3857	0.3554	0.3544
泰尔指数	0.0839	0.0703	0.0689
基尼系数	0.2170	0.2000	0.1999

四、民办高等教育发展规模区域差异的影响因素分析

（一）分析框架和变量选择

本文沿用前述相关文献的分析框架，结合我国民办高等教育的特点，采用"过度需求"和"差异化需求"模型来进行因素分析，从需求、供给和政策三个角度来探究造成民办高等教育区域差异的原因。不同于以往的研究，本文所选取的指标涉及了高校财政性因素和各地区少数民族比例等情况。

选取两个变量来衡量地区民办高等教育的规模：一是民办普通本专科学校在校生数，在模型中使用的是在校生数的自然对数（本文简称民办高等教育绝对规模）；二是民办普通本专科学校在校生数占全体普通本专科学校在校生数的比例（本文简称民办高等教育相对规模）。这两个变量在计量模型中均作为被解释变量。解释变量的选择基于以下三个方面。

第一，对民办高等教育的需求。对民办高等教育的过度需求用普通高校经费收入中财政性教育经费所占比例来衡量（以下简称高等教育政府投入比例），假定这一比例越高，则对民办高等教育的过度需求越低，从而民办高等教育的规模越小。如何衡量对民办高等教育的差异化需求是一个难题，结合我国实际情况和已有研究的经验，本文采用了四个解释变量。一是非国有职工比例，本文假定这一比例越高，则该地区的市场化程度越高，个体的差异化程度也越高，从而对民办高等教育的差异化需求也越高。二是城乡人均收入比，这一比值用于衡量一个地区的收入分布，本文假定该比值越大，则收入的差异性越大，从而对民办高等教育的差异化需求也越高。三是少数民

族人口比例，少数民族的生活方式、文化观念、宗教信仰等存在一定差异，本文假定少数民族人口比例越高，则文化和宗教的异质性越大，从而对民办高等教育的差异化需求也越高。四是虚拟变量"少数民族自治区"，取值为1表示属于少数民族自治区，其余省市取值为0。本文假定少数民族自治地区内部的差异性需求应大于非少数民族自治地区，从而少数民族自治地区的民办高等教育规模应该更大。

第二，对民办高等教育的供给。民办高等教育的供给最终取决于经济发展水平，经济发展水平越高的地区民间资本越雄厚，开放程度越高，发展民办高等教育所需的融资平台、市场条件和制度环境也更为有利，从而民办高等教育的规模也应该更大。本文采用人均GDP衡量一个地区的经济发展水平和民办高等教育供给能力，在模型中实际使用的是人均GDP的自然对数（以下简称人均GDP对数）。

第三，民办高等教育政策。选用民办高校经费收入中政府投入（包括预算内拨款和教育费附加）所占比例来衡量地方政府对民办高等教育的政策支持程度，该比例越高，说明地方政府对民办高等教育的支持力度越大，从而民办高等教育的发展规模应该越大。具体而言，用两个虚拟变量表示政府对民办高等教育的政策支持：若民办高校经费收入中政府投入比例大于5%，虚拟变量"政策支持力度高"取值为1，其余为0；若民办高校经费收入中政府投入比例为1%－5%，虚拟变量"政策支持力度一般"取值为1，其余为0；对照组为政策支持力度低，即民办高校经费收入中政府投入比例低于1%。

此外，考虑到地区总人口是决定一个地区民办高等教育绝对规模的重要因素，因此，在分析民办高等教育绝对规模影响因素的模型中，还加入了地区总人口的自然对数（以下简称总人口对数）作为解释变量。由于部分解释变量缺少2009年的数据，本文只对2007年、2008年的数据进行分析。另外，贵州、西藏和海南的数据缺失严重，因此，仅采用其余28个省、市、自治区的数据。①

(二) 回归分析结果

采用普通最小二乘（OLS）回归方法，分别利用2007年和2008年的数据建立截面数据模型。为避免可能存在的异方差性对估计结果的影响，回归系数的标准误采用了稳健性标准误。分别用非国有职工比例、城乡人均收入比、少数民族人口比例和少数民族自治区四个变量衡量民办高等教育的差异化需求，建立四个线性回归模型（表中分别用模型1、2、3、4表示），分析民办高等教育发展规模的影响因素。在这四个模型中，除了衡量差异化需求的变量外，其余解释变量均相同。回归建模结果见表3、表4、表5、表6（样本量均为28）。

回归建模结果显示，无论使用什么变量衡量差异化需求，其余解释变量的系数符号及其显著性变化均很小，表明回归模型具有较好的稳健性。从回归分析中可以得出以下结论。

（1）从需求角度看，我国民办高等教育的发展主要源于过度需求，而非差异化需求。若其他条件相同，在政府投入占高等教育经费总投入比例较低的地区，公办高等教育较难满足人们的高等教育需求，从而民办高等教育的绝对规模和相对规模都更大；反之，在政府投入相对较高的地区，民办高等教育的过度需求则较低。

表3 2007年民办高等教育绝对规模的影响因素（OLS）

	模型1	模型2	模型3	模型4
总人口对数	0.6105*** -0.1977	0.5823*** -0.1943	0.5935*** -0.2093	0.6051** -0.2211

---

① 民办高校在校生比例和民办高校招生比例数据来源于2007-2008年《全国教育事业发展简明统计分析》，高等教育政府投入比例数据来源于《中国教育经费统计年鉴》（2008）、（2009），非国有职工比例、城镇/农村人均收入比、人均GDP和总人口数据来源于《中国统计年鉴》（2008）、（2009），少数民族人口比例数据来源于《中国统计年鉴》（2001），民办高校经费收入中政府投入比例数据来源于教育部相关统计资料，需要说明的是，由于只有人口普查年份才有各省市区少数民族人口比例的统计数据，因此模型中使用的少数民族人口比例变量是2000年人口普查的数据。

续表

	模型1	模型2	模型3	模型4
人均GDP对数	1.2986**	0.6617**	0.7155***	0.7862**
	-0.4591	-0.3011	-0.1819	-0.2801
政策支持力度一般	0.7612**	0.5811*	0.4802	0.5808
	-0.2783	-0.2915	-0.3122	-0.3735
政策支持力度高	0.7691***	0.6891**	0.4278	0.4194
	-0.261	-0.2944	-0.2752	-0.2528
高等教育政府投入比例	-0.0650***	-0.0569***	-0.0546***	-0.0581***
	-0.0153	-0.0181	-0.0182	-0.0192
非国有职工比例	-0.0142			
	(0.0160)			
城乡人均收入比		-0.3471		
		(0.2930)		
少数民族人口比例			-0.0118**	
			(0.0051)	
民族自治区				-0.5544
				(0.6434)
常数项	-3.5876	3.1284	1.6084	0.9101
	(5.2241)	(4.0558)	(2.9988)	(3.9849)
R^2（拟合优度）	0.8334	0.8385	0.8369	0.8444

说明：*代表$P<0.10$，**代表$P<0.05$，***代表$P<0.01$；括号内数据为稳健性标准无误。

表4　2007年民办高等教育相对规模的影响因素（OLS）

	模型1	模型2	模型3	模型4
人均GDP对数	5.1089	4.5504*	5.5675***	3.7761**
	(3.8893)	(2.4766)	(1.7975)	(1.7311)
政策支持力度一般	5.7276**	5.3335**	6.4677**	4.7286**
	(2.1634)	(2.2512)	(2.3691)	(2.1458)

续表

	模型1	模型2	模型3	模型4
政策支持力度高	9.0081** (4.0925)	8.5287** (3.5614)	8.9928** (3.4243)	8.6092** (3.7576)
高等教育政府投入比例	-3.3546*** (0.1050)	-0.3523*** (0.1040)	-0.3906*** -0.0997	-0.3343*** -0.0912
非国有职工比例	-0.0328 (0.1413)			
城乡人均收入比		0.3071 (2.2502)		
少数民族人口比例			0.0645 (0.0645)	
民族自治区				-1.7972 (3.5213)
常数项	-20.8380 (32.9085)	-17.4830 (29.8069)	-26.2824 (20.4539)	-9.0899 (19.7305)
R^2（拟合优度）	0.5708	0.5702	0.5792	0.5760

说明：*代表$P<0.10$，**代表$P<0.05$，***代表$P<0.01$；括号内数据为稳健性标准无误。

表5　2008年民办高等教育绝对规模的影响因素（OLS）

	模型1	模型2	模型3	模型4
总人口对数	0.8583*** -0.1433	0.8567*** -0.1399	0.7870*** -0.1498	0.7784*** -0.1945
人均GDP对数	1.0467** -0.4254	1.0389*** -0.3142	0.7422*** -0.1823	0.8613*** -0.2002
政策支持力度一般	0.5087* (0.2857)	0.4781 (0.3291)	0.3644 (0.2880)	0.3216 (0.2119)

续表

	模型1	模型2	模型3	模型4
政策支持力度高	0.5551* (0.2915)	0.5323* (0.3021)	0.4517 (0.2715)	0.4355** (0.2061)
高等教育政府投入比例	-0.0524*** (0.0167)	-0.0529** -0.0189	-0.0423*** (0.0148)	-0.0508*** (0.0166)
非国有职工比例	-0.0015 (0.0138)			
城乡人均收入比		0.0436 (0.3401)		
少数民族人口比例			-0.0133** (0.0062)	
民族自治区				-0.5548 (0.3801)
常数项	-3.9996 (3.8005)	-4.0613 (3.6153)	-0.6451 (2.0475)	-1.4142 (2.6076)
R^2（拟合优度）	0.8646	0.8647	0.8807	0.8867

说明：*代表$P<0.10$，**代表$P<0.05$，***代表$P<0.01$；括号内数据为稳健性标准无误。

表6 2008年民办高等教育相对规模的影响因素（OLS）

	模型1	模型2	模型3	模型4
人均GDP对数	3.6270 -5.0074	9.6150*** -2.4758	6.8674** -2.6054	6.0466** -2.5382
政策支持力度一般	6.0065* (3.0573)	6.1569* -3.1686	7.4947** -3.1604	6.8240** -3.1371
政策支持力度高	6.8479** (3.1100)	7.8268** -2.9225	8.3228** -2.9738	7.8536** -2.8731
高等教育政府投入比例	-0.3325** -0.1359	-0.4583*** (0.1238)	-0.3924*** -0.1237	-0.3564*** -0.1185

续表

	模型1	模型2	模型3	模型4
非国有职工比例	0.0948 (0.1462)			
城乡人均收入比		4.0061 (2.6697)		
少数民族人口比例			0.0234 (0.0611)	
民族自治区				-1.1721 (3.1740)
常数项	-11.7649 (43.8859)	-74.7858** (28.7002)	-38.9298 -27.0336	-31.4994 -26.6649
R^2（拟合优度）	0.5441	0.5725	0.5353	0.5369

说明：*代表 $P<0.10$，**代表 $P<0.05$，***代表 $P<0.01$；括号内数据为稳健性标准无误。

（2）从差异化需求角度看，衡量差异化需求的四个变量的影响是不显著的，表明差异化需求并非是决定一个地区民办高等教育发展的主要因素。另外，值得注意的是，根据理论预期，少数民族人口比例对于民办高等教育规模的影响应该为正；但回归分析结果显示，其对民办高等教育绝对规模的影响显著为负。这表明，在同等条件下，少数民族人口比例越高的地区民办高校在校生数越少。据初步分析，这是由于在少数民族人口众多的地区，为了体现对少数民族的优惠，促进少数民族地区经济社会和教育事业的发展，政府更多地致力于发展公办高等教育，从而导致对民办高等教育需求的降低。还应指出，差异化需求的影响不显著甚至与理论预期不符，也有可能是目前还没有找到适合中国国情的合理衡量差异化需求的变量，有待于在以后的研究中进一步探讨。

（3）从供给角度看，人均GDP对民办高等教育的绝对规模和相对规模的影响均呈显著正相关。这说明，我国民办高等教育的发展在很大程度上受制于地方经济发展水平，经济越发达的地区民办高等教育的供给能力越强。

(4) 从政策角度看，政府对民办高等教育的政策显著影响地方民办高等教育的发展。这表现为，政府投入占民办高校收入的比例越高，民办高等教育的绝对规模和相对规模则越大。换言之，增加政府对民办高校的经费支持有助于促进民办高校的发展。

从模型分析中还可以看出，同等条件下，人口越多的地区民办高等教育的绝对规模越大。此外，笔者分别用民办普通本专科学校招生数和民办普通本专科学校招生数占全体普通本专科学校招生数的比例衡量各地区民办高等教育的绝对规模和相对规模，分别建立了计量模型，回归分析结果与上述结果基本一致，本文不再赘述。

五、结论和政策建议

（一）主要结论

差异现状分析结果表明，我国民办高等教育发展区域差异的主要特征有以下两方面。其一，2007—2009年，我国民办高等教育的绝对规模增长很快，相对规模逐年上升，民办高等教育的发展速度超过了公办高等教育（特别是在西部地区）。其二，绝对规模和相对规模的省际差异总体而言有下降的趋势。西部地区和中部地区之间的差距在缩小，但与东部地区相比还存在较大差距。特别是与东部的江苏、广东等民办高等教育大省相比，内蒙古、青海、新疆等西部省区民办高等教育的规模还很小。计量模型的分析结果表明，影响区域民办高等教育发展规模的主要因素是：首先，地方经济发展水平是影响民办高等教育发展的决定性因素；其次，我国民办高等教育发展的主要驱动力是过度需求而非差异化需求；最后，政府加大对民办高校的支持力度（如政策引导和增加对民办高校的拨款等）有助于促进民办高等教育的发展。

（二）政策建议

尽管近年来中西部地区民办高等教育的发展速度相对较快，但除了湖北和陕西两个传统的中西部高等教育大省外，我国民办高等教育的发展依然呈现东部地区最强、中部地区次之、西部地区最弱的格局，特别是西北地区的发展水平最低。这种格局的形成主要是由地区经济发展水平的差异所决定的,而经济发展水平的提高绝非在短时间内可以实现。因此,推动中西部地区民办高等教育的发展任重道远。基于本文的计量分析结果,笔者提出如下政策建议。

第一,转变观念,多样化发展。切实转变将民办高等教育作为公办高等教育补充的陈旧观念,支持民办高校的创办和可持续发展。引导民办高校科学定位,走特色化、多样化和差异化的发展道路,努力满足社会公众对高等教育的差异化需求。在少数民族地区和文化多元化的地区,应该鼓励社会力量举办富有民族特色或地方文化特色的民办高校;而在经济发达和市场开放程度高的地区,则应为满足不同社会阶层、不同地域文化乃至不同国家居民多元化需要的民办高校创造更为宽松的制度环境。

第二,适度强化政府职能,加强政策导向。梳理有关政策,明晰民办高校的法人地位属性,优化民办高校的内部治理结构,为民办高校发展提供制度保证;探索适用于民办高校的会计制度,科学核算民办高校的办学成本,并加强对其财务状况的管理和监督;鼓励地方政府结合本地的实际情况,因地制宜制定并完善民办高等教育办学和管理的各项政策,调动地方兴办民办高校的积极性,规范民办高校的发展路径。

第三,加大财政扶持力度,民办高等教育也是以公益性为主的社会事业,其资源配置不能完全交由市场来决定。政府应进一步加大对民办高等教育和民办高等学校的支持力度,通过财政手段扶持民办高校发展,如提供更为合理的税收优惠和贷款优惠,通过经常性财政拨款或项目拨款支持民办高校的教学科研活动和基本建设,将民办高校纳入国家大学生资助体系,让民办高校的学生也能享受到与公办高校学生大致相当的学生资助等。

智库如何才能对高等教育实践产生影响

——以卡内基教学促进基金会为例

谷贤林[①]

从现代公益慈善基金会在美国产生至今,美国还没有一家基金会在教育研究与政策产出方面的影响能够超出卡内基教学促进基金会。这家创建于 1905 年,最初旨在给美国一些大学退休教师提供补助金的慈善机构,为什么能够成为美国最有影响力的教育智库,剖析其成功的原因,对于有着众多教育现实问题急需理论研究予以解答的中国学界,有着非常直接的参考价值。

一、卡内基教学促进基金会的影响力

对于如何衡量一个智库的影响力,加尔东(Johan Galtung)曾根据社会结构将其分为三个层次:第一层为边缘(大众)影响力;第二层为中心(精英)影响力;第三层为核心影响力,即智库对决策者的影响。[②] 与一般的关注国防、外交、经济、政治、民生等问题的智库不同,由于卡内基教学促进基金会关注的议题全部集中于教育领域,因此,最能体现它在高等教育系统内边缘与中心影响力的就是教师和学校管理者对其报告作出的反映和他们的职业行为在基金会报告影响下发生的变化。

在系统内边缘影响力方面,以基金会在 1990 年发表的《学术水平的反思》和 1997 年发表的《学术评价》为例,前者超出了"教学与科研"

---

① 作者简介:谷贤林,安徽无为人,北京师范大学国际与比较教育研究院副院长、教授、博士生导师,研究方向为高等教育管理与政策分析。
② 朱旭峰. 西方思想库对公共政策的影响力[J]. 世界经济与政治. 2004 (12):24-25.

这一老式的讨论框框，提出了一个包括发现的学术、综合的学术、应用的学术和教学的学术在内的全新的"学术"概念；后者则试图构建一个新的适应于各种类型学术活动的评价标准。这两份报告对美国大学教师评价产生了广泛的影响。据1994年的一项调查显示，62%高校的教师评价因《学术水平的反思》而发生了改变，这些大学不再以单一的出版物作依据，而采用了新的教师绩效评价模式。2005年，欧米拉（O'Meara）等人按照卡内基教学促进基金会对美国高等学校的分类，共向1452所不同类型的高校发放了调查问卷，在给予回答的729所高校中，有2/3以上在过去10年里启动了教师评价的改革，鼓励教师从事多种学术活动，特别是教学活动。[1] 在这两份报告的影响下，不仅美国大学教师评价与人事制度发生了变化，教师的职业角色也从洪堡式大学的知识发现、生产者转变成了"发现—综合—应用—教学"等多种学术活动的平衡者。

在系统外，尽管普通大众不能直接参与教育政策的制定，但是，由普通大众的支持而产生的民意与政治气候却是影响教育政策制定、形成与实施的关键因素。因此，为了取得普通大众对于自己主张、观点的了解和支持，基金会常借助于大众传媒，如报纸、杂志、电视和网络等来推销自己的观点和政策主张，仅宣传卡内基教学促进基金会研究报告的纸质媒体就有《商业周刊》、《纽约时报》、《基督教科学箴言报》、《时代》、《费城问讯者报》、《巴尔的摩太阳报》、《星期六评论》等。对媒体宣传给智库带来的影响，艾贝尔森分析道："在国会专门委员会提供立场鲜明的政策主张、出版有争议的研究报告，都有可能在某些政策制定领域引起关注，但其所产生的影响可能远不及在《纽约时报》或《华盛顿邮报》上的一篇评论文章。"[2]

精英影响力方面，在卡内基教学促进基金会成立后的每个阶段，都有一些特别能够反映它影响美国大学管理者的典型事例。如在基金会成立之初，为了获得补助金，美国一些因教派关系而被拒绝的高校纷纷修改大学

---

[1] Kerry A. O'Meara. Encouraging Multiple Forms of Scholarship in Faculty Reward Systems: Does It Make a Difference? [J]. Research in Higher Education, 2005, 46 (5): 479.

[2] Donald Abelson. A Capitol Idea [M]. McGILL – Queen's University Press, 2006: 156.

宪章，删除其中与教派相关联的词语；一些因学术水平低而被拒绝的高等学校也开始着手提高它们的录取标准和学术规范、学术水平，以满足基金会的要求。这对促进美国高等学校的标准化、提高学术水平起到了重要的作用。再如，20世纪70年代初期，在美国教育委员会（American Council on Education）就大学校长通过阅读什么材料来了解高等教育发展动态而开展的调查中，卡内基教学促进基金会的报告成为继《高等教育记事》和《高等教育与国家事务》两份杂志后，排列第三位的校长读物。很多大学校长都是通过阅读基金会的报告来了解高等教育的发展情况，开展相关的工作。从1973年起，卡内基教学促进基金会开始按照功能来对美国高等学校进行分类，至2006年已进行了5次。尽管有学者认为，如果一所大学拿卡内基分类中，自己属于全国前4%博士型大学来大肆宣传是相当可笑的，而且也无代表性；① 但是，在每次分类公布后，大学管理者们还是会选择那些在评价结果上对自己最有利的地方向新闻机构发布消息。一方面吸引校友、社会和潜在的捐赠者给大学捐款，另一方面彰显自己的工作业绩，扩大大学的声誉。

卡内基教学促进基金会的核心影响力主要表现在以下两方面：①对立法的影响。如1971年由尼克松总统签署的《健康人力培训法》（Health Manpower Training Act of）就是在基金会1970年的研究报告《高等教育与国家卫生事业》的基础上形成的。1972年签署的《高等教育修正案》也同样吸收了基金会在研究报告《质量与平等》中提出的具体建议。② 在这部法案中确立的向学生提供Pell奖学金一直持续至今，它使大量来自低收入家庭的学生获得了接受高等教育的机会。②对政治领导人的影响。如1969年，总统尼克松在准备下一年的国情咨文时，就委派他的特别顾问丹尼尔·莫尼汉（Daniel P. Moynihan）就联邦政府在高等教育大发展过程中应该承担的职责，与克拉克·克尔及另外两名成员商讨，并在咨文中采纳了他们研究成果的建议。20世纪90年代，基金会发表了著名的《起点》、

---

① 侯永琪. 全球与各国大学排名研究［M］. 中国台湾台北：高等教育文化事业有限公司，2007：166.

② Ellen C. Lagemann. Private Power for the Public Good：A History of the Carnegie Foundation for the Advancement of Teaching【M】. Middletown，Wesleyan University Press，1999：142.

《前途有望之年》、《大过渡》、《基础学校：一个学习化的社区大家庭》等报告，建议在青少年成长的各个时期都要重视学校、父母、家庭、社区、媒体等社会力量的综合教育作用。报告中的建议得到克林顿总统夫妇、全国州长协会和两党不少国会议员的大力支持与推动，并对其后政府的教育政策与发展计划产生了直接的影响。从过去一个世纪来看，尽管卡内基教学促进基金会不是在每个阶段都是对美国教育发展影响最大的智库，但是，就总体而言，它却是最有影响的智库。基金会发布的研究报告在很多情况下都是美国政策制定圈在制定新的法案时研读与参考的对象。

二、卡内基教学促进基金会影响机制分析

（一）对时代的理解与把握

虽然在过去的一个世纪里，我们总能看到卡内基教学促进基金会对美国高等教育发展的影响，但是，给其带来广泛声誉、确立其在美国众多的政策制定机构中强势地位的却是基金会在20世纪初、60年代和90年代为美国高等教育发展所提供的一系列研究成果和政策建议。而这几个关键的时间节点也恰恰是美国教育与社会发展处在急速变革、有些混乱而又有些迷茫的时代。

从1890年到第一次世界大战，在美国历史上被称为"改革时代"，其动力来自逐步兴起的进步主义思想以及这个时期波澜壮阔的民粹主义和工人运动。对于这个时代的特点，后来担任美国总统的普林斯顿大学教授、校长伍德罗·威尔逊和美国学者史蒂文·迪纳（Steven J. Diner）都有过精彩的描述。他们说："我们已经遇上了一个前所未有的时代。在这个时代里，它一边摧毁了传统的机遇，一边又展示了令人激动的新前景。人们颂扬开拓的成就和史无前例的丰裕，然而又悲叹自己丧失了独立、自主，甚至自由。进步时期的美国人目睹了大公司开发的新技术生产出空前的财富，提供成百万的新职位，出售数量惊人的生活消费品，还开放了以前意想不到的人生选择。人们目睹变革的威力横扫熟谙的经济生活模式，更改他们的生活和工作方式，重整习以为常的社会等级，还重新定义了他们和

政府之间的关系。所有的规则似乎都变了。日渐身处一个由大机构组成的互助社会里,为了控制自己的生活,个体美国人作了许多选择,个人之间的相互竞争到了前所未有的地步。"① 在这个时代,普通人期待通过高等教育改变自己的社会经济地位,在职业选择中获得更多的就业机会;工业巨头希望教育,尤其是高等教育能够提供更多实用的知识,推动这个国家工业的发展,让他们获取更丰厚的利润。与此同时,他们还希望学者们的研究能够帮助他们解决劳资冲突、工人运动;政治精英希望教育担负起解决社会公平等各种社会问题的责任。但是,在这个阶段,美国高等教育却因为教学内容陈旧、学术水平低、脱离时代要求而广受社会的批评。钢铁大王安德鲁·卡内基说:"当大学生们在学习一点老掉牙的粗俗而又可怜的争辩术时,或在努力掌握与当今工商业事务毫不相关,好像只能适应在另外一个星球生活的已经死亡的语言时,未来的工业巨子们却在努力地从经验中学习,为其今后的成功获得必要的知识。而现存的大学教育对于获得这样的成功是完全无用的。"② 当时的哥伦比亚大学教授伯吉斯(John Burgess)也批评说:"我承认我不能预测这些学院(colleges)的最终位置,它们不是完全中学(gymnasia),也不能变成大学(universities),我看不出它们存在的理由,在我看来,现在维持这些高等学校是资金的极大浪费,对那些在这些学校里接受教育的人来说,也是时间的极大浪费。"③

与此同时,在基础教育领域也存在着同样的问题。尽管美国教育协会于1892年为改进中学课程而成立了中学课程委员会,即著名的"十人委员会",委员会在调查200多所中学的基础上,于1893年提出了中学课程改革分类和分科的建议,并对美国的教育实践产生了很大的影响,但是,该委员会所设计的课程仍然十分重视向学生传授欧洲文化的基本道德传统,显示出比较浓厚的古典主义色彩。④

---

① [美] 史蒂文·迪纳. 非常时代:进步主义时期的美国人 [M]. 上海:上海人民出版社,2008:1.
② Christopher J. Lucas. American Higher Education: A History [M]. New York: St. Martin's Griffin, 1996:145.
③ Christopher J. Lucas. American Higher Education: A History [M]. New York: St. Martin's Griffin, 1996:143.
④ 杨孔炽. 美国公立中学发展研究【M】. 武汉:湖北人民出版社,1996:66.

不过，美国早期的基金会并不关注基础教育，由于卡内基、洛克菲勒等慈善家兼工业资本家相信自然科学才是一个国家工业化至关重要的因素，直接影响石油与钢铁的生产，因此，他们认为这些学科才是大学最重要的学科，他们的资助也主要集中在物理、化学、生物、医学等实用学科领域。即便到20世纪中叶，除两家基金会直接参与了中小学建设外，其他的基金会虽然对基础教育问题的研究给予了资助，但是，对于公立学校建设与那些旨在影响公立中小学的革新项目，他们并不感兴趣。① 卡内基和洛克菲勒都旨在重建整个美国的高等教育系统。为此，借助于卡内基教学促进基金会，卡内基在死之前共向高等教育投入1.18亿美元。在这个阶段，卡内基教学促进基金会的作用在于：①通过退休补助金项目，迫使希望获得补助金的大学按照基金会设立的办学标准，扩大了教师队伍、提高了教师的学历层次和大学的办学水平，使美国高等学校的教学水平与科学研究逐步适应了美国社会快速发展的要求；②依靠洛克菲勒基金会在资金上的大力支持，通过与各个专业组织合作，确立了医学、法律、工程等专业教育的标准，结束了美国高等教育标准混乱、质量参差不齐的状态，大大地提高了美国高等教育的质量。卡内基教学促进基金会对美国高等教育发展的影响主要表现在：①为20世纪上半叶美国高等教育的发展提供了直接的指导与依据。②在19世纪后期，影响美国高等教育和社会发展的主要是一些"巨人校长"，进入20世纪后，他们的影响逐渐被这些基金会所取代。基金会逐渐成为了影响美国高等教育与社会发展的主导力量。③由于卡内基教学促进基金会的补助金项目仅面向没有教派色彩的高等学校，这在客观上影响了神职人员在社会上的声望，提升了大学教师作为专业人员在社会中的地位。

如果说在20世纪上半叶，卡内基教学促进基金会的作用主要在于给美国高等教育立规矩、定标准，推动美国高等教育发展标准化的话，那么，在20世纪60年代，基金会的作用则在于：在纷繁复杂的局势中为美国高等教育的发展指方向。

第二次世界大战后，美国高等教育获得了飞速发展，不仅高校数量急

---

① Mark Dowie. American Foundations：An Investigative History [J]. The MIT Press, 2001：29.

剧增长,入学人数也大量增加。在美国 18-21 岁适龄接受高等教育的人口中,有 1/3 的人进入大学学习。从 1953 年到 1967 年,入学人数较为集中的初级学院由 598 所增加到 1200 所,在校人数也由 60 万人增加到 180 万人。与此同时,其他类型的高等学校和入学人数也有不同程度的增长,在一些州出现了多校区大学。在高等学校的各项经费中,来自联邦政府的经费也从 1953 年的 4.27 亿美元增加到 1967 年的 46 亿美元,到 1970 年占到了高校总经费的 1/3。此外,联邦政府和州政府分别扩展或建立一些新机构来协调高等教育。伴随着美国高等教育的大发展,一系列的问题也涌现了出来。大众教育与精英教育如何兼顾;是重点扩大研究生教育还是本科生教育;高等教育成本该如何分担;在联邦政府与州政府承担了更多的责任后,它们与大学的关系会发生什么变化;面对政府与市场的压力,如何维护大学自治、学术自由;在通识教育与专业教育之间,怎样才能既坚持传统又能适应社会发展的需要;高等教育规模扩大后,高等教育的质量如何保证;怎么样对不同类型的高等学校进行评价等等,美国高等教育真正面临着如何办? 向何处去的问题。

60 年代还是美国社会问题丛生的时代,学生运动、反越战、反贫困、激进的左翼社会思想等等,不仅动摇了美国的社会秩序、价值观念,也严重地影响了美国高等教育与社会的发展。高等教育既被视为引发社会问题的根源,也被看作是解决社会问题的利器。在这样的时代,高等教育到底该怎么办?

除卡内基教学促进基金会外,美国有相当数量的教育研究机构或组织都在寻求解决这些问题的方法。著名的有:总统高等教育委员会、美国大学教授协会支持的高等教育财政委员会、艾森豪威尔总统召集的中学后教育联席会、白宫教育委员会、大学目标与治理联合会、高等教育改革特别小组等。与卡内基教学促进基金会一样,这些机构也都提出了解决上述问题的建议,然而,它们的建议要么因为党派色彩而受到激烈的反对;要么因为过于绝对,认为美国高等教育系统非常完善而无须调整或把美国高等教育说得一无是处而让人难以接受。与它们不同的是,对于美国高等教育发展中遇到的问题,基金会的报告既不沉湎在对过去的留念中,也不以一种不满或恐惧的心态来否定、谴责当今,怀疑未来,而是在收集大量数据、资料，采用多种方法研究、分析的基础上，在美国高等教育的现状与未来之间寻求兼容、探讨可能发展的空间，然后提出切实可行的解决方案。对未来的准确判断、对现状的准确理解与把握、务实的风格使卡内基教学促进基金会超越了这个阶段美国所有其他的教育研究机构而成为美国高等教育发展的最重要的影响者。而这也正是卡内基教学促进基金会希望达到的目标。

（二）关键人物的作用

在基金会成立之初，出资人往往对其发展有着决定性的影响，但是，在经历过两代之后，影响与决定基金会发展方向的便是与基金会有联系的专家。他们通常既了解美国国内的情况，又了解美国面临的挑战，因此，能够引领基金会的发展。如 1905 - 1939 年间担任卡内基教学促进基金会首任会长的 MIT 校长普利切特（Henry Smith Pritchett），1955 - 1965 年担任卡内基基金会与卡内基教学促进基金会会长的约翰·加德纳（John Gardner），担任卡内基高等教育委员会、卡内基高等教育政策委员会会长的克拉克·克尔及其继任者厄内斯特·博耶等。这些人有的在担任基金会领导职务之前在大学担任领导工作，有的从基金会卸任之后转战大学或其他重要教育职位，如约翰·加德纳在离开卡内基教学促进基金会后就任了约翰逊总统的卫生、教育与福利部部长；而克拉克·克尔曾担任过加州大学伯克利分校的校长和加州大学总校的校长，厄内斯特·博耶担任过美国规模最大的纽约州立大学的校长和美国联邦政府教育署的署长（福特基金会的情况也是这样。除霍夫曼来自公司外，担任领导人的盖瑟有在 MIT 和兰德公司的经历，希尔得先后就职于伊利诺伊理工学院与纽约大学，邦迪先在哈佛大学、后在白宫工作[①]）。基金会的领导人大都来自学术界，很多人兼有在政府工作或为政府服务的经历，如克拉克·克尔多次参与国会听证，影响了从加州州长布朗（Edmund G. Brown）到总统艾森豪威尔、肯尼迪和约翰逊几代教育与政治领导人。[②] 和学者相比，他们具有超越于书生论证

---

① ［美］伦纳德·希尔克. 美国的权势集团［M］. 北京：商务印书馆，1994：147.
② 谷贤林. 美国研究型大学管理：国家、市场和学术权力的平衡与制约［M］. 北京：教育科学出版社，2008：208

之上的政治智慧，更善于在理论与实践之间架起连接的桥梁；和行政官员相比，他们对高等教育系统更为熟悉和了解，能够敏锐地抓住问题的本质和要害；曾经作为学者的经历，让他们深谙大学是一个既创新又保守的机构。所以，他们不会选择那些可能带来灾难性后果的、暴风骤雨式的、激进的变革方案。这样的经历使他们对大学问题的分析和判断理性、准确而透彻，在确立资助领域或研究方向时既能立足于现实又超越于现实，不会将研究内容、政策建议仅限于解决目前的问题；对从理论到理论的空而论道，他们也不感兴趣。

另外，基金会设有董事会（或理事会），虽然其董事会成员的职业不同，但他们中半数具有哈佛、耶鲁、普林斯顿等大学的学士学位，另1/3在其他私立学院受过教育，有18%的人毕业于州立大学。他们都受过良好的高等教育。这也是这些基金会热心高等教育的一个重要因素。

（三）人员的组成机制

尽管卡内基教学促进基金会是为了给"美国高等教育到底该怎么办，又向何处去"提供指南而设立了卡内基高等教育委员会，但是，这个委员会的组成人员却并不是教育或高等教育的研究者，而是来自不同的专业岗位，具有非常突出的异质性。其成员包括：①专业学者：分别是：克尔——加州大学前校长、经济学教授，卡尔·凯森——普林斯顿高等研究院院长、科学家，戴维·里斯曼——哈佛大学社会学教授；②有大学董事经历的人，分别是：拉夫·贝司——克利夫兰电力照明公司董事会主席、克里夫顿·费伦——马瑞·米德兰银行执行委员会主席及宾州州长和亨特食品与工业公司主席西蒙；③有大学校长经历的人，分别是：圣路易斯州初级学院院长、北卡罗来纳大学校长、伊利诺伊大学校长、圣母玛利亚大学校长、布莱恩·穆瑞学院院长、康奈尔大学校长、哈佛大学校长；④有在公司担任高管经历的人；⑤有在黑人学院工作经历的人；⑥有做学生工作经历的人；⑦有在州立高校工作经历的人；⑧拥有国际经历的人，受邀加入委员会的是剑桥大学副校长、生物学家艾瑞克·阿什比。委员会中没有来自教育或高等教育研究领域的学者。

对于这种现象，一方面，如萨德勒（Sadler M. E.）所说："校外的事情比校内的事情更重要，校外的事情影响并决定校内的事情。""为了公正地评判各种因素对教育的影响，并对其作出符合情理的阐释，仅仅成为一名教育学家是不够的。他还需要更丰富、更深刻的生活阅历。鉴于教育蕴涵于生活之中，所有各司其职而不辞劳作的人，不论贫富和学问深浅，都有一套金科玉律般的论述。……如果教育仅靠教育专家的评判作指导，那是非常危险的。"① 另一方面，由于学者们更关注他们的成果在学术界的声誉，他们不了解、也不熟悉政策过程，不知道如何将自己的理论转变成政策方案。无论专业见解多么深刻，问题的论证多么具有学术水平，如果不能提供切实可行的解决问题的办法，再好的理论也不会转换成政策问题。② 而这一点恰恰是长于从事基础性、理论性研究，关注中心指向学术内而不是学术外的学者所不擅长的。这或许也是卡内基高等教育委员会没有吸纳高等教育学学者的原因。

（四）独立性

推动高等教育发展既是基金会的宗旨，也是基金会实现其宗旨的有效手段。基金组织是一种特殊的现代机构，它们是非政府的、非营利的，是用私人资本服务于教育、医疗卫生、慈善事业、宗教等社会公共福利的机构。因此，它们介入教育既不像利益团体那样出于"自利"的目的，也不是为了履行某种因职位而产生的角色期待，它们介入教育乃是其宗旨与特性使然。卡内基教学促进基金会的宗旨是："为美国、加拿大等地区的大学、学院和技术学校的教师提供退休补助金。不论这些教师的种族、性别、信仰和肤色如何，只要他们长期担负教师工作，或因年老失去工作能力，或有其他的原因（如遗孀需要照顾），基金会都要为他们提供补助金。但是，受补助的学校不应该受教派的控制，也不应该把神学考试作为入学的条件。"卡内基教学促进基金会的宗旨则是"通过资助技术学校、高等教育机构、图书馆、科学研究、英雄基金、有益的图书出版发行或借助今后发现的其他类似可行的方式，促进知识的发展与传播，增进美国民众的

---

① 赵中建．顾建民．比较教育的理论与方法 [M]．北京：人民教育出版社，1994：113.
② [美] 詹姆斯·安德森．公共政策制定 [M]．北京：中国人民大学出版社，2009：98.

相互理解"。① 在任何时代高等教育都是传播知识、推动社会进步、改善个人和人类自身境遇、消除极端宗教偏见的最有效方式，高等教育的这些公共职能决定了它既会成为基金会的重要资助对象，也会被基金会用来作为实现其目的与理想的手段。

基金会是介于政府与企业之间的第三部门。它们是美国社会中唯一既不受政府立法拨款和权势集团政治控制，也不受任何捐赠者个人判断或偏见左右的民间机构，它们承载着美国"小政府，大社会"的深层文化理念，具有中立性和不同寻常的自主地位。如格兰特基金会的道格拉斯·邦德所说："政府受着社会和政治危机的掣肘，以致不能把精力和财力用于培植新的思想，资助新的创造发明。基金会的任务是要坚定地追求自己的目标，并为较长远的目的而牺牲眼前的目标。"② 这一特点使基金会不仅能够大胆地涉足那些具有长远影响、富有争议的问题，也使它们的报告不带有行政或教派色彩，这增加了其报告的权威性和可信度。因而容易被广泛地接受，并对实践产生影响。

尽管自20世纪80年代以来，基金会的意识形态色彩越来越浓，但是，受其资助的研究机构或团体也尽力维持其研究成果的专业性。否则，一旦失去中立专业见解提供者的良好形象和信誉，在美国竞争激烈的政策市场上，这样的研究机构很快就会出现生存与发展的问题，更不用说对政策产生影响了。

（五）研究报告的风格与特点

综观卡内基教学促进基金会及其下设的高等教育委员会发布的报告，有几个非常显著的特点：①报告的篇幅都不长，比如最重要的《质量与平等》仅有54页；②对问题的表述简明、清晰，不用含混不清、容易产生误解的词语，不表述模棱两可的观念；③问题、观点、对策都是在收集、分析大量数据后提出的；④报告都是在所有成员都必须发言、表达自己的见解，多次讨论、争执，产生共识后形成的；⑤对高等教育问题的分析更多是基于社会学的，而不是哲学思辨的；报告风格是实用主义、功利主义

---

① The Carnegie Foundation for the Advancement of Teaching . 34th Annual Report. 1939：12.
② ［美］托马斯·戴依. 谁掌管美国［M］. 北京：世界知识出版社，1984：146.

的，而不是理想主义的。① 这种风格与体例一直贯穿于卡内基教学促进基金会至今的所有报告之中。作为一家教育研究智库，卡内基教学促进基金会的报告不仅影响了美国政府的决策、立法；很多解决问题的方法也被 OECD 视为可以推广的典范。与此同时，它的报告也受到美国媒体的广泛关注；在学术界的影响也早已超出了美国的国界，而后者却是美国很多为政府提供政策服务的智库无法达到的。

三、启示

从社会与生活状态来看，当今的中国特别像美国进步时代；从高等教育的发展状况来看，中国今天高等教育发展所遇到的问题特别像美国 60 年代。不同的是，由于体制的差异，中国高等教育的问题表面上看起来不像美国那么复杂，解决起来也没有美国那么多掣肘的因素与博弈的力量。但是，这也容易诱发我们犯将复杂的问题简单化的错误。从对卡内基教学促进基金会的研究中，我们可以得到如下启迪。

（一）对教育科学研究的启示

对教育科学研究成果的评价，美国人通常从三个不同的维度来衡量。一是同行评价，主要是成果的被引用率；二是媒体的反映，即社会影响力；三是在实践中的价值，即对解决实际问题的指导作用。与美国不同，长期以来我国对相关研究成果的评价只有一个标准，即所谓的理论水平。但诡异的是，直至今日，我国既没有出现一个在国际上有影响的教育理论流派或思潮，也没有出现一部在国际上有影响的学术理论著作。对于中国如火如荼的教育实践及大量亟待解决的教育问题，学者们能够以赖以立身的教育理论为基础，提出切实可行的解决方案的也不多。即便是一些学者自己特别珍视的建议，在行政人员看来也是纸上谈兵，无法用来解决现实问题。现实情形让教育学者们在理论和实践方面都有着挣脱不掉的尴尬与窘迫。

2011 年 10 月，教育部与北京大学、清华大学、中国人民大学、南开

---

① Ellen C. Lagemann. Private Power for the Public Good：A History of the Carnegie Foundation for the Advancement of Teaching. Middletown ［J］. Wesleyan University Press，1999：151.

大学和对外经贸大学合作成立了"人力资本与国家政策研究中心"、"教育与产业、区域经济研究中心"、"教育与对外经济中心"、"教育发展与公共政策研究中心"以及"决策与国家规划研究中心"五家研究机构,为教育部和国家其他部委有关教育决策提供智力支持。教育部负责人表示:重大的教育决策不能就事论事,要站在宏观层面和全局的角度来考虑问题,要跳出教育看教育,"否则永远被人民群众所批评,永远为社会所不满意"。为此教育部决定与这些直属高校合作,依托多学科基础和跨学科人才,共建各有侧重、各有所长的教育规划与战略研究中心。① 在这五家顶级教育智库中,没有一家以教育学科为特色的师范大学研究机构入围。这一结果虽然让教育研究者们难以释怀,但也向教育学者传递了明确的信息:①教育学的研究与发展应该抛弃那种为理论而理论的旧习了;②教育问题的研究需要以更加广阔、多样的学科为基础。这两点也是卡内基高等教育委员会、卡内基教学促进基金会成功的关键。它们对今后我们到底该如何评价教育研究成果的价值、高等学校教育专业应该设置什么样的课程有着非常直接而又重要的启迪意义。

(二) 对教育政策研究的启示

改革开放以来,尽管我国的教育决策水平有了明显的提高,教育决策的理论化、科学化、民主化有了巨大的进步,但是,我国在教育科学研究服务于政策制定方面与发达国家相比仍然有着非常大的差距。

第一,目前,我国虽然有研究机构 2500 多家,专职研究人员 3.5 万人,工作人员 27 万人,有 2000 家以政策研究为核心、直接或间接为政府服务的智库型研究机构,但是被国际上认可的仅有 74 家。在这 74 家机构中,还没有教育政策研究机构。

第二,以《国家中长期教育发展和改革规划纲要(2010 – 2020 年)》为例,纲要研究制定历时近两年的时间,参与规划纲要起草与论证的专家共有 500 多人。然而,就是这样一部国家领导人重视,参与专家人数多,耗时长的文件,却在颁布时就受到了质疑。在为纲要举行的记者招待会

---

① 郭少峰. 教育部成立五家智囊机构,为教育决策提供智力支持 [N]. 新京报,2011 – 10 – 04.

上,《中国改革报》的记者一针见血地指出,规划纲要与以往的文件并没有太大的区别,看不出它将如何适应我国 2010 – 2020 年社会经济发展的要求;前武汉大学校长刘道玉也对规划纲要提出了八点质疑,指出它沿袭了过去的思维与旧习,是一副"安慰剂"。①

从政策制定自身来说,之所以出现这种现象,一个重要的原因就在于参与我国规划纲要制定的学者、专家基本上都来源于教育领域,具有高度的同质性(见表1)。如第 14 子课题:职业教育发展研究,共 9 位成员,2 位来自上海市教科院职业与成人教育研究所,2 位来自教育部职业教育与成人教育司,北京师范大学职业教育研究所 1 位,华东师范大学职业教育与成人教育研究所 1 位,教育部高等教育司高职高专处 1 位,教育部财务司专项资金管理处 1 位,中央教育科学研究所教育理论研究部 1 位。又如第 18 子课题:研究生教育发展和改革研究。其 16 个成员的分布更是集中,10 个来自清华大学教育研究所,2 个来自清华大学研究生院,3 个来自教育部学位办,还有 1 个来自教育部高教司。

表 1　参与规划纲要的专家来源

机构类别	主要机构	个数
1. 高等教育机构	北京大学,北京工业大学,北京航空航天大学,北京农业职业学院,北京师范大学,大连大学,东北师范大学,福建师范大学,湖北大学,中央民族大学等	38
2. 中小学	北京第二实验小学,北京市十一学校,北京四中,中国人民大学附中	4
3. 研究机构	北京教育科学研究院,国家教育发展研究中心,国家教育行政学院,国家信息化专家咨询委员会,杭州市教育科学研究所,江苏教科院基础教育研究所,联合国教科文组织国际农村教育研究与培训中心等	15

---

① 刘道玉. 八问"国际中长期教育规划纲要". http://forum.home.news.cn/detail/75664037/1.html, 2010 – 05 – 07.

续表

机构类别	主要机构	个数
4. 协会/中心	安徽省职业教育与成人教育学会，北京市委教工委，民进中央教育委员会，上海教育学会，中国就业促进会，中国民办教育协会等	27
5. 报社	教育参考杂志社，中国教育报	2
6. 地方教育局/厅/委	安徽省教育厅，北京市教委，成都市教育局，广东省教育厅，河北省教育厅，浙江省教育厅等	13
7. 中央行政机关	财政部各司，发改委社会司，工业与信息化部财务司，国务院各办公室/司，国家税务总局法规司，教育部各司、处、中心，农业部科教司教育处，人力资源和社会保障部等	10

资料来源：龚婕. 政策共同体对政策过程的影响［D］. 北京师范大学学位论文，2012：17-18.

从政策主要参与者的单位来看，中央行政机关中来自教育部的占多数，有126人；高校中主要有6所大学，北京师范大学39人，中国人民大学24人，清华大学20人，北京大学15人，大连理工大学10人，华东师范大学9人；研究机构主要有2个，上海教科院39人，中央教科所23人。在这些参与者中，有相当一部分存在着师承关系、毕业于同一高校的学缘关系、在同一单位工作的同事关系。由这样的人员组成的同质性的政策制定网络，虽然因其成员所拥有的知识、信息、价值观都比较相近，容易沟通，容易达成一致意见，在短时间内形成书面的政策文本，但是却可能脱离实际，无法反映真实、复杂的社会要求。

另外，当前对我国未来发展影响巨大的是：经济转型而带来的社会结构变化以及由此引发的一系列社会问题；我国发展所面临的复杂国际环境等。对这些问题，教育学者虽然也有所知，但是囿于自身知识视界的限制，他们很难准确地把握这些因素对教育发展所产生的实质性的、复杂而深入的影响。这也就决定了由教育学者主导制定的规划纲要虽然面面俱到，但一定是思辨式的、文本化的。相关学科背景，如社会学、政治学、经济学、自然科学、现代工程学的缺乏让最终形成的规划纲要就是从教育说教育。但在实践中，教育的问题其实又是社会问题在教育中的反映，这也就是为什么我国颁布的相关文件虽然很多，但却问题依旧，且有越积越多趋势的原因之一。而自 20 世纪初至今，卡内基教学促进基金会及其高等教育委员会一次次的成功为我们思考、解决这个问题提供了一个合适的范例，同时也表明：教育政策的有效性与参与教育政策制定的专家团队在学科、背景上是否具有异质性有很大的相关性。